इतिहास में अफवाह

उत्तर-आधुनिक संकट से गुजरते हुए

इतिहास में अफवाह

उत्तर-आधुनिक संकट से गुजरते हुए

शंभुनाथ

वाणी प्रकाशन

प्रकाशन के उत्कृष्टतम 61 वर्ष

vaniprakashan.com

सजिल्द पहला संस्करण : 2024

वाणी प्रकाशन

4695, 21-ए, दरियागंज, नयी दिल्ली-110 002

फ़ोन : +91 11 23273167, 23275710

शाखाएँ

अशोक राजपथ, पटना-800 004, बिहार

कॉफ़ी हाउस कैम्पस, महात्मा गांधी मार्ग, प्रयागराज-211 001, उत्तर प्रदेश

महात्मा गांधी अन्तरराष्ट्रीय हिन्दी विश्वविद्यालय, वर्धा-442 001, महाराष्ट्र

36/ए, शेक्सपियर सरणी, रानी बिरला गर्ल्स कॉलेज के पास, कोलकाता-700 017, प. बंगाल

sales@vaniprakashan.in
vaniprakashan@gmail.com

Itihas Mein Afwah
Uttar-Aadhunik Sankat Se Gujarate Hue
by Shambhunath

ISBN : 978-93-5775-453-8
Criticism

मूल्य : ₹ 895

जी.एस. ऑफ़सेट, दिल्ली-110 095 में मुद्रित

वाणी प्रकाशन का लोगो मक़बूल फ़िदा हुसेन की कूची से

कमला प्रसाद को

कुछ बातें

21वीं सदी में भारत अतीत की युद्धभूमि है। एक अनोखे भय, सामाजिक विभाजन और अजनबीपन से मानवता फिर घिर गई है। अतीत की खाइयों में आई इस रौनक को कहीं पुनर्जागरण कहा गया है, कहीं विपर्यय। इसका ज्यादा असर कलाओं, इतिहासबोध और मानवीय संवेदनशीलता पर है। इस परिघटना को समझने के लिए न सिर्फ उत्तर-आधुनिक विमर्शों पर पुनर्विचार जरूरी है, बल्कि आधुनिक महा-आख्यानों से भी आगे बढ़कर सोचना समय की मांग है। हमें नए विचारों की जरूरत है।

समाज में 'संवेदनशीलता का संकट' आज चरम पर है। यह उत्तर-आधुनिक वैचारिक खोखलेपन की देन है। अब वे क्षमतावान हैं जो उदार न होकर पोस्ट-माडर्न हैं। सभी रंगों के उत्तर-आधुनिक विमर्श, जिनमें नव-धार्मिक विमर्श भी हैं, कट्टर पोस्ट-माडर्न हैं। इनमें आधुनिकता के प्रमुख तत्वों-बुद्धिपरकता, समावेशी राष्ट्रीयता, लोकतांत्रिक चेतना और प्रगतिशील सोच का ही विरोध नहीं है, मानवीय मूल्यों से भी किनाराकशी है। अपनी दृष्टि के स्तर पर आधुनिक हुए बिना उत्तर-आधुनिक होने का अर्थ समाज को पुरानी कट्टरताओं के अखाड़े में बदलना है। ऐसी घड़ियों में 'बहुलता' की प्रतिष्ठा न्यायपूर्ण सामंजस्य में न होकर निर्बुद्धिपरक अंतर्शत्रुताओं में होती है और एक सांस्कृतिक गृहयुद्ध की स्थिति आ जाती है, जिसकी कोई भी परिणति हो सकती है।

आज हर तरफ 'भौतिक समृद्धि-बौद्धिक रिक्तता' का युग्म छाया है। बाजार और राजनीति मिलकर जैसा बौद्धिक सतहीकरण ला रहे हैं, उसका असर संपूर्ण सोच पर पड़ रहा है। इस परिदृश्य में कूपमंडूकता नए सिरे से सार्वभौम प्रवृत्ति बनकर उभरी है और सत्ताएं धर्मांधता, जातिवाद, प्रांतीयता तथा अन्य किस्म की निर्बुद्धिपरकताओं की मुख्य संरक्षक बन गई हैं। सामाजिक जीवन में खाइयां

भर गई हैं। यह देश के आर्थिक विकास और मानवता दोनों के सामने एक बड़ी समस्या है।

एक घटना यह है कि इतिहास को मिथकों ने ढक लिया है। इतिहास में अफवाहें घूम रही हैं। ये लोगों के विश्वास का अंग बन गई हैं। इतिहासकार भी अतीत के बारे में उतना नहीं जानते, जितना आम आदमी अब दावे के साथ बताता है! इतिहास को विषय बनाकर हाल के कई उपन्यासों ने साहित्य से ज्यादा अफवाहों की सेवा की। ऐसी इतिहास-क्रीड़ाएं सनसनी पैदा करती हैं और सामाजिक विभाजन बढ़ाती हैं। इस जहरीले काम में राजनीति-पोषित अधपढ़ विद्वानों, मीडिया और तकनीकी क्रांतियों ने बढ़चढ़ कर हिस्सा लिया है। अफवाह के प्रचार में भाषा यथार्थ का साथ छोड़ देती है और पेट्रोल की आग होती है।

ज्ञान को विस्थापित करके अफवाहें जब खुद लोकमानस का निर्माण करने लगती हैं, कई महान व्यक्तित्व खलनायक दिखने लगते हैं और खलनायक नायक बन जाते हैं। देखा जा सकता है कि सूचना के आकाश में इधर चिह्न छा गए हैं, तथ्य दब गए हैं। अब सबकुछ निर्मित 'छवियों' में है, इनके बाहर कुछ भी नहीं है। अतीत के प्रेत पेंडोरा बाक्स से किसी झंझावात की तरह बाहर निकले हैं, जबकि विगत युगों की श्रेष्ठताओं के प्रति उच्छेदवादी दृष्टियां ही बलवती हैं। कहना मुश्किल है कि सांस्कृतिक उच्छेदवाद में अंध-बुद्धिवादियों और कट्टरवादियों में कौन ज्यादा आगे रहा है।

कल्हण (12वीं सदी) ने 'राजतरंगिनी' में कवि के बारे में लिखा है, 'हे कवि भाई, तुम्हारे बिना यह जगत अंधा है।' वे इतिहास लिख रहे थे, पर कवि भी थे। इससे अधिक अनोखा यह है कि आज कई कवि भी इतिहासकार हैं। उपन्यासकार भी इतिहासकार हैं। फिल्म बनाने वाले तो सबसे बड़े इतिहासकार बने हुए हैं। राजनीतिज्ञ इतिहासकार होते ही हैं। इतिहास कभी इतना असहाय न था।

वर्तमान दौर में सबसे अधिक विध्वस्त इतिहास है। यह मानव भविष्य पर आक्रमण है। इतिहास में जब भी भविष्य की जगह अतीत से 'विजन' निर्मित किया जाएगा और इतिहास सामुदायिक स्वार्थ के आधार पर रचा जाएगा, वह विघटन, घृणा और अफवाहों से भरा होगा। भौतिक विकास के शिखर पर नव-इतिहासवाद ने मुख्यतः यही किया है। उसने 'हाशिये की आवाजों' को इतिहास

का विषय बनाकर एक बौद्धिक क्षतिपूर्ति करनी चाही, पर अंततः वह सत्ता संघर्ष के लोकप्रियतावादी औजार में सीमित हो गया। स्त्रियों, पिछड़ों, दलितों, आदिवासियों और वंचित स्थानीय जनों के कष्ट-उत्पीड़न में फर्क न आ सका। निश्चय ही खोखली राजनीति उछली। बाजार चमक उठा। शैक्षिक परिसर में ज्ञान के आसान दरवाजे खुल गए। यह भी घटित हुआ कि इतिहास में क्रम विधान के साथ तर्क की विदाई हो गई। इसका अर्थ है, हमें 21वीं सदी की उपलब्धियों के साथ उसके गहरे संकट को भी समझना है।

दरअसल यूरोपीय उपनिवेशिकों ने 19वीं सदी के भारत में भेदभाव का जो बौद्धिक जाल बिछाया था, देशी कट्टरवादियों ने अपने स्वार्थ साधन के लिए उसका नव्यीकरण किया है। उपनिवेशवादियों ने अपने समय में जिस तरह भाषाशास्त्र, नृविज्ञान जैसे विषयों को भेदभाव पैदा करने के लिए सत्ता के औजार में बदल दिया था, स्वतंत्र भारत में इतिहास, समाज विज्ञान, नए सांस्कृतिक अध्ययन और ज्ञान के अन्य रूप उसी तरह सत्ता विमर्श के संकुचित औजार बना लिए गए हैं।

इसमें कुछ भी आश्चर्यजनक नहीं है, यदि 'एलीट बुद्धिजीवी' और 'लोक' आज विपरीत ध्रुव पर हैं। लोकतंत्र के दुरुपयोग और अति-राजनीतिकरण का इससे भिन्न नतीजा नहीं हो सकता कि लोग बड़े पैमाने पर 'आधुनिक प्रिमिटिविज्म' की ओर आकर्षित हों। लोग सोचने लगे हैं कि अब नागरिक समाज नहीं, उनका धार्मिक, जातिवादी या प्रांतीय समुदाय उनके लिए छत है। ऐसे चुनौतीपूर्ण वक्त में लिखते हुए मेरे सामने कुछ सवाल रहे हैं- क्या इस दौर में बौद्धिक आत्मविमुग्धता की जगह आत्मनिरीक्षण संभव है, क्या चौड़ी हो रही सामाजिक खाइयों के बीच पुल बन सकते हैं, क्या कोई ऐसा साझा बुद्धिपरक परिप्रेक्ष्य हो सकता है जिससे भारत के अतीत और भविष्य की वैकल्पिक व्याख्या हो सके, क्या वर्तमान विध्वंस-लीलाओं के बीच सांस्कृतिक पुनर्निर्माण के सपने देखे जा सकते हैं? कहना होगा, सपने देखना स्वतंत्रता की पहली सीढ़ी है!

साहित्य किसी युग में सत्ता के पीछे नहीं चला है। ज्ञान की दुनिया में यह उसकी विशिष्टता है। वस्तुतः साहित्यिक श्रेष्ठता और बौद्धिक स्वतंत्रता के बीच गहरा संबंध है। साहित्य का काम है मनुष्य के दृष्टिकोण, सौंदर्यबोध और भाव जगत का प्रसार करना। उसमें कृत्रिम 'पर' के लिए जगह नहीं होती।

स्थानीयता और अखंडता के बीच अंतर्विरोध नहीं होता। यही वजह है कि साहित्य किसी एक इतिहास का होकर भी उस इतिहास का, एक संस्कृति का होकर भी उस संस्कृति का और किसी खास राजनीति का होकर भी उस राजनीति का अतिक्रमण करता है। उसमें निश्छल असहमति होती है। वह 'पोस्ट-ट्रुथ' जैसी चीजों का जवाब तभी बन पाता है। वह ताकत की भाषाओं द्वारा दबाई गई मनुष्यता की आवाज भी तभी बनता है। साहित्य वफादार मस्तिष्क की जगह विद्रोही मस्तिष्क की रचना है।

हम आज एक भिन्न युग में हैं। कई वजहों से साहित्य लिखना एक मुश्किल काम हो चुका है। फिर भी वर्तमान अंधेरे समय में काफी जगहों पर अभी मनुष्य होने का गर्व बचा हुआ है। साहित्य लिखा और पढ़ा जा रहा है। आज साहित्य लिखना भीड़ की रुचियों के सामने निर्भय होकर खड़ा होना है। यह मनुष्यत्व, तर्क और न्याय के पक्ष में खड़ा होना है। इस तरह लिखना कई बार अपने सपनों के बीच अकेला कर देता है, पर यह अकेलापन किसी झुंड के उन्माद का हिस्सा बनने से बेहतर है।

'इतिहास में अफवाह' पुस्तक 'भारत की अवधारणा' की दूसरी कड़ी है। इसमें भारतीय जीवन की कथा है। देश-दुनिया, सभ्यता-संस्कृति की आलोचनात्मक समझ के साथ यदि इसमें गद्य का सौंदर्य भी हो तो उससे एक खास तरह का बौद्धिक आनंद मिल सकता है, ऐसा आनंद जो प्रस्फुटित होकर बेचैन करे। यह पुस्तक वस्तुतः 'वागर्थ' के जनवरी 2020 से अगस्त 2023 तक के संपादकीय का संकलन है।

इस अवधि में कोविद महामारी आई। कई अन्य बड़ी घटनाएं घटीं। निःसंदेह भारत की धरती इतनी घृणा नहीं ढो सकती। इसलिए समाज में तनावपूर्ण स्थितियों में भी सामंजस्य बनाकर चलने की जरूरत महसूस की जा रही है। इन सबके बीच मेरे लेखन का संबंध प्रेम, स्वतंत्रता और न्यायप्रियता के महान भारतीय स्वभाव से है, विश्व के मानवीय भविष्य की खोज से है। मेरा लेखन आज के जीवन-विरोधी समय में जीवन के सौंदर्य के पुनराविष्कार की कोशिश है। आशा है, इस पुस्तक को पाठक पहले की तरह लेंगे।

शंभुनाथ

अनुक्रम

खंड – 1

आत्मनिरीक्षण का जोखिम	15
पश्चिमी नजर में धार्मिक भारत	27
महान परंपरा और लघु परंपरा	39
आलोचनात्मक सोच का संकट	50
एलीट विमर्श और लोकमन–1	63
एलीट विमर्श और लोकमन–2	74
इंडिया में किसान	86
आदिवासियों पर बाज	97
स्त्रीवाद को एक मोड़ की जरूरत	111
दलित चिंतन में ऊंचाई	124
अंबेडकर को पढ़ते हुए	136
देश को कौन बचाएगा	148
महामारी और नागरिक परिसर	161
विमर्शों को जोड़ने का अर्थ	172
असहमति का भविष्य आम असहमति में है	184
सभ्यता की हिंसा	197

वंदे भारतम् - वंदे मानवम् 209

स्वतंत्रता की जययात्रा 221

खंड – 2

भारतीय साहित्य का दर्द 235

सूफी प्रेम के मायने 246

प्रेमचंद : भूलने से पहले-1 257

प्रेमचंद : भूलने से पहले-2 269

भाषा पर संकट 279

हिंदी का चेहरा 291

हिंदी संस्कृति का स्वप्न 303

कविता का भविष्य 316

नया मीडिया और हम 329

साहित्य के कारण ही संस्कृतियां जीवित रहती हैं 341

खंड - 1

आत्मनिरीक्षण का जोखिम

कई बार मनुष्य के पास सिर्फ एक उपाय होता है, 'जो घटित हो रहा है उसे चुपचाप जियो'। यह अंधेरे का फोटो खींचने का मामला है। जीना कुछ भिन्न हो सकता है, यदि हमारे सामने यह सवाल हो- 'यह जीवन अपना है, इसका क्या अर्थ है?' इस प्रश्न का संबंध सबसे पहले आत्मनिरीक्षण से है। भारतीय समाज में सामंती मानसिकता की प्रधानता के कारण यह हमेशा कठिन रहा है, पर जरूरी है।

हमें जिन चीजों से परेशानी होती है, सबसे पहले यह देखने की जरूरत है कि क्या वे हमारे अंदर भी हैं। इकबाल ने कहा है, 'अपने मन में डूबकर पा जा सुराग-ए-जिंदगी/तू अगर मेरा नहीं बनता न बन, अपना तो बन।' आत्मनिरीक्षण पुनर्निर्माण की ओर बढ़ा पहला कदम है। इसमें तकलीफ होती है, पर अपनी जड़ता से मुक्ति अंततः एक आनंददायक चीज है। दास्तोवस्की ने कहा था, 'सबसे समझदार व्यक्ति वह है, जो महीने में कम से कम एक बार अपने को मूर्ख कहता है।' दरअसल अपने पर हँसना भी सीख लेना चाहिए। हालत यह है कि प्रभुत्व की एक न एक सीढ़ी पर खड़ा आज का सभ्य आदमी अपनी हर रुचि, विचार और आचरण को श्रेष्ठ समझता है। इस तरह आत्मनिरीक्षण का प्रधान शत्रु आत्मविमुग्धता है, जिससे अधिक नुकसानदेह कुछ भी नहीं।

आत्मनिरीक्षण या आत्मालोचन का अर्थ अपना निषेध करना नहीं है, अपनी जड़ीभूत बौद्धिक पूर्वदशा का अतिक्रमण करना है। भारतेंदु हरिश्चंद्र का एक राजभक्त से 'अंधेर नगरी' (1881) की चेतना तक पहुंचने का क्या अर्थ है? मार्क्स ने 1853 में भारत के बारे में लिखते हुए उपनिवेशवाद का औचित्य बताया था। लेकिन आगे चलकर 1857 को देखने के बाद उन्होंने पहले से एकदम भिन्न कहा और अपने को सुधारा। उन्हें शर्म नहीं आई।

हट जाइए, धूप आने दीजिए

ग्रीक दार्शनिक सुकरात ने कहा था, 'आत्मनिरीक्षण सभी नैतिक सत्यों की बुनियाद है।' यह कठिन काम है। आखिर कोई कैसे अपने ही मस्तिष्क में घुसकर जांच-परख करे, घटनाओं की अधिक वस्तुनिष्ठता से व्याख्या करे और जीवन के उद्देश्यों को एक बड़े परिप्रेक्ष्य में समझे। यह सब कठिन है, फिर भी सभ्यता के हर मोड़ पर लोगों ने आत्मनिरीक्षण किया है, क्योंकि इसके बिना पुनर्निर्माण संभव नहीं है। 'कठोपनिषद' में नचिकेता अपने पिता बाजश्रवा की संकुचित भौतिकवादी दृष्टि से असंतुष्ट होता है, क्योंकि वे लोभ और क्रोध से भरे हुए थे। नचिकेता अपने समय में बह जाने की जगह प्रश्न करता है, क्योंकि उसे ज्ञान चाहिए। वह बेझिझक मृत्यु के सामने खड़ा होता है। नचिकेता का अर्थ है, न-चि-केता, अर्थात यह जानना कि वह नहीं जानता है!

एथेंस में जब देववाणी हुई कि सुकरात सबसे बड़ा ज्ञानी है तो सुकरात ने इसकी व्याख्या करते हुए यही कहा कि देववाणी का अर्थ है, 'मुझे यह ज्ञान है कि मैं कुछ नहीं जानता हूँ।' जो ज्ञानी है, वह वस्तुतः यही जानता है कि वह कितना कम जानता है। छोटी मछलियां ज्यादा उछलती हैं!

जेम्स ज्वायस ने अपनी एक कहानी 'ए पेनफुल स्टोरी' में एक चरित्र के संबंध में कहा था, 'वह अपनी देह से एक दूरी पर रहता था।' आज कहा जा सकता है कि आदमी अपनी देह के बाहर निकलना नहीं चाहता। उसका दिमाग आधा सो गया है। स्मार्ट फोन उसके पास है, पर वह खुद अपने पास नहीं है। वह परवश है, वस्तुतः अपने आपसे 'डिसकनेक्ट' हो गया है! ऐसे में जरूरत होती है कि वह देखे- कैसे सांस ले रहा है, किस तरह जी रहा है। वह किसी भी तरह से अपने को पकड़े, ताकि खो न जाए!

राजसी वैभव के साथ आए सिकंदर ने डायोजनीज से पूछा, 'मैं आपके ज्ञान का सम्मान करने आया हूं। कहिए, क्या करूं?' दार्शनिक ने विनम्रता से कहा, 'यहां से हट जाइए, धूप आने दीजिए!' ज्ञान के वैभव के सामने धनबल और बाहुबल का वैभव फीका पड़ गया था। जैसा डायोजनीज था, वैसा ही उपनिषदकालीन गाड़ीवान रैक्व भी था। यदि आज थोड़े से सुख, सम्मान या पुरस्कार के लिए इतनी रणनीतियां और चुप्पियां हैं तो यह सब इसका लक्षण है कि शिक्षा तथा साहित्य

के संसार में दोपहर में अंधेरा है। किताबें बहुत ज्यादा हैं, पर ज्ञान की कमी हो गई है।

स्मार्ट बहुत हैं, संवेदनशील कितने हैं?

आज के शिक्षित लोग कैसे हैं? आज पढ़ा-लिखा या ज्ञानी होने का अर्थ है, अच्छी नौकरी मिलते ही सबसे पहले एक बड़ी कार खरीदना, साधारण जनों से मिलना-जुलना बंद कर देना और तड़ातड़ 'अदर' निर्मित करना तथा उसको शत्रु घोषित करना। अब आदमी अपनी योग्यता की जगह अंधी वफादारी के बल पर कुछ पाना चाहता है। वह हर चमकती चीज के पीछे दौड़ता है। वह न सिर्फ आधुनिकता-विवेक, बल्कि परंपरा-विवेक भी खोता जा रहा है।

देश में राजाश्रय में रहने और राजाओं द्वारा पुरस्कृत होने को गौरव से देखने की परंपरा पुरानी है। राजा जनक ज्ञानियों के अखाड़े में जब याज्ञवल्क्य के ब्रह्मज्ञान से प्रसन्न हो गए, उन्होंने स्वर्ण जड़े सींगों वाली एक सौ दुधारू गायों का उपहार दिया। याज्ञवल्क्य ने अपने शिष्यों से कहा, 'ये गाएं घर ले चलो, ये मुझे चाहिए।'

याज्ञवल्क्य से उनकी विदुषी पत्नी मैत्रेयी भिन्न हैं। दोनों के बीच एक संवाद से पता चलता है कि प्राचीन क्लासिकल साहित्य में लोभ से विमुखता के भी वृत्तांत हैं। जब याज्ञवल्क्य मैत्रेयी को धन देना चाहते हैं, वह कहती है, 'धन से कभी मनुष्य की तृप्ति नहीं हो सकती। जिस चीज से मैं अमृतमयी नहीं हो सकती, वह लेकर मैं क्या करूँगी।' (बृहदारण्यक उपनिषद)। आज बाजार ने आदमी के लोभ का विस्तार धरती से आसमान तक कर दिया है। पब्लिक भी उसे ही श्रेष्ठ और महान मानती है, जिसने सही-गलत करके प्रबंध-पटुता से प्रचुर धन, उच्च सत्ता और तात्कालिक यश प्राप्त कर लिया है।

भक्त कवियों ने उदार भूमि पर धार्मिक चिंतन किया था। उन्होंने देखा था कि धार्मिक आदमी जितना अधिक कर्मकांडी है, उसका 'स्व' उतना छोटा है। इसलिए उन्होंने धार्मिक दिखावा की जगह ईश्वरानुभूति पर जोर दिया। वे आत्मनिरीक्षण करते हैं। सूर का उदाहरण लें, वे अपने कई पदों में बेहिचक कहते हैं कि वे लोभी, विषयासक्त, कुटिल और नासमझ हैं। उन्होंने न कभी कोई त्याग किया और न जरा भी अध्ययन किया। वे इस तरह की बात बार-बार कहते हैं, 'मो सम कौन कुटिल खल कामी।' क्या सूरदास ऐसे थे? यदि नहीं, तो इस तरह

क्यों कह रहे थे? सूर ने 'मैं' को सामाजिक आत्मालोचन का जरिया बनाया। वे अपने जमाने की बुराइयों के बारे में कह रहे थे और सभी के 'पापों' का भार अपनी चेतना पर ले रहे थे। आज भी वैसे ही कलेजे की जरूरत है कि लोग देखें- वे कितने स्वच्छ और कितने कुटिल हैं, कितने त्यागी और कितने लोभी हैं, कितने सामाजिक और कितने स्व-केंद्रित हैं।

यह प्रश्न आज किया जाना चाहिए, स्मार्ट बहुत हैं, संवेदनशील कितने हैं?

क्या सिद्धांत विचारों के लिए जेल है

हमने देखा है कि 20वीं सदी में सबसे ज्यादा सिद्धांत बने। वह सिद्धांतों की सदी थी और इनके चूर-चूर होने की, 'पोस्ट थियरी' की भी। नए-नए पर्यवेक्षण के आधार पर बने सिद्धांत बताते रहे हैं कि कुछ भी क्यों घटित हो रहा है और क्या किया जाए। सिद्धांत बने और चूर-चूर हुए, इसका यह अर्थ नहीं है कि वे बेकार थे। सिर्फ यह कहा जा सकता है कि हर सिद्धांतकार के पर्यवेक्षण की अपनी सीमा थी। दुनिया की सारी चीजों का आकाश किसी खास पर्यवेक्षण में समा पाना संभव नहीं है।

कई बार कोई खास सैद्धांतिक सोच आकार लेना शुरू करती है कि चीजों के अस्थिर चरित्र से टकराकर टूट जाती है। यह भी देखा गया है कि कई सिद्धांत अपना एक कठोर राजनीतिक केंद्रवाद बना लेते हैं, उनमें खुलापन नहीं होता। वे अंधविश्वास का रूप ले लेते हैं। इतिहास गवाह है कि कई बड़े सिद्धांत बने थे, पर दुनिया उन्हें संभाल नहीं सकी। क्योंकि कुछ समय बाद ही सिद्धांत और आचरण में भारी फर्क आ गया- एक भिन्न यथार्थ सामने आ गया।

मनुष्य एक इंद्रियपरायण प्राणी है, वह फिसलता है। इसके अलावा, दुनिया के बदलने की रफ्तार सिद्धांतों के बनने और अमल में लाने की रफ्तार से तेज है। खासकर वैश्वीकरण, आर्थिक सुधार और तकनीकी क्रांति ने दुनिया को एक बेहतर जगह बनाने का स्वप्न दिखाकर आज इसे एक खूबसूरत नरक में बदल दिया है, जो अनंत है। इसमें सिद्धांत के लिए कोई जगह नहीं है।

देखा जा सकता है कि जब सिद्धांत अर्थहीन हो उठते हैं, समाज विघटित और बाजार संगठित होने लगता है। सबकुछ विकाऊ हो जाता है, भीड़ ही सबकुछ होती है। ऐसे में अनगिनत व्यक्ति अकेले हो जा सकते हैं। उनका अकेला होना बहुत

अर्थ रखता है, बल्कि अकेला होना ही तर्कपूर्ण हो जाता है।

क्या सिद्धांत विचारों के लिए एक जेल है? यदि सिद्धांत में खुलेपन और पुनर्गठन के लिए स्पेस नहीं है तो वह एक जेल है। किसी सचमुच की नई साहित्यिक कृति का लिखा जाना जेल तोड़कर बाहर निकलना है। लेखक कई बार संसार को बदलना चाहता है, पर अपनी पुरानी धारणाओं और कल्पनाओं से बाहर निकलना नहीं चाहता। वह अपनी बनाई जेल नहीं तोड़ना चाहता, जबकि उसके सामने चुनौतियां नई होती हैं। कई राजनीतिज्ञ तो जनता को जगाते-जगाते खुद बीच रास्ते में सो गए!

जब भाषाओं तक पहुंचता है ध्वंस

निरंतर आत्मजागरूक रहने के लिए अपने को और अपनी सोच को थोड़े-थोड़े समय बाद जांचते-परखते रहना जरूरी है। इससे बेहतर आत्मबोध के अलावा, सामाजिक संबंधों और लक्ष्यों का विस्तार होता है। टालस्टाय की एक कथा में है, एक भिखारी जिस जगह बैठकर भीख मांगता था, कभी नहीं जान पाया कि उसके नीचे वस्तुतः सोने का बर्तन था!

आत्मनिरीक्षण तभी संभव है, जब 'आत्म' बचा हो। 20वीं सदी में आधुनिकीकरण और वैश्वीकरण के विविध रूपों ने 'आत्म का संकट' पैदा किया। मनुष्य मशीनों, उपभोक्ता वस्तुओं और संकुचित राजनीतिक स्वार्थों से घिरता गया तो 'आत्म का संकट' बढ़ता गया। औपनिवेशिक युग के 'हम और वे' ने धर्म, जाति, प्रांतीयता आदि के संदर्भ में अपना उत्तर-औपनिवेशिक नवीनीकरण किया। इतिहास अफवाहों से भर गया। इसके बावजूद, 20वीं सदी में ऐसे साहित्यिक और सामाजिक उदाहरणों की कमी नहीं है, जहां भारत का आत्मान्वेषण दिखता है। लोगों में आलोचनात्मक सोच की प्रवृत्तियां मिलती हैं, जहां नियति से मुठभेड़ है और 'आत्म का पुनर्निर्माण' संभव हुआ है।

दरअसल औपनिवेशिक-सामंती ताकतों द्वारा देश में बड़े स्तर पर जो ध्वंस घटित हुआ था, उसका प्रसार स्मृतियों से लेकर स्वप्नों तक था। वह ध्वंस हमारी भाषाओं तक पहुंचा। भाषाओं के ध्वंस से तात्पर्य है तर्क शक्ति और कल्पनाशीलता का ध्वंस, शब्दों के अर्थ का ध्वंस। हम पाते हैं कि ऐसे समय में भी समाज और साहित्य दोनों जगहों पर तरह-तरह से इस संकट का सामना करने की कोशिश हुई

है। ध्वंसों के बीच पुनर्रचना के प्रयास हुए हैं।

पूंजीवादी सभ्यता ने समाज के रिश्तों को छिन्न-भिन्न कर लोगों को मॉब, डार्क मासेज और उन्मत्त झुंड में बदलना शुरू कर दिया था। सभी किस्म के ऊँचे आदर्श छिन्न-भिन्न होने लगे थे। मुक्तिबोध की 'एक साहित्यिक की डायरी' लगभग ग्रीक संवाद की शैली में है। इसमें वे प्रश्न करते हैं कि इन वर्षों में सबसे बड़ी भूल कौन-सी हुई? फिर खुद जवाब देते हैं, 'राजनीति के पास समाज सुधार का कोई कार्यक्रम न होना। साहित्य के पास समाज सुधार का कोई कार्यक्रम न होना। सबने सोचा, सामान्य बातें करके सिर्फ और एकमात्र राजनीतिक और साहित्यिक आंदोलन के जरिए वस्तुस्थिति में परिवर्तन कर सकेंगे।' सभी ने अधूरा छोड़ दिया समाज सुधार की परियोजना को। सभी ने शार्ट कट चुना। वे भाषा के ध्वंस को नहीं रोक सके। वे उसका हिस्सा बन गए, क्योंकि 'आधुनिक सभ्यता के वन में व्यक्तित्व-वृक्ष सुविधावादी' होते गए! क्रांति के बुलेट गुलाब की पंखुरियों में गल गए!

आधुनिक दृष्टि खो दी, उत्तर-आधुनिक अंधापन छा गया

आधुनिक लेखिका महादेवी वर्मा की पंक्ति है, 'अलि मैं कण-कण को जान चली। सबका क्रंदन पहचान चली।' उत्तर-आधुनिक विमर्शों में 'सबका क्रंदन' पहचानने के लिए 'स्पेस' नहीं रह गया। स्त्रीवाद, दलित विमर्श तथा अन्य विमर्शों ने 'सफरिंग' को अपने-अपने सामुदायिक खाने में सीमित करके देखा। इन्होंने हाशिए की पीड़ा को 'कण-कण' की सामाजिक चेतना से जोड़ने की कोशिश नहीं की। वस्तुतः आधुनिकता और उत्तर-आधुनिकता की विपरीतावस्था ने उत्तर-आधुनिकता का नुकसान किया, अंततः उत्तर-आधुनिकता भी पाखंड में बदल गई।

देखा जा सकता है कि उत्तर-आधुनिकता, उत्तर-औपनिवेशिक सिद्धांत और विमर्शवाद ने आज हमारे समाज को जिस हिंसक मोड़ पर, बंद गली में खड़ा कर दिया है उसकी बुनियाद में आत्मनिरीक्षण, संवाद और पुनर्निर्माण की प्रवृत्तियों का कमजोर पड़ना है। यह आधुनिकता के अंध-विरोध, बंधुत्व, बुद्धिवाद, भारतीय राष्ट्रीयता, लोकतंत्र, प्रगतिशीलता आदि आधुनिक दृष्टियों से त्यागपत्र का नतीजा है।

कहा जा सकता है, सभी विमर्श-महाविमर्श पोस्ट-माडर्न हैं। इनका आधुनिकता

से लेना-देना नहीं है। आधुनिक दृष्टियों में 'हाशिया' की उपेक्षा की गई थी- स्त्रियों, दलितों, आदिवासियों और कई अन्य मामलों की उपेक्षा की गई थी। इसलिए नई आवाजों की जरूरत थी। इसके एवज में आधुनिकता की तर्क शक्ति, कल्पनाशीलता, सुधारवाद और मानवता के ऊंचे आदर्शों को खो देना कतई बुद्धिमत्तापूर्ण न था।

पिछले करीब चार दशकों से 'भिन्नता' के जो उत्तेजनापूर्ण सैद्धांतिक विमर्श तैयार हो रहे हैं, उनकी वजह से समाज में 'साझापन', 'साझा सच', कॉमन प्लेस खोता जा रहा है। यह अंततः राष्ट्रीय आत्मघात है। आज हमारा समाज बौद्धिक गत्यवरोध का शिकार है। वह मतांधताओं में फंसा हुआ है और हिंसा का मैदान है।

आधुनिक दौर में एक और चीज सामने आई थी- 'आत्मस्वीकारोक्ति', अर्थात इसका बोध कि हम दिशाहारा हो गए हैं। साठ के बाद के आधुनिक साहित्य में क्षयशील हो चले इतिहासबोध, आक्रामक हो उठे बड़े संगठन और खोखली विचारधाराओं से खुले विद्रोह का स्वर है। इस काल के साहित्य में प्रधानता व्यवस्था से आक्रोश और उसे निर्भीकतापूर्वक एक्सपोज करने की है।

राजकमल चौधरी ने 'मुक्तिप्रसंग' की भूमिका में एलेन गिंसबर्ग की 'हाउल' कविता से एक उद्धरण देते हुए लिखा है, 'मैंने अनुभव किया है, स्वयं को और अपने अनुभव को मुक्त किया जा सकता है।... इस अनुभव के साथ ही, दो समानधर्मा शब्द (हैं)- जिजीविषा और मुमुक्षा (मुक्ति कामना)।... सती वर्तमान के अग्नि जर्जर शव को अपने कंधों पर मैं शिव की तरह धारण करता हूँ। मैं इस शव के गर्भ में हूँ और शव मेरे कंधे पर है। इसकी विकृति, बीभत्सता और दुर्गंधों में मुझे जीवित रहना ही पड़ेगा।' वर्तमान एक अग्निदग्ध शव है, पर इस शव के गर्भ में ही नियति से मुठभेड़ करते हुए व्यक्ति का स्व है।

इसका अर्थ है, एक समय तक 'व्यक्ति' की मृत्यु नहीं हुई थी, लोगों में संघर्ष का माद्दा और मानवीय स्वाभिमान था। लेखकों में 'आत्मस्वीकारोक्ति' के साथ 'मुक्ति की कामना' थी। वे नया पथ पा नहीं सके थे, पर खोज रहे थे।

हम देख सकते हैं कि 21वीं सदी में मानवीय स्वतंत्रता और स्वाभिमान की रक्षा एक नुकसानदेह मामला है। पोस्ट-माडर्न व्यक्ति को येन-केन प्रकारेण सत्ता-व्यवस्था में हिस्सा चाहिए, भ्रष्टाचार में हिस्सा चाहिए और

बहुत अधिक सुख चाहिए, चाहे इसके लिए धर्म, जाति, प्रांतीयता के आधार पर जितना अधिक संकीर्ण होना पड़े और जिस हद तक गुलामी मंजूर करनी पड़े।

पोस्ट-माडर्न को आत्मान्वेषण, आत्मसंघर्ष, आत्मस्वीकारोक्ति, आत्मनिरीक्षण, आत्मशोध, आत्मसुधार के मार्ग पर नहीं चलना है, क्योंकि ये आलोचनात्मक सोच की ओर ले जाते हैं। ये कई बार अकेलेपन की ओर ले जाते हैं, जबकि मुक्ति हिंसक सामुदायिक झुंड में है। आज किसी को अकेला हो जाना पसंद नहीं, भले हर संबंध आज एक रणनीतिक गठबंधन हो। पोस्ट-माडर्न विमर्शवादियों की मुक्ति कूपमंडूकता में है, सुखवाद में है, सामूहिक हुल्लड़ में है। उनके पास सभ्यता के पतन को लेकर, धार्मिक कट्टरता को लेकर, बेरोजगारी को लेकर या मनुष्य और मनुष्य के बीच बढ़ती विषमता को लेकर कोई चिंता नहीं है। लोग दृष्टिकोण के स्तर पर जरा भी माडर्न नहीं हो पाए और पोस्ट-माडर्न हो गए!

यदि आत्मनिरीक्षण नहीं है तो यह बौद्धिक आत्मक्षय है

प्रेमचंद ने 'हंस' के आत्मकथा अंक (1932) में लिखा था, 'एक आदमी अपने जीवन के तत्व आपके सामने रखता है, अपनी आत्मा के संशय और संघर्ष लिखता है, आपसे अपनी बीती बात कहकर अपने चित्त को शांत करना चाहता है, आपसे अपील करके अपने उद्योगों के औचित्य पर राय लेना चाहता है।' ऐसी आत्मजीवनियों में आत्मसंशय रहा है, लेखक 'सेल्फ क्रिटिकल' रहे हैं। उनकी स्मृतियों का कल्पना और नवोन्मेषों से संबंध रहा है। एक युग तक आत्मकथाएं होमोजीनियस नहीं थीं। जितने तरह के लेखक हैं- गांधी, उग्र, यशपाल, अमृता प्रीतम, हरिवंश राय बच्चन, मन्नू भंडारी, मैत्रेयी पुष्पा, ओम प्रकाश वाल्मीकि, तुलसीराम- उतनी तरह की आत्मकथाएं हैं। हर आत्मकथा अनोखी है।

हम पिछले कुछ दशकों की दलित और स्त्री आत्मकथाओं में लेखकों का स्वानुभव पाते हैं। उनके ऊपर हुए सामंती अत्याचारों के चित्र पाते हैं। वे आप बीती बातें कहते हैं, विमर्श यहां तक ठीक हैं। ये आधुनिकता में दबी चीखों को उद्घाटित करते हैं। यह एक बड़ी क्षतिपूर्ति है- जो लगातार सुनते आ रहे थे, उनका बोलना। लेकिन ऐसे विमर्श तब विमर्शवाद बन जाते हैं, जब दो चीजें प्रतिबंधित हो जाती हैं। पहली चीज, आत्मसंशय और दूसरी चीज, मनुष्य की पीड़ाओं के

बीच पुल। कई बार विमर्शवाद उत्तेजनात्मक भिन्नता-प्रदर्शन से भिन्न नहीं होता। उसे अपने सामुदायिक सरोकार से बाहर की चीजों के बारे में जानना जरूरी नहीं लगता, उन चीजों का अंधाधुंध नकार काफी होता है। दरअसल विमर्शवाद विचारहीन विमर्श है। विमर्शवादी व्यक्ति तालाब में जहाज पकड़ना चाहता है।

धर्म, जाति, जेंडर आदि के आधार पर विमर्शवादी लेखन में प्रकृति गायब है, प्रेम गायब है, विस्तृत सौंदर्यबोध गायब है, और सिर्फ घृणा का राज्य है।

आज के अधिकांश विमर्शों में अपने आप से प्रश्न नहीं है, अपने से आवश्यक सृजनात्मक दूरी नहीं है। बल्कि आत्मग्रस्तता है, आत्म-औचित्यीकरण और एक हद तक व्यक्तिवाद है। किसी भी तरह का स्वार्थ जब सिर उठाता है, विवेक पैरों तले होता है। एक और बात है, इतिहास को खलनायक बना दिया जाता है और नायक पूजा होती है। सबके अपने-अपने नायक होते हैं। सबका अपना-अपना बौद्धिक कारागार होता है।

ऐसे विमर्शों-महाविमर्शों ने ज़ाति, जेंडर, धर्म और प्रांतीयता के आधार पर अपनी-अपनी लोकप्रियतावादी राजनीति खड़ी करने में जरूर सफलता पाई है, अपना मार्केट भी बनाया है, लेकिन समाज में दावानल की तरह फैली 'भिन्नता' और 'घृणा' की कीमत पर, एक वैश्विक व्यापारिक उत्पीड़न के सामने निस्सहाय बनाकर और धार्मिक कूपमंडूकता में वृद्धि का अवसर देकर। घृणा के तवे को गरम रखना वस्तुतः विभिन्न समुदायों के एलीट वर्गों के हित में गया है। उल्लेखनीय है कि विमर्शों में बाजारवाद, सांप्रदायिकता, भ्रष्टाचार, धार्मिक अनिश्चितता, मानवीय मूल्यों के क्षय जैसी कई समस्याएं बाहर रह गई हैं।

विमर्शवादी सोच हर बिंदु पर पृथकता का संदेश देता है और किसी बिंदु पर अ-पृथकता का नैरेटिव नहीं बनता। वह आत्ममोह में अंततः एक व्यापक बौद्धिक क्षय का हिस्सा बन जाता है। यह सोचने का वक्त आ गया है कि जहां आत्मनिरीक्षण नहीं होगा, वहां बौद्धिक आत्मक्षय एक स्वाभाविक घटना है।

सैद्धांतिक कट्टरवाद और आत्मनिरीक्षण एक साथ संभव नहीं है

एक समय मनुष्य-मनुष्य में भेद पैदा करने वाला हर दृश्य लेखक को व्यथित करता था। सिर्फ लेखक ही नहीं, शिक्षक, वकील, ऑफिस कर्मचारी, छोटे व्यापारी भी संवेदनशील थे। उनमें देश के महान कवियों-लेखकों और अन्य उदार

व्यक्तित्वों के प्रति आदर भाव था। वे सामाजिक अन्याय को सिर्फ अपने समुदाय के साथ होने वाले अन्याय तक सीमित करके नहीं देखते थे। वे समसमय की कई समस्याओं को देखकर विचलित होते थे। उन्होंने देश-विभाजन, स्वाधीनता के स्वप्नभंग, कृषकों की पीड़ा, सामाजिक विषमता, उद्योगीकरण के बुरे प्रभाव, उपभोक्तावाद, मध्यवर्ग की विडंबना जैसी कई समस्याएं उठाई थीं। वे आपस में संवाद करते थे।

एक समय विश्व परिदृश्य ऐसा था कि साहित्य और चिंतन को कहीं बांधकर रखना संभव नहीं था। 'दार्शनिक' और 'ऐतिहासिक' के बीच संबंधविच्छेद नहीं हुआ था। अब हालत यह है कि किसी को अपने कुएं से बाहर नहीं निकलना है, जबकि दुखों के पहाड़ रो रहे हैं।

आत्मनिरीक्षण में किसी भी किस्म का अहं, कट्टरता या उच्चताबोध बाधक होता है। क्या इस देश में आत्मनिरीक्षण संभव है? जहां लोग यह सोचते हों कि सारे दोष दूसरे लोगों में हैं, उन्हें जरा भी नहीं सुधरना है, क्या वहां कभी लोकतंत्र आ सकता है? सैद्धांतिक कट्टरवाद पुरानी डफली-पुराने राग से बाहर आने नहीं देता।

आदमी का लोभ और भय भी आत्मनिरीक्षण में बाधक है। ज्ञान की खोज संदेह के बिना संभव नहीं है। इसके लिए कई बार अपने ऊपर भी संदेह करना पड़ता है। खासकर लोकतंत्र में दूसरों की आलोचना करने के साथ आत्मालोचना भी करते रहना चाहिए। आत्मालोचना का अर्थ 'मुझसे बुरा न कोय' की धारणा नहीं है, 'दिया तले अंधेरा' हो सकता है।

कई बार कहा जाता है कि बुद्धिजीवियों और उदात्त बौद्धिक गतिविधियों का युग बीत गया है। कभी असहमति या आलोचना अच्छी चीज मानी जाती थी, शांतिपूर्वक सुनी जाती थी। कई लोग अपने को सुधारते थे। आज किसी की नजर अपनी कमियों पर नहीं है, इतनी आत्ममुग्धता है। कोई अपनी आलोचना सुनना नहीं चाहता।

दरअसल किसी भी राह पर अंधा होकर चलने से अंततः मुंह के बल गिरना पड़ता है। खासकर जब भारतीय समाज विविधता से भरा है, उसमें सोच को कठोर फ्रेम से बाहर निकालना जरूरी है। लक्षित किया जा सकता है कि आधुनिकता में हर व्यक्ति को केवल मनुष्य के रूप में देखा गया, तो उत्तरआधुनिकता में मनुष्य

को ब्राह्मण-पिछड़ा-दलित में, स्त्री-पुरुष में, हिंदू-मुसलमान-ईसाई में या बाहरी-भीतरी के रूप में। लोगों को एक न एक 'हम-वे' में कठोरतापूर्वक बांट दिया गया। अभी पूरा देश एक बर्निंग ट्रेन है। इस तरह आधुनिकता में समस्याएं थीं, तो उत्तर-आधुनिकता में भी समस्याएं पैदा हुईं।

हमारा 'क्रिटिकल सेल्फ' ही हमें बचा सकता है

देवी प्रसाद मिश्र की एक पुस्तक है 'मनुष्य होने के संस्मरण'। इसके शीर्षक से बोध हो जाता है कि हमारा मनुष्य होना अब एक संस्मरण होता जा रहा है। हम भूलते जा रहे हैं कि एक परंपरागत 'प्रदत्त अस्मिता' के बावजूद हम मनुष्य हैं, नागरिक हैं और हमारी एक 'अर्जित अस्मिता' भी है। हमलोगों पर इधर नकारात्मक स्मृतियों ने तेज हमला किया है। जाहिर है, इन स्थितियों में एक 'क्रिटिकल सेल्फ' ही हमें विडंबनाओं से बचा सकता है। उपर्युक्त पुस्तक से वर्तमान सामाजिक विडंबना से संबंधित एक उद्धरण है :

'फिल्म इतनी बुरी थी कि मैंने सोचा इस सीन के बाद निकल जाऊंगा।

लेकिन मैं बैठा रहा और सोचा कि चलो, अगला सीन अगर ठीक नहीं हुआ तो निकल ही जाऊंगा।

अगला सीन पिछले से भी बुरा निकला, लेकिन मैंने सोचा कि थोड़ा इंतजार कर लेता हूँ।

लेकिन फिल्म ठीक होती नजर नहीं आती थी।

अंततः मैं एक भयानक फिल्म को पूरा देखकर ही निकला।

मैंने यह छूट सिनेमा ही नहीं, सरकार को भी दी। मैंने उसके बेहतर होने का इंतजार किया।

बाजार को भी मैंने यह छूट दी। मैंने उसके कम बिगड़ने का इंतजार किया।

मैंने राजनीतिज्ञों को छूट दी। मैंने उनके कम झूठे, कम फासिस्ट होने का इंतजार किया।

अब आपसे क्या छिपाना, मैंने खुद को भी बहुत छूट दी।'

भारत के समाजों में सोचने और आत्मनिरीक्षण की प्रवृत्ति प्राचीन काल से रही है, लेकिन इन दिनों 'अदर' की राजनीति के कारण हालत काफी बदल गई है।

सामुदायिक राजनीति से घिरे लोगों की सोच में कठोर फ्रेम बन गए हैं। जीवन में ऐसे रूपक छा रहे हैं जो तथ्यों से विच्छिन्न करके कुतर्कों से आच्छादित संसार में ले जाते हैं। फलतः 'तर्कपूर्ण' दब जाता है, 'उत्तेजनापूर्ण' को लाउडस्पीकर मिल जाता है। सच दब जाता है, चापलूसी फलदार वृक्ष बन जाती है। अपराध जेहाद या धर्मयुद्ध माने जाने लगते हैं। ऐसी स्थितियों में बौद्धिक आत्म सतर्कता जरूरी है। ऐसे दौर में इतिहास, धर्म, संस्कृति, राजनीति, मुक्त बाजार-व्यवस्था, आधुनिकता, उत्तरआधुनिकता, सबाल्टर्नवाद, विमर्श आदि सभी मामलों में आलोचनात्मक आत्मनिरीक्षण जरूरी है। जहां आत्मनिरीक्षण नहीं है, वहां प्रतिरोध रेत की तोप है।

कहना न होगा कि आत्मनिरीक्षण का लक्ष्य अपने को मिटाना नहीं है, नई चुनौतियों के बीच पुनर्निर्माण है। यह हमेशा दूसरों पर दोष मढ़ने की प्रवृत्ति से बाहर निकलकर अन्यायों और गलतियों को एक बड़े परिप्रेक्ष्य में देखना है। यह लोगों का ध्यान विभाजित करने के उत्तर-आधुनिक खेल से एक अलग चीज है। आज तात्कालिक फायदे की सोच से बाहर निकलना बड़ा कठिन है, पर आत्मनिरीक्षण का जोखिम उठाने के अलावा कोई रास्ता नहीं है। सुधरो या मिटो!

निश्चय ही टब में बच्चे को नहलाने के बाद पानी फेंकते हैं, बच्चे को नहीं फेंक देते!

मई 2023

पश्चिमी नजर में धार्मिक भारत

यह देखना रोचक होगा कि पश्चिमी बुद्धिजीवियों ने भारत को किस नजरिये से खोजा और इस देश को एक राजनीतिक ही नहीं, धार्मिक नक्शा भी दिया। उन्होंने भारत के बारे में यात्रा वृत्तांत लिखे थे, व्याख्यान दिए थे और चमकदार जिल्दों में अनगिनत रोचक पुस्तकें छपाई थीं। कभी ये पुस्तकें अभिजात राजाओं-जमींदारों की ही नहीं, अंग्रेजी-शिक्षित भारतीय बुद्धिजीवियों की भी अलमारियों की शोभा होती थीं। वे इन्हें पढ़कर अपने बारे में जानते थे और किसी न किसी रूप में साम्राज्यवाद के प्रति कृतज्ञता स्वीकार करते थे। यह परंपरा आज भी बनी हुई है- यह बौद्धिक परजीविता है।

पश्चिम में भारत को जानने की होड़ थी

जर्मन दार्शनिक जोहान हर्डर (1744-1803) ने भारत को दुनिया का एक ऐसा प्राचीन देश कहा था, जहां 'मनुष्यता का बचपन' था। वे गेटे के मित्रों में थे। उन्होंने भी विलियम जोंस द्वारा अनूदित 'शाकुंतलम्' पढ़ा था। हर्डर के बाद इस तरह के विचार आने शुरू हुए कि भारत की सभ्यता में शिशुता है। भारत के लोग अबोध हैं- इनोसेंट हैं। यह तर्क उन्हें यहां पहुंचाता था कि भारतवासियों को पश्चिम से बहुत कुछ सीखना है- अपनी अबोधता को बोधता में बदलना है! जाहिर है, पश्चिम ने भारत को सिर्फ उपनिवेशवाद नहीं दिया, इसकी सकारात्मक व्याख्याएं भी दीं, जिन्हें कई भारतीय बुद्धिजीवी लंबे समय तक सच मानकर ढोते रहे हैं।

निश्चय ही हम जब यूरोपकेंद्रिक सोच से मुक्त होने की बात करते हैं, हमारा लक्ष्य यूरोपीय श्रेष्ठता के अहं का विरोध करना होता है, पश्चिम की बौद्धिक

उपलब्धियों से नाता तोड़ना नहीं। इसी तरह जब हम अपने देश के जड़ पुनरुत्थानवादी उभारों की आलोचना करते हैं, हमारा लक्ष्य धार्मिक कूपमंडूकता का विरोध करना होता है और इस दंभ से बाहर निकलना होता है कि भारत से ही सारा ज्ञान-विज्ञान दुनिया में फैला। इसका अर्थ भारतीय चिंतन के महान मानवीय तत्वों से नाता तोड़ना नहीं है।

एन्क्वेंटिल-द-पेराँ (1731-1805) एक तरह से पहला महत्वपूर्ण प्राच्यविद था, जिसने पश्चिम को इस देश की उपनिषदों और इनमें व्यक्त धार्मिक उदारवाद से परिचित कराया था। उसकी प्रसिद्धि से विलियम जोंस को जलन थी।

जर्मन कवि गेटे की भी भारत को लेकर ऊंची दृष्टि थी। उन्होंने 'अभिज्ञान शाकुंतलम्' के जोंस द्वारा किए गए अंग्रेजी अनुवाद को पढ़कर बहुत सुंदर शब्द कहे थे, 'यदि तुम यौवन के फूल और प्रौढ़ता के फल और ऐसी सामग्रियां एक स्थान पर खोजना चाहो जिनसे आत्मा तृप्त और शांत होती है, अर्थात- यदि तुम मर्त्य और स्वर्ग को एक स्थान पर देखना चाहते हो तो मेरे मुख से एक नाम निकल पड़ता है-शाकुंतलम्, महान कवि कालिदास की अमर कृति!' यहां ध्यान में रखना है कि हिटलर के शासन में गेटे के महान काव्य 'फाउस्ट' को इसलिए अपमानित किया गया कि गेटे के विचार अंतरराष्ट्रीयतावादी थे।

कूपमंडूकता पर अतीत का एकाधिकार नहीं है

विलियम जोंस संस्कृत की प्राचीन उपलब्धियों की सराहना करते हुए भी कहता था कि भारत का धर्म ऐसा है, धार्मिक कानून ऐसे हैं कि यहां के लोग कभी स्वाधीन नहीं रह सकते। एशिया की जातियां चाहे प्राचीन हों या आधुनिक, वे यूरोपीय जातियों से निम्न हैं। हिंदुस्तानियों में उनके धर्म की वजह से ही लोकतंत्र के विचार नहीं हैं। भारत के जो हिस्से अंग्रेजों के हाथ में आ गए हैं, वे इस समय देश के श्रेष्ठ प्रांत हैं। ईश्वर ने भारत के ये भूखंड अंग्रेजों को वस्तुतः यहां की जनता की खुशहाली के लिए सौंपे हैं।

विलियम जोंस भारत के लोगों से कहते थे कि 'गीता' के पहले जो कुछ लिखा गया है, उसे वे भूल जाएं। वे 'गीता' के पहले का सबकुछ भूलने के लिए कह रहे थे तो मैक्स मूलर वेद के बाद का सबकुछ भूलने के लिए कह रहे थे। यह उच्छेदवाद का औपनिवेशिक रूप था, जिसमें बड़े सूक्ष्म ढंग से कई उच्च परंपराओं को खारिज

करने की प्रवृत्ति दिख सकती है। कई आधुनिक भारतीय लेखकों और बुद्धिजीवियों ने खारिज करने की इस प्रवृत्ति को अपनाया।

18वीं सदी से ही इंग्लैंड, फ्रांस, डच, पुर्तगाल, जर्मनी आदि के प्रतिभासंपन्न विद्वान स्थापित कर देना चाहते थे कि भारत वैसा ही है जैसा वे जानते हैं। कहना न होगा कि प्राच्य के बारे में पश्चिमी सोच और निष्कर्ष लंबे समय तक भारतीय बुद्धिजीवियों पर हावी थे। निश्चय ही वह सिलसिला मिटा नहीं है।

भारत में कूपमंडूकता पर अतीत का एकाधिकार नहीं है। इसमें ऐसे पश्चिमी बुद्धिजीवियों और बौद्धिक उपनिवेशवाद से आक्रांत भारतीय बुद्धिजीवियों का बड़ा योगदान है, जो भारतीय परंपराओं में बुद्धिपरक, लोकतांत्रिक और मानवतावादी तत्व नहीं देख पाते। वे खासकर पिछले 40 सालों से, राष्ट्र को खलनायक बनाकर धर्म, जाति, भाषा, स्थानीयता आदि के आधार पर सिर्फ 'भिन्नता' दिखाते आ रहे हैं, बौद्धिक उपनिवेशवाद का उनपर इतना ज्यादा असर है। इसका नतीजा है कि समाज में उदारवाद घटता गया, कूपमंडूकता बढ़ती गई।

इस देश में उच्छेवाद और कट्टरवाद को मौसेरा भाई समझना चाहिए। आज का हर अंध-बुद्धिवादी किसी न किसी कट्टरता की जमीन पर खड़ा है और हर रूढ़िप्रेमी कट्टरवादी का लक्ष्य कुछ न कुछ का उच्छेद करना है। दोनों तरह के सज्जनों में विभाजनकारी कूपमंडूकता भरी है। इस दौर में विभाजनकारी कूपमंडूकता राजनीतिक हथियार के अलावा एक बड़ा व्यापार है। इसमें ग्लैमर का प्रवेश हुआ है। विभाजनकारी कूपमंडूकता शिक्षा, मीडिया, फिल्म, साहित्य, इतिहास, कला-संस्कृति और पूरी वैचारिक दुनिया में फैली है, जिससे इस देश में मानवीय उदारता की राह कठिन होती जा रही है। दरअसल समावेशी बुद्धिपरकता के बिना लोकतंत्र की रक्षा संभव नहीं है और बड़ा प्रेरणादायक जन-आंदोलन कठिन है। कहा जा सकता है कि अब भी सुधरने का समय बीता नहीं है।

भारत में नस्लवाद का औपनिवेशिक बीज

फ्रेडरिक मैक्स मूलर (1823-1900) का संस्कृत के प्रचार में एक बड़ा योगदान है। उन्होंने अपने मामले को वैदिक मंच पर खड़ा किया। वे इंग्लैंड में रहकर अपना काम कर रहे थे और वहां संस्कृत के सबसे बड़े विद्वान माने जा रहे थे। यह एक विडंबना है कि जो काम संस्कृत के भारतीय पंडितों को करना चाहिए था,

वह एक यूरोपीय विद्वान कर रहा था और अपने हर काम पर औपनिवेशिक छाप भी छोड़ रहा था। यह चिंताजनक है, पर सचाई भी है कि हिंदू धर्म पर ज्यादा खोजपरक चिंतन विदेशी विद्वानों ने किया है।

पश्चिमी विद्वानों में मैक्स मूलर के अलावा यूजिन बरनाफ, मौनियर विलियम्स, विलियम व्हिटनी, आर्थर मैक्डोनल, आर्थर बेरीडेल कीथ आदि के योगदान से बहुत से लोग परिचित हैं। इनके अलावा सैकड़ों अमेरिकी–यूरोपीय विद्वानों में जेम्स फ्रेजर, जेम्स फीजरैल्ड, गेविन फ्लूड, लिंडा हेस, हर्मन टुल, डेविड लारेंजन, शेल्डॉन पोलेक, वेंडी डॉनिगर, पॉल रिचमैन, जॉन स्ट्रेटन हाउले आदि के नाम लिए जा सकते हैं।

मैक्स मूलर ने ऋग्वेद के आधार पर आर्य की अवधारणा प्रतिपादित की थी। इसे 19वीं सदी के उपनिवेशवादी प्राच्यवादियों ने नस्लवाद के रूप में विकसित कर आर्य–द्रविड़ संघर्ष की कल्पना की और सिंधु घाटी से संबंधित कुछ पुरातात्विक साक्ष्य भी खड़े किए। इस तरह उत्तर–दक्षिण भारत के नस्लीय विभाजन की नींव पड़ी। स्पष्ट कर देना उचित है कि खुद मैक्स मूलर नस्लवादी न थे। वे 'आर्य' को इंडो–यूरोपियन संदर्भ में देखते थे, उत्तर भारत (आर्यावर्त्त) के संदर्भ में नहीं।

मैक्स मूलर जर्मनी के थे। प्रमुख यूरोपीय देशों में एकमात्र जर्मनी है जो दुनिया में कहीं उपनिवेश नहीं बना सका था। वह एक समय दर्शन में आगे हो, व्यापार में पिछड़ा था। जर्मनी में जब गृह कलह की वजह से भयंकर गरीबी थी, वहां श्रेष्ठतम आर्यन होने का नस्लीय दंभ जगाया जा रहा था। उस समय भारत में औपनिवेशिक लूट के कारण गरीबी थी। 19वीं सदी में उत्तर भारत के लिए मैक्स मूलर कह रहे थे- तुम आर्यन हो और दक्षिण भारत के लिए राबर्ट काल्डवेल कह रहे थे- तुम द्रविड़ हो!

पौर्वात्यवादियों की विवेचना में आमतौर पर हिंदू धर्म अंधों का हाथी है। जिस विद्वान ने जिस अंश को छुआ, उसे ही वह संपूर्ण मान बैठा या उतने को ही सार्थक समझकर बाकी को बेकार घोषित करने में लग गया। जब कोई विद्वान सत्ता के दृष्टिकोण से किसी धर्म को देखता है, वह इसकी प्रकृति, अंतर्भावना, क्षमताओं और विडंबनाओं को समझ नहीं पाता। उसका अध्ययन उसकी भाषाशास्त्रीय, नृतात्विक और समाजवैज्ञानिक विद्वता की औपनिवेशिक क्रीड़ा भर होता है। वह

पहले अपने उद्देश्य के अनुसार निष्कर्ष सोच लेता है, फिर मनोनुकूल तथ्यों को खोजता और चुनता है तथा बाकी तथ्यों को छोड़ देता है।

वास्तविकता यह है कि प्राचीन भारतीय संकरता (हाइब्रिडिटी), बौद्ध-जैन धर्म और भक्ति आंदोलन ने भारत में आर्य-द्रविड़ का कृत्रिम विभाजन कभी निर्मित होने नहीं दिया था, लेकिन औपनिवेशिक सिद्धांतों के प्रभाव में कई भारतीय सुधारक और बुद्धिजीवी आर्य-द्रविड़ विभाजन को यथार्थ मान रहे थे और संकरता को अस्वीकार कर रहे थे।

कहने की जरूरत है कि इंग्लैंड, फ्रांस, डच, पुर्तगाल आदि उपनिवेशकों की कतार में जर्मनी के शामिल न होने की अंध-राष्ट्रवादी क्षतिपूर्ति काफी देर से हिटलर के रूप में हुई। वह जर्मनों को सर्वश्रेष्ठ और शुद्ध आर्यन कहने लगा था तथा उन्हें दुनिया पर राज करने का सर्वाधिक उपयुक्त अधिकारी मानता था। क्या इस प्रवृत्ति का अंत हो गया?

हिंदू धर्म बहुरेखीय है

मौनियर विलियम्स (1819-1899) को देखें, उन्होंने संस्कृत ग्रंथों के अध्ययन को एक दूसरी दिशा दी। वे आक्सफोर्ड यूनिवर्सिटी में संस्कृत के चेयर पर मैक्स मूलर को हटाए जाने के बाद बैठे थे। जाहिर है, वे संस्कृत ग्रंथ और हिंदू धर्म की परंपराओं के संबंध में भिन्न मुद्दों पर जोर देते, जैसा कि उन्होंने हिंदू धर्म में जाति व्यवस्था, पुरोहितवाद और कर्मकांड को प्रधान धार्मिक तत्व घोषित करके किया। 19वीं सदी में हिंदू धर्म को एकरेखीय ब्राह्मण परंपरा के रूप में परिभाषित करने और इसी वृत्त में उसे समझने की शुरुआत इसी प्राच्यविद ने की थी। उनकी पुस्तक है, 'ब्राह्मणिज्म एंड हिंदुइज्म'। उन्हें हिंदू अज्ञानता के अंधकार में डूबे दिखते थे। उन्हें इनके धर्म में सिर्फ अंधविश्वास दिखता था, तर्क और उच्च मूल्यबोध की कोई परंपरा नहीं मिलती थी, मानो पश्चिमी देशों में अंधविश्वास न हों।

मौनियर विलियम्स ने हिंदू धर्म की व्याख्या 'ब्राह्मणवाद के शक्तिशाली किले' के रूप में करके भारत में सामाजिक विभाजन की बौद्धिक प्रक्रिया को तेज किया। अंग्रेज 1857 के विद्रोह के बाद इसकी जरूरत महसूस करने लगे थे। हिंदू धर्म को ब्राह्मण धर्म मानने का औपनिवेशिक विचार भारत के अंग्रेजी दां अति-बुद्धिवादी बुद्धिजीवियों में भी लोकप्रिय हुआ, जबकि हिंदू धर्म सदा बहुरेखीय रहा है।

अंग्रेजों ने जनसर्वेक्षण में जाति का मुद्दा कैसे उठाया

अंग्रेजों ने भारत में जाति व्यवस्था को प्याज की परतों की तरह सुनिश्चित कर दिया, जिससे धार्मिक व्यवस्था अधिक कठोर हुई। विचित्र यह है कि यह काम एक वैज्ञानिक ने शुरू किया! सर्वप्रथम जेम्स प्रिंसेप (1799-1840) ने बनारस के ब्राह्मणों का जनसर्वेक्षण करके इनके भीतर 107 जातियां खोजीं। उसका मकसद गोत्र, स्थान, कुल आदि के आधार पर श्रेष्ठता-दंभ के विभिन्न स्तर तैयार करना था। 1871 में अंग्रेजों ने उद्देश्यपूर्ण ढंग से जनसर्वेक्षण शुरू किया, तब भारत में जातियों की संख्या 3,208 थी। यह 1881 के जनसर्वेक्षण में 19,044 हो गई। हर्बट रिस्ले ने जनसर्वेक्षण करते हुए कहा था, 'भारत नस्लीय सिद्धांत की सबसे बड़ी प्रयोगशाला है'। (कास्ट्स ऑफ माइंड, निकोलस डिर्क)। निश्चय ही भारत में जाति भेदभाव पहले से था, पर इन उद्देश्यपूर्ण सर्वेक्षणों ने जातिवादी मानसिकता को इतना मजबूत बना दिया और विभाजन बढ़ा दिया कि कोई भाषण भले दे दे, आज जाति के बाहर कुछ भी सोचना बड़ा कठिन है।

औपनिवेशिक अध्ययनों में प्रायः अनदेखा किया गया कि भारतीय परंपराओं में जाति के विरोध में मजबूत आवाजें हैं और यह भी कि जाति से परे भी बहुत कुछ है।

उपर्युक्त उदाहरण से स्पष्ट हो सकता है कि भारतीय समाज में किस तरह नस्ल, जाति और सामाजिक रीतिरिवाज के आधार पर 'भिन्नताओं' का राजनीतिक जहर बोया गया। और 'संबंधों' की उपेक्षा की गई। उपनिवेशकों ने जाति, परंपरा और सभ्यता की जो भारतीय समझ बनाई और भारतीय चीजों को तोड़ा-मरोड़ा और जन-आंदोलनों में फूट डालने की कोशिश की, उन सबका उद्देश्य जनता को कमजोर करके देश की आर्थिक लूट रहा है। बहुराष्ट्रीय कंपनियां उनकी सफल अनुकरणकर्ता हैं। कहना न होगा कि उपर्युक्त चीजों का असर भारत के इतिहास लेखन पर पड़ा है, असहमतियों और प्रतिवादों के चरित्र पर पड़ा है और भारतीय लिबरल सोच पर पड़ा है।

भारत के 12,000 साल का इतिहास कैसा होगा

21वीं सदी में प्रत्यक्ष उपनिवेशवाद नहीं है, पर भारत में 'खंड-खंड करने वाली औपनिवेशिक सोच' हावी है। इसका उपयोग अंध-बुद्धिवादी और कट्टरवादी दोनों

करते हैं। इसका नतीजा है कि मुक्त बाजार व्यवस्था अखंड है जबकि धर्म, जाति, प्रांतीयता आदि के आधार पर भारत का समाज पहले से अधिक विभाजित होता जा रहा है। कहा जा सकता है कि बौद्धिक उपनिवेशवाद की सामाजिक सफलता आज जितनी कभी स्पष्ट नहीं थी। उसके खोदे गड्ढे कभी ठीक से भरे न जा सके। ऐसे में भारत से संबंधित किसी भी चिंतन का प्रधान लक्ष्य होना चाहिए बौद्धिक अन-उपनिवेशन!

दूसरी तरफ, इधर भारत के 12,000 साल का इतिहास लिखने की होड़ है। यह क्रिकेट मैच के आंखों देखा हाल की तरह लिखा जाएगा! इतिहास विज्ञान नहीं है, इसलिए इसमें कुछ भी बो देना आसान है, फसल तो नागरिकों के सिर पर पटकी जाएगी!

इतिहास और राज्य सत्ता के संबंध ने समय-समय पर समाज में कितना जहर नहीं बो दिया! इधर लंबे समय से इतिहास औपन्यासिक क्रीड़ाभूमि रहा है। इतिहास और अपने मनपसंद झूठ का सनसनीखेज मिश्रण करके उपन्यासकार तत्काल लोकप्रियता पाते रहे हैं। इसी तरह कई उत्तेजक फिल्में बनीं। इतिहास को फिल्में और उपन्यास जब राजनीतिक रणभूमि में बदल देते हैं, वे चरम फूहड़ता प्राप्त करते हैं। इतिहास इतना असहाय कभी नहीं था।

इतिहास के अंधे

भारत के प्राचीन लोगों की यह कमी बताई जाती है कि उन्होंने कभी इतिहास को महत्व नहीं दिया। कहा जाता है कि ये अंग्रेज थे, जिन्होंने भारतवासियों को इतिहास की समझ दी। उन्होंने जहां भी राज किया, सबसे पहले वहां का इतिहास लिखा, वहां एक नक्शा बनाया। कहने की इच्छा हो रही है, कई बार इतिहास की किताबों का ज्यादा सामने न रहना अतीत को देखने के लिए एक रोशनी का काम करता है।

भारत के प्राचीन दार्शनिक, भक्त-संत और कवि यदि बौद्धिक स्वतंत्रता के साथ कुछ कह सके, किसी शास्त्र को अंतिम नहीं मानकर 'सनातन' में सृजनात्मक बदलाव ला सके और वे कई बार खुलकर असहमति दर्ज कर पाए तो इसकी मुख्य वजह यह है कि वे किसी इतिहास के अंधे शासन में नहीं थे।

हिंदुओं ने आमतौर पर नहीं सोचा कि उनका इतिहास क्या है और उनकी पहचान

दूसरों से भिन्न कैसे है। वैदिक जनों का साहित्य (ऋग्वेद आदि) सुलभ होने पर भी उनका इतिहास खोज पाना आज तक संभव नहीं हो पाया है। द्रविड़ों का ऐतिहासिक साक्ष्य है (सिंधु घाटी), पर उस काल का उनका साहित्य उपलब्ध नहीं है। इस मामले को समझना चाहिए।

निश्चय ही वे स्वर्ण युग न थे। आंधी-तूफान, वर्षा-बाढ़, लू-ठंड, जंगल-जानवर, नदी-पर्वत, महामारी और ऐसे कई प्राकृतिक अवरोधों से मानव जीवन अशांत रहता होगा। सभ्यता पर बर्बरता बार-बार भारी हो जाती होगी। फिर भी लगभग चार हजार साल पहले से, एक दीर्घ और अविच्छिन्न कालावधि में भारत के लोग हमेशा कुछ नया सोच रहे थे, कल्पना कर रहे थे, याद रख रहे थे और जीवन में बहुत कुछ अच्छा-बुरा घट रहा था। उन सारी घटनाओं को ठीक उनके घटित रूप में जान पाना असंभव है, सरलीकृत निष्कर्ष निकालना भले आसान हो। इतिहास में सेंध लगाकर अपने सीमित मकसद से कई बार जो 'असली तथ्य' सामने लाए जाते हैं, वे झूठ से भी बड़े झूठ होते हैं।

दरअसल हम प्राचीन काल के साहित्य से जो कुछ जानते हैं, वह 'कहे गए, सुने गए और स्मृति में रखे गए' रूप में है। यह भी देखने की जरूरत है कि यहां 'डिजिटल चिप' नहीं हैं कि भौतिक घटनाएं जिन रूपों में घटी थीं, प्राचीन साहित्य में वे उन्हीं रूपों में हों। जाहिर है वैदिक ग्रंथ, रामायण और महाभारत को इतिहास के रूप में पढ़ने पर उनमें कथा ही कथा मिलेगी। यदि उन्हें कथा के रूप में पढ़ा जाए तो संभव है प्राचीन इतिहास की थोड़ी झलक मिल जाए।

हम यहां यूरोपीय पौर्वात्यवादियों (भारत के बारे में विशेष तरह के पश्चिमी ज्ञानी, ओरियंटलिस्ट) की नई पीढ़ियों के बारे में कुछ कहना चाहते हैं, जिन्होंने धार्मिक कथाओं को इतिहास के आख्यानों के रूप में देखना शुरू किया था। इस तरह उन्होंने अब भाषाशास्त्र और नृविज्ञान का दामन छोड़कर इतिहास को अपना नया औपनिवेशिक हथियार बनाया था। उनका एक लक्ष्य धार्मिक कथाओं को इतिहास के रूप में उपस्थित करना था, जबकि धर्मग्रंथों को कभी भी इतिहास का दर्पण नहीं माना जा सकता।

आज यूरोपीय पौर्वात्यवादियों के भारतीय वंशज बड़े उत्साहित हैं। ये धार्मिक कथाओं को साहित्य के रूप में न देखकर इतिहास के तथ्यों के रूप में देख रहे हैं!

क्या रावण इतिहास है?

धार्मिक कथाओं को इतिहास के तथ्य के रूप में पढ़ने की औपनिवेशिक घटना को एक उदाहरण से स्पष्ट किया जा सकता है। प्राच्यवादियों ने पहली विचित्र खोज यह की कि देवता आर्य और दस्यु द्रविड़ हैं या दस्यु-राक्षस निम्न जातियों के लोग हैं। अलब्रेख्त वेबर ने रामकथा के बारे में लिखा था, 'रामायण दक्षिण भारत में आर्य सभ्यता और कृषि के प्रसार का रूपक है।' (हिस्ट्री ऑफ इंडियन लिटरेचर, 1828)। इस कथन से लगता है कि द्रविड़ लोग उन्नत सभ्यता होकर भी कृषि से अनभिज्ञ थे! यह वैचारिक जाल दक्षिण भारत में कई तरह से बिछाया गया। तमिलनाडु में राबर्ट काल्डवेल ने तमिल की उन्नति के लिए महत्वपूर्ण काम किया, पर दीर्घ सांस्कृतिक संकरता और विकासशील भारतीय भाईचारे की उपेक्षा करके तमिल का संबंध नस्ल से जोड़ा और द्रविड़ अलगाववाद की धारणा दी।

कुछ साल पहले 'द सेक्रेड बुक्स ऑफ द ईस्ट, डिस्क्राइब्ड एंड एक्जामिंड (1898), का अमेरिका से पुनर्मुद्रण हुआ है। इसके तीसरे खंड में 'रामायण' ग्रंथ की भूमिका में मौनियर विलियम्स, राल्फ ग्रिफिथ आदि यूरोपीय विद्वानों के मत देते हुए कहा गया है, 'आर्यों के गंगा तट पर आकर बस जाने के बाद किसी समय आक्रमणकारियों के एक दल ने किसी वीर पुरुष के नेतृत्व में पहाड़ों की बर्बर जनजातियों और वनवासियों को लेकर दक्षिण भारत पर हमला किया। यह कथा ही रामायण में काव्य रूप प्राप्त करती है।' यह एक मनगढ़ंत इतिहास है, पर इसका दक्षिण भारत में खूब प्रचार किया गया।

उसी दौर में बनारस कॉलेज के प्रिंसिपल और रामायण का अंग्रेजी अनुवाद करने वाले राल्फ ग्रिफिथ (1826-1906) का मत था, 'रामायण महाकाव्य में दो परस्पर भिन्न स्रोतों और सभ्यताओं के नस्लों-आर्यों और द्रविड़ों के बीच युद्ध का वर्णन है।' (वही)। यूरोपीय विद्वानों के ऐसे ही कृत्रिम विचारों की रोशनी में कुछ द्रविड़ नेताओं ने रावण को द्रविड़ के रूप में प्रचारित किया और राम को आर्य आक्रमणकारी बताया। गजब है कि क्षीरसागर मिथ है, रावण का भाई हिमालयवासी कुबेर मिथ है, पर दस सिर का रावण इतिहास है! दरअसल धार्मिक कथा को इतिहास में बदलकर तमिल जनमानस में 'उत्तर भारत' के प्रति विद्वेष बढ़ाया गया, कटु मनोवैज्ञानिक विभाजन पैदा किया गया, जिसकी तरफ ध्यान जाना चाहिए।

उपर्युक्त उदाहरणों से सतर्क होना चाहिए कि इतिहास का निरंकुश दमनमूलक सत्ता के लिए कितना बुरा इस्तेमाल हो सकता है।

धर्म और इतिहास मनुष्य को मनुष्य की पहचान देने के लिए हैं

हिंदू धर्म के इतिहास की औपनिवेशिक निर्मिति में इस धर्म की विविधता, इसके भीतर के आलोड़नों-नवोन्मेषों और विस्तृत साहित्यिक गौरव की उपेक्षा की गई है। प्राचीन क्लासिकल साहित्य की नस्लवादी-जातिवादी व्याख्या हुई है। कुछ ने इसे सनातन धर्म में सीमित करके देखा है और इसकी विविधता की उपेक्षा की है। भक्ति आंदोलन को भी खंड-खंड करके देखा गया है। उसके उच्च सामाजिक अभिप्राय से आधुनिक लोगों की विच्छिन्नता बढ़ाई गई है। भारतीय नवजागरण का इकहरा मूल्यांकन किया गया है। यह बाजार की साम्राज्यवादी दृष्टियों का असर है कि इधर हर तरफ नकारवाद और 'दूसरे' के प्रति विद्वेष बढ़ा है। अंध-राष्ट्रवाद, धार्मिक कट्टरता, जातिवाद और प्रांतीयता वस्तुतः विश्व बाजार के हाथ के चार इक्के हैं, जनता मात!

दरअसल चार्वाकी उच्छेदवाद और मनुवादी कट्टरता- दोनों खतरनाक हैं। ये भारतीय सभ्यता में खाइयां पैदा करते हैं। यूरोपकेंद्रित सोच के भारतीय विद्वानों को हिंदू धर्म नस्लवाद और उत्पीड़न-आधारित जाति व्यवस्था से भिन्न नहीं दिखा। कई बुद्धिजीवियों की धारणा है कि हिंदू धर्म 19वीं सदी के यूरोपीय प्राच्यविदों की देन है, जिसे देशी राष्ट्रवादियों और सांप्रदायिक तत्वों ने लपक लिया। कई बार हिंदू धर्म को एक धर्म मानने तक से इनकार किया गया। स्पष्ट है कि 'पोस्ट हिंदू इंडिया' (कांचा इलैया) किस तरह एक वायवीय और सनसनीखेज कल्पना है। इन सबके समानांतर हिंदू धर्म को लेकर एकरेखीय पहचानवादी और कट्टरवादी धारणाओं को लोकप्रिय बनाया गया, ताकि आमलोगों का ध्यान वर्तमान बहुराष्ट्रीय कंपनियों की चालाकी और सामंती अन्यायों से हटा रहे।

मानव शरीरों में वायरस घुसता है, तो हजारों लोगों की मौत होती है, धार्मिक आस्था में वायरस घुसने पर एक पूरी सभ्यता मरने लगती है। निश्चय ही धर्म और इतिहास को संकीर्ण 'पहचान' के लिए इस्तेमाल करना धर्म को मूल्य-व्यवस्था और इतिहास को तर्क-आधारित रहने नहीं देना है। यदि धर्म और इतिहास का पहचान देने जैसा कोई काम है, तो वे समान रूप से मनुष्य को मनुष्य

की पहचान देने का काम करते हैं। यदि आदमी समुद्र के विस्तार से सिर्फ घोंघे चुने और घोंघा बसंत बनकर किनारे बैठ जाए तो इसमें समुद्र का क्या दोष!

बौद्धिक उपनिवेशवाद ने कहां पहुंचा दिया

राष्ट्रीयता के बिना बुद्धिवाद लंगड़ा है, बुद्धिवाद के बिना राष्ट्रीयता अंधी है। देखा जा सकता है कि कई भारतीय बुद्धिजीवियों ने 19वीं-20वीं सदी के बुद्धिवाद से प्रेरित धार्मिक सुधार आंदोलनों को उच्च वर्ण के हिंदुओं के आंदोलन के रूप में और कई बार सिर्फ राष्ट्रवाद से प्रेरित आंदोलन के रूप में देखा। यह दृष्टि मुख्यतः नस्ल, जाति और स्थानीयता-आधारित 'ग्रेट ट्रेडिशन - लिटिल ट्रेडिशन' की धारणाओं या सबाल्टर्न अध्ययनों से प्रेरित रही है। इनमें सुधार के बुद्धिवादी प्रयासों, 'राष्ट्र' की उदारवादी धारणा और उपनिवेशवाद-विरोधी स्वाधीनता आंदोलनों को अंधा होकर नकारा गया। इन अध्ययनों के सैद्धांतिक आधार 'पहचान' और 'पृथकता' हैं। इनमें 'उच्चतर' तथा 'बृहत्तर' की उपेक्षा है, खंड ही समग्र बनकर उपस्थित है। ऐसे अध्ययनों में वंचित जनों की राष्ट्रीय एकता, नीचे से राष्ट्रीय एकता पर ध्यान नहीं है। इनमें 'अ-पर' का मानवतावादी बोध नहीं है। उल्लेखनीय है कि मानवतावाद के बिना राष्ट्रीयता और बुद्धिवाद दोनों अधूरे हैं। दरअसल पिछले चार दशकों से खंड-खंड-महाखंड के खेल अधिक चले हैं।

चिंताजनक है कि देश के कर्णधारों और बुद्धिजीवियों में आत्म-आलोचनात्मकता की भारी कमी है। उनमें आत्मविमुग्धता ज्यादा है। यही वजह है कि इतनी बड़ी आबादी का भारत पिछले दो सौ सालों से सिद्धांतों का आयातकर्ता देश बना हुआ है, एक भी सिद्धांत भारत से पश्चिम में नहीं गया!

अतीत आफत है तो ताकत भी है

पहले विश्व युद्ध के दौरान और इसके बाद पश्चिम में भी कई ऐसे बुद्धिजीवी हुए जो इसपर जोर दे रहे थे कि एक सभ्यता दूसरी सभ्यता को समझे, 'सभ्यताओं के टकराव' की जगह 'सभ्यताओं का संवाद' हो, क्योंकि तभी एक सभ्यता खुद अपने को भी ठीक से समझ सकती है। ये बुद्धिजीवी पश्चिमी साम्राज्यवादी सोच के विरुद्ध थे और जालियांवाला बाग (1919) जैसी घटनाओं के विरोधी थे।

ऐसे ही लेखकों में से एक ई.एम.फार्स्टर ने अपने उपन्यास 'ए पैसेज टु इंडिया'

(1924) के पहले संस्करण में पूछा था, 'प्रेम ही ईश्वर है, क्या यही भारत का पहला संदेश है?' अगले संस्करण में उन्होंने यह पंक्ति इस तरह बदल दी, 'प्रेम ही ईश्वर है, क्या यही भारत का अंतिम संदेश है?' जब पश्चिमी बुद्धिजीवियों द्वारा भारत को एक हद तक सही परिप्रेक्ष्य में समझने की शुरुआत हुई, लगभग उसी समय से भारत के कई विद्वानों, बुद्धिजीवियों और नेताओं ने अपने देश को भूलना शुरू कर दिया!

यह समझना मुश्किल नहीं है कि एक मानवीय भविष्य-दृष्टि के बिना न भारत के 12,000 साल के इतिहास को जाना जा सकता है और न संस्कृति को और न समाज विज्ञान अर्थपूर्ण हो सकता है। कई बार इतिहास उसका होता है, जो भारी फंड देता है। यदि भारी फंड है तो 12 क्यों, 22 हजार सालों का इतिहास निर्मित किया जा सकता है और वर्तमान के जो दुख-कष्ट हैं उनसे ध्यान हटाया जा सकता है। इतिहास को बारूदखाना बनाया जा सकता है, पर एक भरोसा है कि ऐसे हर संकट में वैयक्तिक प्रयासों से समानांतर इतिहास लिखे गए!

कहना न होगा कि भारत के लोगों के साथ अतीत हमेशा रहा है। उसका विविध जगहों पर विविध रूपों में पुनःसृजन होता रहा है। किसी भी देश में, खासकर भारत जैसे गहरी और उलझी सांस्कृतिक जड़ों वाले देश में, अतीत आफत है तो ताकत भी है। अतीत से बचना संभव नहीं है और मानव सभ्यता के विकास पथ पर उसे अपनी-अपनी छोटी रस्सी से बांधना भी। अतीत से आप क्या हासिल करते हैं, यह इसपर निर्भर करता है कि आप उसके पास हंस बनकर जाते हैं या गिद्ध बनकर!

नवंबर 2022

महान परंपरा और लघु परंपरा

पश्चिमी कोण से एक चर्चित विभाजन है- 'महान परंपरा-लघु परंपरा'। धारणा बनाई गई है कि वैदिक साहित्य, रामायण, महाभारत, गीता, संस्कृत के अन्य क्लासिकल ग्रंथ और इनसे संबंध रखनेवाला साहित्य 'ग्रेट ट्रेडिशन' है। कालिदास महान परंपरा हैं। रामानुजाचार्य, वल्लभाचार्य आदि महान परंपरा के अंग हैं। रामचरितमानस महान परंपरा है। जबकि बौद्ध-जैन रामायणें, अश्वघोष, वीरशैवों का आंदोलन, सिद्ध-नाथ पंथ, तंत्र-मंत्र, निर्गुण काव्य, संत-सूफी, स्थानीय देवता, स्थानीय रीति-रिवाज, लोक साहित्य तथा लोक कलाएं 'लिटिल ट्रेडिशन' हैं। यह विभाजन दोनों परंपराओं के नवोन्मेषों को ढकने के साथ-साथ सांस्कृतिक साझेदारी वाली 'परंपराओं' को ध्वस्त करने के लिए है, ताकि नागरिक बंट जाएं और वे कभी एक न हो सकें।

देखा जा सकता है कि भारत की आदर्शवादी परंपराएं किस तरह महान परंपरा-लघु परंपरा के विभाजन की शिकार हुईं। आदर्शवादी परंपराओं में सबकुछ 'मृत' और भौतिकवादी परंपराओं में सबकुछ 'जीवित' माना गया। इस विभाजन का असर है कि हजारी प्रसाद द्विवेदी का एक मूल्यांकन 'दूसरी परंपरा की खोज' करने वाले के रूप में है। विडंबना यह है कि 'महान परंपरा' को एकरेखीय माना गया, इसकी विविधता को रौंदते हुए। क्या तमिल एक महान परंपरा नहीं है? क्या राज्य स्तर पर ग्रेट-लिटिल नहीं हैं? महान परंपरा-लघु परंपरा की धारणा में बड़ा हॉच-पॉच है। दरअसल भारत की परंपराओं को एक या दो बोरे में ठूंसा नहीं जा सकता। इस देश में सांस्कृतिक बहुलता है। सैकड़ों परंपराएं हैं, आंदोलन की सैकड़ों लहरें हैं और इन सभी के बीच आलोचनात्मक संवाद भी चलता रहा है।

आधुनिक साहित्यिक दुनिया पर जब शीत युद्ध का असर था तो प्रेमचंद-प्रसाद,

रवींद्र–नजरुल, अज्ञेय–मुक्तिबोध जैसे ध्रुवीकरण बने थे। राजनीतिक स्तर पर देखें तो गांधी–अंबेडकर जैसी विरुद्धताएं सामने आईं। भारतीय जीवन में आज भी 'राष्ट्र–सबाल्टर्न', 'हम–वे', 'बाहरी–भीतरी', 'हमारा आदमी–उनका आदमी' और कई अन्य रूपों में महान–लघु के पुराने विभाजन की शाखाएं हैं। यह विभाजन किसी भी तरह यह महसूस होने नहीं देता कि अंतर्विरोधों के बावजूद भारत में हमेशा 'साझी संस्कृति–साझा जीवन' रहा है और वह आज भी ध्वस्त नहीं किया जा सका है।

'लघु परंपरा' की धारणा कैसे बनी

दरअसल 1930 के दशक में भारत–संबंधी पश्चिमी अध्ययन ने एक नव–औपनिवेशिक मोड़ लिया था। अमेरिका के एक नृवैज्ञानिक रॉबर्ट रेडफील्ड ने उस समय पहली बार 'लघु परंपरा' की धारणा दी। उन्होंने आगे चलकर लिखा, 'किसी सभ्यता में एक महान परंपरा बहुसंख्यकों की होती है और एक लघु परंपरा प्रायः उन लोगों की होती है जो अपने विचारों को मानक रूप में अभिव्यक्त नहीं कर पाते।' (द लिटिल कम्युनिटी एंड पीजेंट सोसाइटी एंड कल्चर, 1955)। इस कथन से लगता है कि देश के सारे बहुसंख्यक सिर्फ संस्कृत की क्लासिकल परंपरा से जुड़े रहे हैं। सभी लोग एक ही किस्म की उच्च रुचि से संपन्न रहे हैं। वे एकरेखीय वर्चस्व के समान रूप से अंग रहे हैं और हाशिये की लघु परंपराएं एकदम अलग मामले हैं। इनका महान परंपराओं से कोई रिश्ता नहीं है।

महान परंपरा का संबंध शिक्षित और ज्ञानियों की उस प्रतिष्ठित परंपरा से जोड़ा गया जो किसी सभ्यता की प्रबल मूल्य व्यवस्था का स्रोत है। लघु परंपराओं का संबंध अनपढ़ों, वंचित जातियों–तबकों, उपेक्षित भाषाओं तथा लोक सांस्कृतिक अभिव्यक्तियों से स्थापित किया गया। महान परंपरा 'लिखित' पर आधारित बताई गई, जबकि लघु पररंपराएं 'मौखिक' पर। महान परंपरा नगरीय एलीट का मामला हुआ, जबकि लघु परंपरा गांवों की चीज हुई।

रॉबर्ट रेडफील्ड के काम को मिल्टन सिंगर और मेकिम मेरिओट ने भारत के कुछ ऐसे दक्षिण भारतीय समुदायों का अध्ययन करके आगे बढ़ाया, जो 'लघु परंपरा' में जीते थे। दरअसल भारत की सांस्कृतिक–भाषाई बहुलता की व्यापक वस्तुपरक समझ न होने की वजह से यूरोपीय विद्वानों को भारत ही सामाजिक तोड़फोड़ के लिए सबसे उपयुक्त देश लगा है। वे वैज्ञानिक तरीके के नाम पर बाल

से खाल निकालते रहे हैं और समझना नहीं चाहते कि भारत में कोई 'एक महान परंपरा' कभी नहीं थी। हर परंपरा में अंतर्द्वंद्व और हर परंपरा का दूसरी परंपराओं से आलोचनात्मक अंतर्मिश्रण होता रहा है। सभी परंपराएं आपस में टकराव, अंतर्मिश्रण और नवोन्मेष से गुजरी हैं। महान परंपराओं और लघु परंपराओं के बीच भी हमेशा संवाद रहा है।

रामचंद्र शुक्ल 'हिंदी साहित्य का इतिहास' में लोकभाषाओं में रचित भक्ति साहित्य का मूल्यांकन करते हुए दिखाते हैं कि लोक के पास भी एक महान संस्कृति हो सकती है। ये लोग भी विवेकपूर्वक सोच सकते हैं और धार्मिक-राजनीतिक सत्ता-केंद्रों से अलग ज्ञान रखते हुए विभिन्न तरह से अपना सांस्कृतिक विकास कर सकते हैं। उन्होंने लोकधर्म, लोकमंगल और लोकबद्ध प्राणी की चर्चा की है। हजारी प्रसाद द्विवेदी शास्त्र और लोक का द्वंद्वात्मक संबंध बताते हैं; अर्थात दोनों के बीच द्वंद्व भी है, संबंध भी है।

आमतौर पर पश्चिमी विद्वान एक न एक विदेशी संस्थान से विपुल फंड पाकर निर्धारित परियोजनाओं के अंतर्गत काम करते हैं। उपनिवेशवादी मानसिकता की वजह से उनका लक्ष्य होता है भारत में सांस्कृतिक तोड़फोड़। वे इस देश में सिर्फ 'भिन्नता' खोजते हैं और भारतीय बुद्धिजीवी भी अपनी बौद्धिक रिक्तता या आत्महीनता के कारण उस 'भिन्नता' को मान लेते हैं।

मिल्टन सिंगर ने भारत में ऐसे कामों को मिले अमरीकी प्रोत्साहन के संबंध में लिखा है, '1959 के बाद जब फाउंडेशन और यूनाइटेड स्टेट्स के शिक्षा विभाग ने दक्षिण और दक्षिण-पूर्व एशियाई अध्ययनों के लिए शैक्षिक अनुदान दिए, तब इन कामों में गति आई।' (भूमिका, व्हेन ए ग्रेट ट्रेडिशन माडर्नाइजेज)। सिंगर ने तमिलनाडु को लघु परंपराओं के अध्ययन के लिए चुना था। उसने रेडफील्ड के अध्ययन-मॉडल को सामने रखकर वर्ण व्यवस्था को अपने अध्ययन का मुख्य आधार बनाया था। एक तरह से यह तमिलनाडु में 19वीं सदी के रॉबर्ट काल्डवेल की आर्य-द्रविड़ विभाजन की परियोजना का ही अगला चरण था।

भक्ति काव्य में जाति भेदभाव और धर्माडंबर का विरोध क्यों है

सोचने की बात है कि खुद 'महान परंपरा-लघु परंपरा' के पश्चिमी सिद्धांतकारों ने अपनी धारणाओं को संशोधित किया। इसके बावजूद कई भारतीय बुद्धिजीवियों

ने राजनीतिक सत्ता संघर्ष के सांस्कृतिक उर्वरक के रूप में ऐसे विभाजनकारी अध्ययन जारी रखे। ऐसा अध्ययन आज भी एक फैशन है।

कुछ समय पहले रोमिला थापर ने दक्षिण भारतीय रामायणों पर पॉल रिचमैन की किताब की भूमिका लिखी थी। उन्होंने रिचमैन द्वारा प्रस्तावित उपर्युक्त ढंग की ही एक श्रेणी 'आधिकारिक कथा' और 'विरोधी कथा' का समर्थन किया था। उन्होंने वाल्मीकि रामायण और तुलसीकृत 'रामचरितमानस' को रामकथा के 'डामिनेंट वर्सन' के रूप में देखा और बताया, 'अयोध्या और रामराज्य राजतंत्र के सूचक हैं तो राक्षसों की जीवनशैली गणसंघों के काफी नजदीक एक वैकल्पिक समाज का चित्र है।' (क्वेश्चनिंग रामायनाज : ए साउथ इंडियन ट्रेडिशन)। यह निष्कर्ष मिथक और इतिहास को एक-दूसरे का पर्याय बना देने का नतीजा है। इससे अहिंसा पर आधारित बौद्ध 'गणसंघों' की धारणा धूमिल होती है और इतिहास की औपनिवेशिक समझ का प्रचार होता है।

रोमिला थापर 'लघु परंपरा' जैसी ही 'विरोधी कथा' के उदाहरण के रूप में बौद्धों के 'दशरथ जातक' का उदाहरण देती हैं। कौन नहीं जानता कि बौद्ध-जैन रामायणें अपने-अपने धर्म या मत के प्रचार के उद्देश्य से लिखी गई थीं और इन्हें उसी तरह इतिहास नहीं माना जा सकता, जिस तरह वाल्मीकि 'रामायण' को इतिहास नहीं माना जा सकता। बौद्ध-जैन रामायणें वाल्मीकि 'रामायण' के 'रूपभेद' नहीं हैं, बल्कि ये रामकथा की लोकप्रियता को देखकर उसका धार्मिक इस्तेमाल हैं। 'रूपभेद' और 'प्रचारात्मक उपयोग' में फर्क है।

उपर्युक्त पद्धति से रामकथा क्या किसी भी उस कथा को कभी समझा नहीं जा सकता, जिसकी भक्ति आंदोलन के दौर में तमिलनाडु, महाराष्ट्र और हिंदी क्षेत्र में काव्यात्मक पुनर्रचना हुई है, क्योंकि भक्ति आंदोलन संस्कृत की वर्णभेद-आधारित क्लासिकल ज्ञान-व्यवस्था के अलावा संकीर्ण पौराणिकता से प्रस्थान है। दूसरी ओर, भक्ति काव्य क्लासिकल ज्ञान से संवाद भी है। उसमें पौराणिक कथाओं के चरित्र हैं। उसमें 'क्लासिकल' को लेकर आलोचनात्मक के साथ-साथ समावेशी रुख है। दूसरी तरफ, भक्ति काव्य बौद्ध, सिद्ध-नाथ, सूफी आदि तथाकथित 'लघु परंपराओं' से विच्छिन्न नहीं है। यदि ऐसा होता तो भक्ति काव्य में जाति भेदभाव और धर्माडंबर का विरोध नहीं होता।

भारतीय जीवन में अ-विशुद्धता एक गुण है

देखा जाए तो 'महान परंपरा-लघु परंपरा' भारत में राज्य स्तर पर भी मौजूद है। यह संभव है कि एक जगह जो लघु परंपरा है, वह दूसरी जगह महान परंपरा हो! दरअसल हर समाज के सांस्कृतिक बोध में क्लासिकल परंपराओं, लोक परंपराओं और नवोन्मेषों का एक मिलाजुला रूप रहा है। इन्हें कठोरतापूर्वक अलग-अलग नहीं रखा जा सकता। भारतीय जीवन में सबकुछ 'अ-विशुद्ध' है। यह अ-विशुद्धता एक गुण है। यहां न महान और न लघु, किसी भी परंपरा में शुद्धतावाद चल नहीं सका। शुद्धतावाद और ज्ञान दोनों एक साथ संभव नहीं हैं। कहना न होगा कि किसी भी महान परंपरा की महानता सिर्फ उसकी निरंतरता में नहीं है, यह उसकी आलोचनात्मक समावेशिकता और नवोन्मेषशीलता में भी देखी जानी चाहिए।

भारतीय बौद्धिकता के टेबल पर 'महान परंपरा' और 'लघु परंपरा' की तरह 'उच्च संस्कृति' और 'निम्न संस्कृति' (हाई कल्चर-लो कल्चर) की धारणा लाई गई। सूर या तुलसी का काव्य 'उच्च संस्कृति' की देन है, कबीर का काव्य 'निम्न संस्कृति' की देन है! इस तरह की धारणा भी एक औपनिवेशिक अवशेष है। यह लोक संस्कृति, वंचितों की संस्कृति, यहां तक कि स्त्री को निम्न समझने की एलीट बौद्धिक दृष्टि का उदाहरण है। इस विभाजन में मानकर चला जाता है कि लोक परंपराओं में कुछ भी महान और उदात्त नहीं हो सकता, जबकि भारतीय स्थितियों में लोक परंपराएं ही महान और उदात्त का वहन करती हैं। कहा जाना चाहिए, किसी खास संस्कृति को 'उच्च' और बाकी संस्कृतियों को, विश्वासों को 'निम्न' मानना अंध-राष्ट्रवादी अहंकार है। यह पृथकतावादी हीनता-भाव है। खासकर जब वैश्वीकरण युग का आधुनिक मनुष्य एक साथ कई संस्कृतियों के बीच जी रहा है और हर तरफ व्यापक आदान-प्रदान चल रहा है, इस तरह के विभाजन अर्थहीन हैं।

मुख्यतः यह देखने की जरूरत है, किसी भी परंपरा के खास सांस्कृतिक 'चिह्न' का प्रदर्शन प्रेम, न्याय और शांति के लिए है या वह पृथकता के लिए सत्ता संघर्ष का चिह्न है!

मैसूर में जन्मे प्रसिद्ध लेखक ए. के. रामानुजन (1929-1992) परंपराओं को परस्पर विच्छिन्नता में नहीं देखते। वे ज्यादा स्पष्ट सोच रखते हैं, ''हमें महान परंपरा

और लघु परंपरा जैसे पदों को बदलना होगा। इन तमाम सांस्कृतिक अभिव्यक्तियों को एक शृंखला के रूप में रखकर देखना होगा, जिसकी कड़ियां एक-दूसरे के साथ मजबूती से जुड़ी हुई हैं। इनका एक-दूसरे से गहरा सरोकार है और जिनमें निरंतर सक्रिय संवाद है। अतीत और वर्तमान, बृहत भारतीय और आंचलिक, लिखित और मौखिक, शाब्दिक और शब्दातीत-सब एक-दूसरे को पुनर्सृजित और रूपांतरित करते हैं। 'शास्त्रीय' हो, 'लोक' हो या 'लोकप्रिय', भारतीय संस्कृति के विभिन्न प्रकारों को अंतःक्रियात्मक निरंतरता के रूप में देखा जाना चाहिए।'' (भूमिका, भारत की लोककथाएं)। भारतीय संस्कृतियों की प्रधान खूबी अ-विशुद्धता या अंतर्मिश्रण है। उनमें निरंतरता के अलावा आलोचनात्मकता, समावेशिकता और नवोन्मेषशीलता-ये मुख्य गुण हैं। देखा जा सकता है कि भारत बार-बार अपनी उदात्त जीवनोन्मुखी परंपराओं से गिरकर अधःपतन का शिकार हुआ तो उसने धूल झाड़कर नई सृजनात्मक भूमि पर फिर प्रगति की कोशिश भी की।

हजारी प्रसाद द्विवेदी के व्यक्तित्व में कालिदास और कबीर गले मिलते हैं

हिंदी में कबीर में काव्यत्व नहीं देखने और तुलसी में काव्यत्व देखने के आचार्य शुक्ल के दृष्टिकोण की नामवर सिंह ने ठीक ही आलोचना की है। इसके तुरंत बाद, उन्होंने 'महान परंपरा' के समानांतर 'दूसरी परंपरा' खोज ली। इस प्रवृत्ति पर रेडफील्ड और सिंगर की धारणाओं के असर से इनकार नहीं किया जा सकता। तुलसी में ही काव्यत्व देखने के मुद्दे पर नामवर सिंह ने 'दूसरी परंपरा की खोज' में प्रश्न किया, 'क्या इसलिए कि एक प्रभुवर्ग की संस्कृति के पक्ष में बोलता है और दूसरा उस संस्कृति का विरोध करता है?' उनके कहने का आशय है, हजारी प्रसाद द्विवेदी ने कबीर को साहित्यिक प्रतिष्ठा दी, इसलिए वे रामचंद्र शुक्ल से भिन्न 'दूसरी परंपरा' हुए। वे कबीर ही नहीं सिद्धों-नाथों और सिख गुरुओं को भी महत्व देते हैं।

वास्तविकता यह है कि हजारी प्रसाद द्विवेदी ने तुलसी पर कम लिखा है, पर आदर्श कवि तुलसी को ही घोषित किया है, उनकी कबीर से ज्यादा सराहना की है। बल्कि उन्होंने कबीर की खंडनपरक उक्तियों को, कई मुख्य चीजों को 'फोकट का माल' बताया है। वे अपने को तथाकथित महान परंपरा से विच्छिन्न नहीं मानते

थे, अर्थात वे खुद संस्कृत के प्राचीन क्लासिकल साहित्य और कालिदास से संबंध रखते थे। कहना चाहिए, हजारी प्रसाद द्विवेदी ऐसे व्यक्तित्व थे, जिसमें कालिदास और कबीर परस्पर गले मिलते हैं!

हजारी प्रसाद द्विवेदी का यह अवदान जरूर रेखांकित करने योग्य है कि उन्होंने हिंदी में कम चर्चित सिद्धों, नाथों, कबीर तथा सिख गुरुओं की परंपराओं को पूरी गरिमा के साथ प्रतिष्ठित किया। लेकिन इससे रामचंद्र शुक्ल और हजारी प्रसाद द्विवेदी दो परंपराएं नहीं हो जाते, क्योंकि दोनों की बुनियादी कसौटी और आदर्शों में बहुत भिन्नता नहीं है। एक 'लोकमंगल' की बात करता है तो दूसरा 'लोककल्याण' की। दोनों तुलसी को महान कवि मानते हैं और दोनों सौंदर्य प्रेमी चित्त के हैं।

ए. के. रामानुजन क्या कहते हैं

ए. के. रामानुजन आम भारतीय चित्त के बारे में बताते हैं, 'हर कोई चाहे वह गरीब हो या अमीर, सवर्ण हो या शूद्र, प्रोफेसर हो या पंडित अथवा अज्ञानी, इंजीनियर हो या फेरीवाला-अपने भीतर एक बड़ा निरक्षर उपमहाद्वीप लिए हुए होता है।... लोक वाङ्मय समाज के हर स्तर और हर वर्ग के वाङ्मय में घुला-मिला है, न कि सिर्फ देहातियों और निरक्षरों में। शहर और गांव, कल-कारखाना और रसोई, हिंदू, बौद्ध, जैन, ईसाई और मुसलमान, हर जाति और वर्ग में मौखिक परंपराएं व्याप्त हैं (जीर्ण-शीर्ण पंचांग खराब कंप्यूटर से बदतर नहीं होता)।' (वही)।

कहा जाता है कि 21वीं सदी में ऐसे लोग हैं, ऐसी पीढ़ियां हैं जो जड़विहीन हो चुकी हैं, पर यह आम घटना नहीं है। यदि कुछ लोगों के लिए जड़ों से जुड़ने का अर्थ जड़ हो जाना है तो कई लोग अपनी जड़ों से आलोचनात्मक और समावेशी संबंध बनाते हैं। हमारी भारतीयता का निर्माण आलोचनात्मक समावेशिकता से हुआ है। इसका अर्थ है, हम अपनी परंपराओं की आलोचना करते हैं, पर उनसे विच्छिन्न होने की जगह उनकी आलोचना के साथ जरूरी चीजों का बुद्धिपरक समावेशन भी करते हैं।

किसी देश की मौखिक परंपराओं से आशय है-लोक कथाएं, लतीफे, विश्वास और प्रचलित नियम, जो 'ग्रंथों' में नहीं मिलते। रामानुजन अपनी सोच को आगे बढ़ाते हैं, ''तथाकथित लघु परंपराएं भी आवश्यक रूप से या आमतौर पर छोटी

जगहों और बोलियों तक सीमित नहीं रहती हैं।... यह सर्वविदित है कि लोक वाङ्मय (सांस्कृतिक आदान-प्रदान के अन्य रूपों की तरह) स्वतः प्रसारित होता है-यानी आबादियों के स्थानांतरित हुए बिना ही अक्सर वह स्वयं यात्राएं करता है।... मिसाल के तौर पर 'दीया तले अंधेरा' कहावत कन्नड़ और कश्मीरी दोनों में है, जबकि दोनों भारत के दो छोरों पर हैं।' (वही)। तमिल के जिस प्राचीन संगम साहित्य की चर्चा होती है, उसका 'संगम' शब्द संस्कृत का है!

ग्रंथिकी और मौखिकी के बीच संबंध के बड़े उदाहरण खुद रामायण और महाभारत महाकाव्य हैं। महाकाव्य के दबे प्रसंग लोककथाओं और विश्वासों में उभरते रहे हैं, जैसे रामकथा के प्रसंग में हिरणी का शोकगीत। इसी तरह लोक कथाओं और लोक विश्वासों की चीजें महाकाव्यों में शामिल होती रही हैं, जैसे महाभारत में नल-दमयंती, दुष्यंत-शकुंतला की लोक कथाएं हैं। रामकथा की तरह ऐसी लोक कथाएं निरंतर रूपांतरित होती रही हैं, क्योंकि मनुष्य का सौंदर्यबोध विकसित होता रहा है। देखा जा सकता है कि राधा-कृष्ण की कथा 'महाभारत' का अतिक्रमण करके जयदेव, विद्यापति, सूरदास और मीरा के पदों में कहां से कहां पहुंच गई, अर्जुन का रथ पीछे छूट गया! कृष्ण भक्त कवियों ने प्राचीन रूढ़ियों से टकराकर सौंदर्यबोध के नए स्तरों को उद्घाटित किया।

क्लासिक और फोक दोनों का सृजनात्मक रूपांतरण होता रहा है

परंपरा और सृजनात्मकता के बीच अंत:क्रिया भारतीय संस्कृति की एक बड़ी खूबी है। ए. के. रामानुजन ने एक कथा के जरिए परंपरा और इसके सृजनात्मक रूपांतरण के संबंध को बड़े रोचक ढंग से रखा है, "एक दार्शनिक किसी सुथार से पूछता है- यह चाकू तुम्हारे पास कब से है? सुथार जवाब देता है- यह कई पुश्तों से हमारे पास है। कई बार इसका हत्था बदलना पड़ा और कई बार इसमें पत्ती भी नई लगाई गई, पर चाकू वही है! इस तरह एक लोक कथा जो अपने बातपोश के मुताबिक ढल जाती है- उसका ढांचा भले वही रहता है, जबकि उसके सांस्कृतिक विवरण बदलते जाते हैं। नई कथा अपने सांस्कृतिक मूल्यों के अनुरूप एक नया सौंदर्य और एक नया नैतिक बोध व्यक्त करती है। यह कथा जब अलग समय और स्थान पर सुनाई जाती है तो उसमें कई नवीन और प्रासंगिक चीजें जुड़

जाती हैं, पर कथानक वही रहता है। यह अपरिवर्तनशीलता, या कहें आदिरूप की पुनर्सृष्टि ही गल्प है, पहचान है, सुविधा है।, (वही)। हम कई बार अपने घर की कुर्सियों की सीट, पीठ, पैर बदलते रहते हैं, लेकिन कुर्सी वही रहती है! किचन की सजावट बदलती रहती है, पर किचन वही रहता है!

भक्ति काव्य की प्रकृति निश्चय ही लोककथाओं से भिन्न है, क्योंकि उसमें 'अपरिवर्तनशीलता' से ज्यादा महत्वपूर्ण हैं– 'प्रस्थान', 'सुधार' और 'मिश्रण'। भक्ति काव्य का महत्व इसमें है कि यह निरंतरता से पूर्ण विच्छेद नहीं है, क्योंकि भक्त कवियों ने नए सामाजिक मूल्यों की प्रस्तावना करते हुए भी उस प्राचीन सकारात्मक सांस्कृतिक थाती से हमेशा संबंध रखा जो लोक की साझी थाती है। भक्त कवियों ने उन रूढ़ियों–बंधनों का विरोध किया जो शास्त्र और लोक दोनों में मौजूद थीं। इस तरह उन्होंने अपनी–अपनी सोच से 'क्लासिक' और 'फोक' दोनों से न सिर्फ नाता रखा, बल्कि अपनी नई कल्पनाशील सोच से दोनों को रूपांतरित भी किया। यह चीज 1200 सालों के भक्ति आंदोलन में लक्षित की जा सकती है।

भक्ति आंदोलन ने महान और लघु दोनों परंपराओं के क्षयशील तत्वों को खारिज किया

रामानुजन ने हेनरी व्हाइटहेड की किताब 'विलेज गाड्स ऑफ साउथ इंडिया' (1916) से मरिअम्मा की एक कथा उद्धृत की है। इसके जरिए उन्होंने 'महान परंपरा और लघु परंपरा' के मिश्रण का विश्लेषण करते हुए कर्नाटक के वीरशैवों की भक्ति की विशिष्टता स्पष्ट की।

एक ब्राह्मण साधु ने गुस्से में अपनी पत्नी मरिअम्मा को मृत्युदंड दिया। उसने दंड से पहले निम्न जाति की एक स्त्री एल्लमा को अपनी पीड़ा के क्षणों में सहानुभूति के लिए बांहों से जकड़ लिया। इस होड़ाहोड़ी में दोनों के सिर कट गए। अंततः पति को पश्चात्ताप हुआ। उसने दोनों को क्षमा कर दिया और अपनी आध्यात्मिक शक्ति से उनके सिर जोड़ दिए। हालांकि गलती से ब्राह्मण स्त्री का सिर निम्न जाति की स्त्री के शरीर से तथा निम्न जाति की स्त्री का सिर ब्राह्मण स्त्री के शरीर से जुड़ गया। निम्न जाति का शरीर लिए ब्राह्मण सिर वाली मरिअम्मा के लिए बकरे और मुर्गे की बलि दी गई, जबकि उच्च जाति का शरीर

और निम्न जाति का सिर ली हुई एल्लमा के लिए भैंस की!

लघु परंपरा से जुड़ी जातियों के अपने अलग विश्वास, देवता, बलि के नियम, रीतियां हैं। उपर्युक्त कथा को रखने के बाद वीरशैव संतों के 'वचन' के संदर्भ में ए के रामानुजन कहते हैं, (कर्नाटक के) 'वीरशैवों ने न सिर्फ वैदिक धर्म की महान परंपरा खारिज की, बल्कि उन्होंने स्थानीय लघु परंपराओं को भी अस्वीकृत कर दिया।'

कन्नड़ भक्त कवि बसवण्णा के प्रश्न हैं, 'तोता ईश्वर का नाम बार-बार लेता है, क्या इससे वह ईश्वर तक पहुंच जाएगा? (महान परंपरा)।... बलि दिए जाने वाले मेमने को त्योहार में बलि के लिए बड़ा सजा-गुछाकर लाया जाता है। उसे हरी पत्तियां खिलाई जाती हैं। यह पेट भरने के लिए है, जानते हुए भी कि वह मारा जाएगा। लेकिन मुझे बताओ, हे कूडल संगम देव, मेमने की बलि चढ़ाने वाला खुद क्या हमेशा बचा रहेगा?' (लघु परंपरा)। वीरशैव वचनकारों ने दोनों परंपराओं की आलोचना की।

बसवण्णा ने शिव के उभयलिंगी स्वरूप अर्धनारीश्वर की कल्पना की, 'कभी मैं पुरुष हूँ, कभी मैं स्त्री हूँ!'(स्पीकिंग ऑफ शिवा)। इसी तरह कबीर ने बलि और हिंसा का विरोध किया। तुलसी ने पंडितों को 'श्रुति बेचक' कहा तथा कोल-भील और दलित शबरी को महत्व दिया। उन्होंने प्रेम को सर्वोच्च स्थान दिया और अन्य भक्त कवियों की तरह मनुष्य को सबसे ऊपर रखा, 'सबतें अधिक मनुज मोहि भाए' (रामचरितमानस)। भक्त कवि दोनों परंपराओं से आलोचनात्मक संवाद करते हैं और निश्चय ही हरेक की अपनी सीमाएं हैं।

भक्ति आंदोलन ने तथाकथित महान और लघु दोनों परंपराओं के क्षयशील तत्वों को खारिज किया। ए. के. रामानुजन कहते हैं, 'मैं सोचता हूँ, इसकी वजह यह है कि दोनों परंपराएं ही कई अर्थों में अपनी एक सत्ता-व्यवस्था बना लेती हैं। वे ऐसी व्यवस्था का रूप धारण कर लेती हैं, जो स्थिर और सुरक्षित जड़ता के समान होती है। दोनों परंपराएं सृष्टि को अपने-अपने हित में मोड़कर अपने स्थिर प्रतीक रचती हैं। दोनों परंपराएं विश्व को जोड़-तोड़ करके अपने स्वार्थों के अनुरूप ढाल देना और सुरक्षित बना लेना चाहती हैं। उनमें निर्धारित हर धार्मिक अनुष्ठान या तंत्र-मंत्र फल प्राप्ति के लिए होता है।' (वही)।

हम देखते हैं कि भव्य यज्ञ, पूजा-पाठ, भजन-कीर्तन, कथा-जागरण, तीर्थ यात्रा, व्रत-उपवास, झाड़-फूंक, बलि, या कोई भी कर्मकांड फल के लोभ से

किया जाता है। इन चीजों को लेकर सामान्यतः हर प्रांत के भक्ति-साहित्य में विरोध व्यक्त हुआ है। भक्त कवि इन प्रपंचों में नहीं फँसे। उन्होंने कर्मकांडरत पुरोहित को बीच से हटा दिया और ईश्वर को सीधे अनुभूति का विषय बनाया और प्रेम का संदेश दिया।

21वीं सदी में ध्रुवीकरण का चरित्र

महान परंपरा और लघु परंपरा की अवधारणाएं दोषपूर्ण बताई गई हैं, लेकिन भाषा, साहित्य और संस्कृति की सुविधाजनक समझ के लिए इनका उपयोग होता रहा है। खुद ए. के. रामानुजन ने विरोध करने के बावजूद इनका उपयोग किया है। महान और लघु, शास्त्र और लोक, आधिकारिक और विरोधी, लिखित और मौखिक, पांडित्य और निरक्षरता, भक्त और संत, परंपरा और आधुनिकता, प्रयोग और प्रगतिशीलता आदि परस्पर विरोधी युग्म की तरह दिखाए जाते रहे हैं। दरअसल किसी एक पक्ष में खड़ा हो जाना या किसी साहित्य को एक धारा में अंतिम रूप से रख देना और ध्रुवीकरण बड़ा आसान है।

वैश्वीकरण के युग में लक्षित किया जा सकता है कि बुद्धिजीवियों में ध्रुवीकरण के प्रति कितनी ललक है और यह कितना आत्मघातक साबित हुआ है। ध्रुवीकरण ने समाज में अब तक सिर्फ जाति-भेदभाव, धार्मिक कट्टरता और प्रांतीयतावाद को बढ़ावा दिया है। इसने समाज में 'साझा जीवन-साझी संस्कृति' को मुश्किल में डाला है और 'अभेद में भेद' पैदा कर उत्पीड़ित मनुष्यता को विभाजित किया है। दरअसल कोई सांस्कृतिक चिह्न जब सत्ता-संघर्ष के खेल का औजार बना दिया जाता है तो उसका लक्ष्य तात्कालिक फायदा होता है, भले उससे दीर्घकालिक नुकसान हो।

दुनिया में बड़े परिवर्तन आ चुके हैं। कहा जा रहा है, एक्ट ग्लोबली - थिंक लोकली! भक्ति आंदोलन और नवजागरण के युगों में लोगों का तरीका था, एक्ट लोकली - थिंक ग्लोबली! वे बड़े चित्त के लोग थे, जबकि इस जमाने में छोटे चित्त के बड़े विद्वान ज्यादा हैं!

दिसंबर 2022

आलोचनात्मक सोच का संकट

आलोचनात्मक ढंग से देखने या रचनात्मक होने का क्या अर्थ है, यह साहित्य ही नहीं, जीवन का भी प्रश्न है। 21वीं सदी की वास्तविकता यह है कि आलोचनात्मक दृष्टि संकुचित हो गई है और रचना से ज्यादा उत्पादन का महत्व है। समाज में बाजार एक सर्वभक्षी डायनासोर के रूप में घुसा है। हम एक बड़ी उथलपुथल के बीच हैं।

प्रेमचंद ने कहा था, 'साहित्य जीवन की आलोचना है'। इसे 'जनसमूह के हृदय का विकास' और 'ज्ञानराशि का संचित कोष' भी कहा गया, हालांकि आज के साहित्य का एक बड़ा हिस्सा उपर्युक्त धारणाओं को ठेंगा दिखाता है। अब जो कुछ लिखा जा रहा है, सब साहित्य है। लेखकों की दुनिया में वे ज्यादा हैं, जो डिजिटल क्रांति के बाद ट्विटर, फेसबुक, व्हाट्सऐप आदि पर सक्रिय हैं। इस तरह लेखकों की भीड़ में वस्तुतः खुद लेखक खो गया है।

हर नया जमाना नई राहों की खोज करता है और कई पुरानी चीजों को त्याग देता है। यदि साहित्य के वर्तमान संसार पर गौर किया जाए तो जिन चीजों को त्यागा जा रहा है, उनमें एक है आलोचनात्मक दृष्टि। अब साहित्य 'जीवन की आलोचना' नहीं है, यह एक न एक मिथ्या रूप से निर्मित 'दूसरे' की आलोचना है। इस दुनिया में अंधाधुंध आरोप-प्रत्यारोप हैं, एक-दूसरे के प्रति हिंसा है। लेखकों की अलग-अलग अनगिनत कंस्टिचुएंसी बन गई है, जहां बाजार की ही तरह लेन-देन का संबंध प्रधान है। कई जगहों पर 'अहो रूपं-अहो ध्वनि' है। साहित्य की दुनिया में आम तौर पर अब लेखन की गुणवत्ता के आधार पर नहीं, व्यक्तिगत संबंध के आधार पर किसी को पसंद या नापसंद किया जाता है।

आज सभी जगहों पर आलोचना नहीं, अंध-प्रशंसा, 'इमेज मैनेजमेंट' और पिछलगुओं की जरूरत है। हरेक की अपनी चुनी हुई चुप्पियां हैं। कुछ बहुराष्ट्रीय कंपनियों की लूट पर चुप हैं, कुछ भ्रष्टाचार पर चुप हैं, कुछ सांप्रदायिकता पर चुप हैं और कुछ तीनों मुद्दों पर चुप होकर विमर्शवाद में लगे हैं! बाजार में विमर्श बढ़ते गए हैं, विचार की कमी हो गई है। इस पर विचार करने की जरूरत है कि आज साहित्य में क्यों गत्यावरोध है और आलोचनात्मक दृष्टि का क्षय क्यों घटित हुआ।

आलोचक की मृत्यु

सामान्यतः रचनाकार और आलोचक को भिन्न समझा जाता है। माना जाता है कि पहले रचना होती है, फिर उसके आधार पर आलोचना होती है। आलोचक परजीवी है या वह एक एकेडेमिक आदमी है। आलोचक रचनाकार नहीं हो सकता, रचनाकार आलोचक नहीं है। कहने की जरूरत है कि ये भ्रामक धारणाएं हैं।

रचनाकारों के मन में सामान्यतः आलोचकों से असंतोष और क्षोभ रहा है। उनके मन में स्वाभाविक रूप से इच्छा होती है कि उनकी कृतियों की व्याख्या हो, उनका प्रचार हो और उनका महत्व घोषित होता रहे। कई रचनाकार आलोचक को अपने प्रचारक के रूप में देखना पसंद करते हैं। पश्चिमी प्रकाशन जगत में पुस्तकों की बिक्री और रचनाकारों को प्रमोट करने के लिए बड़े पुरस्कार, 'शार्ट लिस्ट' की घोषणा, 'राइटर इन रेसिडेंस' आदि कई लटके-झटके हैं। भारत में ऐसे मामलों में फिलहाल गरीबी है।

कुछ व्यक्ति आलोचना को पाचक जैसी चीज समझते हैं, यह रचना की गूढ़ता को खोलती है। कुछ ऐसे भी हो सकते हैं जो आलोचक को कृतियों को जीते जी मुखाग्नि देने वाला मानें। चेखव ने आलोचक को घोड़े की पूंछ पर बैठी मक्खी कहा था। खैर, जब से भारी राशि के पुरस्कार शुरू हुए हैं और लिटरेरी फेस्टिवल बढ़े हैं, ये ही अब सारा मूल्यांकन कर देते हैं। अब आलोचक की जरूरत नहीं है!

आम पब्लिक की नजर में आलोचना का अर्थ है निंदा, साहित्यिक दुनिया में इसका जो अर्थ हो। कई बार आलोचना और आलोचनात्मक सोच को

अच्छी नजरों से नहीं देखा जाता। कहने की जरूरत है कि रचना जिस तरह 'उत्पादन' से भिन्न है, आलोचना उसी तरह 'निंदा-प्रशंसा' से भिन्न है। हालांकि आज रचना कई बार उत्पादन से भिन्न नहीं रह गई है। इसी तरह आलोचना भी कई बार महज प्रशंसा, आरोप--प्रत्यारोप या नॉकआॅउट कुश्ती होती है। यह सब देखकर कहा जा सकता है कि आलोचक की मृत्यु हो गई है। इसलिए इसपर विचार करना जरूरी है कि आखिरकार दो बड़ी मानव क्षमताओं- 'आलोचनात्मकता' और 'रचनात्मकता' का समाज में क्या भविष्य है।

आलोचनात्मकता और रचनात्मकता का संबंध

यह विचित्र किंतु सत्य है कि आग के आविष्कार के साथ सभ्यता का ही नहीं, आलोचनात्मक सोच का भी जन्म हुआ। आदिम मनुष्य ने सोचा कि 'पका हुआ भोजन' ज्यादा स्वादिष्ट है। उसने सभ्यता की ओर कदम बढ़ाए। वह अपनी आलोचनात्मक सोच से ही समझ पाया कि सभ्यता का विकास नदियों के किनारे ही हो सकता है। रामायण लिखने वाले को पहले से चली आ रही अहल्या की शापित दशा अन्यायपूर्ण लगी। इसलिए उसके राम ने उसे पत्थर से पुनः स्त्री बना दिया! भवभूति को लगा कि राम द्वारा सीता परित्याग अनुचित है, उन्होंने 'उत्तररामचरितम्' लिखा। इसका अर्थ है, पूर्णता के दंभ के समानांतर आत्म-आलोचनात्मक होने की प्रवृत्ति सदा रही है।

सुकरात ने अपनी आलोचनात्मक सोच के कारण ही सूर्य, चंद्रमा और तारों को ईश्वर मानने से इंकार कर दिया। उन्होंने आस्था को 'रैशनलाइज' करना चाहा। उनका दर्शन प्रश्न-उत्तर में है, संवाद में है। भारतीय क्लासिकल साहित्य भी बहुत कुछ प्रश्न-उत्तर में है, संवाद में है। बुद्ध ने संवाद से कई समस्याएं सुलझाईं। हर जमाने में अलग-अलग दृष्टिकोण के लोगों के बीच संवाद रहा है, बौद्धिक समन्वय हुआ है और खुलकर सांस लेने की जगहें बनी हैं। क्या 21वीं सदी में आलोचनात्मक सोच और संवाद के क्षय को उत्तर-सभ्यता का चिह्न समझना चाहिए?

आखिर किस मानव क्षमता से भक्त कवियों ने कहा कि यह देह ही कैलास है, भक्तों का हृदय ही वाराणसी है या 'तेरा साईं तुज्झ में'? उन्होंने प्रचलित धार्मिकता की परवाह न करके खुद जाना कि सच क्या है। सभी भक्त कवि कहते हैं, प्रेम ही अंतिम सच है।

19वीं सदी के भारतीय नवजागरण की सबसे बड़ी देन है, इसने आलोचनात्मक सोच को एक ऊँचाई दी। इसके बिना भारतेंदु को अंधेर नगरी 'अंधेर नगरी' नहीं दिखती। वे आर्यावर्त्त की दुर्दशा लिखते, 'भारत दुर्दशा' (1875) नहीं। प्रेमचंद के 'ईदगाह' का हामिद मेला में चिमटा खरीदता है, बाजार के प्रलोभन का शिकार नहीं होता। आखिर जब प्रसाद 'लघु लघु लोल लहर' को देखते हैं, निराला 'बादलों' को देखते हैं, अज्ञेय 'असाध्य वीणा' को, मुक्तिबोध 'चांद' को, केदारनाथ अग्रवाल 'लोहा' को या जब केदारनाथ सिंह 'टमाटर बेचने वाली बुढ़िया' को देखते हैं तो इन सबके 'देखने' का क्या अर्थ है? वे मौन या मुखर रूप से 'क्रिटिकल' हो रहे होते हैं।

कहा जा सकता है कि रचनात्मकता अकेले अर्थपूर्ण नहीं होती, वह आलोचनात्मकता को साथ लेकर ही कुछ महत्वपूर्ण दे पाती है। रचनाकार 'क्रिटिकल' हुए बिना अच्छी रचना नहीं लिख सकता। रचनात्मकता पर आलोचनात्मक सोच का असर पड़ता है तो यह भी देखा जा सकता है कि आलोचक में भी रचनात्मकता होती है। आलोचक की 'क्रिएटिविटी' उसकी आलोचनात्मक सोच को बंद चौखटे से बाहर निकालने में सहयोग देती है। उसे नवोन्मेषशील बनाती है। हम जिस दृष्टि से संसार को देखते हैं, उसे धोते-साफ करते रहना जरूरी है, अन्यथा दृष्टि ही अंधता का रूप धारण कर लेगी।

इसमें संदेह नहीं कि आलोचनात्मकता और रचनात्मकता के बीच गहरा संबंध है। हमारा कुछ भी 'देखना' प्रश्नों का उठना है और उत्तर खोजना है। हमारे देखने में एक व्याख्या अंतर्निहित है, उसमें एक खोज शामिल है- चाहे कोई पेड़ देखे, किसी आर्थिक संकट के सामने हो या कोई फिल्म देखे या किताब पढ़े। सवाल है, हम कितने ध्यान से देखते हैं और ध्यान से देखने में परंपरा, विचारधारा, अनुभव और कल्पनाशीलता- इन चार चीजों का कितनी सजगता से इस्तेमाल करते हैं। इसका अर्थ है, हरेक मनुष्य में आलोचनात्मक क्षमता है, सोचने की शक्ति है, बल्कि इन क्षमताओं की वजह से ही कोई मनुष्य है। इसके आधार पर कहा जा सकता है कि आलोचनात्मकता का क्षय साहित्यिक रचनात्मकता को ही नहीं, बल्कि मनुष्य जीवन की गुणवत्ता और एक तरह से समूची मनुष्यता को प्रभावित करता है।

इन दिनों आलोचनात्मक सोच का क्षय क्यों हो रहा है

आलोचनात्मक सोच का क्षय चीजों को देखने के कोण को बिगाड़ सकता है, क्योंकि इससे परंपरा खंडित रूप में मिलेगी, विचारधारा की जगह मतांधता ले लेगी। ऐसी स्थिति में अनुभव की स्वतंत्रता नहीं रह जाएगी, बल्कि हर अनुभव शक्तिशाली माध्यमों द्वारा एक 'नियंत्रित अनुभव' होगा। कोई न कोई मिथ्या चेतना प्रचार के बल पर अनुभव में डेरा डाल लेगी। इसके अलावा, कल्पनाशीलता का अंत हो जाएगा या वह अधिकाधिक यथार्थ-विमुख होती जाएगी। कहा जा सकता है कि आलोचनात्मक सोच का क्षय मनुष्य की बुद्धि और कल्पना में एक दुर्घटना की तरह है। फिलहाल इसकी चपेट में सिर्फ साहित्य नहीं, पूरा जीवन है, पूरा देश है, पूरी दुनिया है। कहने की जरूरत है कि मोटर कार में ही नहीं, इतिहास में भी रिवर्स गीयर होता है! क्या आज यही स्थिति है?

साहित्य ने हर काल में इसपर जोर दिया- 'देखना' सीखो! प्राचीन क्लासिकल साहित्य हो या आधुनिक साहित्य, उसमें 'देखना' सीखने के लिए प्रश्नों को महत्व दिया गया। हालांकि आलोचनात्मक सोच के बंध्याकरण के लिए प्रश्नों को रोकने की कोशिशें हर युग में हुईं। एक समय ऐसा दमन था कि तमिलनाडु के रामानुजाचार्य और असम के भक्त कवि शंकरदेव को अपना नगर छोड़कर भागना पड़ा था। भारतीय जीवन में कट्टरवाद का ऐसा बार-बार हमला हुआ। इसके अलावा, ब्रिटिश बंदूकें तनी हैं। औपनिवेशिक आधुनिकता के प्रलोभन निर्मित किए गए हैं। आपातकाल लगा है। बौद्धिक स्वतंत्रता बार-बार छीनी गई है। इन दिनों शैक्षिक दुनिया में जो एक नई व्यवस्था आई है, वह विद्यार्थियों को नंबर के पीछे दौड़ाती है। वह आलोचनात्मक सोच और रचनात्मकता को प्रोत्साहित नहीं करती। इस तरह देश फिलहाल एक बड़े राष्ट्रीय क्षय की ओर बढ़ रहा है।

दुनिया पत्थरों पर लिखने से ई-पर्दे पर लिखने के युग तक आ गई है, पर व्यक्ति की बौद्धिक स्वतंत्रता किसी भी जमाने से आज ज्यादा खतरे में है। इसकी एक बड़ी वजह है ज्ञान का सूचना में सीमित हो जाना। सूचना के संकेत, उद्देश्य और उसके मूल्य का बोध ज्ञान है, जिससे सूचना उद्योग वस्तुतः वंचित

करता है। वह आदमी के दिमाग को सूचनाओं के मालगोदाम में बदल देता है।

आलोचनात्मक सोच स्त्री, दलित, आदिवासी, वंचित या आम नागरिक की आत्माभिव्यक्ति को तार्किक और अधिक अपील करने वाली बनाती है। वह व्यक्ति को अनुभववाद या 'नियंत्रित अनुभव' की कैद से मुक्त करती है और उसे भाषा के एक अधिक बेचैन क्षेत्र में लाती है, जहां कई कराहें हैं। निश्चय ही आंसुओं में झंडे का रंग नहीं ढूंढा जाता।

यदि हम चाहते हैं कि समाज में वैज्ञानिक तथ्यों के प्रति आदर बढ़े, आलोचनात्मक सोच को बचाकर रखना जरूरी है। इसपर लोकतंत्र का उत्थान और विकास निर्भर है, क्योंकि लोकतंत्र हो या विकास तर्क और बौद्धिक खुलापन के बिना खोखला है। तर्क की जगह हुज्जत, बौद्धिक खुलापन की जगह आत्मकैद और ईमानदार आवाज की जगह चुनी हुई चुप्पियों का बढ़ते जाना लोकतंत्र के क्षय के साथ विकास का भी पथावरोधक है।

यदि कोई मुझसे पूछे कि आज की सभ्यता पर सबसे बड़ी विपत्ति क्या है, मैं बेखटके कहूंगा–आलोचनात्मक सोच का क्षय। उसका अंध–प्रशंसा, अंध–समर्थन, अंध–आरोप या अंधानुकरण में सिकुड़ना एक बड़ी मानव क्षमता का मिटते जाना है। आलोचनात्मक सोच आज इसलिए भी ज्यादा जरूरी है कि ई–मीडिया के बल पर अधिक तेज गति से सूचनाओं की बरसात हो रही है। चारों तरफ अज्ञानता–निर्माण की फैक्टरियों के माल छाए हुए हैं और ये सामाजिक कलह पैदा कर रहे हैं। बारह आदमी–तेरह चूल्हा! इन दिनों खोटा ही सरकारी मुहर या बड़ा व्यापारिक ब्रांड लगाकर खरा बना घूम रहा है, पब्लिक उसे ही प्रामाणिक मान रही है। ऐसी स्थितियों में अपनी आलोचनात्मक सोच के बल पर ही दुनिया को बेहतर ढंग से समझा जा सकता है।

इन दिनों भारी ग्लैमर के साथ जो भरोसा थमाया जाता है, उसके कल–पुर्जों को तार्किक और आलोचनात्मक सोच के बल पर ही ठीक से जान पाना संभव है और अपने को आंधी में तिनके की तरह उड़ने से बचाना भी।

लोग रोज ही कुछ न कुछ खरीदने के ऐसे विज्ञापनों से गुजरते हैं, जो अमिताभ बच्चन, शाहरुख खान जैसे सेलेब्रिटी के मुख से सिफारिश किए गए होते हैं। ऐसे झूठ अब नैतिक मान लिए गए हैं, वे पान मसाला के बारे में हों या घुटने का दर्द ठीक करने के बारे में या किसी साबुन के बारे में। बड़े ग्लैमर

का प्रदर्शन करते हुए जब किसी साहित्य-उत्सव में शामिल होने, किसी प्रचार का हिस्सा होने या किसी के समर्थन या विरोध के लिए कहा जाता है तो बहुत से लोग उसमें अपने को बहने से रोक नहीं पाते। वास्तविकता यह है कि इधर आंखें चौंधियाने वाले प्रचार, हिंसात्मक माहौल का दबाव या छोटे-बड़े प्रलोभन वस्तुतः लोगों की सोचने-समझने की क्षमता को बड़े पैमाने पर नष्ट कर रहे हैं। इसका अर्थ है, हमारी जीवंत परंपराओं, विचारधाराओं, अनुभव की स्वतंत्रता और कल्पनाशीलता पर इन दिनों बड़े पैमाने पर संकट उपस्थित है। एक तरफ सामुदायिक भीड़ का हिंसक उन्माद है तो दूसरी तरफ प्रचंड व्यक्तिगत स्वार्थपरता है। भारत इन दो बौद्धिक महामारियों की चपेट में है।

हर तरफ संकुचित दृष्टि है देश दुखी है

कई बहसों को देखकर लगता है कि इन दिनों तथ्यों और दलीलों का कोई महत्व नहीं है। बस जिसने जो धारणा कसकर पकड़ रखी है, नए तथ्यों की रोशनी से बचकर हमेशा वही बोलेगा। टस से मस नहीं होगा। लक्षित किया जा सकता है कि पहले से बनी ऐसी कई धारणाएं काफी चालाकी भरी होती हैं। निश्चय ही आलोचनात्मक सोच की प्रवृत्ति पुरानी दलीलों पर नए तथ्यों और तर्क की रोशनी में पुनर्विचार का अवसर देती है। यह वैचारिक औजारों को तार्किक धार देती है, साथ ही दूसरे दृष्टिकोणों और व्याख्याओं को समझने से कतराती नहीं है।

क्या आलोचनात्मक सोच और सहृदयता के बीच संबंध संभव है? निश्चय ही सहृदयता के बिना आलोचनात्मक सोच में संकीर्णता आएगी, वह यांत्रिक होगी। आलोचनात्मक सोच में सहृदयता के कारण ही, असहमत होने के बावजूद दूसरों की अच्छी दलीलों के प्रति सम्मान का भाव होता है। वर्तमान सभ्यता में यह तत्व नहीं है। इसलिए यह सभ्यता हजारों स्वार्थों की हिंसक भिड़ंत है। अपनी देह, अपने समुदाय और अपनी स्थानीयता से ऊपर उठकर सोचने की शक्ति को लकवा मार गया है। आज संकीर्णताओं का बाजार गरम है। अतीत का ऐसा हमला है कि ज्ञान और सहृदयता दोनों हाशिए पर चले गए हैं।

इसपर सोचने की जरूरत है कि बौद्धिक दुनिया में फिलहाल रचनात्मक नवोन्मेष मुश्किल क्यों है। कोई नया आदर्श, नया विचार, बड़ी रचना सामने

क्यों नहीं आ रही है? हर जगह एक-से चेहरे हैं, एक-सी आर्थिक नीति है, एक-से लोभी हैं और साहित्यिक संसार में भी लंबे समय से सामान्यतः फार्मूलाबद्ध रचनाएं हैं।

आखिरकार आलोचनात्मक सोच का इतना क्षय क्यों हुआ और हर तरफ इतना उथलापन क्यों है? राजनीति के उथलेपन की छाया साहित्य पर पड़ती है। यदि तथ्यों से चिढ़ और आलोचनात्मक सोच से तलाक हो तो नई चुनौतियों का सामना करना मुश्किल है। देखा जाता है कि आजकल आमतौर पर तथ्य से दृष्टिकोण न बनकर दृष्टिकोण से तथ्य निर्मित किए जाते हैं, जो एक विनाशकारी घटना है।

वैश्वीकरण के दौर में जब नवोन्मेष की जरूरत सबसे अधिक है, लोगों का दिमाग पुराने फ्रेम में कैद है। इधर बढ़ी धर्मांधता, जातिवाद, समुदायवाद और प्रांतीयता से आंदोलित माहौल के अलावा व्यक्तिवाद का भी भारी विस्फोट हुआ है। जगह-जगह सुलगती घृणा ने विषमता बढ़ाने के ग्लोबल खेल से ध्यान हटा दिया है। हर तरफ संकुचित दृष्टि है, देश दुखी है।

निश्चय ही सिर्फ विचारों से दुनिया बदल जाती तो अब तक दुनिया में अनगिनत दार्शनिक हो चुके हैं। दुनिया वस्तुतः विचारों से फिसलती रही है और राजनीतिक दुर्घटनाएं होती गई हैं। इसका सिर्फ यह अर्थ है कि दुनिया को महान विचारों पर चलने वाले अधिक अडिग लोगों की जरूरत है।

सभी को तुरंत जीत चाहिए

कहने की जरूरत है कि आलोचनात्मक सोच का क्षय या संकुचित होते जाना रचनात्मकता को प्रभावित करता है। इससे महान साहित्य तो क्या अच्छा साहित्य देना भी संभव नहीं हो पाता। लेखक दीवार में खिड़की बनाने की जगह खिड़की को भी दीवार में बदलने लगता है। वह पुराना बौद्धिक कर्मकांड दुहराता रहता है, पुराने जार्गन में फंसा रहता है। उसके कई विरोध प्रहसन होते हैं।

एक जमाना था, जब बुद्धिजीवी कहते थे, 'साथी, लंबी लड़ाई है!' अब सभी को तुरंत जीत चाहिए। अब लंबी लड़ाई, दीर्घ प्रयत्न की बात नहीं होती। इसके उलट शार्टकट खोजे जाते हैं। व्यापारिक संसार में ही नहीं, साहित्यिक-सांस्कृतिक क्षेत्रों में भी तात्कालिक फायदे की भूख है। इसमें संदेह नहीं कि यदि

कोई वर्तमान को मजे से लूट रहा है तो वह वस्तुतः भविष्य को खो रहा है। भविष्य उसका होगा, जो अपने को वर्तमान में लुटा रहा है।

इस दौर में जल्दी सत्ता हासिल करने, जल्दी अमीर बनने, जल्दी चर्चित होने की होड़ है जो बिना गरम मसाला के संभव नहीं है। अब सब्जी कम-मसाला ज्यादा चाहिए। इन स्थितियों ने हर क्षेत्र की रचनात्मकता और आलोचनात्मक सोच को प्रभावित किया है। हर तरफ मतांधता, सैद्धांतिक लफ्फाजी के साथ समझौते और आत्मविमुग्धता बढ़ गई है।

देखा जा सकता है कि जल्दी शिखर पर पहुंचने की भूख अदूरदर्शिता बढ़ाती है और विपदाएं पैदा करती है। यह जितना वित्तीय-व्यापारिक दुनिया का सच है, उतना ही कला-साहित्यिक दुनिया का भी। इसलिए नैतिक रूप से बेतहाशा गिरने या अवसाद में जाने की घटनाएं हैं। सवाल है, ऐसी घटनाओं को देखकर हमारे मन में नए प्रश्न क्यों नहीं पैदा हो रहे हैं?

यह आलोचनात्मक सोच के क्षय का नतीजा है कि हमारे देश में सहिष्णुता की कमी हो गई है। अब 'भिन्नता' का निर्लज्ज ढंग से महिमामंडन होता है और तनाव जिंदा रखे जाते हैं। इन दिनों निर्लज्जता बढ़ ही नहीं रही है, अपडेट भी की जाती है।

सचाई के मुंह में कहीं कपड़े ठूंस दिए गए हैं और कहीं चाकलेट भरा हुआ है। अधिकांश शिक्षित लोग अहंमन्यता और आत्मजयजयकार में डूबे हैं। वे अपने स्वार्थ के लिए शार्टकट खोजते हैं। स्वार्थपरता इस युग का सबसे बड़ा कुसंस्कार है, यह सारी चीजों पर भारी है। ऐसी विषम घड़ी में राजनीति विकलांग है। कहीं एका नहीं है, कोई सम्मिलित बड़ी आवाज नहीं है।

भारतेंदु के नाटक 'भारत दुर्दशा' की याद आ रही है, 'फूट, डाह, लोभ, भय, उपेक्षा, स्वार्थपरता, पक्षपात, हठ... इन एक दरजन दूती और दूतों को शत्रुओं की फौज में हिला-मिलाकर ऐसा पंचामृत बनाया कि सारे शत्रु बिना मारे घंटा पर के गरुड़ हो गए । फिर अंत में भिन्नता गई। इसने ऐसा सबको काई की तरह फाड़ा कि भाषा, धर्म, व्यवहार... सब एक-एक योजन पर अलग-अलग कर दिया। अब आवे बचा ऐक्य। देखें, आ ही के क्या करते हैं।' यह अंग्रेजों के जमाने की साम्राज्यवादी-सामंती तोड़फोड़ का चित्र है। हमारा वर्तमान समाज भी कुछ उसी तरह छिन्न-भिन्न है। वैसी ही फूट, एक-दूसरे से

वैसी ही डाह, वैसे ही प्रलोभन, वैसा ही भय, वैसी ही स्वार्थपरता, वैसा ही पक्षपात और वैसा ही हठ क्या आज भी दिखाई नहीं देता?

साहित्य से साहित्य का सफाया

इन दिनों एकेडेमिक संसार के विषय सत्ता-अनुकूलित किए जा रहे हैं। शैक्षिक और बौद्धिक स्वायत्तता एक खारिज मामला है। साधनारत रचनाकारों और कलाकारों की तरह-तरह से अवहेलना होती है। देशबोध पर पार्टीबोध भारी है। इसलिए इन दिनों पीतल को सोना बनाकर दिखाया जाता है।

साहित्यकार के नाम पर अयोग्य व्यक्ति तरह-तरह से प्रतिष्ठा पाते हैं और वे शिखर साहित्यकार घोषित किए जाते हैं। उनका कला-साहित्य के संस्थानों के ऊंचे पदों, समितियों और आयोजनों पर कब्जा होता है। कहना न होगा कि भाषा, साहित्य और कलाओं के संस्थान अति-राजनीतिकरण की वजह से खंडहर में बदलकर देश के सांस्कृतिक-बौद्धिक विकास को अवरुद्ध किए हुए हैं। बंदरबांट चल रही है। ऐसी घड़ी में भाषा, साहित्य और कलाओं के संस्थानों की स्वायत्तता को एक बड़ा-मुद्दा बनाया जाना चाहिए।

एक दृश्य यह भी है कि इधर कई आदर्शवान लेखकों और कलाकारों का मन डोला है। कुछ पाने के लिए बस जरा-सी पूंछ दबा लेने की जरूरत होती है। इन दिनों व्यापारिक प्रचार के लिए साहित्य को आवरण बनाया जा रहा है। ऊपर देशी घी का लेबल है, भीतर डालडा। जो साहित्य वाल्मीकि-कालिदास, कबीर-सूर-मीरा, प्रेमचंद-प्रसाद, अज्ञेय-मुक्तिबोध जैसों का माध्यम रहा है, लिटरेरी फेस्टिवल में उसके नाम पर फिल्मी गायकों, पॉप-कलाकारों, धार्मिक प्रवचनकर्ताओं, व्यापारियों और सत्ताधारी राजनीतिज्ञों को परोसा जाता है। यह साहित्य का अर्थ मिटा देने का अभियान है। इसकी ओर कई लोगों का ध्यान नहीं जा रहा है, क्योंकि प्रलोभनों से बचने की क्षमता घट गई है।

कुछ का तकियाकलाम है, 'हमें जो बुलाएगा, हम जाएंगे और अपनी बात कहेंगे' और साहित्य के विनाश के अभियान को सांस्कृतिक वैधता देंगे! जाहिर है, यह आलोचनात्मक सोच पर एक बड़े संकट का चिह्न है और यथासंभव आत्मनिरीक्षण की जरूरत है।

रेणु की 'तीसरी कसम' कहानी में नर्तकी हीराबाई जब ट्रेन से लौटते वक्त हीरामन

का दर्द देखती है तो कहती है, 'महुआ घटवारिन को सौदागर ने खरीद लिया है गुरु जी!' हीराबाई में यह एहसास बचा है कि वह कंपनी द्वारा खरीदी गई है और हीरामन की भावनाओं का साथ नहीं दे सकती। आज ऐसा एहसास दुर्लभ है।

युग बदल गया है, बाजार नए अवतार में है। कहा गया है, 'सबहिं नचावत राम गोसाईं'! अब बाजार सबको नचा रहा है। कलाकार और साहित्यकार खरीदे जा रहे हैं, वे इस बात से भरपूर गद्गद हैं। वे नहीं देखते कि जो खरीद रहा है, वह देश के लिए पोलियो है या कैंसर। इधर ऐसे कई अभियान सुनियोजित रूप से चल रहे हैं, जो चिंताजनक है।

आज लिखना एक नरक से गुजरना है- अंधेरों, तपिश और चीखोपुकार से, जहां कोई आश्वासन नहीं है। फिर भी यह स्वर्ग में रहने से बेहतर है।

आलोचनात्मक सोच पर टेक्नोलॉजी का हमला

आलोचनात्मक सोच पर एक बड़ा हमला आर्टिफिशियल इंटेलिजेंस का है। अब मेधारोबो के नए-नए रूप हैं। ये उपयोगकर्ताओं से चैट कर सकते हैं, सवालों का गूगल से भी आगे बढ़कर जवाब दे सकते हैं और रोमांटिक बातें कर सकते हैं। इनका उपयोग बढ़ने का अर्थ है बेरोजगारी बढ़ना। इनके कारण मनुष्य की अपनी रचनात्मकता, आलोचनात्मक सोच और भावनात्मक क्षमताओं का लगातार ह्रास घटित होगा।

जाहिर है, मेधारोबो से मनुष्य वही जानेगा जो वे बताना चाहते हैं। ये उसी सीमा तक सूचनाएं देते हैं, जिस सीमा तक प्रशिक्षित किए गए होते हैं। उनकी दी गई जानकारियों को अंतिम मान लेना सत्ता-अनुकूलित होना है, यह वैचारिक रूप से कंडीशंड किया जाना है।

कृत्रिम मेधा कृत्रिम संवेदनशीलता का निर्माण करती है। यह मनुष्य की खुद रचने की क्षमता को क्षतिग्रस्त करेगी। मेधारोबो सबकुछ जानता है, पर यह नहीं जानता है वह क्या कर रहा है!

वर्तमान सभ्यता नई टेक्नोलॉजी के बगैर चल नहीं सकती, लेकिन सिर्फ इसके बल पर वह मानवीय नहीं रह पाएगी। हम जानते हैं कि इंटरनेट भले दूर-दूर तक संपर्क निर्मित कर दे, व्यक्ति पहले से अधिक असामाजिक हुआ है। कृत्रिम मेधा मनुष्य को असामाजिक बनाने का नया औजार है। इसे आने वाला समय लूट-

हिंसा-दुष्प्रचार के इतने बड़े हथियार के रूप में विकसित करेगा, जिसकी हम कल्पना नहीं कर सकते। आने वाले दिनों में जब डिजिटल दुनिया छद्मों और मक्कारी से ज्यादा भर जाएगी, मनुष्य को ईश्वर की उतनी याद नहीं आएगी, जितनी अपनी रचनात्मकता और आलोचनात्मक सोच के खो जाने की!

इसका अर्थ है, दुनिया के सामने यह चिंता प्रधान हो जानी चाहिए कि हम मनुष्यजाति का बौद्धिक और आर्थिक संहार करने वाले कृत्रिम मेधा के नए-नए उपकरणों को कैसे रोक सकते हैं। इस तरह की मानव-विरोधी मशीनों के उपयोग से बचे बिना मानव स्वतंत्रता का जयगान संभव नहीं है।

इधर बड़ी संख्या में लेखक और रचनाकार सोशल मीडिया पर लिख रहे हैं। ऐसा लगता है कि दुनिया बदल रही है, संस्कृति बदल रही है। यह भी कम स्पष्ट नहीं है कि ई-मीडिया पर कहानी, उपन्यास, कथेतर गद्य, आलोचना आदि की पुस्तकें पढ़ना कठिन है। डिजिटल पाठक को छोटी-छोटी, मजेदार और विस्फोटक चीजें चाहिए। वस्तुतः उसकी ग्रहण करने की कल्पना शक्ति सीमित होती जा रही है। पाठकों की गंभीर चीजों में रुचि मिटती जा रही है। इसपर सोचने की जरूरत है कि डिजिटल दुनिया ज्ञान के एक बड़े माध्यम का निर्माण जरूर करती है, पर वह बौद्धिक रुचि के सतहीकरण का भी औजार है। डिजिटल संसार रचनाकार की विधायक कल्पना और पाठक की ग्राहक कल्पना दोनों को संकुचित करता है।

कोरोना काल में डिजिटल पाठक-श्रोता बढ़े हों, पर 2023 के एक ताजा अमेरिकी सर्वेक्षण के अनुसार पाठकों की दुनिया में ई-बुक पढ़नेवाले पाठक सिर्फ 7 प्रतिशत हैं, जबकि मुद्रित पुस्तक पढ़नेवाले पाठक 37 प्रतिशत हैं। ई-बुक और मुद्रित पुस्तक दोनों पढ़ने वालों की संख्या 21 प्रतिशत है।

किताबें हैं तो सोचने की शक्ति है। हर तरफ देख लें, अभी भी किताबें हैं और इनकी हत्या संभव नहीं!

ऐसे लेखक कम हैं जो खाइयों की जगह पुल बनाते हैं

इस युग में बहुत अधिक, हजारों लेखक हैं। लेकिन ऐसे लेखक कम हैं, जो अपने जीर्ण-शीर्ण वैचारिक खूंटे को बचाने की जगह आलोचनात्मक सोच और रचनात्मकता को महत्वपूर्ण मानते हैं। ऐसे लेखक कम हैं जो आलोचनात्मकता

और रचनात्मकता में अंतर्विरोध नहीं देखते। ऐसे लेखक कम हैं जिनके लिए साहित्य आत्मप्रचार की सीढ़ी या उपभोग से एक अधिक बड़े उद्देश्य के लिए है। ऐसे लेखक कम हैं जो साहित्य लिखते हैं तो इससे पुनर्निर्मित भी होते रहते हैं। ऐसे लेखक कम हैं जिन्हें अपने देश और दुनिया के तमाम लोगों से प्यार है और वे असहमत को शत्रु के रूप में नहीं देखते। ऐसे लेखक कम हैं जो खाइयों की जगह पुल बनाते हैं।

एक अच्छे लेखन में तथ्य, विचार और हृदय मिलकर बोलते हैं। ऐसा लेखन चयन किए हुए किसी एक खास वर्चस्व से नहीं, सभी वर्चस्वों, भेदभावों और अन्यायों से जूझने की ताकत देता है। वह सौंदर्य की गहरी समझ निर्मित करता है। इस तरह का लेखन और कोई सुविधाजनक जगह एकसाथ संभव नहीं है। यही वजह है कि कट्टरताओं के संसार में न रचनात्मकता के लिए जगह है और न आलोचनात्मक सोच के लिए। बाजार में लेखक आमतौर पर 'एलिअन' है। फिर भी पाठक जिंदा है तो लेखक भी है; और पाठक कभी नहीं मरेगा!

अप्रैल 2023

एलीट विमर्श और लोकमन-1

राम जब वनवास के समय केवट से गंगा पार उतारने के लिए कहते हैं, केवट मना कर देता है। वह संदेह व्यक्त करता है कि राम के पैरों की धूल से कहीं उसकी नाव अहल्या की तरह स्त्री बन गई तो उसकी जीविका कैसे चलेगी। वह कहता है, भले लक्ष्मण तीर चलाकर मार डालें, वह पैरों से धूल साफ किए बिना राम को नाव पर नहीं बैठाएगा (रामचरितमानस)। इसका अर्थ है, लोक एक आत्मविस्मृत या सपाट चेहरा नहीं है। वह संदेह करता है। वह क्षमता संपन्न और विद्वान नहीं है, लेकिन जानता है कि आजीविका बड़ी चीज है और जो कुछ उसके पास है उसे विनम्रता से बचाना है। लोक निश्चय ही नगर-गांव, मैदान-पहाड़ हर जगह है।

एलीट लोगों की पहली पहचान है कि वे हमेशा अपने को लोक से विशिष्ट समझते हैं। उनमें से कुछ अपने को महापुरुष मानकर चल रहे होते हैं। वे अपने विचारों को नीचे साधारण लोगों तक पहुंचाना चाहते हैं, पर उनकी सामाजिक गतिविधियां ऊपर के लोगों के बीच सीमित होती हैं। सभी केटेगरी के एलीट लोग आर्थिक रूप से संपन्न होते हैं। वे आमतौर पर पॉश शिक्षण संस्थाओं से निकले, व्यक्तिवादी रुचि के व्यक्ति होते हैं। उनके पास सुख-सुविधाएं होती हैं, बड़े क्लबों की सदस्यता होती है। उनके आभिजात्य के पीछे सामंतवाद सुरक्षित रहता है। एलीट लोगों में आपसी स्पर्धा हो सकती है, पर वे लेखक, बुद्धिजीवी, व्यापारी, राजनेता जो हों, समान रूप से सत्ता की मानसिकता ढोते हैं। सामान्यतः सोचते हैं कि वे जो जानते हैं, उसके बाहर ज्ञान नहीं है।

वर्तमान दौर में एलीट बुद्धिवादियों का एक बड़ा समूह आत्मनिरीक्षण न करके लोक को ही बेवकूफ, पिछड़ा और बदमिजाज बता रहा है। सामान्यतः वह लोक को दया या हिकारत से देखता है। यह रुख उन संपन्न-शिक्षित लोगों का भी हो सकता है जो अपने को एलीट नहीं मानते।

क्या लोक बोल सकता है?

'महाभारत' में शकुंतला-दुष्यंत की कथा कालिदास के 'अभिज्ञान शाकुंतलम्' से थोड़ी भिन्न है। महाभारत की कथा में स्त्री बोलती है। शकुंतला जब अपने पुत्र को लेकर राजा दुष्यंत के दरबार में पहुंची, दुष्यंत ने कहा, 'दुष्ट तपस्विनी, मुझे कुछ याद नहीं' (आदि पर्व)। वह शकुंतला से यह भी कहता है, 'स्त्रियां झूठ बोलने वाली होती हैं।' वह उसकी माता मेनका को वेश्या कहता है। शकुंतला जवाब में कहती है, 'आपके जन्म और कुल से मेरा जन्म और कुल बढ़कर है।... एक हजार अश्वमेध यज्ञों की अपेक्षा सत्य का पलड़ा भारी होता है।... आप जैसों के साथ रहना मेरे लिए उचित नहीं है।' (वही)। यह एक जमाने के पितृसत्तावादी राजा के विरोध में उस स्त्री का साहस है, जिसे आज 'सबाल्टर्न' कहा जाता है। (हालांकि महाभारत में आकाशवाणी के बाद दुष्यंत को सब स्मरण हो जाता है।) शकुंतला साहसी थी। लेकिन परंपरागत समाज के अधिकांश लोगों को ऐसी साहसी स्त्रियां नहीं चाहिए। ज्यादातर शिक्षित नौजवानों के लिए आज भी दुल्हन होनी चाहिए- 'बी.ए. पास-गृहकार्य में निपुण'!

शूद्रक (छठी सदी) का संस्कृत नाटक है, 'मृच्छकटिकम्'। यह 'मिट्टी की गाड़ी' के नाम से 1970 के दशक में काफी लोकप्रिय हुआ था। इसमें अपनी उदारता की वजह से संपन्न से दरिद्र हो चुके एक ब्राह्मण चारुदत्त की कथा है। आर्थिक दरिद्रता को छठा महापाप बताते हुए इस नाटक में कहा गया है, 'गरीब की बात बंधु-बांधव भी नहीं सुनते। उसकी विपत्तियां बढ़ जाती हैं, चरित्र और शालीनता फीकी पड़ जाती है। दूसरे का दोष उसपर थोप दिया जाता है। श्रेष्ठ लोग गरीब व्यक्तियों के सान्निध्य से बचते हैं, कोई आदर से बात नहीं करता। उत्सव के मौके पर इनके पास अच्छे कपड़े नहीं होते। ऐसे व्यक्ति श्रेष्ठ जनों के पास से संकोचवश बचकर निकल जाते हैं।' (वही)। इसका तात्पर्य है, विशिष्ट और लोक की श्रेणियां पहले भी थीं!

लगभग डेढ़ हजार साल पहले का 'मृच्छकटिकम्' एक रोचक पाठ है, जिसमें आज का परिदृश्य भी झलकता है। इसमें चौंकाने वाली बात है न्याय व्यवस्था का अनावरण। न्यायाधिकारी अच्छी तरह समझता है कि गरीब चारुदत्त हत्या का दोषी नहीं है, लेकिन उसमें साहस नहीं है कि राजा के प्रिय शकार के झूठे आरोप के विरुद्ध फैसला दे। राजसत्ता न्यायालय को कैसे प्रभावित करती है, इसका

अनावरण उपर्युक्त नाटक को खास बना देता है। यह भी स्पष्ट कर देता है कि गरीबी किस तरह ब्राह्मण के भी विशेषाधिकार खत्म कर देती है। नाटक का अंत महत्वपूर्ण है, विविधता भरा लोक अंततः दुष्ट राजा की सत्ता पलट देता है। इसका अर्थ है, लोक में गणतंत्र स्थापित करने की शक्ति है। लोक स्वेच्छाचारी राजसत्ता या 'राष्ट्र' के लिए एक सिरदर्द है, क्योंकि उसमें संदेह करने, प्रतिवाद करने और गणतंत्र या राजनीतिक न्याय स्थापित करने की अनंत क्षमता है।

बनते हुए राष्ट्र में लोक

एक बनते हुए राष्ट्र में लोक से बढ़कर दूसरी कोई निधि नहीं है। लोक मानव संसाधन भर नहीं है। वह कौशल और उच्च आशाओं से भरा एक जिंदा संसार है। भारतीय लोक कश्मीर से कन्याकुमारी तक उपस्थित है। उसकी सबसे बड़ी ताकत है उसका विविधता-भरा होना, जिसका वस्तुतः आज भिन्नता के रूप में इस्तेमाल हो रहा है।

'हिंदी साहित्य का इतिहास' के लेखक, एक पुराने आलोचक रामचंद्र शुक्ल के विचार हैं, 'सच्चा कवि वही है जिसे लोक-हृदय की पहचान हो, जो अनेक विशेषताओं और विचित्रताओं के बीच मनुष्य जाति के सामान्य हृदय को देख सके।' (चिंतामणि-1)। वे 'लोक सामान्य भावभूमि' की बात करते हैं और सामान्यीकरण पर जोर देते हैं, जो औसतीकरण नहीं है। उनकी दृष्टि में दुख-सुख से भरा लोक सबसे पहले मनुष्यजाति है। इसलिए वे हिंदू के हृदय में, राजनेता के हृदय में, ब्राह्मण-क्षत्रिय के हृदय में या बांग्ला-मराठी-तमिल या हिंदी जाति के हृदय में लीन होने की बात नहीं करते। वे लोक हृदय में लीन होने का आह्वान करते हैं। कहने की जरूरत नहीं है कि उनके लोक हृदय का संबंध गोबर और हिजाब की संस्कृति से नहीं है, भले हर व्यक्ति को किसी रूढ़ि को त्यागने या चुनने की स्वतंत्रता समान रूप से है।

देखा जा सकता है कि भारतीय राष्ट्र अधबना है, कई तरह के स्वप्नों की टकराहट लेकर, सांस्कृतिक तनावों से गुजरते हुए अभी वह बनने की प्रकिया में है। आचार्य शुक्ल कहते हैं, 'देशबद्ध मनुष्यत्व के अनुभव से सच्ची देशभक्ति या देशप्रेम की स्थापना होती है।' (काव्य में रहस्यवाद)। वे मनुष्यत्व और देशप्रेम में फर्क नहीं करते।

यह एक विडंबना है कि एक बड़ी भारतीय आबादी आज देशबद्ध मनुष्यत्व, लोक सामान्य भावभूमि, समावेशी राष्ट्रीयता जैसी चीजों से विमुख है। कैसा विचित्र संकट है कि उदारवाद एक असुरक्षित जगह हो चुका है। लोग साझी संस्कृति में अपने खो जाने का खतरा देखते हैं। आर्थिक विकास के जिस दौर में भारतीय परंपरा के एक प्रमुख तत्व 'अ-पर' के बोध को विस्तृत करने की जरूरत है, मानवतावाद महज खैरात बांटने तक सीमित है। लोग धार्मिक ध्रुवीकरण, जातिवाद और प्रांतीयतावाद के चक्रव्यूह में हैं। हर तरफ अंधता ही दृष्टि बनी हुई है!

रामचंद्र शुक्ल के बाद हजारी प्रसाद द्विवेदी लोक का अर्थ बताते हैं, ''लोक' शब्द का अर्थ जनपद या ग्राम्य नहीं है, बल्कि नगरों और गांवों में फैली हुई वह समूची जनता है, जिसके व्यावहारिक ज्ञान का आधार पोथियां नहीं हैं। ये लोग नगर के परिष्कृत रुचि-संपन्न समझे जानेवाले लोगों की अपेक्षा सरल और अकृत्रिम जीवन के अभ्यस्त होते हैं और परिष्कृत रुचिवाले लोगों की विलासिता और सुकुमारता को जिलाए रखने के लिए जो भी वस्तुएं आवश्यक होती हैं, उत्पन्न करते हैं।' हजारी प्रसाद द्विवेदी का लोक आम कृषक और श्रमजीवी है। वे रामचंद्र शुक्ल के 'विचित्रताओं' शब्द को खोलते हैं, लोक को श्रम से जोड़ते हैं। हालांकि अब लोक न पहले के युगों की तरह है और न श्रमिक तथा उपभोक्ता के बीच अब पहले-सा फर्क है। लोक गंगा में न जाने कितनी गंदी नालियों का पानी गिर रहा है, न जाने कितने शव बह रहे हैं!

नागरिक समाज का क्या हाल है

कई चिंतकों को 'लोक' की जगह 'नागरिक' शब्द प्रिय है। वे लोक को आत्मअचेत, अपने अधिकारों के ज्ञान से शून्य जनसमूह की शक्ल में देखते हैं, जबकि 'नागरिक समाज' को अधिकारों और खासकर व्यक्तिगत स्वतंत्रता के प्रति सचेत लोगों के रूप में। ऐसे नागरिक समाज के लोग सचेत हों न हों, विकास के सुंदर फल उनके पास होते हैं। लोक को प्रायः छिलका मिलता है।

हमारी सभ्यता कहां खड़ी है, यह इससे पता चल सकता है कि इनमें से किस शब्द को ज्यादा महत्व दिया जा रहा है- 'मनुष्यजाति', 'पब्लिक', 'नागरिक समाज', 'पार्टी का आदमी'!

'सिविल सोसाइटी' शब्द शहर के जन आंदोलनों से जन्मा है। एक जमाने में 'प्रेमाश्रम', 'सेवासदन', 'महिला एसोसिएशन' जैसे नागरिक संगठन थे- ये दल से ऊपर थे। मध्यवर्ग के सुविधा-संपन्न लोग तकलीफें उठाकर जनसेवा और सामाजिक जागरण के अलावा शासन से मुठभेड़ करते थे। इन दिनों भारी अनुदान लेने वाले, लोकोपकार के उद्देश्य से बने नागरिक संगठन ज्यादा हैं जो एनजीओ कहलाते हैं। संपन्न वकीलों, प्रोफेसरों, सोशल एक्टिविस्टों और चिंतकों-लेखकों के कुछ ग्रुप हैं, जो 'सिविल सोसाइटी' के बौद्धिक चेहरे हैं। ये लुटियन की दिल्ली में ज्यादा सक्रिय देखे जाते हैं। एक समय सूचना का अधिकार, खाद्य सुरक्षा, स्त्री-उत्पीड़न के संदर्भ में विशेष कानून आदि नागरिक समाज की ही लिखा-पढ़ी और आंदोलनों की देन रहे हैं। वर्तमान दौर में नागरिक समाज का स्वरूप क्या है, उसका हस्तक्षेप कितना क्षणभंगुर या टिकाऊ है, वह राज्य शक्ति पर कितना असर डाल पा रहा है- यह बहस का विषय है। यह भी देखने की चीज है कि नागरिक समाज आम लोक से कितना जुड़ा हुआ है और इसके लिए क्या त्याग कर रहा है।

नागरिक समाज का राष्ट्र-राज्य से संबंध यह प्रश्न उठाने से शुरू होता है कि राष्ट्र-राज्य सामाजिक जीवन को किस हद तक नियंत्रित कर सकता है, राज्य को धर्म, कला-साहित्य और सांस्कृतिक गतिविधियों में कितना दखल देना चाहिए। यदि राज्य का काम आदेश देना और नियंत्रण रखना है तो नागरिकों का काम है लोगों के बौद्धिक, शैक्षिक और सामाजिक जीवन में वैयक्तिक स्वतंत्रता की रक्षा करना, न्याय पाने के अपने अधिकार की रक्षा करना और इन सबके साथ अपनी महान सांस्कृतिक विरासत की रक्षा करना। नागरिक समाज की हालत यह है कि वह फिलहाल लोक से विच्छिन्न, कलहग्रस्त और असहाय है।

दलहित और देशहित के एक हो जाने पर नागरिक की स्वतंत्रता लगातार छिनती गई है। न्याय पर आघात हुए हैं। इतिहास और सांस्कृतिक विरासत के दुरुपयोग हुए हैं। इन सबके अलावा इधर मीडिया की स्वायत्तता खरीद ली गई है। ऐसे दमनमूलक परिवेश में जीवन असह्य हो जाता है।

सुदीप्त कविराज सबाल्टर्न इतिहासकार हैं। वे उत्तर-औपनिवेशिक विमर्श के पक्ष में बोलते रहे हैं। सबाल्टर्न इतिहास और उत्तर-औपनिवेशिक विमर्श वस्तुतः खंड की विशिष्टता पर जोर देते हैं, जबकि 'नागरिक समाज' की अवधारणा सामान्यीकरण पर आधारित है। सुदीप्त कविराज अपनी धारणाओं में एक मोड़

लाते हैं। वे इन दिनों सकारण नागरिक समाज की बात ज्यादा करने लगे हैं। उन्होंने सुनील खिलनानी के साथ मिलकर एक किताब संपादित की है- 'सिविल सोसाइटी'!

बुद्धि की मुक्तावस्था की देन है 'राष्ट्र' की साझी सोच

वस्तुतः लोक और नागरिक में फर्क नहीं है, यदि नागरिक एलीट मिजाजी नहीं है। नागरिकों के बीच बहुस्वरता स्वाभाविक है, ग्रुपों में टकराव स्वाभाविक है। लेकिन इससे इनकार नहीं किया जा सकता कि एक साझी सोच भी कई ऐतिहासिक मौकों पर बनी है, जैसे सुधार आंदोलन, स्वाधीनता आंदोलन के दिनों में या आपातकाल के दौर में। यह चिंताजनक है कि उस तरह की साझी सोच अभी नदारद है।

साझी सोच का निर्माण बुद्धि की मुक्तावस्था की देन है। 'राष्ट्र' की साझी सोच तब तक संभव नहीं है, जब तक बुद्धि रूढ़ियों से जकड़ी है, वह एक न एक स्वार्थपरता के अधीन है।

कई बार नागरिक समाज के नाम पर वस्तुतः जो सामने आता है, वह कोई पेशेवर एनजीओ होता है या आत्मविमुग्ध, बंद दिमाग का एलीट वर्ग। वह नागरिक समाज को एक प्रतिष्ठासूचक जगह बनाकर रखता है। नागरिक समाज के अधिकांश प्रवक्ता अपने को उद्धारक, मुक्तिदूत और दृष्टिदाता ज्ञानी के रूप में पेश करते हैं। वे मीडिया में चुनिंदा व्यक्तियों के बयान निकालते रहते हैं, फिर सो जाते हैं या इंस्टाग्राम, फेसबुक, ट्यूटर, व्हाट्सऐप में पड़े रहते हैं। वे नहीं सोचते कि लोक की परंपराओं से भी कुछ सीखा जा सकता है।

आश्चर्य नहीं है, यदि एलीट नागरिक समाज और लोक फिलहाल आमने-सामने हैं। एलीट को लोक ने कोने में कर दिया है। इसके अलावा, लोक को उसकी उच्च प्राचीन तथा आधुनिक परंपराओं से विच्छिन्न करके 'प्रिमिटिविज्म' की तरफ ठेल दिया गया है। अब कूपमंडूकता को ही संस्कृति माना जा रहा है। दरअसल एलीट और लोक संसार दोनों तरफ अंधेरा है।

सवाल है, क्या हमारे देश में बुद्धि की मुक्तावस्था पर आधारित और स्वार्थपरता से मुक्त नागरिक समाज बन पा रहा है? निःसंदेह 'बुद्धिजीवी' और 'नागरिक समाज' दोनों जरूरी शब्द हैं। ये महत्वपूर्ण धारणाएं हैं और देश की

जरूरत हैं। इन दिनों दोनों को उपहास का पात्र बनाया जाना दुर्भाग्यपूर्ण है। लेकिन इसके लिए काफी जिम्मेदार चुप्पियां चुनने वाले और सुविधावाद की राह पकड़ लेने वाले खुद ये लोग हैं।

भक्ति आंदोलन के दौर में जातिभेद और समुदायवाद से ऊपर उठकर एक उदार लोकवृत्त बन रहा था। 19वीं सदी और 20वीं सदी के 70 के दशक तक बौद्धिक आंदोलनों, गरमागरम बहसों, पत्र-पत्रिकाओं और पाठकों के बीच से एक बृहत्तर नागरिक समाज अस्तित्व में आया था। वह उदार, प्रबुद्ध और त्याग की भावना से भरा था। कई सभाओं-समितियों के जरिए 'अनन्य', 'अभिन्न' का बोध निर्मित हो रहा था। यह चिंताजनक है कि आज 'नागरिक समाज' वस्तुतः एलीट-केंद्रिक है। बुद्धिजीवी अपने-अपने में डूबे हैं और वे लोक से विच्छिन्न होते जा रहे हैं।

आज हर व्यक्ति असुरक्षित है

लोक कैसा है? क्या उसकी पुरानी सरलता, अकृत्रिमता और शांतिप्रियता बची है? सबसे महत्वपूर्ण सवाल यह है कि लोक का संदेह, प्रतिवाद और राजसत्ता से सरोकार आज किस मोड़ पर खड़ा है। यह भी देखना चाहिए कि लोकतंत्र 'चुनाव के गणित' और 'मतप्रबंधन' में कितना खो चुका है तथा कितना बचा है? ये सवाल उद्वेलित करते हैं, क्योंकि आज का लोक वस्तुतः आर्थिक रूप से लगातार बदहाल हो रहा है। लोग बेरोजगार हैं या अर्ध-बेरोजगार होते जा रहे हैं। कुपोषण बढ़ रहा है। ज्यादातर लोग मुश्किल से उस दिन फल खा पाते हैं, जब कोई धार्मिक दिन होता है या पूजा होती है। गरीबी और विस्थापन झेल रहे लोगों को इस समय भीषण अभाव, परस्पर अविश्वास और हिंसा के माहौल में जीना पड़ रहा है। यह कम चिंता का विषय नहीं है कि आम लोक में जो आत्मसम्मान-बोध रहा है, वह खैरात के लिए लाइन में खड़ा करके मिटा दिया जा रहा है।

दूसरी तरफ, धार्मिक, जातिवादी और प्रांतीयतावादी कसौटियों की वजह से सबकुछ खंड-खंड है। इस परिदृश्य में देखा जा सकता है कि वीआइपी सुरक्षा पाए बड़े सेलेब्रिटी को छोड़कर बाकी सभी लोग बुरी तरह से असुरक्षित हैं। वे अपने-अपने इलाके के अपराधी-नेता की दया पर निर्भर हैं। आम लोग मिलकर अपनी

तकलीफें कह सकें या प्रतिवाद कर सकें, इसके लिए उनके पास कोई ढांचा नहीं है। उनकी विविधता वस्तुतः हिंसक भिन्नता में बदल दी गई है। विविधता 'हम-वे', 'मोर-तोर' और 'दूसरे' में विभाजित है। फलस्वरूप आम लोग रोज छोटे-छोटे अपमान सहते हुए अपने को असहाय महसूस करते हैं।

लोक की अपनी उदार सांस्कृतिक जड़ें हैं

भारतीय संस्कृति सिर्फ वेद-पुराण में नहीं है। यह रामायण और महाभारत की लोककथाओं में, लोकभाषा से जुड़े भक्त कवियों की रचनाओं तथा लोकगीतों और लोककथाओं में भी है। इस देश में बसवण्णा, ललद्यद, तुकाराम, कबीर, सूर, मीरा, तुलसी, जायसी आदि भक्तों ने विपुल साहित्य लिखा है। उनके प्रेम और ज्ञान की वाणी में पढ़ा जा सकता है कि लोक क्या चाहता रहा है, उसकी संस्कृति क्या है। जब कबीर बोलते हैं 'कहे कबीर सुनो भाई साधो' तो वे साफ कर देते हैं कि एक समय लोक में न सिर्फ बोलने का साहस था, बल्कि सुनने वालों का एक उदार लोकवृत्त बन रहा था।

शास्त्र एक सीमित संस्कृत शिक्षित वर्ग तक सीमित रह जाते होंगे, लेकिन महान संदेश वाली पुराकथाओं ने देश में भाषाओं की बाउंडरी तोड़ दी, एक हद तक काल की भी। कृष्ण से जुड़ी महाभारत की कथाओं को पछाड़ कर राधा-कृष्ण की मनोहर युगल मूर्ति लोकप्रिय हुई। उनकी प्रेम भावना और बांसुरी लोक आकांक्षाओं को प्रतिबिंबित करती है। प्राचीन काल के ऐसे न जाने कितने उदात्त बिंबों में आज के लोक की सांस्कृतिक जड़ें हैं।

ए.के.रामानुजन ने लिखा है, 'हर कोई चाहे वह गरीब हो या अमीर, सवर्ण हो या शूद्र, प्रोफेसर हो या पंडित या अज्ञानी, इंजीनियर हो या फेरीवाला-अपने भीतर एक निरक्षर उपमहाद्वीप लिए हुए होता है।' (भारत की लोककथाएं)। निरक्षर उपमहाद्वीप का अर्थ है शास्त्रों के समानांतर लोकज्ञान का उपमहाद्वीप! ए.के.रामानुजन ने रेडफील्ड के 'ग्रेट ट्रेडिशन-लिटिल ट्रेडिशन' के ही असर में लोकज्ञान को महाद्वीप न कहकर उपमहाद्वीप कहा था!

आज भी उपर्युक्त गलत विभाजन कई तरह से फैशन में है- 'राष्ट्र और सबाल्टर्न', 'मुख्य धारा-उपधारा', 'मेनलैंड-सब कल्चर', 'हम और वे'! इस तरह के विभाजन महसूस होने नहीं देते कि अंतर्विरोधों के बावजूद भारत एक

'साझी संस्कृति–साझा जीवन' वाला देश है और भारत के लोग आमतौर पर शांतिप्रिय तथा उदार सांस्कृतिक जड़ों वाले हैं। दरअसल कई बार भरी नदी में नाव जलने लगती है!

हम ग्लोबल हैं, हमारा कोई देश नहीं

एक समय कई व्यक्ति विश्व नागरिक, विश्व सरकार की बात करते थे, जैसे EM.Or.dëg, ê$OdëQ> Jma S(bdg, EH$hX VH$~Q3 रसेल जैसे पश्चिमी बुद्धिजीवी और समाजवादी राम मनोहर लोहिया। दूसरे विश्वयुद्ध के बाद संयुक्त राष्ट्र संघ भर बन पाया, जो कमजोर साबित हुआ।

इस तथ्य की तरफ ध्यान जाना चाहिए कि दुनिया के सर्वहारा एक न हो सके, लेकिन दुनिया के व्यापारी एक हो गए। बहुराष्ट्रीय कंपनियों की लाइन लग गई। विश्व बाजार बन गया। कीमतों को लेकर स्पर्धा की जगह भूमिगत समझ बनने लगी, मिलजुलकर वस्तुओं की कीमत बढ़ाओ! तकनीकी क्रांति ने यह कर दिया कि अब लाखों एलीट लोग भूल चुके हैं कि वे किस देश के हैं। उनकी सोच में सिर्फ यह है कि उनके लिए क्या फायदेमंद है। वे वस्तुतः पैसे के हैं, मुनाफा के हैं, किसी खास देश या संस्कृति के नहीं।

भारत छोड़ चुके या भारत में रहने वाले अब लाखों लोग ऐसे हैं जो अपने को ग्लोबल समझते हैं। उनका इस देश के आम लोगों से कोई लगाव नहीं है। उन्हें आम लोगों की कोई परवाह नहीं है। उनमें से कई अहंकार में मतदान भी नहीं करते। वे अपनी मातृभाषा करीब–करीब भूल चुके हैं। लोक अपनी मातृभाषा से प्रेम करता है, दूसरों की भाषा को आदर देता है, वोट देता है और सामान्यतः अपनी समावेशी संस्कृति के प्रति आस्था रखता आया है।

एक विश्व प्रसिद्ध बुद्धिजीवी गायत्री चक्रवर्ती स्पीवाक से एकबार किसी ने पूछा था, आपकी जड़ें कहां हैं? उन्होंने जवाब दिया था, क्या मैं पेड़ हूँ कि मेरी जड़ें होंगी! हालांकि अमेरिका में बसे होने के बावजूद उन्होंने पश्चिम बंगाल और झारखंड में पांच स्कूल खोल रखे हैं! वे जब भी कोलकाता आती हैं, इन स्कूलों में जाती हैं, वहां पढ़ाती भी हैं। उनकी चिंता 'सबाल्टर्न' को लेकर रही है, अर्थात उन वंचित वर्गों के प्रति जो इतिहास के सीमांत पर हैं।

सबाल्टर्नवादियों की दृष्टि में लोक

लोक की धारणा में पिछले कुछ दशकों से नई-नई धारणाएं घुसी हैं। इटली के ग्राम्शी ने इतिहास के सीमांत पर रहने वाले लोगों को 'सबाल्टर्न' कहा था। सबाल्टर्न से अभिप्राय है कृषक, स्त्री, आदिवासी, दलित, पिछड़ा जैसे वंचित समुदाय। इस धारणा में सभी सबाल्टर्न खंड-खंड हैं। रणजीत गुहा, पार्थ चटर्जी जैसे समाजवैज्ञानिकों ने ग्राम्शी के सबाल्टर्न को मिशेल फूको के सत्ता सिद्धांत से हाइब्रीड करके दक्षिण एशियाई देशों के एकेडेमिक संसार में लोकप्रिय बना दिया। लगता है, 'सबाल्टर्न' अमेरिका, फ्रांस, इंग्लैंड, जर्मनी, आस्ट्रेलिया में नहीं हैं। वे सिर्फ दक्षिण एशिया में हैं। यह सिद्धांत भारत के लिए सबसे ज्यादा है! भारत को समझने की पिछली पौर्वात्यवादी दृष्टियों की कतार में एक और दृष्टि शामिल हुई। सबाल्टर्नवाद ने भारत को थोड़ा खोला-ज्यादा ढका!

भारत के एकेडेमिक संसार में सबाल्टर्नवाद ने विद्वत्ता के शार्टकट बनाए। इसने पिछले चार दशकों से शैक्षिक-साहित्यिक मेधा को अपने कब्जे में ले रखा है। समाज में पिट चुकने के बावजूद, विश्वविद्यालयों में विभाजित सामुदायिक कोण से फास्ट फूड की तरह हजारों की संख्या में पीएच.डी. शोध हो रहे हैं। पेड़ के एक-एक पत्ते को उलटा-पलटा जा रहा है, पेड़ के संसार को भूलकर!

1982 में रणजीत गुहा द्वारा 'सबाल्टर्न हिस्ट्री' के प्रकाशन के बाद गायत्री चक्रवर्ती स्पीवाक ने 1988 में अपनी चर्चित किताब लिखी थी, 'कैन द सबाल्टर्न स्पीक?' बातचीत करना नहीं, बोलना! गौर करने की बात है कि इस किताब की स्थापनाओं के पास वे झूला डालकर बैठ नहीं गईं। वे बुद्धि की मुक्तावस्था के कारण आगे बढ़कर सोचती हैं। उनके एक भाषण से उनकी नई चिंताओं को समझा जा सकता है। यहां कह देना चाहिए कि बुद्धि की मुक्तावस्था भारत में फिर से आकार लेने लगी है। वे जो मतांध अतीतजीवी और सिद्धांतजीवी नहीं हैं, वे घेरेबंदी से बाहर आ रहे हैं। वे सिद्धांत-कैदी न रहकर 21वीं सदी के मनुष्य को फिर से समझना चाहते हैं।

स्पीवाक स्वानुभववाद पर टिप्पणी करती हैं, 'यह एक मध्यवर्गीय धारणा है कि वे अपनी बात खुद कहेंगे। आंदोलनों के भीतर से जो धनसंपन्न होते जा रहे हैं, ऊपर की श्रेणी की ओर उठते जा रहे हैं, वे ही ऐसी बातें करते हैं।' (बांग्ला में छपी

पुस्तक 'अपरा', 2022)। वे इस तरह के सवाल उठाती हैं, 'दूसरे की बात कौन करेगा, 'अ-पर' का बोध कैसे जगेगा?' 'अपर' एक अच्छा शब्द है। हमें एक नया संसार चाहिए, जिसमें कोई 'पर' न हो, कोई दूसरा न हो!

सबाल्टर्न इतिहास के खंड-खंड रूप के साथ स्पीवाक नीचे से सामान्यीकरण का सवाल उठाती हैं। यह एलीटवादी नागरिक समाज की रचना प्रक्रिया से भिन्न है। संस्कृत में अभिनवगुप्त और हिंदी में रामचंद्र शुक्ल ने सामान्यीकरण का मुद्दा उठाया था। रामचंद्र शुक्ल ने कहा था -लोक सामान्य भावभूमि!

स्पीवाक कहती हैं, 'हम लोग सामान्यीकरण करेंगे, इसकी जरूरत है। अभिनवगुप्त हमारी जरूरत हैं। इसकी चिंता किए बिना राजनीति नहीं की जा सकती, शिक्षा नहीं दी जा सकती, जीवन यापन भी मुश्किल है।... रूस, चीन जैसे बड़े-बड़े क्रांतिकारी देश क्यों गिर गए! वे सब अकेले-अकेले थे, सामूहिकता की चिंता किसी ने नहीं की।... (उसी तरह) सभी सबाल्टर्न समूह इतिहास के सीमांत पर हैं, उनके बीच सामान्यीकरण नहीं हो पा रहा है। इन लोगों में आज भी कई ऐसे हैं जो अपने देश का नाम भर सिर्फ इसलिए जानते हैं कि उन्हें पढ़ाया गया है।... उनमें से कई ने ट्रेन नहीं देखी है।... कई व्यक्ति चूहे के बिल से खोद कर संचित खाद्यान्न निकालते हैं और तब थोड़ी भूख मिटती है।' (वही)।

जमीन से सामान्यीकरण का अर्थ है- 'दीवारों को तोड़ते हुए विमर्शों के बीच पुल, एक ऐसा राष्ट्रीय पुनर्जागरण, जो बुद्धि की मुक्तावस्था और मानवीय संवेदनशीलता के विस्तार के बिना संभव नहीं है।

स्पीवाक एक विडंबना की ओर संकेत करती हैं कि एक तरफ विपत्तियों से घिरे लोग हैं और दूसरी तरफ हैं 'ऊँचे तबकों में विचरण करते बुद्धिजीवी'! उल्लेखनीय है कि भारत के सभी सबाल्टर्नवादी या उत्तर-औपनिवेशिक सिद्धांतकर्ता भारत से जाकर विदेशी विश्वविद्यालयों में पढ़ाते रहे हैं। वे नेताओं की तरह वंचितों की चिंता करते हुए हमेशा सुख में रहे हैं। वे अंग्रेजी में लिखते रहे हैं, जिसे 'सबाल्टर्न' नहीं समझता! सामान्यतः एक तरफ एलीट के मगरमच्छ के आंसू हैं। दूसरी तरफ 'प्रिमिटिविज्म' के ऑक्टोपास से जकड़ा लोक है। लोक को नया संसार चाहिए, पर केवट की नाव के पास इस बार अमेजन का सीईओ खड़ा है!

मई 2022

एलीट विमर्श और लोकमन-2

एक लोक वह रहा है जिसमें संदेह करने, प्रश्न करने, सृष्टि से प्रेम करने और मिलजुलकर रहने के महान गुण थे। मेगस्थनीज (300 ईसा पूर्व) ने अपने यात्रा वृत्तांत में बताया है कि उनके समय का लोक कैसा था। राजा जिस समय कहीं युद्ध लड़ रहे होते थे, पास में कृषक अपनी जमीन पर शांतिपूर्वक खेती करते रहते थे। उनके जीवन में हस्तक्षेप न था। इन दिनों मनुष्य का हर पहलू- जीवन, शिक्षा, चिकित्सा, न्याय, कला-साहित्य-संस्कृति, यहां तक कि किसी से निजी बातचीत भी राजनीतिक नियंत्रण में है।

लोक आज जितना असहाय और कृपा-निर्भर पहले कभी न था। यह भी एक विडंबना है कि लोग अब प्रचारित चीजों के बाहर सोच नहीं पा रहे हैं, साथ ही सस्ते मनोरंजन से घिरे हैं। इन सबका नतीजा है कि बौद्धिक सतहीपन एक सार्वभौम सत्य बन गया है। ऊंची शिक्षाओं का लोगों पर कोई असर नहीं दिखता। ऐसी दशा में महान खलनायक हो जाता है और खलनायक महान। कहा जाता है कि बौने की परछाईं जब लंबी हो जाती है, समझना चाहिए कि सूर्यास्त हो रहा है।

देखा जा सकता है कि आज का लोक अपने महान गुणों को भूलकर बौद्धिक स्तर पर 'प्रिमिटिविज्म' की गिरफ्त में है। आदिमता के प्रति एक रोमांटिक आकर्षण पैदा कर दिया गया है। उसमें ग्लैमर भर दिया गया है, फलस्वरूप लोक को अतीत अब अधिक मोहक लगता है। वह प्रायोजित 'प्रिमिटिविज्म' में खो जाता है। उसके इस तरफ झुकाव का मतलब है उसका अंधविश्वासों, हिंसक अंतर्शत्रुताओं और संकीर्ण मानसिकता का शिकार होना। मन में 'दूसरे' के प्रति घृणा की आग सुलगते रहना। उसका धर्म-जाति के आधार पर आपस में लड़ते रहना। ऐसी स्थिति में कहीं शांति नहीं होती और

देश का विकास प्रभावित होता है।

यह चिंताजनक है कि आज काफी लोग बौद्धिक जमीन पर परित्यक्त अतीत की ओर लौटते हुए, भौतिक जमीन पर अमेरिकीकरण के रास्ते पर चल रहे हैं! जिसे देखो वह धार्मिक साज-सज्जा में है, पर धर्महीन है! जिसे देखो उसने आधुनिक जीवन शैली, फास्ट फूड और नए फैशन के ड्रेस अपना रखे हैं, जबकि उसकी दृष्टि में जरा भी आधुनिकता नहीं है! इस समय 'राष्ट्र' की भारतीय धारणा की जगह इकहरी पश्चिमी राष्ट्रवादी दृष्टि हावी है। इन घटनाओं की गहरी वजहों में उतरने की जरूरत है, पर कोई माथा खटाना नहीं चाहता। कोई इतिहास से सीखना और अपने को सुधारना नहीं चाहता। पश्चिम के औपनिवेशिक विचारों की उधारी पर चलते-चलते बहुतों की अपने दिमाग से सोचने की क्षमता सुन्न हो गई है!

दरअसल लोक का सांस्कृतिक अंतर्मन ऐसी जगह है, जहां महान और निम्न दोनों तरह की प्रवृत्तियां हैं। उसमें राम और रावण दोनों हैं। यह ऐसी जगह है जहां उसकी पीड़ा है, आत्मज्ञान है, बुद्धिपरक चीजें हैं और उसकी शक्तियां हैं तो विकृत कर दी गई परंपराएं, निर्बुद्धिपरकताएं और कमजोरियां भी हैं। लोक के जीवन में उच्च परंपरा के पहिए हैं तो रोड़े भी हैं। लोकमन की कई तहें हैं।

लोक के विश्वासों में धार्मिक रूढ़ियां स्वाभाविक हैं, इनकी आत्मीय आलोचना होनी चाहिए। लेकिन आत्मीय आलोचना और मखौल उड़ाना एक नहीं है। एलीट बुद्धिवादियों को इधर लोक बेवकूफ और बदमिजाज दिखने लगा है। वे जानना नहीं चाहते कि इन लोगों में पागलपन क्यों बढ़ रहा है।

कहना होगा, लोगों का क्षोभ दिग्भ्रमित हो सकता है। लेकिन वे गंवार, बेवकूफ और बदमिजाज नहीं हैं। वे आधुनिकता, लोकतंत्र, क्रांति, धर्मनिरपेक्षता और विमर्श की जिन छतों के नीचे थे, जब ये छतें चूने लगी हों और वे बदहाल हों तो उनका दिग्भ्रमित होना स्वाभाविक है। लोक जब आधुनिकीकरण की प्रक्रिया में विकास के पिछवाड़े फेंक दिया जाता है, लोकतंत्र की क्षयावस्था में जब वह चुनाव का गणित भर रह जाता है और वह क्रांतिकारी विचारधारा में भटकाव देखता है, धर्मनिरपेक्ष नेताओं को भ्रष्टाचार में लिप्त देखता है, विमर्शों को कुछ व्यक्तियों की ऊपर उठने की सीढ़ी बन जाते देखता है और खुद को अपने स्वप्नों की एक विध्वस्त दुनिया में पाता है तो वह निराश होता है। जब सार्वभौम

निराशा का दौर हो, कुंठाओं के ज्वालामुखी स्वाभाविक हैं। अंध-राष्ट्रवाद की लोकप्रियता और अतीत के जगे प्रेतों की सफलता का यही रहस्य है।

ऊंची शिक्षा का फिलहाल कोई असर नहीं है

प्लेटो के 'रिपब्लिक' ग्रंथ का मूल शीर्षक है 'पोलितेंगया', जिसका अर्थ है राजनीतिक न्याय। आगे चलकर अनुवाद में वह सिर्फ 'रिपब्लिक' के रूप में जाना गया और इसी रूप में लोकप्रिय हुआ। बहुत संभव है कि राजनीतिक न्याय, रिपब्लिक, सार्वजनिक वस्तु, नागरिकों द्वारा परिचालित राज्य व्यवस्था, गणसंघ आदि 600-500 ईसा पूर्व की सार्वभौम धारणाएं हों। ग्रीक के साथ बौद्ध दर्शन का उदय उसी समय हुआ था। माना गया है, भारत में बौद्धों के गणसंघों का अस्तित्व था। गौर करने की जरूरत है कि प्लेटो के 'रिपब्लिक' या राजनीतिक न्याय का क्षेत्र धनिकों/नगरवासियों तक सीमित था। गैर-नागरिक और गुलाम राजनीतिक न्याय (रिपब्लिक) के दायरे में नहीं आते थे। स्त्रियां भी नागरिक नहीं थीं। कवि 'रिपब्लिक' के बाहर थे। प्लेटो ने कहा था, 'अशिक्षित नागरिकों के कारण रिपब्लिक का नाश होता है'। बौद्धों के गणसंघ में भी दासों और स्त्रियों के अधिकार न थे। फिर भी कहा जा सकता है कि प्राचीन दुनिया की सीमा में 'राजनीतिक न्याय' की धारणा आ गई थी, 'गणतंत्र' की कल्पना की जाने लगी थी।

जिस तरह धर्म के संस्कार होते हैं, उसी तरह गणतंत्र के भी संस्कार होते हैं। देश में गणतंत्र की स्थापना वे ही कर सकते हैं जो खुद अपने संस्कार और आचरण में लोकतांत्रिक हैं। समस्या यह है कि यहां फासिज्म का विरोध करने वाले व्यक्ति के दिमाग में भी छोटा-मोटा फासिज्म छिपा रहता है। वह निरंतर न्यायपूर्ण आचरण के बारे में सोच नहीं पाता। इसके उदाहरण दफ्तरों में मिलते हैं, संगठनों में मिलते हैं, मुहल्लों और परिवारों में हैं।

भारत के बहुत से लोगों में आज भी राजवंशों के प्रति आकर्षण है। उन्हें विलासितापूर्ण जीवन आकर्षित करता है। जाति और लिंग के आधार पर भेदभाव और वर्चस्व के संस्कार आजादी के बाद पिछले 75 सालों में भी मिटे नहीं हैं। प्रांतीयता और स्थानीयता के आधार पर भेदभाव बढ़ा है। इसके अलावा, समृद्ध व्यक्ति साधारण वर्ग के लोगों को तुच्छ समझते हैं। व्यक्तिगत

तौर पर पसंद-नापसंद की भावना हर जगह है। इस देश में अब भी इतनी खाइयां हैं कि 'अ-पर' का बोध पनप नहीं पाता। शिक्षा की यह एक बड़ी विफलता है कि वह 75 सालों में देश के लोगों में अ-पर का बोध नहीं ला पाई, भिन्नता का बोध नहीं मिटा पाई।

आज ऊंची शिक्षा न्याय की चेतना पैदा नहीं कर पाती। देखा जाता है कि शिक्षित व्यक्ति भेदभाव तथा वर्चस्व को तरह-तरह से तार्किक बना लेता है। लोकतंत्र और शिक्षा का संबंध लगातार मजबूत होना चाहिए, लेकिन किसी भी विश्वविद्यालय या उच्च तकनीकी संस्थान में ऊँची शिक्षा नौजवानों को 'दूसरे' के बोध, कुछ को 'निम्न' या 'भिन्न' समझने की मनोरुग्णता से मुक्त नहीं कर पाती। इसके अलावा, ऊंची शिक्षा स्वार्थपरता की प्रवृत्ति को मजबूत बनाती है।

देश के विश्वविद्यालयों के मानविकी विभाग, साहित्य के विभाग सामान्यतः अमानवीय जगहें हैं। आमतौर पर मानविकी विभागों में सबसे खराब और पुराने ढंग से पढ़ाई होती है, जबकि समाजविज्ञान, इतिहास, भाषा-साहित्य-दर्शन जैसे विषयों अर्थात- 'दूसरे' का बोध मिटाकर अच्छा मनुष्य बनाने वाले विषयों और विभागों की मानव सभ्यता के विकास में एक महत्वपूर्ण भूमिका है। वस्तुतः इन विषयों और विभागों को, उनके विशिष्ट झुकाव/पहचान को बचाकर, अधिकाधिक 'इंटरैक्टिव और कंपोजिट' रूप देने की जरूरत है। हालांकि आजकल कहा जाता है कि ऐसे विषयों के विद्यार्थियों का कोई भविष्य नहीं है। तो क्या अब मानवता का ही कोई भविष्य नहीं है?

विमर्श और महाविमर्श

यह तय करना मुश्किल है कि नवजागरण और राष्ट्रीय स्वाधीनता आंदोलन को नकारने के मामले में सबाल्टर्नवादी विमर्शकारों तथा धार्मिक कट्टरवादियों में कौन आगे है। दोनों शिविर के चिंतक इस देश के विविधतापूर्ण नवजागरण तथा राष्ट्रीय स्वाधीनता आंदोलन के मूल्यों के समान रूप से विरोधी रहे हैं। वे राममोहन राय, विद्यासागर, रवींद्रनाथ, गांधी ही नहीं भारतेंदु, प्रेमचंद, प्रसाद-निराला-महादेवी आदि को नकारते रहे हैं। वे रोमांटिसिज्म (छायावाद) और प्रगतिशील आंदोलन के भी विरोधी रहे हैं।

कहा जा सकता है कि सबाल्टर्नवादियों ने 'राष्ट्र' से संवाद और अपने अधिकारों के लिए नीचे से मिलजुलकर संघर्ष करने की जगह 'राष्ट्र' को खलनायक बना दिया। उन्होंने बेनडिक्ट एंडरसन के 'राष्ट्र एक कल्पित समुदाय है' का विकास 'राष्ट्र' को टुकड़ों में देखने की धारणा में किया। कट्टरवादियों के लिए 'राष्ट्र' एक असीम शक्ति है तो सबाल्टर्नवादियों के लिए 'राष्ट्र' एक खलनायक है। दोनों के लिए बुद्धिपरकता, कल्पनाशीलता और तर्क काम की चीजें नहीं हैं। दोनों विमर्शवादी हैं, अर्थात वे सुनते नहीं हैं, संवाद नहीं करते हैं, सिर्फ बोलते हैं। दोनों 'मनुष्य', 'वर्ग', 'नागरिक' या 'लोक' की श्रेणियां पसंद नहीं करते। ये उन सबको पसंद नहीं करते जो आधुनिकता, लोकतंत्र और समावेशी राष्ट्रीय भावना लेकर चलते हैं, मानवीय सौहार्द लेकर चलते हैं।

सबाल्टर्नवाद ने जिस दौर में वामपंथियों के सर्वहारा की जगह समुदायों की आवाजों को रखा था, उस दौर में वर्ग का ही नहीं, 'मनुष्य', 'नागरिक' और 'अ-पर' का बोध भी तेजी से विघटित हो रहा था। यह भी उल्लेखनीय है कि सबाल्टर्न इतिहास कृषक को लेकर लिखा जाना शुरू हुआ, लेकिन इस मामले में वह आगे नहीं बढ़ सका। उसमें जाति का मामला ज्यादा मुखर हुआ, दलित और पिछड़ा सबसे बड़े मुद्दे हुए। सबाल्टर्नवाद को थोड़ी सफलता जेंडर और एलजीबीटी के मार्चे पर मिली। इस विडंबना पर गौर किया जा सकता है कि एक विमर्श को दूसरे विमर्श से मतलब नहीं रहा है।

सबाल्टर्नवादियों ने बहुराष्ट्रीय कंपनियों के बाजारवाद की आलोचना कभी नहीं की। विमर्शों में बाजारवाद मुद्दा नहीं बना, महंगाई मुद्दा नहीं बनी। सबाल्टर्न अध्ययन में स्त्री-दलित उत्पीड़न और आक्रोश के कई दबे रूप जरूर सामने आए, लेकिन व्यवस्था में कुछ जगह मिलने से अधिक समाधान नहीं निकल सका। कहीं दो-चार दलित ऊपर बैठ गए। कहीं दो-चार स्त्रियां ऊँची जगह पा गईं। कुछ प्रतीक बन गए, उत्पीड़न पहले-सा चलता रहा। इस तरह अतिरंजनापूर्ण विमर्श सीढ़ियां बनते रहे, राष्ट्र 'अदर्स' की धारणाओं से सुलगता रहा तथा साधारण लोग खंड-खंड असहाय होते गए। उधर वैश्वीकरण का शिकंजा कसता गया-नीचे फूट और ऊपर लूट!

इसी समय लगभग सौ सालों से दबे, लेकिन सधे कदमों से यात्रा करके धार्मिक कट्टरवाद एक प्रभावशाली मामला बना। हर जगह धर्म ही धर्म दिखने

लगा, जबकि कहीं धर्म नहीं था। यह नागरिक समाज के खोखला हो चुके उदारवाद के जवाब में वीरगाथात्मक राष्ट्रवाद है। यह सबाल्टर्न विमर्शों के जवाब में राष्ट्रवादी महाविमर्श है। इसका काम भी सिर्फ बोलना है, सुनना नहीं। इसका लक्ष्य भी समावेशीकरण की जगह ध्रुवीकरण है, समाज को झुंडों में बदलना है।

इसपर सोचने की जरूरत है कि हमने अपनी व्यापक सांस्कृतिक विरासत की कितनी चिंता की और अपनी सामाजिक जिम्मेदारियों को कितना निभाया? हमने समाज में संगठित सेवा, रचनात्मक कामों और बुद्धिपरक शिक्षण का कितना विस्तार किया- ग्रामों-शहरों में और आदिवासियों के बीच कितना काम किया? हम आम लोक में कितना पैठे, उनके दुखों के साथ खड़ा होकर एक युग के स्वाधीनता सेनानियों की तरह कितने रचनात्मक कार्य किए। हमसे बार-बार गलतियां हुईं और हम फिसले। क्या एक बार भी आत्ममुग्धता की जगह आत्मनिरीक्षण को गंभीरता से चुना? हाँ, जब देखो आत्मग्लानि में मरे जा रहे हैं! आत्मग्लानि पर्याप्त नहीं है, आत्मनिरीक्षण जरूरी है।

इन प्रश्नों पर गंभीरता से विचार किया जाना चाहिए कि 'सर्वहारा' क्यों फेल कर गया, 'मनुष्य' क्यों विघटित हो गया, 'विमर्श' क्यों निगल लिए गए, दो सौ सालों से विकसित हो रहा आधुनिक उदारवाद क्यों खोखला साबित हुआ और लोकतंत्र की लगातार मीठी हत्या क्यों होती गई। इन सब पर सोचे बिना मानवता की नई राह नहीं निकलेगी।

यह एक सभ्यतागत क्षति है

दरअसल वैश्वीकरण के साथ ही दुनिया के देशों में एक दूसरे छोर से अंध-राष्ट्रवादी पुनर्उन्मेष की लहरें तैयार होने लगी थीं। अमेरिका, इंग्लैंड, जर्मनी, फ्रांस, तुर्की आदि में ये ही दृश्य हैं। ये लहरें 21वीं सदी के दूसरे दशक से सुनामी बन गई हैं, 20वीं सदी के अंध-राष्ट्रवाद से प्रेरित प्रथम विश्वयुद्ध (1914-18) की तरह। ठीक सौ सालों बाद! प्रथम विश्वयुद्ध में बाहर से आक्रमण होते थे। अब देश के भीतर कृत्रिम सामाजिक सरहदों पर लड़ाइयां हैं। वे सब जो इतिहास की सुरंगों में रेंग रहे थे, अब टिड्डियों की तरह वर्तमान पर छा गए हैं। दुनिया के देशों में तीन-तीन सौ, दो-दो सौ साल के त्याग और बलिदान की

उपलब्धियां रेत होने लगी हैं। यह विपर्यय समाज की गहराई में प्रवेश कर गया है। विडंबना यह है कि यह सब क्यों घटित हुआ, इसे लेकर फिलहाल कोई विस्तृत आत्मनिरीक्षण नहीं है।

सबाल्टर्नवाद के सभी रूपों को निगलते हुए, सभी विमर्शों को रौंदते हुए और एलीटवर्गीय उदारवादी बुद्धिजीवियों को उनकी बौद्धिक गुमटियों में सीमाबद्ध करते हुए राष्ट्रवाद का महाविमर्श उभरा है। इसने तर्क की जगह उन्माद को प्रधान बना दिया है। यह महाविमर्श विदेशी पूंजी, तकनीकी क्रांति, मीडिया की ताकतों और लोकप्रिय नारों से सुसज्जित है। बहुरूपिया है, मायावी है। सबसे विलक्षण बात यह है कि इसके पीछे शब्द और आचरण के बीच भीषण दूरी रखने वाले नेताओं से क्षुब्ध बड़ी संख्या में लोक खड़ा है, बहुत-सी जगहों पर हुड़दंग के साथ खड़ा है।

एलीट मानसिकता से प्रभावित बुद्धिजीवी अपने ऊटपटांग बयानों के कारण किस तरह लोक से विच्छिन्न होते गए, इसका एक उदाहरण अंग्रेजी लेखिका अरुंधती राय हैं। गांधी को नस्लवादी कहने से लेकर कश्मीर को भारत के बाहर घोषित कर देने तक जो उच्छेदवादी बयान उन्होंने दिए, इसकी वजह से उन्होंने अपना अंतरराष्ट्रीय बाजार भाव जितना बढ़ाया हो, देश के लोकतांत्रिक उद्देश्यों की क्षति की है। बूकर प्राइज से होकर नोबेल तक पहुंचने का यह रास्ता वी. एस. नायपाल दिखा चुके थे। वे भी अंतरराष्ट्रीय ध्यान आकर्षित करने के लिए ज्यादातर ऐसी ही बेसिर-पैर की बातें बोलते थे। महंगी चीजों के बीच जीते हुए 'स्माल थिंग्स' के बारे में लिखा जा सकता है, पर वंचितों के पक्ष में खड़े होने के लिए देश को भी थोड़ा-बहुत समझना होता है। देश ने गांधी को देखा है कि वे किस तरह जीते थे और अन्याय का कैसे विरोध करते थे।

बुद्धिजीवियों के भटकाव का एक उदाहरण कोलकाता की सड़क पर एक पूर्व-मेयर का दो बांग्ला लेखकों के साथ गोमांस खाने का प्रदर्शन (2015) करना है। ऐसी चीजों का कभी अच्छा नतीजा नहीं हो सकता। प्रगतिशीलता एक समग्र जीवनबोध है, कुछ खास मामलों में प्रदर्शन की वस्तु नहीं।

एक तरफ उदारवाद का वैचारिक खोखलापन बढ़ता गया, दूसरी तरफ कई लेखकों और बुद्धिजीवियों ने अपनी सांस्कृतिक विरासत को सीमित कर लिया, वे उच्छेदवाद के रास्ते पर थे। वे परजीवी बौद्धिकता के शिकंजे में थे। कई

नेताओं ने धार्मिक दिखावे के जवाब में धार्मिक दिखावा अपनाया, पर यह उनके अतीत के अपराधों को ढक नहीं पाया। धर्मनिरपेक्षता और भ्रष्टाचार के बीच संबंध की वजह से मूल्यों का व्यापक क्षय हुआ है, आम लोगों की आर्थिक दशा बिगड़ी है। उदारवाद का नेतृत्व सुखवादी एलीट वर्गों के हाथ में आ जाने की वजह से ही वस्तुतः एक बड़ी सभ्यतागत क्षति हुई।

याद करना चाहिए, पुरु की सेना को उसके अपने हाथियों ने ही रौंदा था। इस बार सफेद हाथी थे!

लोकोपकार निरंकुश सत्ता को मानवीय चेहरा देता है

अब लगता है, 'लोकोपकार' ही सबकुछ है। किसी जमाने में निरंकुश राजा-बादशाह सिंचाई का प्रबंध करते थे, पर्व-त्योहार में अन्न-वस्त्र दान करते थे और हिंसक होते हुए भी दानी कहलाते थे। हर्षवर्द्धन बौद्ध होते हुए भी युद्ध-प्रेमी था। वह गौड़ों का नामोनिशान मिटाने का इरादा रखने वाला एक निरंकुश राजा था और दानी था। उसके पास एक बड़ी सैन्यशक्ति थी। ह्वेनसांग ने अपने यात्रा वृत्तांत में बताया है कि हर्षवर्द्धन राजकोष का एक-चौथाई दान में बांट देता था। उसने प्रयागराज में कुंभ मेले की शुरुआत की, जिसमें वह खुलकर दान करता था।

निरंकुश राजतंत्र का एक चिह्न है अपनी लोकोपकारी छवि निर्मित करने के लिए दान करना। इसी तरह निरंकुश कारपोरेट अर्थतंत्र भी अपने 'मानवीय चेहरा' के लिए सामाजिक उत्तरदायित्व का प्रदर्शन करता है। वह सरकार के कोषों में दान करता है। आजकल मानवता नहीं मानवीय चेहरे का महत्व है। इसके लिए सरकारें शक्तिशाली कारपोरेट कंपनियों से बड़ी आशा रखती हैं। कारपोरेट महारथी दान और समाज सेवा करते हुए अपने ब्रांड का प्रचार करते हैं। वे इस रास्ते से अपनी सुरक्षा पंक्ति बनाते हैं और पर्यावरण-विनाश की अपनी योजना पर पर्दा डालते रहते हैं।

बिल गेट्स ने 2010 में बिहार के खगरिया जिला के गुलेरिया गांव को गोद लिया था। वे महादलितों के इस भीतरी अभावग्रस्त इलाके में अमेरिका से चलकर आए थे। इस तरह के लोकोपकार प्रतीकात्मक और प्रचार-प्रधान होते हैं। ये सत्ता, विदेशी पूंजी और आभिजात्य को मानवीय चेहरा देते हैं।

निर्मम इतिहास ने एक जमाने के 'अधिकार' को अब 'खैरात' में बदल दिया है। लोक की महान आकांक्षाओं को इन दिनों दो रुपए किलो चावल, सौ दिनों की रोजगार गारंटी, मिड-डे मील, कभी साइकिल, कभी टैब, कहीं-कहीं लैपटॉप, भूख से मरने से बचाने के लिए शहर में लंगर, कभी किताबें-कंबल-चश्मा, कभी हजार-दो हजार मासिक की राहत में सीमित कर दिया गया है। सैकड़ों साल के इतिहास में लोक कभी इतनी कम इच्छाओं के साथ नहीं जी रहा था, इतना बिखरा तथा विवश न था।

देश में विषमता तेज गति से बढ़ी है, इसके साथ अशांति भी। आजकल लाखों करोड़ का वित्तीय पूंजी-निवेश दिखाया जाता है और बड़े उद्योगपतियों के 'बिजनेस मीट' होते हैं। लेकिन सिर्फ दो चीजें बढ़ती हैं-मुनाफाखोरी और बेरोजगारी। तेजी से हो रही तकनीकी प्रगति रोजगार देती कम है, छीनती ज्यादा है। इसकी क्षतिपूर्ति खैरात में कुछ बांटकर लोकोपकार से होती है।

बहुराष्ट्रीय कंपनियों और व्यापारियों की नजर में दुनिया में बढ़ती जा रही अशांति, नस्लीय और सांप्रदायिक हिंसा या रूढ़िवादी संरक्षणशीलता नुकसानदेह मामले हैं। ये आर्थिक विकास में अवरोधक हैं। ये प्रेम, भाईचारा और उदात्त सांस्कृतिक परिदृश्य को ही नहीं उजाड़ते, व्यापारिक मुनाफे के भी स्पीड ब्रेकर हैं। हिंसक माहौल में बहुराष्ट्रीय निवेश आखिरकार कितना होगा? कहना न होगा कि आर्थिक मंदी में एक बड़ा योगदान राजनीतिक अशांति का है। फिर भी बड़े व्यापारी विद्वेष और हिंसा के माहौल पर आमतौर पर चुप दर्शक होते हैं।

सबसे बड़ी चुनौती 'प्रचारित' का सामना करने की है

एक सचाई यह है कि इस समय कोई मामला बाजार से बाहर नहीं है, कुछ भी प्रबंधन के बाहर नहीं है और यह कितनी भयानक बात है! निश्चय ही जो 'है', सिर्फ उसके अधीन रहना दासता है। इसलिए हर जमाने में स्वप्नों की जरूरत होती है। हर युग में कल्पनाशीलता की रक्षा की जानी चाहिए। आदमी बाजार के प्रलोभन में आता है, यह बाजार की ताकत है। लेकिन यह मनुष्य की ताकत है कि वह बाजार में 'प्रलुब्धकारी' और 'जरूरी' में कितना विवेकपूर्ण भेद करता है, छद्म को कितना पहचानता है और अपनी निजी कल्पनाशीलता को कितना बचाकर रखता है।

देखा जा सकता है कि ज्ञान अब प्रबंधन का विषय है। अब मूर्खतापूर्ण विचारों को भी ज्ञान के रूप में प्रतिष्ठित किया जा सकता है। यह काम टीवी, सोशल मीडिया, राजनीतिक दलों के आईटी सेल और पेशेवर विशेषज्ञ बड़े पैमाने पर कर रहे हैं। इन्हें 'विद्वेष उद्योग' से भारी कमाई हो रही है। आजकल टीवी के एंकर या विशेषज्ञ आईपीएल के खिलाड़ियों की तरह बिकते हैं। ये ही आजकल लोकतंत्र के निर्माता हैं। इनमें ताड़ को तिल और तिल को ताड़ बनाने की क्षमता है। अब जल्दी ही बड़े पैमाने पर कृत्रिम मेधा या मेधा रोबो बाजार में आ जाएंगे। तथ्यों में झूठ की मिलावट तेज हो जाएगी। सत्य जानना कठिनतर होगा। आज हर तरफ एक ही मांग है, इमेज मैनेजर बनो या हट जाओ!

ऐसे माहौल में आखिरकार किसी भी व्यक्ति में मानवीय विवेक कितना बचा रह सकता है, कोई भी दिमाग कैसे लोकतांत्रिक हो पाएगा? लोग अक्सर निर्मित सूचनाओं, उत्तेजक नारों और विद्वेष के प्रचार से घिरे रहकर सिर्फ अपने सामुदायिक अधिकार के लिए लड़ते हैं। वे 'दूसरों' के अधिकार के बारे में चुप रहते हैं। वस्तुतः आज 'प्रचारित' वैसे ही बड़ी चुनौती है, जिस तरह सौ-दो सौ साल पहले 'प्रचलित' बड़ी चुनौती था।

आजकल कृत्रिम प्रचार की वजह से आम लोग टापू-मानसिकता में जी रहे हैं! एक तरफ लोकोपकार और दूसरी तरफ विद्वत्ता के वेश में अज्ञानता का प्रचार- जनचेतना को दबाने के ये दो बड़े औजार हैं।

मिथ्या प्रचार अपनी ताकत से लोगों की तर्कशक्ति, संवेदना और कल्पनाशीलता पर ताला जड़ देते हैं। उनकी 'भेद में अभेद' की दृष्टि मंद पड़ जाती है। हास्यास्पद ही लोकप्रिय हो जाता है। यह सब आमलोगों की कल्पना-शून्यता और विकल्पहीनता के दौर में आसान है। ऐसी स्थितियों में मानवता की बात करते हुए अमानवीय बने रहने, लोकतंत्र की बात करते हुए लोकतंत्र के संस्कारों से दूर होते जाने और देशप्रेम की बात करते हुए सिर्फ अपनी क्षमता से प्रेम करने के ही दृश्य ज्यादा होते हैं।

आजकल अखबार के पूरे-पूरे पृष्ठ पर या टीवी के पर्दे पर कैंसर फैलाने वाले पान मसाला के विज्ञापन आते हैं। ऐसे विज्ञापन वे बड़े फिल्म स्टार करते हैं, जो खुद कभी पान मसाला नहीं खाते। इनकी ताकत देखिए, फिर सोचिए कि खबर के इन व्यापारियों को लोकहित और मुनाफे में किसकी ज्यादा चिंता है।

देखा जा सकता है कि हर तरफ ज्ञान विस्थापित हुआ है, इसकी जगह चालाकी ने ले ली है, चालाकीपूर्ण प्रचार ने ले ली है। इसका नतीजा है कि संवेदना की जगह हिंसा है। समाज की चिंता की जगह व्यक्तिगत चाटुकारिता है। पता नहीं प्लेटो के 'रिपब्लिक' से ग्रीक कवि होमर कितना बाहर था, पर आज के गणतंत्र से कवि और हर कल्पनाशील मनुष्य बाहर होता जा रहा है।

मुक्तिबोध ने 'एक साहित्यिक की डायरी' में लिखा था, 'कभी-कभी ऐसा भी होता है, मन अपने को भून कर खाता है।' ज्ञानार्जन अपनी आत्मा को भूनने जैसा मामला है। यह ज्ञान है, जो कल्पना के बंद द्वार खोलता है और 'अ-पर' के लिए स्पेस बनाता है। लेकिन आजकल ज्ञान 'इंस्टैंट मैगी' जैसा मामला है। मनुष्य की कल्पनाशीलता वस्तुतः 'प्रचारित' के समुद्र में डूब रही है।

लोक की जगह समुदाय या उपभोक्ता नहीं ले सकता

हमारा देश, हमारी सभ्यता एक दुखद मोड़ पर है। वह आत्महारा है, उसकी आत्मा को सदियों से विकृत किया जा रहा है। इसी का नतीजा है कि हर आदमी ही 'हम' के बाहर एक न एक 'वे' में खड़ा कर दिया गया है। ऐसी स्थितियों में 'हम' को बड़ा बनाना, इसका विवेकशील भारतीय पुनर्गठन जरूरी है।

दरअसल हर शब्द का एक अर्थ गौरव है। खासकर लोक, नागरिक समाज, बुद्धिजीवी, धर्म, इतिहास, साहित्य, संस्कृति, लोकतंत्र, न्याय जैसे हर शब्द का एक मतलब है। ऐसे हर शब्द का एक इतिहास है। हमारे सामने सबसे बड़ी चुनौती यह है कि ऐसे शब्दों के अर्थ गौरव की वापसी कैसे हो। शब्द ही हैं हमारे जीवन की मिट्टी, पैर खड़ा करने की धरती, हमारी आंखों की ज्योति। वर्तमान ध्वंस पर खड़ा होकर भी शब्दों की पुनर्रचना करनी होगी। यह शक्ति लोक में है, भले छिपी हुई है।

लोक, मनुष्य और नाग़रिक की धारणाओं का अंत करना संभव नहीं है। लोग देर-सबेर संदेह करते हैं, गरजते हैं। वे 'भेद में अभेद' लाते हुए अपनी उदात्त सांस्कृतिक विरासत को विनम्रतापूर्वक बचाना चाहते हैं। वस्तुतः लोक धर्म, मनुष्य धर्म और नागरिक धर्म बड़े महत्वपूर्ण हैं। ये एक दूसरे से जुड़े हैं। इनपर चलते हुए 'अ-पर' बनता है और अखंड देश बनता है। अंतिम रूप से लोगों का आत्मसंकुचन या सामाजिक संकुचन संभव नहीं है, खासकर जब

तक कलाएं हैं, साहित्य है और भारत की उत्थानशील सांस्कृतिक जड़ें हैं। लोक, मनुष्य और नागरिक धर्म की बातें- सामान्यीकरण की बातें धार्मिक कट्टरवाद, सबाल्टर्न सिद्धांत और विमर्शों के बावजूद निरर्थक नहीं हुई हैं। ये प्रेम, स्वतंत्रता और शांति के लिए आम लोगों के सैकड़ों साल के दीर्घ संघर्षों से जन्मी चीजें हैं। वर्तमान जहरीले परिवेश में भी उनका अंत संभव नहीं है, अगर अतीत में इनका कभी अंत नहीं किया जा सका।

लोक, मनुष्य या नागरिक की जगह अंततः न समुदाय ले सकता है और न बाजार की चीजों के पीछे दौड़ने वाला उपभोक्ता ले सकता है। लोक संदेह करने, सपने देखने और बोलने की अपनी प्राकृतिक शक्ति के कारण हमेशा बचा रहेगा। संकीर्णताओं से ऊपर उठे हुए लोक, मनुष्य या नागरिक में ही गणतंत्र स्थापित की शक्ति है। कहना न होगा कि आज भी लोक के भीतर घुमड़ते बादलों-सा पानी और बिजलियां हैं। पहाड़-सी ऊंचाई और नदी-सा प्रवाह है। 'कोई दूसरा नहीं है', यह भारतीयता का प्राणाधार है। इस धारणा को कोई मिटा नहीं पाएगा। लोक, मनुष्य या नागरिक मरजीवा है, फीनिक्स चिड़िया की तरह है-अपनी राख से फिर जन्म ले लेने वाला और इंद्रधनुष की तरह है!

जून 2022

इंडिया में किसान

'जेठ की चढ़ती दोपहरी में खेतों में काम करनेवाले भी अब गीत नहीं गाते हैं।... कुछ दिनों के बाद कोयल भी कूकना भूल जाएगी क्या?' (रसप्रिया)

'रखिए अपना पुरुख वचन, खूब सुन चुकी हूँ पुरुख वचन! चालीस साल से और किसका वचन सुन रही हूँ!' (तीर्थोदक)

'जाति बहुत बड़ी चीज है। जाति की बात ऐसी है कि सभी बड़े-बड़े लीडर अपनी-अपनी जाति की पार्टी में हैं। यह तो राजनीति है।' (मैला आंचल)

'उपभोक्ताओं को पता नहीं- इस आंचलिकता नामक माल का आफ्टर इफेक्ट क्या होगा। इस नई चीज में विष की मात्रा कितनी है, किसी को नहीं मालूम।' (बाजार दर)

'भारतमाता जार-बेजार रो रही है।' (मैला आंचल)

'थर-थर कांपे धरती मैया, रोए जी आकास
घड़ी-घड़ी पर मूर्छा लागे, बेर-बेर पियास
घाट न सूझे, बाट न सूझे, सूझे न अप्पन हाथ' (परती परिकथा)

ऊपर की सभी पंक्तियां फणीश्वरनाथ रेणु की हैं।

भारत के नेता जब विदेश जाते हैं, वे निश्चित रूप से अपने देश का नाम इंडिया बताते हैं। कोई भारत नहीं कहता। देश के कर्णधार जब धाराप्रवाह अंग्रेजी बोलते हैं, तब किसी ने उन्हें इंडिया की जगह भारत बोलते नहीं सुना होगा। इन सभी के इंडिया से राम और पांडव की तरह किसान बहिष्कृत हैं!

हमारा देश, जहाँ 'राष्ट्रवाद' ज्यादा है, शहरी मिजाजवाला होता जा रहा है। उसमें किसान और गांवों के लिए जगह घट गई है। वह नई टेक्नोलॉजी की गोद

में है। अब देश में 'वर्ल्ड क्लास' के सुपर बाजार और खाद्य शृंखलाएं हैं। मंदिर भी सैकड़ों-हजारों करोड़ में बनते हैं। इन दिनों धर्मस्थल सज रहे हैं, शिक्षालय उजड़ रहे हैं। एक घटना यह भी है कि कृषक खेत में गीत गाना भूल गए हैं! वे चिंताओं से घिरे हैं। दूसरी तरफ, ज्यादातर स्त्रियों को आज भी सिर्फ 'पुरुख वचन' सुनते रहना होता है। नेता अब देश से ज्यादा अपने धर्म में होते हैं, अपनी जाति में होते हैं। ढेर सारा साहित्य पढ़कर भी अधिकांश बुद्धिजीवी जातिवाद और अन्य सामंती संकीर्णताओं से बाहर नहीं निकल पाते। आर्थिक मंदी में हाल यह है कि मेहनती हाथ बैठते जा रहे हैं, रोजी-रोजगार का संकट है।

फणीश्वरनाथ रेणु के साहित्य से यह साफ झलकता है कि कृषक, जेंडर, जाति और रोजगार के प्रश्न स्वतंत्र द्वीप की तरह नहीं हैं। इसका भी बोध होता है कि सांस्कृतिक समस्याओं की उपेक्षा करके हमेशा राजनीतिक मुद्दों को प्रधानता देना, बल्कि सत्ता के लिए देश की सांस्कृतिक दुर्बलताओं का उपयोग करना किस तरह आत्मघातक है। रेणु महसूस कर चुके थे कि राजनीति अब पहले की तरह प्रेरणादायक नहीं रह गई है और इसमें साहित्यकारों की कोई इज्जत नहीं है।

रेणु को आंचलिक कथाकार या अंचल के प्रवक्ता के तौर पर देखा जाता है। ऊपर के उनके एक कथन से साफ है कि वे आंचलिकता में जहर भी देखते हैं। किसी बहुलतावादी भारतीय समाज में जब स्वेच्छाचारी केंद्रवाद बढ़ेगा, सार्थक विकल्प के अभाव में स्थानीयताएं विकृत रूपों में पनपेंगी। तब प्रांतीयता, जाति, धर्म आदि के आधार पर संकीर्ण राजनीतिक गुट बनेंगे। राष्ट्रवाद के शोर के बीच ही राष्ट्रीय भावना का क्षय होगा। कहना न होगा कि रेणु का युग हो या आज का समय हो, राष्ट्र, स्थानीयता और लोकतंत्र के रिश्ते का टूटते जाना ही भारतमाता के जार-जार रोने की वजह है! इसलिए 'भारतमाता की जय' बोलने का अर्थ है - उसके करुण रुदन का समाधान निकालना, अन्यथा यह ऊपरी मन से चीखना है।

जिस चीज की तरफ रेणु ने मुख्य रूप से इशारा किया, वह है 'आंचलिकता' का बाजार का माल बन जाना। बाजार जब 'लोकल' को घेरता है, तो 'लोकल' अपनी सांस्कृतिक जिजीविषा खोकर महज उपभोक्ता माल बन जाता है। धर्म, जाति और क्षेत्रीय पहचानों की मार्केटिंग होने लगती है। 'आंचलिकता'

बाजार के अलावा राजनीति का भी माल बन जाती है। इस तरह ऊपर से नीचे तक लूट-मार की सामुदायिक वैधता के दृश्य ही महासत्य की तरह दिखाई देते हैं।

रेणु की कृतियों में अभावों, विपत्तियों और कलह के बीच यदि 'लोकल' का लालित्य है, जीवन की छोटी-छोटी घटनाओं में सुंदरताओं के महान चित्र हैं तो 'लोकल' में घुसे बाजार और राजनीति के विष की भी शिनाख्त है। यह विष धार्मिक रूढ़ियों, पाखंडों, जातिवाद, लैंगिक अवमानना और अंध-क्षेत्रीयता के रूप में है। ये चीजें 'राष्ट्र' को भीतर से जहरीला ही नहीं बनातीं, उसे क्रमिक आत्मघात के दरवाजे पर खड़ा कर देती हैं।

सांस्कृतिक महामारी का दौर

लंबे समय तक 'कल्चरल डिकेडेंस', अर्थात सांस्कृतिक क्षय की चर्चा होती रही है। वर्तमान दौर सांस्कृतिक क्षय से सांस्कृतिक महामारी के दौर में प्रवेश करने का है। क्षय से जूझने के लिए स्पेस मिलता है, जबकि महामारी स्पेस नहीं देती। वह महाविनाश लाती है और अपने नए स्ट्रेन विकसित करती रहती है।

आज का भारत सांस्कृतिक महामारी से गुजर रहा है। इसका एक चिह्न है, बहुलतावादी राष्ट्रीय भावना का विनाश। दूसरा चिह्न है अपने सांस्कृतिक अतीत की सकारात्मक उच्च स्मृतियों से संवाद टूट जाना और कूपमंडूकता का पुनरुत्थान। तीसरा चिह्न है, पश्चिमी सभ्यता के उच्च तत्वों की जगह उसकी चमकदार छिछली चीजों का आकर्षण बढ़ना। चौथा चिह्न है, तकनीकी-भौतिक प्रगति के बावजूद मानवता की बुनियाद का हिल जाना और संकीर्ण राजनीतिक स्वार्थों का प्रधान हो उठना। एक तरह से यह 'उच्च टेक्नोलॉजी - निम्न आइडियोलॉजी' का प्रभुत्व है। आज के समय को 'उच्च तकनीक - निम्न बौद्धिकता' का दौर कह सकते हैं।

कोरोना महामारी के वैक्सीन की तैयारी जोरों पर रही है, पर सांस्कृतिक महामारी का वैक्सीन नहीं बन पा रहा है। इसकी मुख्य वजह बड़े-बड़े महापुरुषों और क्रांतिकारियों का नाम जपते हुए भी अपने जीवन में उनके आदर्शों से दूर होते जाना है। इधर दिखावा बढ़ा है। हम साहित्य की अपनी आधुनिक परंपराओं में और निश्चय ही रेणु के साहित्य में पाते हैं कि उसमें आधुनिकीकरण के साथ-साथ प्रेम, प्राकृतिक पर्यावरण, बुद्धिपरकता और मानवता से जीवित संबंध की

आकांक्षा है। आज की ढहती हुई सभ्यता में भी साधारण लोगों के मन में यह आकांक्षा मरी नहीं है, यह कहा जा सकता है।

राष्ट्र और किसान

राष्ट्रीय स्वाधीनता आंदोलन के दौर में 'राष्ट्र' और किसान के बीच संबंध था, क्या कारपोरेटीकरण के वर्तमान समय में 'राष्ट्र' और किसान के बीच संबंध स्वस्थ है? हम देखते हैं कि कृषक देश के नागरिक होते हुए भी नागरिक नहीं समझे जाते। जन स्वार्थ के दायरे में मुख्यतः शहरी जनता के स्वार्थ होते हैं। देखा जा सकता है कि अंग्रेजी राज के उपनिवेशवाद–जमींदार गठबंधन की शैली में आज के जमाने में कारपोरेट–राष्ट्रवाद गठबंधन है। प्रेमचंद ने 1933 में चिंता व्यक्त की थी, 'इस व्यवसाय युग की यही महिमा है! यहाँ व्यक्ति का कोई महत्व नहीं है। यहाँ जो कुछ है धन है और मशीन है। वही देहातों की तबाही, वही घरेलू व्यवसायों का सर्वनाश।' (विविध प्रसंग–2)। वैश्वीकरण के वर्तमान समय में यही हो रहा है। प्रेमचंद ने यह भी कहा था, 'हम तो किसानों को सलाह देंगे कि वे खुद अपना संगठन करें।' (वही)। वर्तमान परिदृश्य यह है कि कृषकों को जो थोड़ी–बहुत राहत मिल रही थी, उससे भी 'राष्ट्र' अपने हाथ खींच रहा है।

कृषक भी व्यापार करता है, लेकिन प्राकृतिक संसाधनों से जुड़कर और खुद उत्पादन करके। नए समय में बड़े–बड़े अनउत्पादक व्यापारी हैं। वे वास्तविक उत्पादकों से बहुत ज्यादा अमीर और सुखी हैं। इसके अलावा, आर्थिक वृद्धि की वर्तमान पद्धति ने गांवों की जमीन के अधिग्रहण, विस्थापन और लचर पुनर्वास की वजहों से कृषक जीवन में भारी उदासी ला दी है। जो सुख पा रहे हैं, उन्हें दूसरों की पीड़ा की चिंता नहीं है। कहना न होगा कि कृषि सुधार के नए दौर में बहुराष्ट्रीय कंपनियों का जाल अधिक विस्तृत होता जाएगा। कृषक वस्तुतः अपनी जमीन पर से अपने अधिकार खोकर गुलामी के एक नए दौर में प्रवेश करेंगे।

बड़ी कंपनियों और नई सूचना तकनीक के बीच सैंडविच है किसान

आज का आम कृषक बहुराष्ट्रीय कंपनियों और विकसित सूचना तकनीक

के बीच किस तरह फँसा है, यह देखना एक बौद्धिक यातना से गुजरने के समान है। बड़ी कंपनियों ने पिछले कुछ सालों में कोल्ड स्टोरेज, आधुनिक मालगोदाम और खुदरा बिक्री में अपने पैर वामनावतार की तरह पसारे हैं। इनमें बड़े पैमाने पर निवेश हुआ है। भारत के 400 से ज्यादा शहरों में बड़ी कंपनियों के जेनरल स्टोर खुल चुके हैं।

भारत में आधुनिक मालगोदाम का बाजार 2024 तक 2881 अरब रुपयों तक पहुंचाने का लक्ष्य है, ताकि कंपनियां कृषकों से अपनी दर पर अन्न खरीदकर अधिक समय तक रख सकें और जरूरत पड़ने पर जमाखोरी कर सकें! फिलहाल निजी क्षेत्र में 50 करोड़ मैट्रिक टन की स्टोरेज क्षमता है जिसका पूरा उपयोग नहीं हो पा रहा है। कारपोरेट जगत में 'हिंदू पैसा'- 'मुस्लिम पैसा' का झगड़ा नहीं है! रिलायंस के खुदरा व्यापार में सऊदी अरब का निवेश नवंबर 2020 तक 47,265 करोड़ तक पहुंच गया है जो कुल निवेश का 2.4 प्रतिशत है। यह विस्तार चौंकाता है और कृषि नीति पर पड़ा दबाव स्पष्ट हो जाता है। दरअसल हजारों करोड़ का विदेशी निवेश बेकार जाएगा और मालगोदाम अन्न से भर नहीं पाएंगे, यदि कृषकों से पल्ला झाड़कर उन्हें बड़ी कंपनियों के रहमो-करम पर न छोड़ दिया जाए।

बड़ी कंपनियां अब चावल-दाल-गेहूँ ही नहीं, करेला-भिंडी, आलू-प्याज भी बेचने लगी हैं। रोज विकसित हो रही टेक्नोलॉजी का उपयोग कृषि से जुड़े औद्योगिक उत्पादन के अलावा खुदरा व्यापार में भी हो रहा है। कृषि बाजार में फेसबुक भी कूदा है। बड़ी कंपनियों ने ग्राहकों के लिए 'खेत से सीधे थाली तक' और किसानों के लिए 'जियो कृषि ऐप' जैसी सेवाएं शुरू कर दी हैं। इनसे कृषि वस्तुओं की गतिशीलता बढ़ी है। कोरोना महामारी ने खरीद के लिए ऑनलाइन का उपयोग बढ़ा दिया है, जिससे लाखों छोटी दुकानें तबाह हैं। इस तरह टेक्नोलॉजी अन्य क्षेत्रों की तरह कृषि और खुदरा बाजार में भी एक बड़ी भूमिका निभा रही है। उसके सहयोग से बड़ी कंपनियों के पक्ष में ऐसे तर्कव्यूह की रचना की जाती है कि कई बार आम उपभोक्ताओं और कृषकों को उनके तर्कों में दम नजर आता है। उनकी सेवाओं के नीचे क्या दब और मिट रहा है, इसका अंदाजा नहीं हो पाता। सवाल है, क्या यह सब अंततः किसी महाविनाश का खूबसूरत द्वार है?

लोकतंत्र विकास के मार्ग में अवरोधक नहीं होता, लेकिन मौजूदा विकास लोकतंत्र की राह में बाधा बनता जा रहा है। इतिहास की गति इस समय कुछ ऐसी है कि आम कृषकों का हित कैसे हो, वे खुशहाल कैसे हों– इस तरह की चिंता पर बड़ी कंपनियों को मुनाफा का अवसर देने की नीति भारी है। यह समस्या तब अधिक गंभीर हो जाती है, जब कृषक और नागरिक हित की जगह दलीय राजनीतिक हित प्रधान हो जाते हैं। राजनीति चुप्पियों से भरी होती है। बड़े नेता बहुराष्ट्रीय कंपनियों के आगे बौने तथा विवश दिखते हैं।

कइयों को नहीं पता चलता कि नई कृषि व्यवस्था में खेत का मालिक एक तरह से बड़ी कंपनियों का आदमी हो जाएगा, भले उसे नए वैज्ञानिक शोधों और व्यापारिक दक्षता का लाभ मिले। कृषक को कंपनियों के डिक्टेट के अनुसार उत्पादन करना होगा। उत्पादन पर बड़ी कंपनियों के उत्तरोत्तर बढ़ते कब्जे का एक नतीजा यह होगा कि गरीबी रेखा के नीचे के लोग अपने बैंक एकाउंट में सीधे हजार–दो हजार की खैरात जरूर पा जाएंगे, पर जब वे खुद बड़ी कंपनियों के स्टोर का चावल–गेहूँ खरीदेंगे तो उन्हें ज्यादा कीमत देनी होगी। कंपनियों से राशन मिलेगा, इसमें संदेह है। इस तरह खाद्य सुरक्षा कानून के हास्यास्पद हो जाने और पुनः भुखमरी का खतरा है। इस दौर में व्यापार की निरंकुशता आसमान पर है और मानवता सबसे बुरी दशा में है।

बहुराष्ट्रीय कंपनियों को अनंत मुनाफाखोरी के अवसर देना और कृषक हित भी सोचना अपने हाथ से दो कबूतर एकसाथ पकड़ने की तरह है! कृषकों को वैज्ञानिक शोधों और व्यापारिक दक्षता के लाभ जरूर मिलने चाहिए, पर मधुर हिंसा में लिप्त बहुराष्ट्रीय कंपनियों की छाया में ही क्यों?

वैश्वीकरण के जमाने में कृषकों की आत्महत्या में वृद्धि पहले से ही एक चेतावनी है। जरूरत बदलती स्थितियों में आत्महत्या को रोकने की होनी चाहिए, इसलिए कृषक अब मुखर हैं। उनकी कांपती अंगुलियों का एक ही ठिकाना उनकी तनी मुट्ठियां हैं!

राष्ट्र क्यों है

प्रेमचंद ने 'देहातों पर दया–दृष्टि' शीर्षक टिप्पणी में एक मजेदार व्यंग्य किया है, जिसका संबंध किसानों को भुलावा में रखने के औपनिवेशिक लटकों–

झटकों से है। वे लिखते हैं, 'इंग्लैंड के व्यापारी भारत के गरीब ग्रामीणों पर बड़ी दया करते हैं। जिस चीज की जरूरत हो वह फौरन से पहले यहां मुहैया कर देते हैं। यह दया-दृष्टि नहीं तो और क्या है?... एक साहब जिनका नाम कर्नल हार्डिंग है, संपूर्णतः निःस्वार्थ भाव से यहां के देहातों में बेतार के गाने और भाषण आदि सुनाने का प्रबंध कर रहे हैं।... जिनके पास न खाने को अन्न है और न पहनने को वस्त्र, वह ब्रॉडकास्टिंग सुनकर अपना मनोरंजन न करेंगे तो कौन करेगा? यह व्यापार चलाने की कितनी बढ़िया नीति है। ये व्यापारी मानवीय प्रकृति की दुर्बलताओं को खूब समझते हैं और उससे खूब अपना मतलब गांठते हैं। मनोविज्ञान उनकी व्यवसाय-बुद्धि का मुख्य साधन है। कल्लोंच से कल्लोंच आदमी में भी आमोद-विनोद की प्रवृत्ति होती है। यह व्यवसायी उसी जगह पर निशाना लगाता है और शिकार मार लेता है।' (वही)। विदेशी व्यापारियों की नीति पर प्रेमचंद की बढ़िया पकड़ है!

अब रेडियो की जगह टीवी है, मोबाइल है। इनसे रसदार मनोरंजन के अलावा पेड न्यूज, विज्ञापनों के स्वप्नलोक तथा नागरिकों के बहुराष्ट्रीय कंपनियों से लाभ का आकर्षक ढंग से प्रचार होता है। मीडिया के इन्हीं प्रचारों से दर्शकों के विचार बनते हैं। अब अनुभवों, महान परंपराओं और साहित्यिक पुस्तकों का महत्व नहीं है!

बड़ी बहुराष्ट्रीय कंपनियां चाहती हैं कि 'राष्ट्र' रियायतें हटा ले और जन-स्वार्थ में लगे नियंत्रण हट जाएं, ताकि वे खुलकर मुनाफा-मुनाफा खेल सकें। जमींदार चले गए, अब कारपोरेट घराने आ रहे हैं। वस्तुतः राष्ट्रवाद के शोर में यदि 'राष्ट्र' गुम है, तो सबसे पहले मिलजुलकर उसे खोजना और तराशना होगा। कृषकों का संघर्ष वर्तमान स्थितियों में काफी कठिन है। फिर भी वे हमलों के सामने खड़े हो रहे हैं, भले बिखरे हुए हैं। यह सब वस्तुतः 'राष्ट्र' में अपने देश की खोज है!

राष्ट्र क्यों है? भारतमाता क्यों है? यदि कमजोर संतानों को संरक्षण नहीं मिले और वंचितों को उनके भाग्य के भरोसे छोड़ दिया जाए तो राष्ट्र क्यों है, किसके लिए है?

कितना फर्क है 'वर्ल्ड क्लास' के मॉल और अनिश्चितता से भरी खेती में, पोटेटो चिप्स और आलू में, टोमेटो सॉस और टमाटर में! प्रेमचंद ने लिखा है,

'कमजोरों का जबरदस्तों से संरक्षण चाहना स्वाभाविक है। लेकिन जबर्दस्तों का संरक्षण चाहना इसके सिवा और क्या है कि वे और भी शक्तिवान हो जाएं।'(वही)।

कारपोरेट सभ्यता का हमला

इस जमाने में लोगों की सोच पर शहरी मानसिकता हावी है। जिन दिनों शहरों में अचानक बिजली चली जाती है, शहर के लोग लोडशेडिंग और पसीने से परेशान हो जाते हैं। वे उनके हाल के बारे में सोच ही नहीं सकते, जिनके इलाके में बिजली अभी पहुंची ही नहीं है या पहुँची है तो कुछ घंटों तक सीमित है।

शहरी राष्ट्रवादी सोचते हैं कि कृषक बंद राजनीतिक ढक्कन से निकलकर आखिरकार बोल क्यों रहे हैं। वे भाग्य-भरोसे क्यों नहीं रहते और वे क्यों 'राष्ट्र' में स्पेस चाहते हैं।

मुख्य बात यह है कि हमारी आंखों के सामने रोज कौन होते हैं, हम किनके साथ उठते-बैठते हैं या हमारी चिंताओं में कौन हैं। क्योंकि इसपर ही देश का 'विजन' और विकास-मार्ग निर्भर करता है। यह संभव नहीं है कि आर्थिक सुधार गरीबों की पर्याप्त खाद्य सुरक्षा तक में बाधक हो और हम सोचें कि बच्चे कुपोषण से मुक्त हो जाएंगे या कारपोरेट संसार से जुड़कर कृषक निहाल हो जाएंगे। कारपोरेट बाघों और ग्रामीण गाय-बैलों को समान रूप से आजाद कर देना क्या है?

भारत के बारे में कहा जा सकता है कि इस देश में सभी रोजगारों, वर्गों, धर्मों और जातियों के लोग बसे हुए जरूर हैं, पर वे साथ नहीं रहते हैं। लोग एक-दूसरे के करीब भले दिखें, पर उनके बीच खाई होती है। उनके बीच शत्रुता का राजनीतिक बीजारोपण कर दिया जाता है, ताकि वे अधिकाधिक बंटे रहें। लोग यथार्थ के सामने खड़ा होने से डरते हैं। लगता है कि भारतमाता चंद ताकतवर लोगों की मां बना दी गई है और बड़ी संख्या में भारतवासी उसकी सौतेली संतान हैं।

दुनिया में जो सभ्यता इस समय बन रही है, वह कारपोरेटरों की सभ्यता है। इस सभ्यता में लोभ, भेदभाव, चतुराई, हिंसा और असुरक्षा- ये पांच मुख्य तत्व हैं। निश्चय ही व्यापार, उद्योग-धंधे और नई टेक्नोलॉजी जरूरी हैं, लेकिन किसी भी देश की अर्थव्यवस्था में 'खुलेपन' के बावजूद 'राष्ट्रीय नियंत्रण' भी जरूरी है। राष्ट्र का कारपोरेट हाथों की कठपुतली बन जाना जनहित के विरुद्ध है, देश

की आजादी के विरुद्ध है। वर्तमान समय में व्यापार, उद्योग और टेक्नोलॉजी का इस्तेमाल पूरी तरह कारपोरेट हित में हो रहा है और कारपोरेटरों से नेताओं को राजनीति के लिए भारी पैसा मिल रहा है।

बाजार सभ्यता का जब देशी कारोबार के साथ-साथ संस्कृति पर हमला होता है तो वह हमला संस्कृति के उदात्त तत्वों पर होता है। हम अपने समय में सिर्फ कारपोरेट वर्चस्ववाली अर्थव्यवस्था ही नहीं, एक ऐसी कारपोरेट सभ्यता भी लक्षित कर सकते हैं, जिसमें इंसान महत्वपूर्ण नहीं है।

कृषकों को भी सपने देखने दीजिए

विलियम डिग्बी ने 1901 की अपनी किताब 'प्रॉस्परस ब्रिटिश इंडिया' में लिखा था, 'भारत में अंग्रेजों के रहने के लिए शहरों के रूप में इंग्लिस्तान बनाया जा रहा है और ग्रामीण क्षेत्रों को हिंदुस्तान समझा जाता है। एक में शासक वर्ग के लोग रहते हैं, दूसरे में शासित वर्ग के।' इस समय हमारा देश इस अर्थ में विभाजित है कि इसमें एक छोटा-सा इंडिया है और एक बड़ा-सा भारत है। इंडिया सैकड़ों करोड़ की आर्थिक शक्तिवाले कारपोरेटरों का देश है, जबकि भारत कृषकों, छोटे उत्पादकों-व्यापारियों, श्रमजीवियों और बेरोजगार युवाओं का देश है।

हर इन्सान की बुनियादी इच्छा यही है कि वह सम्मानपूर्वक जिए। भारत के किसान सम्मानपूर्वक जीना चाहते हैं। इस सम्मानपूर्वक जीने में खेतों में स्वतंत्रतापूर्ण ढंग से अन्न पैदा करने के अलावा, शुद्ध खाना-पीना, पढ़ना-लिखना, पहनना-ओढ़ना, अपनी कोमल भावनाओं के साथ मजबूत घर में रहना और सही सूचनाएं पाना शामिल है। शहरी व्यक्ति सोचते हैं कि कृषक आज भी प्रेमचंद के 'गोदान' के कृषकों की तरह अर्धनग्न क्यों नहीं हैं। उन्हें कुढ़न होती है, जब किसान नारों के साथ शहर में घुसते हैं।

निश्चय ही ऐसी स्थिति में संवेदनशील शहरवालों पर एक बड़ी जिम्मेदारी यह है कि अन्न उगानेवालों की तकलीफों और आक्रोश को समझें और उन्हें भी सपने देखने दें।

भारत में कृषकों की सर्वभारतीय आवाज कभी नहीं रही है, क्योंकि देश की किसी भी राजनीति के वे मुख्य मुद्दा नहीं रहे हैं। ज्यादातर राज्यों में शहरी

बुद्धिजीवियों और कलाकारों का किसानों से अब संपर्क नहीं है। बाजार, राजनीति, मीडिया और कला-संस्कृति के प्रवाह का एकतरफा रुख महानगर से गांव-कस्बे की ओर है। गांव घिरे हुए हैं। गांव विच्छिन्न हैं। उनसे अन्न के अलावा कुछ और लेने में किसी को दिलचस्पी नहीं है। कृषकों की मोम-सी भावनाओं का पाला महानगरीय एलीट व्यक्तियों के पत्थर-समान कलेजे से पड़ा है। कहना न होगा कि कृषकों को सांप्रदायिकता, जातिवाद और सामाजिक रूढ़ियों से घेरनेवाले लोग वस्तुतः शहर का शिक्षित एलीट नेतृत्व है, अन्यथा आम कृषकों की देशजता में निर्मल राष्ट्रीयता है और उसमें एक बड़ी मनुष्यता है।

सबाल्टर्न अध्ययन और कृषक

कृषकों को राष्ट्र से न्याय चाहिए। राष्ट्र से न्याय 'राष्ट्र' की उपस्थिति में ही मिलेगा। मुश्किल यह है कि राष्ट्रवाद के हथियार से 'राष्ट्र' को देश से धीरे-धीरे अनुपस्थित किया जाना तेज हो गया है।

कहना न होगा कि सबाल्टर्न अध्ययनों में जिस 'राष्ट्र' को एक खलनायक के रूप में दिखाया जा रहा था, वस्तुतः एक सच्चे नायक और हमसफर के रूप में उसकी जरूरत है। विडंबना यह है कि जिस दौर में राष्ट्रवाद का भारी शोर है, उसी दौर में 'राष्ट्र' कमजोर और धीरे-धीरे गायब हो रहा है। वह कारपोरेट-बंदी है।

ऐसे समय में क्या सबाल्टर्न इतिहास का कोई अर्थ है? उसका 'राष्ट्र' के खंडों का इतिहास लिखने की पद्धति, 'माइक्रो हिस्ट्री' अपनी कुछ उपलब्धियों के बावजूद अब अप्रासंगिक है। सबाल्टर्न इतिहास द्वारा अलगाव में तथ्यों का विश्लेषण और राष्ट्रीय-वैश्विक तत्वों से अधिक पृथकता पर बल बौद्धिक आत्मघात सिद्ध हुआ है, क्योंकि आज दुनिया में विशिष्टता और पृथकता के चरम अंध-राष्ट्रवादी रूप सामने आए हैं। इसके अलावा, सबाल्टर्न अध्ययन ने अराजक ढंग से 'हम और वे' का विभाजन बढ़ाया है।

इतने अधिक 'अन्य' किसने पैदा किए?

आज भारत के किसी भी जन-आंदोलन में राष्ट्रीय व्यापकता नहीं है। इसकी जगह सत्ता संघर्ष में 'सामाजिक भिन्नता' तथा 'स्थान' के मुद्दों की प्रधानता है। कहना होगा कि भारत जैसे बहुलतावादी देश में किसी भी प्रतिरोध को समावेशी

होना चाहिए। स्थानीयतावाद या सबाल्टर्नवाद लोगों के प्रतिरोध को शुद्धता के नाम पर संकुचित, एकायामी तथा स्थिर कर देता है। ऐसे कई अध्ययन हिंदी में हैं, जो सबाल्टर्नवाद से प्रभावित हैं। ऐसे कई कृषक संघर्ष भी हैं, जो लंबे समय से अब स्थानकेंद्रित और स्थिर हो चुके हैं और उनमें देश की दशा को प्रभावित करने की क्षमता नहीं है।

दरअसल लंबे समय से कृषकों को एक–दूसरे से विच्छिन्न और चुप रखा गया है। इसलिए कृषक एक जगह आंदोलन करते हैं– वे मुंबई या दिल्ली की सड़कों पर होते हैं तो दूसरी जगहों के कृषक मूक दर्शक होते हैं या निष्क्रिय समर्थन देते हैं। एक जगह लोग जगते हैं तो दूसरी जगहों पर सो जाते हैं। इस तरह बारी–बारी से सो जाने की मानो राजनीतिक होड़ है!

लोकतंत्र में जिसकी बात है, क्या अब उसे ही कहनी होगी? 'दूसरे' लोग उसकी बात नहीं कहेंगे? यह हमारा आंदोलन है–यह उनका आंदोलन है, यही चलेगा? इस दौर में सभी की अपनी–अपनी लड़ाई है और लड़ाई में सभी अकेले हैं। किसान भी इस समय, देखा जाए तो प्रायः अकेले हैं। आखिरकार देश के भीतर इतने अधिक 'अन्य' किसने पैदा किए? क्या इनकी तकलीफों के बीच पुल बन सकता है? एक सच्चे राष्ट्र और लोकतंत्र में 'अन्य' का बेगानापन समझा जाता है, 'अन्य' के रूप में देखे जाने पर होनेवाली पीड़ा समझी जाती है। क्या किसान को 'अन्य' से बाहर लाया जाएगा?

जनवरी–फरवरी 2021

आदिवासियों पर बाज

भारत में आदिवासी 2011 की जनगणना के अनुसार कुल आबादी के 8.6 प्रतिशत हैं, अर्थात आज के समय में करीब 12 करोड़। ये नई शब्दावली में 'जनजाति', 'देशज लोग' (इंडिजिनस पीपल) कहे जाते हैं। कहना न होगा कि देश की सबसे अधिक प्राकृतिक विविधता आदिवासी इलाकों में है और उतना ही विविध है उनका सामुदायिक जीवन। आदिवासियों को लेकर प्राचीन काल से बाकी देशवासियों का रुख सद्भावना और अहस्तक्षेप का रहा है। 'रामचरितमानस' तक में यह प्रतिबिंबित हुआ। लेकिन देखा जा सकता है कि औपनिवेशिक काल से वे शोषण और अत्याचार के एक बड़े चक्रव्यूह में हैं। वैश्वीकरण के दौर में वे 'विकास' के लिए विस्थापन का शिकार होकर अपनी पहचान, जीविका तथा विविधता भी खो रहे हैं।

इसमें संदेह नहीं कि आदिवासियों के संघर्ष का एक लंबा इतिहास है। अकबर के 'सुलहेकुल' के काल के बाद भील विद्रोह हुआ। अंग्रेजों के समय आदिवासियों ने कई जगहों पर विद्रोह किया। 21वीं सदी में नियमगिरि (उड़ीसा) में वेदांता परियोजना को लेकर सफल आंदोलन, कुडनकुलम (तमिलनाडु) में परमाणु ऊर्जा केंद्र स्थापित करने के विरुद्ध आंदोलन और कई दूसरे आंदोलन हुए। इन सबसे उनके संघर्ष की निरंतरता का ही बोध नहीं होता, कुछ अनोखे संकेत भी निकलते हैं।

देखा गया है कि किसी संदर्भ में जो 'विकास' है, वह आदिवासियों के संदर्भ में उनका 'निःशक्तिकरण' है। एक आंकड़े के अनुसार, पिछले 50 सालों में 2.5 करोड़ लोग विस्थापित हुए, जिनमें 90 लाख आदिवासी हैं। विभिन्न किस्म की आपदाओं, अभावों, अंतर-जनजातीय संघर्षों और अदालत के आदेशों की

वजह से, बताया जा रहा है कि फिलहाल 10 लाख से अधिक लोगों के सिर पर विस्थापन का खतरा फिर मंडरा रहा है। वे अपने ही देश में लगातार शरणार्थी बन रहे हैं–घरेलू शरणार्थी!

निश्चय ही विस्थापन की तकलीफों को झेलना आसान नहीं है, यह मनोवैज्ञानिक आघात का मामला भी है। इसलिए वैश्वीकरण एक तरह से आदिवासियों के जीवन पर बाज का झपट्टा है।

आदिवासियों को बड़े बांधों के अलावा धातु की खानों, आणविक ऊर्जा उत्पादन, अभयारण्य, उद्योगीकरण, सैनिक गतिविधि आदि वजहों से विस्थापित होना पड़ता है। उनके लिए विस्थापन एक दर्द–भरी घटना इसलिए है कि उनकी भूमि ही उनकी जान है। यहां उनके देवता बसते हैं। एक जगह से दूर कहीं और ले जाने के कारण उनको आजीविका ही नहीं खोतभिन्नता और सांस्कृतिक बेगानापन भी झेलना पड़ता है। वे मुआवजा पाते हैं, लेकिन अपनी निरंतरता खो देते हैं। वे जल्दी अपने को 'गरीब' समझने लगते हैं, जैसा वे पहले नहीं सोचते थे। वे सभी आदिवासी जो नौकरी–चाकरी करते हुए नई सभ्यता में शामिल होते जाते हैं, उन्हें उपलब्धियां कम सुलभ होती हैं, असुरक्षा अधिक झेलनी पड़ती है।

आदिवासी जीवन की स्वायत्तता का प्रश्न

वैश्वीकरण की कल्पना बिना दीवारों की एक ऐसी दुनिया के रूप में की गई थी, जहां दुनिया के लोगों के बीच आपसी समझदारी, बंधुत्व और आदान–प्रदान बढ़े तथा सभ्यता का विकास हो। इसके विपरीत, पहला वैश्वीकरण सिर्फ उपनिवेशवाद के रूप में आया। दूसरा वैश्वीकरण कारपोरेट लूट के लिए मुक्त बाजार के रूप में है। नए वैश्वीकरण ने जब किसी मामले में स्वायत्तता को सुरक्षित रहने नहीं दिया है तो आदिवासियों की परंपराओं तथा जल–जंगल–जमीन के मामले में स्वायत्तता कैसे बनी रहती। ज्ञानोदय के जमाने में स्वायत्तता की जिस धारणा को आधुनिक प्रतिष्ठा मिली थी, वह अब एक गुजर चुका मामला है। समझने की जरूरत है कि आदिवासी अपनी पहचान के मामले में ही नहीं महंगाई, बेरोजगारी और बेगानेपन के मामले में भी एक कठिन विश्व में हैं।

जवाहरलाल नेहरू के जमाने में स्वायत्तता एक आधुनिक मूल्य के रूप में प्रतिष्ठित थी। उन्होंने आदिवासियों के बारे में 1958 में कहा था, 'समस्याओं की

समस्या है जनजातीय जीवन के सामंजस्य में व्यवधान डाले बिना उन्हें भारतीय समाज का सदस्य बनाना और एक अभिन्न हिस्से के रूप में उन्हें जोड़ना।... हम अपने ढंग से जिएं, इसका स्वागत है, लेकिन अपना जीवन दूसरों पर क्यों थोपें। मैं बिलकुल आश्वस्त नहीं हूँ कि जीने का कौन–सा रास्ता बेहतर है– जनजातियों का या हमारा अपना? कुछ मामलों में मैं निश्चिंत हूँ कि उनका रास्ता बेहतर है। इसलिए हमारी ओर से घोर अशिष्टता होगी कि हम उनके विरुद्ध श्रेष्ठता का भाव प्रदर्शित करें। उन्हें कहें कि उन्हें कैसा आचरण करना चाहिए।' (ट्राइब्स एंड ट्राइबल पालिसी : ए सेंटेनियल ट्रिब्यूट)।

महात्मा गांधी के ईश्वर, विश्व और मनुष्य के बारे में बहुत से विचार आदिवासियों के प्राकृतिक धर्म से मिलते थे। वे पश्चिमी ढंग के उद्योगीकरण को संदेह से देखते थे। नेहरू जिस वक्त आदिवासियों की प्रकृति–आधारित जीवन पद्धति को आदर से देखते होंगे, वे निश्चय ही गांधी की सोच के करीब होंगे। हालांकि वे विस्तृत उद्योगीकरण तथा बड़े बांधों के समर्थक थे। उनके उपर्युक्त कथन में ऐतिहासिक दुविधा और अंतर्विरोध स्पष्ट हैं। वे जब 'जनजातीय जीवन के सामंजस्य में व्यवधान डाले बिना' आदिवासियों को आधुनिक 'भारतीय समाज का सदस्य बनाना और एक अभिन्न हिस्से के रूप में जोड़ना' चाहते हैं तो इसे दरअसल दो विपरीत राहों पर एक साथ दौड़ना कहा जा सकता है। यह नियति से 'मुठभेड़' करते हुए नियति का 'शिकार' होना है, जो पहली या अंतिम घटना नहीं है।

नेहरू के जमाने में भी विस्थापन घटित हुआ था, लेकिन वैश्वीकरण ने उसकी मात्रा इतनी बढ़ा दी है कि इसने 'उन्मूलन' के अर्थ को एक नया स्तर दे दिया है। अब आदिवासी एक ऐसे मोड़ पर हैं, जहां वे सार्वभौम विनाश को कई दूसरों के साथ झेलने के लिए अभिशप्त हैं, साथ ही स्वायत्तता के प्रति अपने 'नास्टेल्जिया' से पीड़ित रहने के लिए भी।

आज मनुष्य जिस तरह अपने धर्म के आगे हतप्रभ खड़ा है, वह मुक्त बाजार में भी उतना ही हतप्रभ है। वह आकर्षित है और हतप्रभ भी, जब धर्म और बाजार दोनों महज संपत्ति बटोरने के हथियार हैं। निश्चय ही मनुष्य जाति की प्रगति का अर्थ यह नहीं हो सकता कि वह संपत्ति बटोरता जाए और लोकतंत्र को खो दे, हर चीज के तर्क को खो दे, सौहार्द खो दे, स्वच्छ पर्यावरण से वंचित हो, मीडिया

और कला–साहित्य की स्वायत्तता मिट जाए, खाने–पहनने की स्वतंत्रता और खासकर बोलने की स्वतंत्रता खोती जाए। वह मानवाधिकार खोकर अप्रत्यक्ष गुलाम बन जाए। निश्चय ही आदिवासी जीवन की स्वायत्तता का प्रश्न इस जमाने में एक विच्छिन्न मामला नहीं है, उसका संबंध उपर्युक्त सभी चीजों को बचाने से है।

विकास की सार्वभौम घोषणा और आदिवासी

आज हर तरफ विकास की चर्चा है। संयुक्त राष्ट्र ने 4 दिसंबर 1986 को विकास का सार्वभौम घोषणापत्र जारी किया था। उसके अनुसार, दुनिया में न्याय और शांति की स्थापना तभी संभव है, जब स्पर्धा में पिछड़े लोगों को भी 'विकास का अधिकार' हो। संयुक्त राष्ट्र के चार्टर के 55वें अनुच्छेद में विकास का अर्थ है- उच्च जीवन स्तर, पूर्ण रोजगार तथा आर्थिक विकास के साथ–साथ सामाजिक प्रगति।

1991 से शुरू हुए आर्थिक सुधारों के साथ दावा किया जाना शुरू हो गया था कि हर तरफ अब विकास ही विकास है, जबकि आदिवासी क्षेत्रों सहित गांवों की हालत बुरी होती जा रही थी। मानव विकास रिपोर्ट बताता है कि 2020 में भारत एक स्थान नीचे खिसककर 189 देशों में 131वें स्थान पर आ गया है। संयुक्त राष्ट्र के उपर्युक्त घोषणापत्र में कहा गया था कि विकास में सभी लोगों की सक्रिय, मुक्त और सार्थक हिस्सेदारी होनी चाहिए। उसके लाभों का सही बंटवारा होना चाहिए। हम जानते हैं कि यह बंटवारा फिलहाल '100 दिनों की रोजगार गारंटी योजना', कहीं सस्ता और कहीं मुफ्त राशन, कुछ सौ रुपयों की वार्षिक खैरात, जर्जर सरकारी संस्थानों में कम शुल्क में शिक्षा, लापरवाहियों से भरे अस्पतालों में इलाज, कहीं साइकिल–कहीं लैपटॉप वितरण जैसी चीजों तक सीमित है। अब संभव समानता, रोजगार के अधिकार या इसकी सुरक्षा की बात कोई नहीं करता।

2002 में विश्व बैंक ने 'गरीबों की आवाज' के नाम से एक नया कार्यक्रम शुरू किया था। उसके जरिए दुनिया के देशों में रहने वाले गरीबों की प्रतिक्रियाएं और उनके सुझाव सेटेलाइट के जरिए इकट्ठा किए जा रहे थे, ताकि विकास की नीतियां निर्धारित करते समय सरकारें उनपर ध्यान दें। क्या गरीब आदमी सेटेलाइट छू

सकता है? दरअसल संयुक्त राष्ट्र स्वप्नों का कोल्ड स्टोरेज है, उसमें निष्क्रिय स्वप्न पड़े रहते हैं!

कहने का आशय है कि विकास की प्रचलित धारणाओं की जगह सहभागितापूर्ण विकास, समावेशी विकास, सतत विकास, स्व-विकास और कुशलता निर्माण जैसी चीजों का प्रचार जरूर किया जाता है, पर ये दिखावा ज्यादा हैं।

कोरोना महामारी के समय यह तथ्य सामने आया कि इस दौर में कई कंपनियों के लाभ में बेतहाशा बढ़ोतरी हुई, हजारों अरब की। अब भारत उच्च एलीट वर्गों के अभूतपूर्व विस्तार के साथ वस्तुतः एक गरीब और विषमताओं से भरे देश के रूप में दिख रहा है। 2022 की विश्व विषमता रिपोर्ट के अनुसार, ऊपर के 10 प्रतिशत लोगों के पास राष्ट्रीय आय का 57 प्रतिशत हिस्सेदारी है, जबकि नीचे के 50 प्रतिशत लोगों के पास राष्ट्रीय आय का सिर्फ 13 प्रतिशत है। यह बढ़ती विषमता अशांति की जन्मभूमि है।

जिसे सतत विकास या 'सस्टनेबल डेवलपमेंट' कहा जाता है, वह चार स्तरों पर सामंजस्य की मांग करता है- (1) मनुष्य का मनुष्य से संबंध, (2) मनुष्य का पर्यावरण से संबंध, (3) मनुष्य का दूसरे जीव-जंतुओं से संबंध और (4) वर्तमान पीढ़ी का भावी पीढ़ियों से संबंध, अर्थात एक कल्पनाशील भविष्य दृष्टि! हम सभी दरअसल ऐसी दुर्भाग्यग्रस्त पीढ़ियों के लोग हैं जो उपर्युक्त सभी संबंधों में विघटन या अराजकता अपनी आंखों के सामने स्पष्ट देख रहे हैं। हमारा देश एक अशांतमय दौर से गुजर रहा है, जिसका हर क्षेत्र के विकास पर बुरा असर पड़ रहा है। बाहर जितनी जगमगाहट है, भीतर उतना अंधेरा है।

हमने कोरोना महामारी के दौर में देखा है कि प्रकृति के प्रति आदर बढ़ा और लोगों ने थोड़ी सी वस्तुओं के साथ जीना सीखा। आदिवासियों के संबंध में देखें तो यह उनके जीवन में आम है। हालांकि उनका प्राकृतिक अर्थतंत्र पहले ही टूट चुका है। फिलहाल उन्हें परंपरा और आधुनिकता की जिस करुण साझेदारी में जीना पड़ रहा है, उसमें वे कई नई समस्याओं के सामने हैं। नए परिदृश्य में अंतर-जनजातीय तनाव बढ़ा है, खासकर पूर्वोत्तर की जनजातियों की समस्याएं मध्य प्रदेश-झारखंड जैसे राज्यों की जनजातियों की समस्याओं से अलग हैं। दरअसल आदिवासियों के बीच भिन्नता के बावजूद बंधुत्व जरूरी है। उनमें परस्पर मेलजोल के अलावा यथासंभव अंतरजनजातीय विवाह संबंध भी होना चाहिए। खासकर

नई स्थितियों में कबीलाई घेटो मानसिकता आत्मघातक है।

देखा जा सकता है, आदिवासी स्त्रियों पर एक असर उनके उपभोक्ता संस्कृति की तरफ झुकाव और वस्तुकरण के रूप में है। एक अन्य समस्या यह है कि महंगाई और बेगानेपन के हालात में जीविकाहारा आदिवासियों को न अच्छी शिक्षा सुलभ है और न सही चिकित्सा। दूसरी तरफ, रोजगार पाए एलीट आदिवासी शहरी मध्यवर्गीय मानसिकता में ढलते जा रहे हैं। इससे गांव और बस्तियों में रहने वाले गरीब आदिवासियों की निस्सहायता बढ़ी है। जंगलों के माफिया और भ्रष्ट प्रशासन की मिलीभगत ने आदिवासियों को भय के रेगिस्तान में छोड़ दिया है और अब बहुत कम जगहों पर व्यापक प्रतिरोध है। लगता है, प्रबंधन के बाहर कुछ नहीं है।

संदेह है और आकर्षण भी

आदिवासियों का विकास से संबंध अपरिहार्य है। वे विकास के नजदीक न भी जाना चाहें, विकास को कूदकर आदिवासियों के जीवन में एक न एक रूप में आना है। आदिवासी इलाकों में सड़क और बिजली की पहुंच बढ़ी है। मोबाइल समेत नई उपभोक्ता सामग्री के आकर्षण से आदिवासी इलाके नहीं बचे हैं। इन चीजों के साथ आधुनिक बुराइयां और अच्छाइयां भी इनके जीवन में आ रही हैं। उन्हें रोका नहीं जा सकता। यह स्वाभाविक है कि आदिवासी बौद्धिकता नए ढंग के विकास को लेकर संदेह और आकर्षण की दुविधा में फँसी है। यह चीज संविधान-सभा के सदस्य जयपाल सिंह मुंडा के मन में थी- नेहरू को लेकर आकर्षण और संदेह दोनों। अब यह सार्वभौम आदिवासी वृत्तांत है।

संदेह जीवन का लक्षण है, यह मुक्ति का द्वार है। दरअसल आदिवासियों का बाहरी लोगों से जब भी संबंध बना है, चाहे वह धार्मिक हो या राजनीतिक, आमतौर पर उनके शोषण, उनपर अत्याचार की शक्ल में बना है। देखा गया है कि लोग अपने स्वार्थों को ऊंचे आदर्शों और जनस्वार्थ के नारों के पीछे छिपाकर रखते हैं। इसलिए वंचित समाजों में संदेह स्वाभाविक है और इसी रास्ते से स्वतंत्रता तक पहुंचा जा सकता है। कहना न होगा कि हर तरफ आकर्षण का भी बड़ा जाल है।

एक समय अंग्रेज आदिवासियों को समझने में असमर्थ थे। उनके शासन काल से आदिवासियों को आधुनिक श्रेणियों के शोषण का शिकार होना पड़ा। यह उन्हें

लोभ और सुविधाएं दिखाकर हुआ। खनिज पाने की होड़ के साथ भूमि हड़पने वालों, पेड़ काटने वालों और साहूकारों ने उनके जीवन में समस्याएं पैदा कीं। प्रशासन और न्यायालय के अभाव में उनके साथ बेरोकटोक अन्याय हुए। इन दिनों उनका सभ्यतागत आत्मसातीकरण हो रहा है और उनकी क्रांतिकारी संरक्षणशीलता में ह्रास आया है।

आदिवासी अस्मिता के विस्तार का प्रश्न

निश्चय ही आत्मसातीकरण और सम्मिश्रण में फर्क है। आदिवासियों को जहां अपने विश्वासों और अधिकारों पर आघात महसूस नहीं होता, वहां वे अपनी अस्मिता की रक्षा करते हुए विकास का अंग बनते हैं और जहां भिन्न स्थिति है, वहां वे अपने प्राकृतिक-संवैधानिक अधिकारों के लिए यथाशक्ति संघर्ष करते हैं। हालांकि उनका संघर्ष अब तरह-तरह से नियंत्रित होता है। फिर भी यह संभव है कि वे किसी समय अपनी बड़ी मांगों को लेकर जग उठें, जिस तरह हाल में किसानों ने जागरूकता दिखाई है।

भारतीय राष्ट्र से आदिवासियों का कैसा संबंध हो, यह एक महत्वपूर्ण प्रश्न है। ऐसे किसी संबंध का अर्थ आदिवासियों की अस्मिता का त्याग नहीं है, बल्कि इसका अर्थ शिक्षक, वकील, राजनीतिज्ञ, व्यापारी, डाक्टर, नई प्रविधि से लैस खेतिहर, क्लर्क, कंप्यूटर इंजीनियर, वैज्ञानिक जैसी नई अस्मिताओं का निर्माण है। आदिवासियों की क्षमता और आदिवासी क्षेत्रों की भौतिक संपदा का इस्तेमाल किस तरह हो, इसपर लंबे समय से मतभेद रहा है। यह एक संवेदनशील मामला है और आदिवासियों ने विकास को लगातार संदेह से देखा है। हालांकि अस्मिता तथा विकास में अंतर्विरोध न देखने की दृष्टि भी रही है। देखा जा सकता है कि इन दिनों शिक्षित आदिवासी विकास में खुलकर भाग ले रहे हैं।

पूछा जा सकता है, कारपोरेट कंपनियों ने अपने वर्क कल्चर के बारे में कहां से सीखा? उत्तर है- आदिवासियों की श्रम-संस्कृति से। कारपोरेट कंपनियों के वर्क कल्चर के प्रमुख तत्व हैं- सामूहिकता, एक-दूसरे का परस्पर आदर, श्रम का महत्व, साझा लक्ष्य और अंतरनिर्भरता। ये सभी गुण आदिवासी जीवन के हैं। आज महानगर की सारी बुराइयां आदिवासी जीवन में घुस रही हैं। और आदिवासी जीवन की एक भी अच्छाई शहरवासियों में नहीं आ पाई है।

बिरसा मुंडा : पहचान और सुधार का संबंध

यह एक चुनौतीपूर्ण मामला रहा है कि आदिवासियों के अंधविश्वासों और बाहरी दुनिया के प्रति उनके मन में बसी गांठ को कैसे खोला जाए। यह सिर्फ आर्थिक सुधार से संभव नहीं है, बल्कि कहा जा सकता है कि बहुराष्ट्रीय कंपनियों ने ये गांठें मजबूत कर दी हैं। इस संदर्भ में बिरसा मुंडा के जीवन को देखने की जरूरत है कि किस तरह वे संरक्षणशीलता के साथ-साथ सुधारों को भी आगे बढ़ा रहे थे। वे अंग्रेजों और जमींदारों को चुनौती देने के साथ आदिवासियों को अंधविश्वासों से बाहर आने के लिए भी कह रहे थे। उन्होंने अंधविश्वास को अस्मिता से नहीं जोड़ा। (प्रेतात्मा) पूजा के समय बकरे की बलि से उन्हें नफरत थी।

बिरसा की प्रार्थना में ये पंक्तियां देखी जा सकती हैं, 'ओ पहाड़ो, ओ गहरे पानी की दुष्टात्माओ! तुम हमलोगों से कोई बलिदान न पा सकोगी/दरअसल तुमने पृथ्वी और स्वर्ग की सृष्टि नहीं की है/इसलिए ओ दुष्टात्माओ! हमसे दूर रहो/ओ पिता और मां! केवल तुम्हारी ही अनुकंपा और सहायता से और सिर्फ तुम्हारी ही दवाओं से/ हम अपने रोगों से छुटकारा पाएंगे/... यह दुनिया उलटपुलट गई है/शैतानों को बांधो/... ओ पिता! ओ बिरसा! जैसा कि तुम्हारे धर्म में कहा गया है/ मेरे जीवन, मेरे शरीर, मेरे मन और हृदय को/आसमान की दूरस्थ सीमाओं और दुनिया के विस्तार तक पहुंच जाने दो/... बिरसा का आदेश है, हंड़िया और शराब न पियो/इससे हमारी जमीन छिन जाती है/...ओ भक्त मुंडाओ! तुम सब विश्वधर्म सीखो/हम छह दिनों तक अपनी जीविका के बारे में सोचेंगे/हफ्ते में एक दिन विश्राम करेंगे।'

हम देख सकते हैं कि प्रार्थना के उपर्युक्त अंशों में ईश्वर के प्रति आस्था व्यक्त करते हुए पिता के साथ 'माता' को भी संबोधित किया गया है, जो ईसाइयत का अतिक्रमण है। बिरसा ईसाइयत से प्रभावित थे, पर वे अपनी जनजातीय परंपराओं से लगाव रखते थे। इसपर नजर जानी चाहिए कि वे हिंसा, मद्यपान, प्रेतात्मा में विश्वास और आलस्य का विरोध करते हैं, 'विश्वधर्म' की बात करते हैं। आदिवासी नौजवानों को इसपर सोचने की जरूरत है कि आदिवासी समुदाय में धार्मिक-सामाजिक सुधार की बिरसा द्वारा स्थापित परंपरा को फिर कैसे आगे

बढ़ाया जाए। निश्चय ही आदिवासी संदर्भ में संरक्षणशीलता का मतलब है क्रांतिकारी संरक्षणशीलता न कि रूढ़ि-उन्मुखी संरक्षणवाद।

संचार क्रांति और बाजार व्यवस्था के जमाने में ऐसा नहीं लगता कि आदिवासी जीवन पीछे लौटेगा या यथास्थिति रहेगी। अब 2.5 करोड़ से अधिक आदिवासी महानगरों-नगरों में रहते हैं। वे समुदाय से समाज में आ गए हैं। लंबे समय से ही सामाजिक रूपांतरण जारी है। यदि कुछ बिंदुओं पर संघर्ष है तो कुछ बिंदुओं पर पुरानी रूढ़ियों से बाहर निकलने की जद्दोजहद् है। बदलते समय में आदिवासी लोग शिक्षा, शहरी रोजगार, व्यापार और संचार क्रांति के अंग बन रहे हैं। वे वेशभूषा, खानपान और जीवन शैली के क्षेत्र में नई राहें पकड़ चुके हैं, हालांकि अपने अतीत को लेकर भी चिंतित हैं। इसका आशय यह है कि आदिवासियों को भारतीय राष्ट्र में परिवर्तित भी होना है तो उसको परिवर्तित भी करना है।

आदिवासियों का बहुत कुछ खोते जाने का एक मार्मिक इतिहास है

दुनिया की लगभग 7000 भाषाओं में जिन 3000 भाषाओं को 'इन्डेंजर्ड' की श्रेणी में रखा गया है, वे अधिकांशतः जनजातियों की हैं। एक सर्वेक्षण के अनुसार भारत की 780 जीवित भाषाओं में से लगभग 250 भाषाएं पिछले 60 सालों में मर चुकी हैं (गणेश एन.देवी)। कई भाषाओं के बोलने वालों की संख्या सौ-दो सौ रह गई है। कहा जाता है, जब एक भाषा मर रही होती है तो उसके साथ एक संस्कृति भी मिटने लगती है। अंततः आपस के संबंध भी बदल जाते हैं। उपनिवेशवाद के बाद भूमंडलीकरण के दौर में संकटग्रस्त भाषाओं के मौत के दरवाजे तक पहुंचने में दुबारा तेजी आई है। निःसंदेह पिछली बार की तरह यह खतरा आदिवासियों की भाषाओं पर सबसे ज्यादा है।

दुनिया के लाखों आदिवासी वनों और पहाड़ों में रहते आए हैं। वे अपने इलाकों की उपज और लकड़ी-पानी पर जीवन यापन करते रहे हैं। लेकिन हर देश में जब व्यापारियों ने वनों-पहाड़ों पर व्यक्तिगत मालिकाना कायम करना शुरू कर दिया और वे आदिवासियों की भूमि पर कीमती वस्तुएं उपजाने-बनाने लगे, तब आदिवासियों की पहले की जीवन पद्धति में व्यापक अवरोध आया। वे व्यक्तिगत संपत्ति नाम की चीज नहीं जानते थे, पर अब वे अपने पुराने जीवन-संसार से

उन्मूलित थे। अधिकांश आदिवासी लोग व्यापारियों के यहां मजदूर हो गए। वे बस्तियों-कालोनियों में रहने लगे और प्रकृति की गोद में स्वच्छंद सामूहिक जीवन से घेटो टाइप की जिंदगी में सिकुड़ गए।

यह भी एक यथार्थ है कि दुनिया में जहां आदिवासियों का सफायाकरण नहीं हो पाया है, वहां उनका सीमांतीकरण हुआ है और उन्हें बहुत कुछ खोना पड़ा है। तकनीकी प्रगति और आधुनिक उत्पादन पद्धति के वर्तमान जमाने में भारत के ज्यादातर आदिवासियों को दया, खैरात या राशन पर जीना पड़ रहा है। उनकी गरीबी लगातार बढ़ रही है। सवाल है कि आखिरकार कोई समुदाय खैरात या राशन पर कब तक जिंदा रह सकता है?

कोरोना महामारी के दौर में आदिवासियों की आर्थिक असहायता बढ़ गई थी। तेंदु, महुआ, बांस जैसे वन उत्पादन पड़े रह गए थे। वे रोजगारहीनता और भुखमरी के शिकार हुए। कोरोना के बाद काफी आदिवासी बच्चे स्कूल नहीं लौटे हैं। आमतौर पर आदिवासी समुदाय में कभी आत्महत्या की बात नहीं सुनी जाती थी, 'नौकरी' की तरह 'आत्महत्या' शब्द भी उनके जीवन-कोश में न था। कुछ दशकों से विस्थापन, जीविका की क्षति तथा तनावों के चलते अब आदिवासी भी आत्महत्या करने लगे हैं। उनका प्रतिशत दलितों से ज्यादा है। भारत में 2020 में आत्महत्या की 1,53,000 घटनाएं हैं। इनमें आदिवासी कितने हैं, इसका डेटा उपलब्ध नहीं है।

आदिवासी पूछते हैं मुख्यधारा क्या बला है?

प्रचलित राष्ट्रवाद की नजर में आदिवासी लोग स्वाधीनता दिवस की परेड में शामिल एक आकर्षक दृश्य से ज्यादा महत्व नहीं रखते। वे कई शहरवासियों की नजर में महज आदिवासी नृत्य हैं। वे फोटो शूट की जगह हैं। बहुराष्ट्रीय कंपनियों की नजर उनकी जमीन और जमीन के नीचे छिपी अपार खनिज संपदा पर है। बुद्धिजीवियों की नजर में आदिवासी तीर-धनुष धारण किए हुए चिह्न हैं। दरअसल सामुदायिक अस्मिता की राजनीति सांस्कृतिक चिह्नों को महत्वपूर्ण बना देती है, क्योंकि ये सामुदायिक एकता के लिए उत्प्रेरक का काम करते हैं।

आदिवासियों के संदर्भ में एक भ्रामक धारणा 'मुख्यधारा' को लेकर है। उनके आत्मविश्वास को तोड़ते हुए उन्हें तरह-तरह से बताया जा रहा है कि तुम लोगों

के पास जो है, उससे ज्यादा श्रेष्ठ चीजें हमारे पास हैं। आदिवासियों को उनके पिछड़ेपन से बाहर निकालकर मुख्यधारा और 'मेन लैंड' में शामिल करने की बातें जोरशोर से होती हैं। लगता है, मुख्यधारा एक ऐसी बनी-बनाई चीज है, जिसमें दीन-हीन आदिवासियों और हाशिए के अन्य तबकों को आकर चुपचाप शामिल हो जाना है। जयपाल सिंह मुंडा ने एक बार कहा था, 'आप आदिवासियों को लोकतंत्र नहीं सिखा सकते। आपको खुद उनसे लोकतांत्रिक मूल्यों के बारे में सीखना होगा।'

यदि अभी भी जंगलों और गांव में बसे करोड़ों आदिवासी भूख, शिक्षा और चिकित्सा के मामलों में असहाय हैं तथा विलगाव का अनुभव करते हैं तो राजनीतिक महारथी इसके बुनियादी कारणों में जाना नहीं चाहते। हम कई धर्मपरायणों को उनके लिए धार्मिक दयासागर बनकर घूमते देखते हैं। वे अपने धार्मिक संप्रदाय में आदिवासियों को आत्मसात करने को उनका मुख्यधारा में शामिल होना मानते हैं। कई लोग आदिवासियों की सोच को पिछड़ा मानकर उनके आधुनिक पश्चिमी सभ्यता में अंतर्भुक्त होने को मुख्यधारा में शामिल होना मानते हैं। कारपोरेट जगत भौतिक दोहन से मुनाफा कमाने को मुख्यधारा मानता है। इन सभी लोगों में समानता यह है कि इनमें से कोई सज्जन आदिवासियों के लिए न्याय की बात नहीं करता।

मुख्यधारा वस्तुतः आत्मसातीकरण का खेल है। इसके तीन रूप हैं- धार्मिक कट्टरवादी आत्मसातीकरण, पश्चिमी सभ्यता द्वारा आत्मसातीकरण और कारपोरेट आत्मसातीकरण। इन समस्याओं का एक बड़े परिप्रेक्ष्य में मिलजुल कर ही सामना किया जा सकता है।

मुख्यधारा के प्रवक्ता यह अहंकार लेकर चलते हैं कि उनके अलावा बाकी सभी सांस्कृतिक तौर पर 'निम्न' हैं। मुख्यधारा को कई बार हिंदू धर्म के अलावा पॉप कल्चर, एलीट ज्ञानानुशासन, और ई-मीडिया के रूप में भी देखा जाता है, जबकि धार्मिक-सांस्कृतिक-जातीय बहुलता वाले समाज में 'मुख्यधारा' जैसी अहमन्यतावादी अवधारणा के लिए कोई जगह नहीं है। हम यदि विविधता की रक्षा की बात करते हैं तो इसका एक ही अर्थ है सौहार्द और न्यायपूर्ण सह-अस्तित्व, साथ ही गलत पूर्वग्रहों से धीरे-धीरे मुक्त होना!

आदिवासियों के सांस्कृतिक गुण

देखा जाए तो पूरे भारतीय समाज में इस समय दो कोणों से-'प्रिमिटिविज्म' को उकसाया जा रहा है- 'स्टेट- स्पांसर्ड प्रिमिटिविज्म', जो बर्बरता बढ़ा रहा है और 'फ्री मार्केट स्पांसर्ड प्रिमिटिविज्म' जो भुक्खड़ता बढ़ा रहा है। 'प्रिमिटिविज्म' से बिलकुल भिन्न चीज है 'आदिवासियत'। आदिवासियत का संबंध दुनिया के एक महत्वपूर्ण जीवन दर्शन से है जो प्रकृति साहचर्य, सामूहिकता, आत्मसंयम, न्यायप्रियता, बुजुर्गों के सम्मान, श्रम से प्रेम, स्त्री के समानाधिकार और संपूर्ण पृथ्वी से अनुराग, अर्थात एक अनुराग-भरी वैश्विकता से बना है। उल्लेखनीय है कि आदिवासियत में स्थानीयता और सार्वभौमता के बीच संबंध है। यह आज के लोकल-ग्लोबल गठबंधन से भिन्न चीज है। निश्चय ही आदिवासियों की लड़ाई अब महज तीर-धनुष दिखाकर नहीं, उनके उपर्युक्त महान जीवन दर्शन को सामने रखकर होनी चाहिए।

दुनिया की तमाम जनजातियों में 'बुराई' और 'अच्छाई' की अपनी समझ है। उनमें चोरी-बेईमानी नहीं है। वे अपने अंतर्द्वंद्वों का मिल-बैठकर समाधान निकाल लेते हैं। उनमें सचाई, संयम और न्यायप्रियता है और आत्मसम्मान की भावना है। प्रेमचंद के 'गोदान' में रायसाहब, खन्ना, मालती वगैरह जब जंगल में शिकार और पिकनिक पर गए होते हैं, तो मालती एक आदिवासी कन्या को किसी काम के लिए कठोर आदेश के स्वर में कुछ बोलती है और तुरंत जवाब पाती है- 'मैं किसी की लौंडी नहीं हूँ'! शहरी मध्यवर्ग आदिवासियों को उपयोग की 'वस्तु' के रूप में देखने का अभ्यस्त रहा है। उपनिवेशवादी उन्हें असभ्य और बर्बर कहते थे, क्योंकि वे लालची नहीं थे, क्योंकि वे आत्मसमर्पण नहीं करते थे।

स्त्रियों और दलितों से आदिवासियों की स्थिति में एक बड़ा फर्क यह है कि सामान्यतः सैकड़ों साल से उत्पीड़न की शिकार स्त्रियों और दलितों के पास कोई स्वर्णिम अतीत नहीं है, जिसपर वे गर्व करें। लेकिन आदिवासियों के पास एक विलक्षण अतीत है, जिसपर वे गर्व कर सकते हैं। सबसे पहले तो आदिवासी जाति व्यवस्था को नहीं मानते। वे किसी भी तरह की वर्चस्व-कामना से मुक्त हैं।

आदिवासियों का जीवन शांतिपूर्ण और साहचर्यपूर्ण जीवन का दर्शन है। यह संपूर्ण पृथ्वी को अपना घर मानने का दर्शन है। यह मानववाद नहीं है जो स्वार्थ

से भरे मनुष्य को सृष्टि के केंद्र में देखता रहा है। मानववाद दुनिया में क्लाइमेट चेंज की समस्या के लिए मुख्य रूप से जिम्मेदार है। आदिवासी दर्शन मनुष्य को सृष्टि के केंद्र में नहीं रखता। उसके लिए पेड़-पौधों, नदियों-पहाड़ों, जीव-जंतुओं का भी उतना ही महत्व है जितना मनुष्य का।

इसपर भी सोचना जरूरी है कि आधुनिकीकरण में शामिल हो जाने वाले आदिवासियों ने उच्च सांस्कृतिक गुणों को खुद अपने जीवन में कितना बचाकर रखा है और वस्तुतः वे इन्हें कितना खो चुके हैं। वे शहरों-महानगरों की ओर बढ़ते हुए अपने जीवन के गुणों को बचाएं, यह उनके सामने एक बड़ी चुनौती है। इसपर भी विचार करने की जरूरत है कि जनजातीय-आत्मकेंद्रिकता की जगह भारत भर के आदिवासियों के बीच भाषागत भिन्नता के बावजूद साहित्यिक-सांस्कृतिक स्तर पर अंतरजनजातीय संबंध और संवाद कैसे विकसित हो। अंतरजनजातीय विवाह को भी प्रोत्साहन मिलना चाहिए। स्वायत्तता एक जरूरी चीज है, पर इसमें एक और चीज जोड़ लेनी चाहिए- सहयात्रा, अर्थात-स्वायत्तता के साथ सहयात्रा। यह भारतीयता की आत्मा है।

आदिवासियों के मौखिक वृत्तांतों में अनोखा प्रतिरोध है

मानव सभ्यता के इतिहास में सर्वत्र ही लोक की मौखिक परंपराओं से सामग्री लेकर क्लासिकल साहित्य रचा गया है। लोक परंपराओं से महाकाव्य में आना तथा महाकाव्य से पुनः लोकपरंपराओं में आना- दोनों घटनाएं महत्वपूर्ण हैं। देखा जा सकता है कि रामायण और महाभारत के कई कथा प्रसंगों के जनजातीय रूपभेद हैं, जो सत्ता विमर्श से असंतोष और प्रतिवाद के चिह्न हैं।

रामकथा का एक लोकप्रिय प्रसंग है कि आदिवासी स्त्री शबरी ने राम को अपने हाथ से बेर खाने को दिए और राम ने खाए। कोल जाति की एक लोककथा है कि राम ने शबरी के बेर खा लिए, पर लक्ष्मण ने खाने से इनकार कर दिया। फलस्वरूप कहीं से एक बाण आया और लक्ष्मण आहत हो गए। वे तब तक दर्द से कराहते रहे, जब तक उनका मन बदल नहीं गया और उन्होंने बेर खा नहीं लिया। यह सामाजिक भेदभाव के नजरिए का आदिवासियों द्वारा प्रतिवाद है।

राजस्थान के भीलों के महाभारत में एक ही नियति तक पहुंचतीं कुंती और गांधारी 'दो आत्माएं' हैं। उसमें कर्ण की महत्ता है। 16वीं सदी के एक मराठी

लोककवि कृष्णदास दाम्या ने द्रौपदी को 'आदिमाता' के रूप में उपस्थित किया है। कथा के अंत में द्रौपदी ही कृष्ण से कहती है, 'मांगो कृष्ण, जो चाहिए मांगो!' कृष्ण द्रौपदी के मातृरूप की स्तुति करते हैं। यह लोक का साहस है। ऐसे लोक आख्यानों में 'ताकतवर' द्वारा रौंदी गई भावनाओं का लघु ढांचे में पुनःसृजन है। इनमें जीवन की एक भिन्न परिभाषा है। ऐसे कई मौखिक कथारूपों में 'लोक', जिसका एक महत्वपूर्ण हिस्सा जनजातियां हैं, वस्तुतः अपने विशिष्ट नैतिक बोध के साथ-साथ अपने कलात्मक सामर्थ्य का भी प्रदर्शन करता रहा है।

आत्म-उन्मूलित आदिवासी

आज भारत में आदिवासियों को लेकर जो घटित हो रहा है, वह दुनिया के उन सभी देशों में हो रहा है जहां जनजातियों की बड़ी आबादी है। मामला सिर्फ इतना ही नहीं है कि खनिज और आणविक ऊर्जा उत्पादन, जंगली पशुओं के अभयारण्य 'सफारी' या पर्यटन स्थल या पर्यावरण संरक्षण के लिए जंगलों से बड़े पैमाने पर आदिवासियों को विस्थापित किया जा रहा है। इस समय उनकी कला-संस्कृति और उनके उच्च सांस्कृतिक गुणों पर भी बड़ा हमला है। यह मुक्त बाजार व्यवस्था और अंध-राष्ट्रवादी राजनीति दोनों तरफ से है। वे उत्तरोत्तर आत्म-उन्मूलित होकर अवसाद के मुंह में जा रहे हैं, साथ ही उनकी प्रतिरोधशीलता का तरह-तरह से बंध्याकरण हो रहा है।

कुछ एलीट आदिवासियों को छोड़ दें तो आम आदिवासियों का जीवन आर्थिक, पर्यावरणीय और शैक्षिक-सांस्कृतिक रूप से पहले से अधिक कठिन हुआ है। उन्हें वस्तुतः जिस प्राकृतिक पर्यावरण से जीवन की ऊर्जा मिलती थी, उससे विच्छिन्न करके उन्हें नियति के भरोसे छोड़ दिया गया है। 85 प्रतिशत आदिवासियों के सामने फिलहाल सबसे बड़ी चुनौती जिंदा रहने की है। उन्हें आश्वासन सिर्फ खैरात, राशन और इधर-उधर जल्दी खत्म हो जानेवाले छोटे-से मुआवजे का है!

अप्रैल 2022

स्त्रीवाद को एक मोड़ की जरूरत

ये कुछ समाचार हैं जिनसे स्त्री की दशाओं का बोध होता है :

- कोरोना महामारी के दौर में स्त्रियां सबसे ज्यादा बेरोजगारी और घरेलू हिंसा की शिकार हुईं।
- स्त्रियां मर्यादा न लांघें। मर्यादा का उल्लंघन होता है तो सीताहरण हो जाता है। अगर कोई स्त्री मर्यादा लांघती है तो उसे दंड मिलना तय है।
- सबरीमाला मंदिर में स्त्रियों के प्रवेश का स्त्रियों ने किया विरोध।
- रेप से पीड़ित एक लड़की का जबरदस्ती अंतिम संस्कार, बुलंदशहर में दुहराई गई हाथरस की घटना।
- छात्राओं द्वारा हिजाब पहन कर कक्षा करने की मांग।

समाज की विविध घटनाओं और स्त्री विमर्श के बीच फिलहाल क्या संबंध है, इसपर विचार करने का वक्त आ गया है। आखिरकार स्त्री क्या बोल रही है?

21वीं सदी का वर्तमान दौर बड़ी उथलपुथल से गुजर रहा है और एक नया पुरुषसत्तात्मक परिवेश बन रहा है। नया बदलाव स्त्री के चिंतन में किस तरह सुधार ला सकता है, स्त्रियों की अवमानना के कौन-से नए रूप हैं और वर्तमान चकाचौंध के बीच वस्तुतः उनकी आवाजें और स्वप्न क्या हैं, इन मुद्दों पर व्यापक चर्चा की जरूरत है।

स्त्री आंदोलनों का असर

1792 में ब्रिटिश लेखिका मेरी विलस्टोनक्राफ्ट ने पूछा था, 'क्या पुरुष उदारतापूर्वक हमारी बेड़ियां तोड़ देंगे और आज्ञाकारी गुलाम बनाकर रखने की

जगह हमारा बुद्धिपरक साथ चुनेंगे?' उस समय से स्त्री चिंतन के संसार में न जाने कितना पानी बह चुका है। स्त्रियां अतीत की न जाने कितनी दीवारें तोड़कर 21वीं सदी में पहुंची हैं, हालांकि अब भी दीवारों की कमी नहीं है।

19वीं सदी के भारतीय नवजागरण के दौर में स्त्री को कई सामाजिक कुप्रथाओं से आजादी मिली थी। सुधारकों ने स्त्री प्रश्न पर आंदोलन किए, कष्ट सहे। स्त्रियां शिक्षित होने लगीं। राजा रवि वर्मा (1848-1906) की एक पेंटिंग में एक संपन्न स्त्री लेटकर पुस्तक पढ़ रही है और एक सेविका उसे पंखा झल रही है! एक स्त्री पढ़ने वाली और एक स्त्री सेवा करने वाली। नवजागरण का असर आगे चलकर साधारण वर्गों तक पहुंचा और एक जागरूक नागरिक परिसर बना।

सुधार आंदोलनों का असर आज भी है। इसी कारण यदि कहीं दहेज को लेकर अत्याचार या यौन हिंसा होती है तो देश, थोड़ी देर के लिए ही सही, क्रुद्ध हो जाता है।

20वीं सदी के स्त्री आंदोलनों के साथ दुनिया के सभी देशों में स्त्रियों से सलूक में बदलाव आना शुरू हो गया। स्त्रियां राजनीतिक आंदोलनों में भाग लेने लगीं और अपने मत व्यक्त करने लगीं। अच्छी या आदर्श स्त्री की धारणा में परिवर्तन आया। स्त्रियों की स्वतंत्रता में वृद्धि हुई। हर वर्ग की स्त्रियों के अंदर समझ, आत्मविश्वास और साहस पैदा होने लगा, बल्कि स्त्री आंदोलनों ने बड़ी संख्या में पुरुषों को अपना हृदय टटोलने के लिए प्रेरित किया।

20वीं सदी के स्त्री आंदोलनों ने स्त्री-पुरुष बराबरी के तर्क को परिवार, समाज और कर्म संस्थानों में प्रतिष्ठित किया। पहले स्त्रियों का यौन उत्पीड़न या बलात्कार चुपचाप, प्रतिरोधहीन था। अब प्रतिरोध होने लगा। इस वजह से बलात्कार करके मार डालने की यौन हिंसा बढ़ गई।

स्त्री आंदोलन की परंपरा में एक मोड़ तब आया, जब 1980-90 के दशक से स्त्रीवाद का प्रचार शुरू हुआ। इसने साहित्य के क्षेत्र में श्रेष्ठ कृतियां दीं, जिनमें पितृसत्ता पर निर्मम प्रहार था। बड़ी संख्या में नई लेखिकाओं ने स्त्री यौनिकता की समस्याओं पर खुलकर चर्चा शुरू कर दी। हिंदी के विचार जगत में पश्चिमी स्त्रीवाद लोकप्रिय होने लगा। स्त्री प्रश्न पर किताबों और सेमिनारों की बाढ़ आ गई।

फिर भी यह देखा जाना है कि स्त्रीवाद एलीट स्त्री वर्गों से आगे बढ़कर आम स्त्रियों की चेतना को कितना छू पाया है और आमतौर पर स्त्री जीवन में वह क्या नया जोड़ सका है। 1980-90 के दशक से आज तक लगभग 40 वर्षों में, कहना न होगा कि स्त्री-सशक्तीकरण की घोषणाओं के बावजूद वैश्वीकरण के समानांतर धार्मिक कट्टरवाद और संरक्षणवाद बढ़ा है। इसका स्त्री मुक्ति की गति पर असर पड़ा है। स्त्री को फिर से धर्म, संस्कृति और पारिवारिक सम्मान के प्रतीक के रूप में खड़ा किया जा रहा है। उसे वंदना की वस्तु के रूप में देखकर पुरुष-सत्तात्मक बंधनों में जकड़े रखने की कोशिश हो रही है। स्त्री यौनिकता पर पुरुष के विशेषाधिकार को खुलकर स्वीकृति दी जा रही है। यह भी देखा जा सकता है कि स्त्रीवाद को लेकर किताबों और सेमिनारों में मुखर ज्यादातर स्त्रियां व्यावहारिक जीवन में रूढ़िवादी बनी रहती हैं।

स्त्रीवाद को व्यावसायिक सफलता मिली है। वह शैक्षिक दुनिया में प्रतिष्ठित है। इसके बावजूद, कहा जा सकता है कि वह एलीट बौद्धिकों के एक छोटे तबके को छोड़कर बृहत्तर समाज की प्रेरणा नहीं बन पाया है। इस स्थिति में स्त्री विमर्शकारों को विस्तृत आत्मनिरीक्षण और स्त्रीवादी पुनर्गठन की जरूरत महसूस हो सकती है।

स्त्री विमर्श के लिए अनुभववाद कारागार है

हिंदी में स्त्री विमर्श की आधारशिला राजेंद्र यादव ने रखी थी, ऐसा मानने वालों की कमी नहीं है, जबकि खुद राजेंद्र यादव का एक जगह कहना है, 'साहित्य में इस तरह का विमर्श कोई नई बात नहीं है। यह बहुत दिनों से चला आ रहा है। साहित्य हमेशा उन्हीं पक्षों की बात करता है जो दबे-कुचले, शोषित वर्ग हैं। साहित्य हमेशा उन्हीं लोगों की आवाज बनता है, जिनके पास आवाज नहीं ।' हालांकि यह मानते हुए भी उनके मन में प्रतिवाद की प्रगतिशील साहित्यिक परंपराओं के प्रति जबरदस्त नकारवाद था और नई कहानी के जमाने का व्यक्तिवाद जारी था। वे उस दौर की 'अनुभूति की प्रामाणिकता' और 'भोगा हुआ यथार्थ' की धारणाओं को ही स्त्री या दलित विमर्श में समुदायवादी जमीन दे रहे थे। उन धारणाओं के मिलन के बाद स्थापित किया गया कि स्त्री स्वानुभूति या दलित स्वानुभूति ही प्रामाणिक है, बाकी उपेक्षणीय है। दरअसल राजेंद्र यादव

नई कहानी के जमाने के 'व्यक्ति अनुभववाद' को 'सामुदायिक अनुभववाद' में बदल रहे थे। वे उस युग की 'वैयक्तिक सामाजिकता' की धारणा को नए ढांचे में पुन:प्रतिष्ठित कर रहे थे। स्व-अनुभववाद या सामुदायिक अनुभववाद वस्तुतः अनुभववाद का ही एक रूपभेद है।

1980 के दशक के आसपास शुलामिथ फायरस्टोन, जर्मेन ग्रीर, जुडिथ बटलर आदि लेखिकाओं की स्त्रीवादी कृतियां आ चुकी थीं। 1980 में दिल्ली में अखिल भारतीय महिला सम्मेलन का उद्घाटन इंदिरा गांधी ने किया था। महाराष्ट्र में दलित पैंथर्स (1972) का आंदोलन पहले शुरू हो चुका था और नामदेव ढसाल जैसे दलित कवि ('गोलपीठ', 1978) और अपनी आत्मकथा के साथ दया पवार ('बलुत', 1978) जैसे दलित लेखक उभर चुके थे। हिंदी क्षेत्र में कांशीराम ने 1984 में बहुजन समाज पार्टी की स्थापना करके दलितों के लिए उग्र राजनीतिक संघर्ष की शुरुआत कर दी थी। इन घटनाओं का असर साहित्य पर पड़ा था। राजेंद्र यादव ने 'हंस' (1986) में अपनी नई पारी शुरू की तो कुछ समय बाद ही इसे स्त्री और दलित विमर्शों का मंच बना दिया। वे अपनी आधुनिकतावादी मानसिकता के साथ इन विमर्शों को बढ़ा रहे थे। इसलिए नई कहानी की 'अनुभूति की प्रामाणिकता' और 'भोगा हुआ यथार्थ' ही 'स्व-अनुभववाद' में ढले। इसे 'स्वानुभूति' कहा गया। यह विमर्शों की शक्ति बनी और उनकी कठोर सीमा भी।

नई कहानी युग का भोगा हुआ यथार्थ सामुदायिक विमर्शों में इतने उग्र रूप में था कि उसके साथ 'इनसाइडर-आउटसाइडर' का सिद्धांत भी चलने लगा। स्त्री विमर्श में वे आउटसाइडर थे जो स्त्री नहीं थे। अर्थात इसमें दलित आउटसाइडर थे। दलित विमर्श में वह आउटसाइडर था जो दलित नहीं था। इसमें स्त्री भी आउटसाइडर थी। दोनों दायरों के लेखक राजेंद्र यादव से संवाद करते थे, पर आपस में जुड़े हुए नहीं थे। इस उत्तर-औपनिवेशिक विडंबना पर गौर करने की जरूरत है कि किसी भी सामुदायिक विमर्श में 'दूसरे' के इतिहास से मतलब नहीं है। किसी लेखक को 'दूसरे' के अनुभव से मतलब नहीं है, 'दूसरे' के उत्पीड़न और अशांति से मतलब नहीं है। वैश्वीकरण के युग में एक समुदाय के लिए दूसरा 'आउटसाइडर' है और लोगों का कोई साझा भविष्य नहीं है!

उल्लेखनीय है कि पश्चिम की कई स्त्रीवादियों ने नस्लवाद का विरोध करते हुए 'ब्लैक लिटरेचर' का समर्थन किया था। मराठी लेखकों ने प्रतिवाद की पुरानी

परंपराओं के प्रति उच्छेदवाद की जगह आलोचनात्मक सराहना का रुख रखा था। यह खुलापन हिंदी में नहीं था। हिंदी साहित्य के इतिहास को हिंदू साहित्य का इतिहास और पुरुषवादी साहित्य का इतिहास कहा जाने लगा था। भारतेंदु, प्रेमचंद, निराला आदि नकारे जाने लगे थे।

भारत में सामंतवाद ने कभी किसी का वैचारिक पीछा नहीं छोड़ा। हर आधुनिकता के साथ अतीत का रूढ़िवाद कुछ न कुछ चिपका रहा है। लोगों के मानस में धर्म, जाति, स्त्री-पुरुष को लेकर संकीर्ण धारणाएं वटवृक्ष की तरह मजबूत रही हैं। बुद्धिपरकता, समदृष्टि और मानवता की बातें अधिकतर हवा में रहीं। इस तरह लोकतंत्र भी धीरे-धीरे अधमरा होता गया। इसे लेकर सक्षम विरोध कम है, घड़ियाली आंसू ज्यादा है।

राजेंद्र यादव नई कहानी के दौर में प्रगतिशील परंपराओं के प्रति क्रिटिकल थे। वे वैयक्तिकता के पोषक थे। कहानी छोड़कर साहित्य की अन्य विधाओं के प्रति वे नकारवाद प्रदर्शित करते थे। उन्होंने कहानी को केंद्रीय विधा घोषित कर दिया मानो उपन्यास, कविता, नाटक, आलोचना आदि विधाएं कम महत्व की हों। जो किसी भाषा में नहीं हुआ, वह हिंदी में घटित हुआ था।

जब विभिन्न विमर्श उभरे, वे कई दबी हुई सचाइयों को सामने ले आए, लेकिन आगे बढ़कर अलोकतांत्रिक होते जा रहे 'राष्ट्र' से विभिन्न टकराहटों के बीच पुल बनाने की जगह वे अपना पृथक वृत्त बनाने लगे। इन घटनाओं ने सामुदायिक आधार पर लोगों को एक हद तक जागरूक बनाया, लेकिन संकीर्णताएं भी फैलीं, जिनसे सामाजिक साझापन को धक्का लगा। हिंदी साहित्य की महान परंपराओं के प्रति उग्र उच्छेदवाद फैला। इसने माहौल को प्रदूषित किया। क्या प्रेमचंद की कहानी 'कफन', प्रसाद की कहानी 'आकाशदीप', निराला की 'देवी' या निर्मल वर्मा की 'परिंदे' कहीं से पितृसत्तावादी है? उच्छेदवाद का गाज इनपर भी गिरा।

देखा गया कि हाशियों के बीच दीवारें उठ रही हैं, जबकि 'राष्ट्र' धृतराष्ट्र होकर अंध-राष्ट्रवाद की तरफ बढ़ रहा है। वह हाशियों को निगलने की तैयारी में है। धर्मांधता की राह से वह सफल होता गया। सबने देखा कि धार्मिक महाविमर्श अंततः लिंग और जाति-आधारित विमर्शों पर भारी पड़ा और उसका जमीनी प्रभाव कई तरह से फैला।

इसका यह अर्थ नहीं है कि हिंदी में स्त्री और दलित विमर्श ने जो साहित्य दिया, वह महत्वपूर्ण नहीं है। वह तात्पर्यपूर्ण है और एक बड़ी क्षतिपूर्ति है। इसने सामंती वर्चस्वों और बहिष्कारपरकता की प्रवृत्ति पर प्रहार किए।

जब तक समाज में आक्रामक सामंती वर्चस्व हैं, विमर्शों की एक भूमिका है। हालांकि हाशिए के विमर्शों के बीच पुल की जरूरत है। इसकी तरफ विमर्शकारों में न सिर्फ उदासीनता रही है, बल्कि उनमें जड़ इकहरापन भी रहा है। स्त्रियों को दलितों से मतलब नहीं रहा है। दलित आमतौर पर स्त्री प्रश्न पर चुप रहे हैं। नव-अनुभववाद के कारागार से बाहर न निकलने की वजह से विमर्शों का साहित्य धीरे-धीरे होमोजीनियस होता गया है, भले वह एकेडेमिक फैशन में बना रह गया हो और व्यावसायिक दृष्टि से सफल हो। इसपर ध्यान जाना चाहिए कि खंड-खंड अनुभववाद ने, मेरा सामुदायिक अनुभववाद-तेरा सामुदायिक अनुभववाद ने और इनसे जुड़े उत्तेजक कथनों ने अंततः सभी को बौद्धिक रूप से एकाकी किया। इसने 'एकमात्र मैं' की प्रवृत्ति को बढ़ावा दिया। जाहिर है, इन बुरी स्थितियों से सामाजिक-राजनीतिक प्रस्थान ही नहीं, साहित्यिक प्रस्थान भी जरूरी है।

विमर्श में खिड़कियां

20वीं सदी स्त्री के उद्धार से स्वतंत्रता की ओर, स्वतंत्रता से पहचान की ओर तथा पहचान से अधिकार के लिए संघर्ष की ओर बढ़ने की सदी रही है। यह सदी स्त्री के लिए खास अर्थ रखती है। इस सदी ने उसे रूढ़िवादी धार्मिक धारणाओं के बोझ से कितना मुक्त किया, उसके अधिकारों को कितना सुरक्षित किया और उसके भीतर कैसा सांस्कृतिक रूपांतरण घटित हुआ, इन सवालों पर विचार करना चाहिए।

20वीं सदी में विमर्श आए। देखा जा सकता है कि स्त्री-विमर्श ने स्त्री को 'वस्तु' से कितना 'मनुष्य' बनाया, व्यक्तिवादी से कितना बुद्धिपरक और सामाजिक बनाया, विमर्श सामान्यतः समाज में 'अन्य' का बोध कितना मिटा पाया और वह जीवन में सुधार ला पाया।

भारत में विमर्शों का जोर सामुदायिक प्रतिनिधित्व पर है। इसलिए उनका सीमित लक्ष्य है तात्कालिक फायदा, सभी पर जीत और संभव हो तो प्रति-वर्चस्व। राजेंद्र

यादव ने 'स्व-अनुभववाद' के प्रचार द्वारा इसकी जो वैयक्तिक समुदायवादी सीमाएं सुनिश्चित कर दी थीं, हिंदी में कोई विमर्श उन सीमाओं से बाहर नहीं निकल पाया। उसमें खिड़कियां नहीं बन सकीं। इसका नतीजा है कि 21वीं सदी में वह विश्वबाजार तथा धार्मिक कट्टरवाद की नई चुनौतियों का सामना नहीं कर पा रहा है। दोनों के यथार्थ इन विमर्शों में अनुपस्थित हैं।

दूसरे देशों में स्त्री-विमर्श इतना इकहरा नहीं रहा है, जितना भारत में। फेमिनिज्म से भिन्न 'वीमेनिज्म' की एक धारणा अफ्रीकी तथा अफ्रीकी मूल की अमरीकी नारीवादियों ने प्रस्तुत की थी। वे काली अस्मिता को समान रूप से महत्व देने के उद्देश्य से वस्तुतः श्वेत स्त्रीवादियों से एक अलग जमीन से बोल रही थीं। उनके सामने पितृसत्ता के अलावा नस्लवादी विद्वेष भी एक चुनौती के रूप में मौजूद था। इस वजह से काली स्त्रियां काले पुरुषों को उत्पीड़ित नहीं मानती थीं और उन्हें सहयात्री के रूप में देखती थीं। उन्होंने स्थानीय संदर्भ में न सिर्फ पितृसत्ता के विरोध और पुरुष के विरोध के बीच फर्क किया, बल्कि स्त्री-विमर्श को यौनिकता की समस्या या देह-केंद्रित सोच से बाहर निकालते हुए गरीबी, कुपोषण, नस्लवाद, सामाजिक भेदभाव, परिवार और उदात्त सांस्कृतिक परंपराओं को भी अपनी विषयवस्तु में शामिल किया।

'वीमेनिज्म' की एक प्रमुख प्रवक्ता एलिस वाकर का उपन्यास 'द कलर पर्पल' इस दृष्टि से काफी चर्चित हुआ था। उन्होंने स्त्री को पृथकतावादी नजरिए से न देखकर 'जनता की संपूर्णता' में देखा था। उनकी सूची में प्रेम था, संगीत था, नृत्य था, लोक साहित्य था और चांद भी था!

हिंदी स्त्री-विमर्श की सीमाएं

सदियों से स्त्री का मौन उसकी अलिखित किताब की जिल्द रहा है। उसके मौन का विस्फोट स्त्री-विमर्श के रूप में आया। इसके साथ यह समझने की जरूरत है कि हिंदी के स्त्री-विमर्श को सामुदायिक पृथकतावाद ने किस तरह सीमित किया। इसने गरीबी ही नहीं सांप्रदायिकता तथा 'सौंदर्य उद्योग' समेत पूरे बाजारवाद के संदर्भ में स्त्री के मुंह पर पट्टी बांध दी। भारत में स्त्री-विमर्श ने ब्लैक नारीवादियों की तरह स्थानीय स्थितियों के अनुरूप अपना शत्रु और संगी नहीं चुना। कई बार वह श्वेत स्त्रीवाद का मंत्रोच्चार होकर रह गया और यौनिकता की समस्या के आसपास घूमता रहा। उसका निशाना एकांगी मर्दवाद था।

हिंदी में स्त्री–विमर्श की एक सीमा यह है कि पश्चिमी और अफ्रीकी स्त्रीवादियों के बीच जिस तरह से तीखी बहस चली है, हिंदी स्त्रीवादियों के बीच वैसी बहस देखने को नहीं मिलती। वे कभी एक–दूसरे से मिलकर संवाद करतीं या साथ आंदोलनरत नहीं देखी जातीं। दूसरे देशों की स्त्रीवादियों ने वर्ग, नस्ल, श्वेत विशेषाधिकार, विवाह, यौनिकता, 'पॉप फेमिनिज्म' के प्रश्नों पर बहसें की हैं। उन्होंने साथ मिलकर स्त्री के वस्तुकरण और लैंगिक हिंसा का सक्रिय विरोध किया है।

एक साहित्यिक दृश्य यह है कि हिंदी की कई लेखिकाएं अपने को स्त्रीवादी नहीं मानतीं। वे आधुनिकता के दुख–सुख से गुजरते हुए संरक्षणवाद में विश्राम करती हैं और 'नारीसुलभ' पर जोर देती हैं। ये स्त्री लेखन का दूसरा छोर बनाती हैं, जहां बहुत–सी सामाजिक समस्याओं से बचा जाता है। ऐसी लेखिकाओं के लिए धर्मोन्माद का विरोध और मुश्किल है। इनकी आदर्शवादी पहुंच 'एलजीबीटी' में सिर्फ थर्ड जेंडर तक है। ऐसी लेखिकाओं की भी अब कमी नहीं है जो स्त्रियों को धर्म रक्षक बता रही हैं– स्त्रियां हैं तो धर्म है! वे नया मौसम देखकर धार्मिक स्त्रीवाद की तरफ झुक गई हैं। वे लैंगिक विभेद को प्राकृतिक मानती हैं, पितृसत्ता को समस्या के रूप में नहीं देखतीं। कई स्त्री रचनाकार जड़ सांस्कृतिक आदर्शवाद का रास्ता चुनती हैं।

यह भी बहुतों को चिंताजनक लग सकता है कि भारत की एलीट स्त्रीवादियों ने सामान्यतः न इसपर ध्यान दिया कि वे किसानों से कैसा संबंध रखें, सौ दिन की रोजगार–गारंटी में लगी स्त्रियों से कैसा संबंध रखें, दलितों से कैसा संबंध रखें और न इसपर ध्यान दिया कि वे धर्म, पर्व–त्योहार, सांस्कृतिक अतीत और साहित्यिक परंपराओं के बारे में किस तरह आत्मीय ढंग से आलोचनात्मक हों कि आम स्त्रियों से भी अपने को कनेक्ट कर सकें। स्त्रीवादियों में ऐसी कई हैं जो धार्मिक कट्टरवाद और बाजारवाद के बारे में सोचने से बचती हैं। ऐसी लेखिकाओं के लिए पितृसत्ता एकदम सरल रेखा जैसी कोई चीज है।

हर नया बौद्धिक आंदोलन 'प्रचलित' और 'प्रचारित' से विद्रोह है। लेकिन भारत में स्त्रीवाद का सामान्य हाल यह है कि वह 'प्रचलित' और 'प्रचारित' व्याख्याओं से बाहर नहीं निकल सका। स्त्री चेतना पर संरक्षणवाद और उपभोक्तावाद के छा जाने के कारण उसमें विपर्यय आया है।

आज की हालत है, भारतीय समाज पर स्त्री-विमर्श और स्त्रीवाद का कोई असर नहीं है। स्त्रियां सामान्यतः धार्मिक अंधविश्वास और पश्चिमी सभ्यता के बीच सैंडविच बनी हुई हैं। उनमें पर्याप्त बहनचारा नहीं है। वे झूठ की टकसाल में सच खोजती हैं। एकबार फिर धर्म का राजतंत्र आया है और सांप्रदायिक तनावों ने संरक्षणवाद को मजबूत किया है। धार्मिक कट्टरवाद ने आज अंधविश्वास को भी मानवाधिकार बना दिया है। काफी पढ़ी-लिखी स्त्रियां इसके पक्ष में हैं। अपनी दृष्टि में सुधार न करके स्त्रियों से कहा जाता है- यह पहनो, यह न पहनो। कहने का आशय है कि स्त्री की स्वतंत्रता और अब तक के अर्जित अधिकार भी अब गहरे संकट में हैं। जगह-जगह फिर लाठियां दिखने लगी हैं, स्वनियुक्त सांस्कृतिक अभिभावक सड़कों पर हैं।

आज स्त्री-स्त्री के बीच काफी दूरियां हैं। उनके बीच हमेशा एक-दूसरे की शिकायतें हैं। दरअसल जब वे निर्भय होकर किसी मजबूत सत्ता से शिकायत करने की हिम्मत ला देंगी और अन्याय सहना बंद कर देंगी, तभी उनके बीच दूरियां मिटेंगी।

5जी के जमाने में भी करोड़ों पत्नियां उम्र में करीब होने पर भी अपने पति को 'तुम' नहीं कह सकतीं, मुंह से पति का नाम लेना दूर की बात है। पुरुष का स्त्री से आम व्यवहार बार-बार उसे यह बताता रहता है कि वह स्त्री है। इस तरह काफी स्त्रियां पितृसत्तात्मक आत्मकैद से निकलने के बारे में सोच भी नहीं पातीं।

स्त्री पक्ष की कैसी बुरी दशा है, इसे विवाह समारोह के एक उदाहरण से समझा जा सकता है। अब हर जाति में वर पक्ष के लोग पुराने क्षत्रियों की तरह बारात में पगड़ी पहन कर आते हैं, जबकि वधू पक्ष में सामान्यतः पगड़ी नहीं दिखती, मानो वह हारकर आत्मसमर्पण करने के लिए खड़ा हो!

क्या स्त्री आंदोलन अब एक स्मृति है

स्त्रीवाद साहित्यिक-एकेडेमिक चर्चा में रहने के बावजूद उस तरह सामाजिक आंदोलन नहीं बन पाया है, जिस तरह कभी 19वीं-20वीं सदी का सुधार आंदोलन या पहली लहर का नारी आंदोलन था। क्या संपूर्ण स्त्री आंदोलन ही अब एक स्मृति है? कई स्त्रीवादी संगठन हैं जो घरेलू हिंसा, सांप्रदायिकता और

धार्मिक पुरुषसत्ता पर मुखर नहीं हैं, जबकि ये समस्याएं विकराल होती जा रही हैं। स्त्रीवाद से सांप्रदायिकता शब्द ही जैसे निष्कासित है, जबकि इसका बुरा फल सबसे ज्यादा स्त्रियों को भुगतना पड़ता है। स्त्रियों से संबंधित प्रायः सभी संगठन सामान्य एनजीओ में सीमित होकर रह गए हैं- अनुदान लो, कार्यशाला या सेमिनार करो और कुछ को थोड़ी राहत थमा दो। ऐसे संगठन के लोगों में कुछ अच्छा खो देने का अफसोस शायद ही बचा हो। सबसे भयावह है प्रतिवाद का 'सेलिब्रेशन' हो जाना!

अंतरराष्ट्रीय महिला दिवस पर कोई महादेवी वर्मा को याद नहीं करता, जबकि उनका जन्म मार्च महीने में ही हुआ था। भारत में कृतघ्नताओं का एक सिलसिला है। अमेरिका में हाल में ब्लैक स्त्रीवादी माया एंजेलो के नाम पर सिक्का बना। क्या वर्तमान माहौल में महादेवी वर्मा या महाश्वेता देवी के नाम पर स्त्रियों के आंदोलन का सम्मान करनेवाले बड़े स्मारक नगरों में बन सकते हैं?

दरअसल भारत में कोई कट्टरवादी व्यक्ति सामाजिक मुद्दों पर स्त्रियों को प्रतिवाद करते हुए देखना नहीं चाहता, इन्हें राजनीतिक रैलियों में भले शामिल करता रहे। उसे लगता है, प्रतिरोध की राह चुनकर स्त्री अपना जीवन बरबाद करती है। कट्टरवादियों की हार्दिक आकांक्षा है, स्त्रियां हमेशा लक्ष्मण रेखा के भीतर रहें!

मीडिया, बाजार और पॉप-फेमिनिज्म

आज स्त्रियों, खासकर करोड़ों युवतियों के मन और आचरण पर स्त्रीवादी विचारों की जगह पॉप-फेमिनिज्म का असर ज्यादा है। पॉप-फेमिनिज्म स्त्रीवाद को दौलत, सौंदर्य की ताकत, सत्ता और सुखवाद का पर्याय बना देता है। इन दिनों धार्मिक अंधविश्वास और पॉप-फेमिनिज्म की जुगलबंदी सफल हो रही है। धार्मिक अंधविश्वासों के बारे में ज्यादा बताने की जरूरत नहीं है कि किस तरह मीडिया और बाजार इन्हें फैलाने में लगे हैं। मीडिया और बाजार पॉप-फेमिनिज्म के बड़े प्रचारक हैं। इन्होंने स्त्री सौंदर्य की शक्ति का जमकर उपयोग किया है। वे युवतियों को 'फन गर्ल' बना देना चाहते हैं। उनका उद्देश्य पॉप-फेमिनिज्म के जरिए पितृसत्ता, धर्म के राजतंत्र और दूसरी अन्यायपूर्ण सत्ताओं को मजबूत बनाना ही हो सकता है। उन्हें स्त्री स्वाधीनता के मूल्यों से कोई मतलब नहीं है।

स्त्री विमर्शकार और स्त्रीवादी लेखिकाएं सोशल मीडिया का इस्तेमाल करती हैं। यह आज के समय में एक बड़ा मंच है। यह स्त्रीवाद को कितनी जीवनीशक्ति दे रहा है और इसे वस्तुतः वास्तविक सामाजिक सक्रियता से कितनी दूर कर दे रहा है, इसपर विचार किया जाना चाहिए। जब उत्तेजनापूर्ण बातों के अलावा कुछ भी गंभीर पढ़ने-सुनने की प्रवृत्ति का काफी ह्रास हो चुका है, यौन उत्पीड़न से संबंधित 'मी टू' (2017) जैसी चीजें ही सोशल मीडिया पर स्त्रीवाद के चिह्न हैं। हालांकि निर्भया कांड (2012) के समय सोशल मीडिया ने एक गौरवमय भूमिका निभाई थी और हिंसक बलात्कार के विरुद्ध बिखरे जन-आक्रोश को जोड़ा था। ऐसा कभी-कभी होता है।

यह भी लक्षित किया जा सकता है कि सोशल मीडिया पर पुरुषसत्ता के विरुद्ध किसी स्त्री द्वारा विद्रोही बात करने पर किस तरह धार्मिक संरक्षणवाद की भौंहें तन जाती हैं। ऐसी लेखिकाओं का हिंसक ट्रोल होता है, कट्टरवादी उनके पीछे पड़ जाते हैं!

बिग मीडिया के विभिन्न मंचों पर स्त्रीवाद अब एक स्वादिष्ट चीज है। न्यूज चैनेल में कुछ स्त्री एंकर पॉप-फेमिनिज्म की सटीक उदाहरण हैं। 'आज तक' की भड़कदार रूप में आती एंकर का आक्रामक समाचार वाचन हो, विद्या बालन अभिनीत 'कहानी' (2012), रानी मुखर्जी अभिनीत 'मर्दानी' (2014) जैसी फिल्में हों या 'अगले साल छोरा' कहकर अभी-अभी जन्मी कन्या भ्रूण की चीख दिखाने वाली 'लाडो' (2009-18) जैसी टीवी सीरियल हो, ये सभी स्त्री के जरिए आक्रामक मर्दवाद परोसने के मामले हैं। इनमें हिंसा भरी रही है। आधुनिक फैशन में डूबी कंगना रणौत की स्त्री चेतना से झांकती नग्न धार्मिक पुरुषसत्ता भी एक नमूना है। चिंताजनक है, इन सबको व्यापक जन समर्थन है।

मीडिया में एक तरफ धार्मिक विद्वेष का व्यापक प्रचार है, तो दूसरी तरफ फैशन परेड, ज्वेलरी-कास्मेटिक्स के प्रचार और नई लहर के पॉप गानों में कामुकता का उत्सव है। टिकटाक जैसे ब्रांड और यूट्यूब के मुक्त संसार के ऐसे करोड़ों छोटे-छोटे वीडियो हैं जो पॉप-फेमिनिज्म का प्रचार करते हैं। ये स्त्री का वस्तुकरण करते हैं। मनोरंजन उद्योग की दुनिया में कई पॉप स्टार स्त्रीवादी हैं। ऐसी स्त्रियां एक बड़ी प्रभाव क्षमता के साथ स्त्री चेतना को मिटाने का काम करती हैं। यह सब बाजार-पोषित अदृश्य पुरुषसत्ता की निर्मिति हैं जो लगभग दो सौ सालों के स्त्री आंदोलन

की चेतना को ध्वस्त करने में लगी हैं। चिंताजनक यह है कि इन चीजों पर साहित्यिक-एकेडेमिक स्त्रीवाद लगभग मौन है।

फिर भी निराला के शब्द लेकर कहें तो, 'अभी न होगा मेरा अंत'! यह आज स्त्री चेतना की एक घायल आवाज है।

कभी अकेले में मुक्ति नहीं मिलती यदि वह है तो सबके साथ है

मुख्य सवाल है, क्या पितृसत्ता कोई निरपेक्ष शक्ति है? क्या राष्ट्र के अवमाननावादी चरित्र की पड़ताल पितृसत्ता की पुरानी व्याख्याओं के आधार पर की जा सकती है? यदि हम यह नहीं जान पाते कि पुरुषसत्ता को खुराक और मजबूती किन चीजों से मिलती है और उसके 'वैरिएंट' क्या हैं तो पितृसत्ता से लड़ नहीं सकते। दरअसल हाशिए के अलग-अलग एकाकी कोण से लड़ना हमेशा केंद्रवाद और वर्चस्वों को मजबूत करता है, वह अंततः सत्ता की निरंकुश राजनीति का भोज्य पदार्थ बन जाता है।

भारत में मुक्त बाजार के बरअक्स समाज में कई 'हम' और 'वे' बना दिए गए हैं। 'हम' से नए-नए 'वे' निकल रहे हैं, 'हम' सिकुड़ रहा है। मनुष्य की अस्मिता एक रणभूमि में बदल गई है। अचानक कब कौन कहां 'दूसरा' के रूप में देखा जाने लगेगा और हिंसा का शिकार होगा, कहना मुश्किल है। सर्वत्र असुरक्षा और अशांति है। सभी असुरक्षित हैं, लेकिन विमर्शवादी दिखाते हैं कि सिर्फ उनका समुदाय असुरक्षित है। ऊपर से बढ़ती हुई आर्थिक विषमता है, जो ईंधन का काम करती है।

इधर स्थानीयतावाद में भी उग्रता आ गई है, 'बाहरी' की धारणा स्थापित हो रही है। दलित अलग बोल रहे हैं, पिछड़े अलग हैं। किसान अलग बोल रहे हैं, मजदूर अलग हैं। हर तरफ खंड-खंड विमर्श है। मनुष्य की पीड़ाओं में शिविरबंदी है। मुक्तिबोध ने कहा था, 'अब तो रस्ते ही रस्ते हैं/मुक्ति के राजदूत सस्ते हैं!'

इस संदर्भ में स्त्रियां एक बड़ी भूमिका इस अर्थ में निभा सकती हैं कि वे सभी समुदायों में हैं, हर जगह हैं और हर परिवार में हैं। वे कई तरह से पीड़ित हैं। इसलिए उन्हें अपनी पीड़ा को विस्तार देने की, 'सभी दूसरों' की पीड़ा को समझने की जरूरत महसूस हो सकती है। इस राह में सबसे बड़ी बाधा है नव-अनुभववाद।

इससे निकलकर ही अपनी समवेदना को विस्तार देना और एक बड़ी लड़ाई संभव है। स्त्रियां आधी दुनिया हैं और वे चाहें तो पूरी दुनिया को बदल सकती हैं।

स्त्रीवाद स्त्री चेतना की आखिरी मंजिल नहीं है

21वीं सदी के वर्तमान दौर में दमन, संघर्ष और स्वतंत्रता के नए रूपों को समझना जरूरी है। संभवतः नई स्थितियां स्त्रीवाद के पुराने अतिवादी और सीमित रूपों से बाहर आने की मांग करें और अधिक यथार्थपरक होकर सोचने का ऐतिहासिक दबाव बनाएं। दरअसल पुरुषसत्ता स्थिर मामला नहीं है, वह रूप बदलती है। वह प्रभुत्व के लिए व्यापारिक गठबंधन करती है और तरह-तरह से संस्कृति की खाल ओढ़ती है। वह सार्वभौम रूप से धर्म को उपभोग और उपभोग को धर्म बना देने में प्रवीण है। ऐसे में स्त्री चेतना पुरानी स्त्रीवादी लफ्फाजी और चौहद्दी में फँसी नहीं रह सकती और न दमनात्मक धार्मिक संरक्षणवाद को स्वीकार कर सकती है।

स्त्रीवाद स्त्री चेतना की आखिरी मंजिल नहीं है। स्त्री चेतना को सिर्फ देह का नहीं, एक जुझारू और समावेशी उदार मन का मामला भी होना चाहिए। इसलिए स्त्रीवाद को एक मोड़ की जरूरत है।

मार्च 2022

दलित चिंतन में ऊंचाई

क्या देश के दलित आंदोलन और विमर्श में एक ठहराव है? हिंदी क्षेत्र में दलित आंदोलन कभी जोर नहीं पकड़ सका और साहित्यिक विमर्श एक विलंबित मामला है। फिलहाल लगता है कि उसमें फुले, अंबेडकर और दलित पैंथर्स के दौर की न ऊंचाइयां बन पा रही हैं और न अर्थवान तीखापन है। बुद्ध, तिरुवल्लुवर, बसवण्णा, कबीर, गुरुग्रंथसाहिब, फुले, अंबेडकर की परंपराएं जैसे ठहर गई हैं। यह वैश्वीकरण के दौर में नव-आर्थिक वर्गारोहण और धार्मिक पुनरुत्थानवाद के दबाव का नतीजा हो सकता है। यह एक जटिल समय की किंकर्तव्यविमूढ़ता हो सकती है। यह भी संभव है कि छोटी-छोटी घृणाओं को एक बड़ी घृणा ने निगल लिया हो। घृणा के उत्सव में अंततः यही होता है, विचारों की दुनिया में तर्क पर उत्तेजनात्मक बातें भारी पड़ जाती हैं। अंततः सबसे अधिक घृणा करनेवाला, सबसे बड़ा अतार्किक ही दिग्विजयी होता है।

किसी समय दलित विचारों के संसार में शिक्षा के असर से अंधविश्वासों और निर्बुद्धिपरकताओं के उन्मूलन पर जोर था, जीवन की कृत्रिमताओं और खुदगर्जी से मुक्ति की बेचैनी थी और दलित स्त्री की मुक्ति का प्रश्न भी प्रधान था। उसमें राष्ट्रीय सामंजस्य के लिए भी 'स्पेस' था, क्योंकि सामंती अत्याचारों के अलावा साम्राज्यवाद को लेकर भी प्रश्न थे। अब शिक्षा है, पर उसका व्यापक असर नहीं है। इसलिए दलित चिंतन में नए द्वार नहीं खुल पा रहे हैं, बल्कि अधिकाधिक आत्मसंकुचन है। दलित आवाज का होमोजीनियस होते जाना भी एक चिंताजनक मामला है।

फिर भी यदि कोई बड़ा सच है तो वह है अवमानना की आग भी। इसमें भारत के दलित हजारों साल से जलते रहे हैं और आज भी जल रहे हैं। वे आज भी

अत्याचारों की दुनिया से बाहर नहीं लाए जा सके हैं। उनके जीवन में जितना भी आधुनिकीकरण का प्रवेश हुआ हो या नए अवसर सुलभ हुए हों, आम दलित अब भी बेहाल हैं।

डूबते का तिनके का सहारा ढूंढते-ढूंढते मगरमच्छ पकड़ लेना

सामाजिक न्याय एक बड़ी अवधारणा है। सामाजिक न्याय के लिए लड़ाई का अर्थ विलंबित न्याय हासिल करने के अलावा जाति प्रथा, धार्मिक कट्टरता और बहुराष्ट्रीय व्यापारिक साम्राज्यवाद के विरोध तक जाता है। सामाजिक न्याय का एक रूप सभी मनुष्यों के प्रति प्रेम है। यह राजनीतिक मोलभाव, प्रति-घृणा और चंद व्यक्तियों की महत्वाकांक्षाओं में बंद चीज नहीं है। सामाजिक सौहार्द बढ़ाने की जगह हर पांच साल पर जाति-समीकरण बदल लेना सामाजिक न्याय नहीं है। कई बार डूबते हुए लोग तिनके का सहारा ढूंढते-ढूंढते मगरमच्छ पकड़ लेते हैं!

एक तरह से देखा जाए तो दलितों का आंदोलन फिर सैकड़ों साल पीछे चला गया है। इससे निश्चय ही एलीटवर्गीय दलितों को कोई फर्क नहीं पड़ता। लेकिन हाल की अनगिनत घटनाओं से साफ है कि आम दलितों और दलित स्त्रियों की दशा पहले से ज्यादा बुरी हुई है, क्योंकि गरम बातें काफी नहीं हैं। कई बार सिर्फ अपने समुदाय के लिए लड़ना अनजाने ही अपने विरुद्ध लड़ना हो जाता है। बल्कि अपने लोगों के अलावा बाकी को 'दूसरा' समझने की प्रवृत्ति औपनिवेशिक परियोजना की सफलता है। इधर 'अछूत' की एक नई विपदजनक कैटेगरी बनी है- जो 'दूसरा' या 'असहमत' है, वह अछूत है!

इन दिनों अपने को दलितों का हितचिंतक साबित करने की राजनीतिक होड़ में भी कमी नहीं है। दलित के घर भव्य कारवां के साथ पहुंचकर बना-बनाया भोजन करना फैशन में है। यह नहीं माना जा सकता कि इससे सामाजिक दूरियां मिट जाएंगी।

फिर भी आज प्रेमी युगल हैं जो मुसीबतें उठाकर जाति तोड़ रहे हैं, अन्यथा जाति आज सर्वव्यापक रूप से स्वार्थप्रेरित तात्कालिक राजनीति का हथियार है। इतने बिगड़े माहौल में दलित युवा आज भी एक बड़ी आशा हैं। काफी

विद्यार्थी हैं जो रूढ़ियों से बाहर निकलकर अपने और अपने देश के भविष्य को लेकर चिंतित हैं। ऐसे शांतिप्रिय और प्रगतिकामी व्यक्तियों की कमी नहीं है, जो धर्मों और जातियों के छाते को बड़े-छोटे अपराधियों के राजनीतिक शरणस्थल के रूप में देख रहे हैं। नव-उदारीकरण के इस दौर को भी समझने की कोशिश की जा रही है, जिसमें आरक्षण के अवसर सीमित हो चुके हैं। एक तरह से सभी चिंतनशील शांतिप्रिय लोग उद्विग्न हैं, किंकर्तव्यविमूढ़ता में भी बचने की राहें खोजते हुए।

शायद बहुत-से बुद्धिजीवी अब ऐसे इकहरे मूल्यांकनों से बाहर निकल रहे हैं कि दलितों की मुक्ति सिर्फ हिंदू धर्म की मौत में है। कांचा इलैया (पोस्ट-हिंदू इंडिया) को सोचना चाहिए, धर्म इस तरह नहीं मरा करते। इसलिए बाकी धर्मों की निर्बुद्धिपरकताओं पर चुप रहते हुए सिर्फ हिंदू धर्म की मौत की कल्पना करने से ज्यादा अर्थपूर्ण है सांप्रदायिक कट्टरताओं, कूपमंडूकता और उत्तर-सत्य से लड़ना।

ज्योतिबा फुले और किसान

हम पहले के कुछ दलित चिंतकों के विचारों, आंदोलनों और विद्रोहों में तीखेपन के अलावा उनके व्यापक मानव मन की छवियां देख सकते हैं। ज्योतिबा फुले (1827-1890) ने देश में दलितों पर हो रहे अत्याचारों के खिलाफ सबसे पहले असरदार आवाज उठाई थी। उन्होंने दलितों की समस्या पर केंद्रित पुस्तक 'गुलामगिरी' के अलावा एक अन्य किताब भी लिखी-'किसानों का कोड़ा'। इसमें 'दलित' की कैटेगरी का अतिक्रमण कर उन्होंने किसानों की समस्याओं को भी प्रधानता दी थी। उन्होंने कहा था, 'जिनकी मेहनत पर सरकारी फौजी लवाजमा, गोला-बारूद, गोरे कर्मचारियों की हद से ज्यादा ऐयाशी और काले सरकारी कर्मचारियों को हद से ज्यादा वेतन, पेंशन और दान-दक्षिणा मिलती है, उन कृषकों को क्या पान-बीड़ी का भी सम्मान न मिलना चाहिए? भैया, जो सभी देशवासियों के सुख के आधार हैं, उनके इतने बुरे हाल हैं!'

देखा जा सकता है कि फुले को किसानों और पूरे देश की चिंता है। वे फौजी लवाजमा वाले अंग्रेजी साम्राज्यवाद के प्रति भी क्रिटिकल हैं और 'ऐयाशी' पर आधारित कृत्रिम जीवन पर आक्रमण करते हैं। क्या आज के किसी दलित

नेता ने बहुराष्ट्रीय कंपनियों की लूट और एक खास वर्ग की 'ऐयाशी' पर कभी कठोर टिप्पणी की? मुक्त बाजार द्वारा दिखाए जा रहे स्वप्न आदमियत के कत्लगाह हैं, क्या उन्हें कभी ऐसा लगा? अपनी ऐयाशी को अवसर मानना, यह ज्योतिबा फुले या सावित्री बाई की दलित चेतना में नहीं था।

ज्योतिबा फुले ने अपने आंदोलन में ब्राह्मण-प्रभुत्ववाद के विरोध और दलित मुद्दे को प्रधानता देते हुए 'किसान' जैसी एक बड़ी कैटेगरी को महत्व दिया था, जो आज के लिए भी एक सबक है। इसके अलावा, वे महाराष्ट्र के सुधार आंदोलन की सामान्य लहरों से कटे हुए नहीं थे। वे सामुदायिक 'विशिष्टता' के साथ सर्वभारतीय 'सामान्य मुद्दों' से भी रिश्ता रखते थे। यह तथ्य कम महत्वपूर्ण नहीं है कि महाराष्ट्र के उच्च जातियों के सुधारकों ने स्त्री को अपने आंदोलन के केंद्र में रखने के बावजूद, लड़कियों के लिए पहला स्कूल (1848) सावित्री बाई फुले ने खोला था, जो आज बुरी दशा में है।

हम फुले के पास क्यों नहीं आते?

हंटर कमीशन के सामने अपने बयान में ज्योतिबा फुले ने एक ब्राह्मण सुधारक विष्णुशास्त्री चिपलूणकर द्वारा खोले गए स्कूल के लिए बेहिचक सरकारी अनुदान की सिफारिश की, 'कई निजी विद्यालय ऐसे हैं जिन्हें सरकारी अनुदान दिया जा सकता है। वे सक्षम रूप से सेवा दे सकते हैं'। इसके अलावा, वे उपर्युक्त बयान में औपनिवेशिक शिक्षा की आलोचना करते हैं, 'सरकारी हाई स्कूलों में दी जा रही शिक्षा का स्वरूप बिलकुल उपयोगी नहीं है और न ही सामान्य जीवन की जरूरतों के लिए वह जरूरी है। वह महज क्लर्क और स्कूल शिक्षक बनाने के लिए है।... शिक्षण के लिए निर्धारित पाठ्यक्रम में ऐसे व्यावहारिक पक्ष नहीं हैं जो छात्रों के भविष्य, उनके स्वतंत्र ढंग के जीवनयापन के लिए उपयोगी हों।' जाहिर है, उनकी चिंता सिर्फ दलितों के हित तक सीमित नहीं है। उनके दृष्टिकोण को वर्तमान स्थितियों में लागू करते हुए देखा जा सकता है कि आज की शिक्षा भी व्यावहारिक स्तर पर कितनी सीमित है। यह नौजवानों को कॉल सेंटर जैसी जगहों पर बड़ी कंपनियों का सूचना- मालवाहक बनने से आगे बढ़ने नहीं दे रही है। यह बौद्धिक-सांस्कृतिक उन्नति की तरफ तो अग्रसर कर ही नहीं रही है।

फुले अंग्रेजी राज में सारे शिक्षित नौजवानों की बेकारी को लेकर चिंता व्यक्त करते हैं, 'शोर मचा हुआ है कि बाजार में ऐसे शिक्षित व्यक्तियों की संख्या बढ़ गई है जिन्हें वेतनवाली नौकरियां नहीं मिल रही हैं।'(वही)। फुले 'बेकार शिक्षित नौजवान' की एक नई श्रेणी सामने लाते हैं, जिससे दलित चेतना का समानुभूतिपूर्ण संबंध है।

फुले विधवा पुनर्विवाह के समर्थन तथा बाल विवाह के विरोध में भी थे। एक ब्राह्मण विधवा काशीबाई को फुसला कर गर्भवती बना दिया गया। उसने बच्चा जनने के बाद लोक लज्जावश अपनी संतान को मार डाला। इसपर उसे सजा हुई। वह स्त्री ब्राह्मण थी, यह देखकर फुले चुप नहीं रह गए। वे क्षुब्ध हुए, 'मैं अंग्रेजी शासन से निवेदन करता हूँ कि वह कठोर वैदिक विधान से विधवाओं को मुक्त कराए।... किसी भी बाई को इन अभागी ब्राह्मण विधवाओं का मुंडन करने की अनुमति न हो। अगर विधवाओं को पुनर्विवाह का अधिकार न हो तो विधुरों को क्यों हो?' उन्होंने जघन्य पितृसत्तात्मक व्यवस्था पर भी समान रूप से चोट की। आज आमतौर पर जो जाति व्यवस्था पर आक्रमण में स्पेशलिस्ट है, वह पितृसत्ता पर चुप रहता है और जो पितृसत्ता पर आक्रमण में स्पेशलिस्ट है, वह जाति व्यवस्था पर मौन धारण किए रहता है। यह एकांगी साहस है, जो उग्रता के बावजूद अंततः अकेला करता है।

फुले की दलित चेतना का नैतिक पहलू कम महत्वपूर्ण नहीं है। उन्होंने 'सत्य शोधक समाज' बनाया था और 1889 में सत्य आचरण के 33 सूत्र दिए थे। इनमें कहा गया है कि अंधविश्वास, अन्याय, निम्न जाति के लोगों का अनादर, हिंसा, चोरी, झूठ, मतभिन्नता के कारण दूसरे की हानि, विद्रोही विचारों का दमन, आत्मप्रदर्शन, दूसरों में फूट डालने आदि प्रवृत्तियों को छोड़ना ही सत्य मार्ग पर चलना है। फुले ने कहा, 'जो किसी भी प्रकार चोरी नहीं करता और भ्रष्ट व्यक्तियों की मदद नहीं करता, उसे सत्य मार्ग पर चलनेवाला मानना चाहिए।' निश्चय ही दलित आंदोलन का क्षेत्र उस युग से आज काफी व्यापक हुआ है, उसकी मात्रा में वृद्धि हुई है। पहले से अधिक दलित शिक्षित हैं, पर क्या वे पहले से अधिक सचेतन भी हैं?

दलितों के प्रवक्ताओं को आत्मनिरीक्षण की जरूरत महसूस होनी चाहिए कि दलितों के भीतर का सामाजिक स्तरभेद कितना मिटा है, धार्मिक कूपमंडूकता

से संघर्ष किस स्तर पर है, सारी पिछड़ी और निम्न कही जानेवाली जातियों की एकता 'दलित' श्रेणी में कितनी मूर्त हुई है और दलित नेताओं ने फुले का 'सत्य मार्ग' कितना अपनाया है। निराला ने कहा था, 'धोबी, पासी, चमार, तेली/ खोलेंगे अंधेरे का ताला/ एक पाठ पढ़ेंगे टाट बिछाओ।' वह पाठ साम्राज्यवाद-सामंतवाद के विरोध का था।

पेरियार ई.वी.रामास्वामी का दृष्टिकोण

भारत में एक खास उद्देश्य से अंग्रेजों ने जो जनसर्वेक्षण (1871) शुरू कराया था, उसमें जाति की कठोरता स्थापित करने के साथ नस्लीय दृष्टिकोण प्रधान होता गया था। स्कॉटिश मूल के भाषाशास्त्री राबर्ट काल्डवेल (1814-91) के प्रति तमिल लोगों के मन में बड़ा आदर है। उनकी एक बड़ी मूर्ति चेन्नई के मरीना तट पर है। उन्होंने तमिल भाषा के लिए काफी काम किया ही था, यूरोपीय नृवैज्ञानिकों के प्रचार में आकर 'द्रविड़ नस्ल' का सिद्धांत भी प्रतिपादित किया था। द्रविड़ अलगाववाद की जमीन तैयार करते हुए वे आर्यों और तमिल ब्राह्मणों को विदेशी कहते थे और द्रविड़ों को उत्तर भारत से अलग करके देखते थे।

आर्य-द्रविड़ नस्लीय विभाजन पैदा करने में फ्रेंच नृवैज्ञानिकों-जोसेफ आर्थर गोबिने (1816-82) और पाल टोपिनार्ड (1830-1911) के अलावा पहले जन सर्वेक्षण (1871) के अधिकारी हर्बट रिस्ले की महत्वपूर्ण भूमिका थी। इन सबका ही औपनिवेशिक असर है कि 20वीं सदी में रावण, महिषासुर, नरकासुर आदि को मिथक समझने की जगह द्रविड़ मामले से जोड़ते हुए 'ऐतिहासिक नायक' बनाने की परंपरा स्थापित हुई। अन्यथा प्राचीन तमिल साहित्य में ये नायक नहीं थे, दलित माने जानेवाले तमिल कवियों के प्राचीन लेखन में भी नहीं।

काल्डवेल के नस्लीय औपनिवेशिक सिद्धांतों को विकसित करके पेरियार ई.वी. रामास्वामी (1879-1973) ने द्रविड़ आंदोलन की शुरुआत की। इनका ब्राह्मणवाद और वैदिक परंपरा के साथ-साथ उत्तर भारत से विरोध था। दरअसल तमिलनाडु प्रांत में बड़े जमींदार ब्राह्मण थे। वे निम्न जातियों पर जिस किस्म के अत्याचार करते थे, उससे राबर्ट काल्डवेल और पेरियार ई.वी.

रामास्वामी को 'विदेशी ब्राह्मण' की धारणा और समग्रतः उत्तर भारत के विरोध को सामाजिक आधार देने में आसानी हुई।

उल्लेखनीय है कि अंबेडकर आर्य-आक्रमण के नस्लीय सिद्धांत को नहीं मानते थे। इस मामले में वे पेरियार से असहमत थे। यह भी देखा जा सकता है कि पेरियार रामास्वामी के 'द्रविड़नाडु' की धारणा को आंध्र प्रदेश, कर्नाटक और केरल ने अपनी स्वतंत्र जातीय चेतना के कारण स्वीकार नहीं किया। उनके प्रमुख शिष्य अन्ना दुरै ने भी 1962 के बाद पेरियार से अपना रास्ता अलग कर लिया। एक तथ्य यह है कि पेरियार के द्रविड़ आंदोलन के बावजूद हिंदू देवी-देवताओं में विश्वास, बल्कि कई मामलों में घनघोर अंधविश्वास किसी अन्य राज्य से तमिलनाडु में ज्यादा है, हालांकि सांप्रदायिकता न्यूनतम है।

पेरियार रामास्वामी ने 'द्रविड़नाडु' की विचारधारा के तहत आत्मसम्मान आंदोलन चलाया था, जिससे तमिल लोग बड़े पैमाने पर पुरोहितवाद के प्रपंच से बाहर निकल पाए थे। इसके अलावा, उन्होंने अपने दलित आंदोलन के भीतर एक बड़ा स्वप्न रचा था, 'नई दुनिया में किसी को चोरी करने की जरूरत नहीं पड़ेगी। सभी के पास आवश्यकता की वस्तुएं प्रचुर मात्रा में होंगी। न कोई किसी की हत्या करने का विचार अपने दिमाग में लाएगा। दुर्व्यसन समाप्त हो जाएंगे। किसी को आर्थिक बर्बादी झेलनी नहीं पड़ेगी। आत्मसम्मान से भरे समाज में कोई भी दूसरे पर शासन नहीं कर पाएगा। ऐसे समाज में जीवन और सेक्स संबंधों को लेकर लोगों का दृष्टिकोण उदार और मानवीय होगा। स्त्री-पुरुष दोनों एक-दूसरे की भावना का सम्मान करेंगे। स्त्री की दासता के लिए कोई जगह नहीं होगी।' इन विचारों से पेरियार अपनी उदारवादी विश्वदृष्टि का निर्माण करते हैं, जैसा उस युग के चिंतनशील व्यक्ति किसी न किसी जमीन पर जरूर सोचते थे।

ई.वी. रामास्वामी आक्रोश में कहते हैं, 'उस ईश्वर को नष्ट कर दो जो तुम्हें शूद्र कहता है।' यदि अन्य कई धर्मों के ईश्वर बचे हों तो अकेले हिंदू धर्म का ईश्वर कैसे नष्ट हो सकता था! धर्मग्रंथों को भी जला देने भर से निर्बुद्धिपरक मानसिकता बदल नहीं सकती थी। दरअसल एक तरह की निर्बुद्धिपरकता का दूसरी तरह की निर्बुद्धिपरकता खड़ी करके सामना नहीं किया जा सकता, क्योंकि तब एक तीसरी तरह की निर्बुद्धिपरकता का रास्ता खुल जाता है!

केरल के दलित आंदोलन की खूबियां

केरल को धार्मिक पागलखाना कहा गया था। इस प्रदेश में दमनमूलक जाति व्यवस्था कम मजबूत नहीं थी। निम्न जाति के लिए मुख्य तर्क भाग्यवाद था। फिर भी इस प्रदेश में अनोखे ढंग के दलित आंदोलन चले। उनका उद्देश्य वस्तुतः भाग्यवाद में विश्वास को बदल डालना रहा है। केरल में नंबूदिरी ब्राह्मण-वर्चस्व को दी गई चुनौतियों में देखा जा सकता है कि उनमें प्राचीन भारतीय परंपराओं से पूर्ण विच्छेद नहीं है। दरअसल भारत की स्थानीय विशिष्टताओं के अनुसार दलित जागरण की विविधता को समझने की जरूरत है।

उदाहरण के तौर पर नारायण गुरु एझवा जाति के थे, जिनका पेशा ताड़ी निकालना है। केरल ताड़ और नारियल के वृक्षों से पहचाना जाता है। नारायण गुरु (1854-1928) ने एक अलग शिव मंदिर की स्थापना की और नदी से एक पत्थर लाकर शिवलिंग की स्थापना कर दी। इसपर ब्राह्मणों द्वारा विरोध होने पर उन्होंने जवाब देते हुए कहा- 'ये एझवा लोगों के शिव हैं, आपके नहीं!' उनकी प्रधान शिक्षा है, 'मनुष्य के लिए एक जाति, एक धर्म और एक ईश्वरवाला सनातन धार्मिक दृष्टिकोण ही हमारा धर्म है।' उन्होंने 1916 में जोर देकर कहा था, 'मनुष्य-निर्मित जाति विभाजन का कोई महत्व नहीं है। वह दूषित है, उसका कोई मूल्य नहीं है। उसे मिटा देना चाहिए।... किसी के भी धार्मिक विचारों में हस्तक्षेप नहीं करना चाहिए।... किसी को यह कहने का हक नहीं है कि मेरा धर्म सत्य है और बाकी धर्म असत्य हैं। सभी धर्मों में सत्य का अंश है।' उन्होंने यह भी कहा, 'आवश्यक है तो छोटा मंदिर बनाएं। अब स्कूल ही प्रमुख देवालय हों।' उनका दलित आंदोलन रचनात्मक, शैक्षिक और सामाजिक कामों से जुड़ा हुआ था।

नारायण गुरु ने 1924 में ब्राह्मणों के नियम तोड़ते हुए वायकोम के शिव मंदिर के रास्ते पर चलकर सत्याग्रह किया। इसकी वजह से शराब पिए हुए सवर्णों ने उनपर हमला कर दिया। इस सत्याग्रह के संदर्भ में नारायण गुरु और गांधी के बीच संवाद हुआ था। यह आंदोलन भीतरघात, सवर्णों के बल प्रयोग और अंग्रेजों की चालाकी भरी उदासीनता के कारण कुचल दिया गया। गांधी

को भी नंबूदिरी ब्राह्मणों द्वारा अपमानित होना पड़ा। उन्हें टकराव की भयंकरता को देखकर पीछे हटना पड़ा। मंदिर प्रवेश 1934 में संभव हो पाया। वायकोम सत्याग्रह की व्याख्या कई तरह से की जाती है।

त्रावणकोर राज्य में निम्न जातियों की स्त्रियों को कमर के ऊपर वस्त्र पहनने और वक्ष ढकने की मनाही थी। नग्न वक्ष उच्च जातियों के प्रति सम्मान प्रदर्शन का चिह्न था। वक्ष ढकने के लिए राज्य के राजा को टैक्स देना पड़ता था। ऐसी क्रूरता हिंदी प्रदेशों में नहीं थी। दलितों ने संघर्ष किया तो 1859 में स्त्रियों को वक्ष ढकने की अनुमति दी गई। दरअसल दलितों को कुछ भी संघर्ष किए बिना नहीं मिला, भले धीरे-धीरे कई विवेकवान सवर्ण उनके आत्मसम्मान और अधिकारों के समर्थक होते गए। हालांकि आगे चलकर शॉर्ट कट रास्ता अपनाते हुए दलित 'प्रतीक' बना दिए गए, बस एक या दो व्यक्तियों को ऊंचे पद पर बैठा दो!

केरल में जाति विभाजन का वीभत्स रूप रहा है। फिर भी ब्राह्मणों के दंभ और विशेषाधिकारों को तरह-तरह से चुनौती दी गई है। इस प्रदेश में हर दीगर जाति के लोगों के लिए नियम बने हुए थे कि किस जाति के लोगों को ब्राह्मणों से कितने फुट की दूरी पर रहना चाहिए। 1893 में अय्यनकलि उच्च जाति के लोगों जैसे कपड़े पहन कर अपनी बैलगाड़ी लेकर उन सड़कों पर निकल पड़े, जिनपर निम्न जातियों के लोगों के आने की मनाही थी। ऊंची जातियों के लोगों ने रोकने की कोशिश की, पर वे सफल नहीं हुए। इस सफलता से निम्न जातियों के लोगों में आत्मविश्वास पैदा हुआ। अय्यनकलि ने लोकगीतों और नाटकों के जरिए दलित स्वाभिमान और सामाजिक बराबरी का प्रचार किया था।

निम्न जाति के बच्चों के पढ़ने पर पाबंदी थी। अय्यनकलि ने कहा, 'यदि आप हमारे बच्चों को स्कूल में पढ़ने नहीं देंगे तो आगे से कोई भी आपके खेतों में काम नहीं करेगा और वहां घास उगेगी।' 1913 में खेतिहर मजदूरों की हड़ताल को नेतृत्व देने के कारण वे ट्रेड यूनियन आंदोलन के जनक के रूप में भी देखे जाते हैं। यह दलित आंदोलन और श्रमिक आंदोलन में संबंध का उदाहरण है।

1937 में जब गांधी केरल के दौरे पर गए, वे अय्यनकलि से बैंगलोर में मिले। गांधी ने उनसे कहा, 'हम दोनों आजादी के लिए लड़ रहे हैं।' अय्यनकलि

ने कहा, 'मैं आपके प्रेम को भूल नहीं सकता।' गांधी ने उनसे पूछा, 'आपको और क्या चाहिए?' अय्यनकलि ने जवाब दिया, 'मैं चाहता हूँ कि मरने से पहले दलित जातियों में कम से कम दस ग्रेजुएट देख सकूँ।' इस बातचीत से इसका बोध होता ही है कि 'राष्ट्रीय आंदोलन' और उसके 'हाशिए' के बीच संवाद था। इसका भी पता चलता है कि उस काल के दलित व्यक्तियों के स्वप्नों, इच्छाशक्ति और संघर्ष में कितनी व्यापकता थी। वे समझ रहे थे कि किसी एक जाति या समुदाय में होने का अर्थ दूसरी जाति या समुदाय के लोगों से स्वार्थपूर्ण या शत्रुतापूर्ण संबंध रखना नहीं है। वे कठिन मौकों पर चुप रह जानेवाले या अवसरवादी होकर रास्ता बदलते रहनेवाले नहीं थे।

दलित जागरण के दौर में, महाराष्ट्र और दक्षिण भारत के राज्यों सहित पूरे देश में जिन भेदभाव-विरोधी संगठनों या संस्थाओं का निर्माण हुआ, वहां आगे चलकर जड़ता आ गई। कोई नई चेतना जब अपनी प्रखर गतिशीलता खोकर गुड़ की ढेली समान बन जाती है तो वह मोटी-चमकीली मक्खियों का बसेरा हो जाती है।

अंबेडकर के बाद दलित चिंतनशीलता के नए दरवाजे नहीं खुल पाए। सत्ता संघर्षों में तात्कालिक फायदे के लिए 'भिन्नता' का उग्र महिमामंडन प्रधान हो गया। पुरानी धार्मिक रूढ़ियों और सामाजिक दीवारों को तोड़ने की मूल भावना पृष्ठभूमि में चली गई। ऊपर से कइयों के सुख, आराम और विलासितापूर्ण जीवन ने उनके बड़े लक्ष्यों को धुंधला कर दिया। पेट गुड़गुड़ाने पर आम आदमी भी सोचता है कि उसने पिछले दिन क्या खाया था। बौद्धिक दुनिया में ऐसे आत्मनिरीक्षण की मति कमजोर हो गई। सबसे बड़ा अभाव हिंदी क्षेत्र के नेतृत्व से आदर्श उदाहरणों की कमी है।

देखा जा सकता है कि पिछले दशकों में राष्ट्रीयता, लोकतंत्र, वामपंथ और सामाजिक न्याय के आदर्श सिकुड़ते गए हैं। आधुनिकता का संबंध दृष्टि से नहीं रह गया है, सिर्फ फैशन से है। इसलिए सवाल खड़ा होता है कि जाति, धर्म, प्रांतीयतावाद आदि को लेकर संकीर्णताओं के खिलाफ जो संघर्ष 19वीं सदी और 20वीं सदी के पूर्वार्ध में चले थे, क्या उनसे लोकतांत्रिक चेतना-संपन्न दलों का संबंध जरा भी बना रह सका है?

सत्ता में लंबे-लंबे समय तक रहते हुए स्वातंत्र्योत्तर उदारवादियों ने जाति और

धर्म-संबंधी रूढ़ियों को सचमुच कितना तोड़ा? क्या उन्होंने सांस्कृतिक सुधारों को आगे बढ़ाया और क्या वे अपनी व्यक्तिगत पसंद-नापसंद से ऊपर उठ सके? क्या उन्होंने अपने जीवन में सादगी और नैतिकता का परिचय दिया, जैसा कभी दलित आंदोलनकारियों के साथ-साथ पुराने दौर के उदार राष्ट्रवादियों और वामपंथियों ने दिया था?

नतीजा यह हुआ कि आधुनिकीकरण के भौतिकवादी-सुखवादी प्रवेश के लिए तो सभी बंद दरवाजे टूट गए, लेकिन उसके बुद्धिपरक मानवीय प्रसार को रोकने के लिए लौह दीवारें बन गईं!

दुनिया का बदलना अभी रुका नहीं है

देखा जा सकता है कि रवींद्रनाथ, प्रेमचंद और गांधी के दौर से ही जाति और धार्मिक समुदाय पर आधारित राष्ट्रवाद के विरोध का एक अटूट सिलसिला रहा है। यह भी साफ है कि आम जनमानस में बड़े पैमाने पर मौजूद जातिवाद, धार्मिक रूढ़ियों और सामंती निरंकुशता को आजादी के बाद दूर करने का सचेत रूप से व्यापक प्रयास नहीं किया गया, बल्कि उन्हें पाला-पोसा गया।

यह भी देखा जा सकता है कि एलीट बुद्धिजीवियों ने प्राचीन और नवजागरणकालीन सांस्कृतिक विरासत के प्रति उच्छेदवादी दृष्टिकोण का परिचय दिया। जबकि इस देश के उच्च सांस्कृतिक आदर्शों और महान साहित्य पर सकारात्मक चर्चा करके भेदभाव बढ़ानेवाले निर्बुद्धिपरक संस्कारों और विश्वासों को कमजोर किया जा सकता था। दरअसल अपने हजारों साल के इतिहास और संस्कृति से आलोचनात्मक साझापन न रखना और उच्छेदवादी उग्रता दिखाना भूमंडलीकरण के दौर में कुछ अधिक निस्सहाय कर सकता है।

भारत की बहुलतापरक संस्कृति में श्रेष्ठता के काफी तत्व हैं। उन्हें अब भी खोजकर उपयोग में लाया जा सकता है। लेकिन आज दलितों पर अत्याचार को लेकर चिंता, सांस्कृतिक सुधारों और भारतीय एकता के प्रयत्नों की जगह महज चुनावी समीकरण के जरिए निजी शक्ति वृद्धि तक सीमित है। हर तरफ कलह बढ़ रहा है। देखा जाए तो आमतौर पर भारत के नेता ही भारतीय जनता की एकता और सांस्कृतिक सुधार के रास्ते में सबसे बड़ी बाधा हैं। इसलिए चिंता होती है कि पता नहीं अतीत के प्रेत आधुनिकतम औजार लेकर अब

और कैसे-कैसे संकट लाएंगे, मनुष्य की विवशता किस हद तक बढ़ती जाएगी और हमारे नेता कब सुधरेंगे।

अंबेडकर ने यह भी कहा था, 'हम ब्राह्मणों के विरुद्ध नहीं हैं। हमारा आक्रमण ब्राह्मणवाद पर है। हमें ब्राह्मणवाद-ग्रस्त ब्राह्मणेतर आदमी दूर प्रतीत होता है और ब्राह्मणवाद रहित ब्राह्मण नजदीक लगता है।' वे देखते थे कि सभी जातियों में आजादी, समता और बंधुत्व का अभाव है। कहते थे, 'पहले भारतीय आखिर में भारतीय और भारतीयता से परे कुछ नहीं चाहिए।' (संपूर्ण वाङ्मय, खंड-39)। अंबेडकर ने दलित आंदोलन में पुरानी रूढ़ियों और संस्कारों के विरोध के साथ सभी किस्म के भेदभावों का विरोध किया था। ऊपर के कथन से यह भी स्पष्ट है कि उनके चिंतन में 'कॉमन प्लेस' की धारणा मौजूद है, क्योंकि सवर्ण हों या दलित- वे बदलना शुरू कर चुके थे। कैसी विडंबना है कि आज मार्केट प्लेस के बाहर कुछ भी 'कॉमन' नहीं है!

कहना न होगा कि वर्तमान विद्वेष, खाइयों और घृणा-आधारित हिंसा के माहौल में बाजार के बाहर भी 'कॉमन प्लेस' की जरूरत है, जहां असहमत लोग भी साथ रह सकें। वे संवाद कर सकें और एक-दूसरे को शत्रु न समझें। ऐसा कॉमन प्लेस बनाने की जिम्मेदारी सबसे अधिक उनपर है जो विविध तरह से उत्पीड़ित हैं।

यह देखना महत्वपूर्ण है कि हमारे पास क्या चीजें ज्यादा हैं- अतीत की बुरी स्मृतियां या भविष्य के बड़े स्वप्न। इसी पर निर्भर करेगा कि भारत के भावी इतिहास में अंधेरा है या उजाला। इस समय न वैश्वीकरण एक जाति और एक धर्म को लेकर चल सकता है और न लोकतंत्र एक जाति और एक धर्म को लेकर चल सकता है। इस तथ्य को ध्यान में रखना चाहिए कि दुनिया का बदलना अभी रुका नहीं है। इसलिए पुरानी खाइयां और जंजीरें अंतिम सत्य नहीं हैं।

अप्रैल 2021

अंबेडकर को पढ़ते हुए

1933 में 'हंस' के एक मुखपृष्ठ पर अंबेडकर की तस्वीर देकर प्रेमचंद ने टिप्पणी की थी, 'आपने अनेक कष्ट झेलकर तथा सतत प्रयत्नशील रहकर बाधाओं पर विजय प्राप्त की थी और अपनी विद्वत्ता से यह प्रमाणित कर दिया कि तथाकथित अछूतों को भगवान ने किसी असामान्य तत्व से नहीं बनाया। आप विश्वविख्यात महापुरुषों में से एक हैं।' यह राष्ट्रीय स्वाधीनता आंदोलन के समर्थक एक महान हिंदी कथाकार का अंबेडकर के प्रति सम्मान है। यह अंबेडकर के विचारों की व्यापक स्वीकृति का भी उदाहरण है। प्रेमचंद मानते थे कि राष्ट्रवाद की परियोजना सामाजिक क्रांति के बिना अधूरी है। उन्हें राष्ट्र और हाशिए के बीच संवाद जरूरी लगा था, खुद उनका लेखन यही था।

अंबेडकर (1891-1965) ने एक जगह अपने बारे में लिखा है, 'मैं एक महाड़ महिला के पेट से पैदा हुआ हूँ। गरीबी के बारे में कहूं तो आज जो गरीबों में गरीब छात्र हैं, उनसे अलग स्थिति मेरी नहीं थी।... बंबई में डेवलपमेंट डिपार्टमेंट की एक चाल के दस बाय दस के कमरे में माता-पिता और भाई-बहनों के साथ रहकर एक पैसे के मिट्टी के तेल के दिये की रोशनी में मैंने पढ़ाई की है।' (बाबासाहेब अंबेडकर का संपूर्ण वाङ्मय, खंड 39, 1938 का एक भाषण) उन्होंने शुरू में छोटी-मोटी नौकरियां कीं, अपमान सहे, फिर बड़ौदा नरेश के सहयोग से उच्च शिक्षा के लिए अमेरिका और इंग्लैंड गए। उन्होंने लौटकर फुले, अय्यनकलि, पेरियार रामास्वामी आदि के आंदोलनों की परंपरा में दलित आंदोलन की एक संगठित वैचारिक जमीन तैयार की।

जाति का विनाश

अंबेडकर के नेतृत्व में महाड़ आंदोलन (1927) ने महाराष्ट्र में पहली बार दलितों को संगठित संघर्ष का रास्ता दिखाया था। उन्होंने चवदार तालाब से पानी

लेकर विषमतापूर्ण जाति व्यवस्था को चुनौती दी थी। 20वीं सदी में शिक्षित दलित अब राष्ट्रवाद के प्रतीक्षालय में बैठे रहने और 'साम्राज्यवाद-विरोधी लड़ाई खत्म होने तक अपने दुखों को सीने से लगाए रखकर मुसीबतों को सहते रहने' के लिए तैयार नहीं थे। अंबेडकर को शिक्षित होने के बावजूद अपने व्यक्तिगत जीवन में छुआछूत की कड़वी पीड़ा सहनी पड़ी थी।

वे सुधार को एक बड़े परिप्रेक्ष्य में देखते हुए कहते हैं, 'सत्य यह है कि सामाजिक सुधार के बिना सच्ची राष्ट्रीयता का उदय संभव नहीं है।' (जाति का विनाश)। उन्होंने वर्ण व्यवस्था को श्रम व्यवस्था मानने से इनकार कर दिया। उनके संपूर्ण जीवन की केंद्रीय चिंता जाति का विनाश है। यह नवजागरणकालीन सामाजिक सुधार को सामाजिक क्रांति के स्तर पर ले जाना है। उन्होंने अपना मशहूर लेख 'जाति का विनाश' आर्य समाज से जुड़े 'जाति पांति तोड़क मंडल' के लाहौर अधिवेशन में पढ़ने के लिए लिखा था, लेकिन इसकी अंतर्वस्तु की विद्रोहात्मकता को देखकर मंडल ने अपना आमंत्रण वापस ले लिया था।

विडंबना का वर्तमान

देखा जा सकता है कि 20वीं सदी के अंतिम दो दशकों से बी.आर.अंबेडकर की राजनीतिक स्वीकृति तेजी से बढ़ी है और सर्वव्यापी हुई है। संविधान बनने के समय अंबेडकर जब हिंदू कोड बिल का सुधार करके हिंदुओं के अंतरजातीय विवाह, स्त्रियों के पति से संबंधविच्छेद के समान अधिकार और संपत्ति में स्त्रियों के अधिकार को कानून बना रहे थे, धार्मिक कट्टरवादियों ने उस समय प्रचंड विरोध किया था। उनकी परंपरा में पले-बढ़े लोग आज अंबेडकर पर फूलमालाएं चढ़ा रहे हैं। अंबेडकर इसलिए भी कइयों को अचानक अनुकूल लगने लगे कि उन्होंने अपने सेकुलर रुझान के कारण समान नागरिक कानून का समर्थन किया था।

कहना मुश्किल है कि इधर अंबेडकर के सबके लिए श्रद्धेय होने को एक नई संभावना के रूप में देखा जाए या विडंबना के रूप में। अंबेडकर का सर्वस्वीकृत हो उठने का निश्चय ही यह अर्थ नहीं है कि अब जाति का विनाश या सामाजिक क्रांति नजदीक है, क्योंकि यह तो दरअसल अब पहले से ज्यादा कठिन है। यह भी चिंताजनक है कि अंबेडकर के विभिन्न वैचारिक पहलुओं को सामने लाने की उत्सुकता अब बहुत कम बची है। वे एक 'चिह्न' या पूजा की वस्तु बना दिए गए हैं।

अंबेडकर के व्यक्तित्व और सोच का निर्माण एक जटिल समय में हुआ था। वर्तमान दौर में वे दलित आंदोलन और जाति उत्पीड़न के खिलाफ लड़ाई के एक प्रभावशाली प्रतीक हैं। इसलिए वैश्वीकरण और निजीकरण के दौर में उनके विचारों को 'अस्मिता की राजनीति' से अधिक बड़े रैशनल परिप्रेक्ष्य में समझने की जरूरत महसूस हो सकती है, क्योंकि उदारीकरण के जमाने में ही मानवजाति अनुदारता के एक भीषण मोड़ पर खड़ी है।

अस्मिता की राजनीति की खूबी है कि यह एक स्थिर निशाना और स्थिर पहचान देती है, साथ ही पहचान का एक एलीट वृत्त बना लेती है। अस्मितावाद एक खास वर्चस्व को छोड़कर दूसरी समस्याओं की ओर देखने नहीं देता। यह किसी भी अभाव, वंचना और पीड़ा का वास्तविक समाधान नहीं है, यह आज से पहले कभी इतना स्पष्ट नहीं हुआ था। इसने व्यक्तिगत रूप से कुछ को सीढ़ी जरूर दे दी, पर समाज ऊपर नहीं उठा। इसने सिर्फ आत्मतुष्ट मध्यवर्ग का दायरा थोड़ा बढ़ा दिया, 'मैं सुखी तो जग सुखी!'

अंबेडकर का आंदोलन अस्मिता की राजनीति की जगह दलितों के अधिकारों का आंदोलन था। आज उसे कई बार 'अस्मिता की राजनीति' में सीमाबद्ध कर दिया जाता है और नहीं देखा जाता कि यदि कुछ गिने-चुने समर्थ व्यक्तियों को सीढ़ी मिली भी है तो भूमंडलीकरण के युग में अधिकांश लोगों को सांप मिले हैं। इन सांपों ने बहुत लोगों को वस्तुतः नीचे सरका दिया है। साधारण मध्यवर्ग बुरे हाल में है। अस्मिता की राजनीति को लूडो के सीढ़ी-सांप के खेल की तरह देखने की जरूरत है।

धर्म, नैतिकता और जातीयता के सवाल

अंबेडकर धर्म को भेदभाव, पाखंड तथा हिंसा से मुक्त एक उच्च जमीन पर देखते हैं। वे कहते हैं, 'आजकल के युवाओं में धर्म के प्रति उदासीनता है।' आगे यह भी कहते हैं, 'धर्म अफीम है। लेकिन मुझमें जो भी अच्छी बातें हैं और मेरी शिक्षा का जनता के लिए जो उपयोग हुआ है, वह सब मेरे अंदर बसी धार्मिक भावना के कारण ही हुआ है। मैं धर्म चाहता हूँ, धर्म का ढोंग नहीं चाहता।' (वही, खंड 39, 1938 का भाषण)। वे हिंदू धर्म को नरक इसलिए कहते थे कि यह ढोंग से भर गया था। यह इसका संकेत है कि नवजागरण के दौर वाली धार्मिक सुधारवादी

भूमिका अंबेडकर के समय में बनी हुई थी। उन्होंने विद्यार्थियों और युवाओं के चरित्र में पांच गुण देखने चाहे थे- विद्या, बुद्धि (अंधविश्वासों को समझनेवाली प्रज्ञा), करुणा, शील और मैत्री। वे बुद्ध, कबीर और फुले को अपना गुरु मानते थे। इसपर सोचने की जरूरत है कि आगे चलकर दलित आंदोलन ने उपर्युक्त जरूरी गुणों और उन महान व्यक्तियों के जीवन आदर्शों पर कितना जोर दिया।

अंबेडकर शिक्षा का महत्व बताते हुए साफ कर देते हैं, 'शिक्षा से जातिवाद नष्ट हो जाएगा, इसकी कोई गारंटी नहीं है।' (वही, खंड-40, 1956 का भाषण)। वे कहते हैं, ''शिक्षा से अधिक शील को महत्व दें। साथ ही, अपनी शिक्षा का प्रयोग दीन-दुखी जनता के उद्धार के लिए न करके यदि केवल 'अपनी नौकरी भली-अपना परिवार भला' की भावना के साथ करेंगे तो समाज को आपकी शिक्षा से लाभ ही क्या?'' (वही, खंड 39, 1938)। जाहिर है, वे दलित आंदोलन में ज्योतिबा फुले के 'सत्य मार्ग' की जरूरत नए ढंग से बता रहे थे। उनका मानना था, 'शील और सौजन्य के अभाव में शिक्षित व्यक्ति हिंस्र पशु से भी क्रूर और डरावना होता है।' (वही)। निश्चय ही वे यह बात सिर्फ ब्राह्मणों के संदर्भ में नहीं कह रहे होंगे।

नवजागरण का एक लक्षण है ज्ञान को महत्व देना, यह बात अंबेडकर में है। वे कहते हैं, 'उपाधियां ज्ञान नहीं होतीं। विश्वविद्यालय की उपाधियों और बुद्धिमत्ता का कोई आपसी ताल्लुक नहीं है।' (वही)। उनके ज्ञान का अर्थ व्यापक है।

अंबेडकर नवजागरण काल के व्यक्तियों की तारीफ में एक भाषण में कहते हैं, 'पहले हिंदुस्तान के राजनीतिक नेतृत्व की धुरी दादाभाई, रानाडे, तिलक, आगरकर, गोखले, फिरोजशाह मेहता, सुरेंद्रनाथ बनर्जी जैसे व्यक्तियों के हाथों में थी। वे सब पुराने नेता अच्छे कपड़े पहनते थे और पढ़ाई के बाद ही बोला करते थे। आज यह रिवाज बदल चुका है।' (वही, 1939) उपर्युक्त सूची में तिलक का नाम बहुतों को विस्मय में डाल सकता है। बल्कि अंबेडकर तिलक के संबंध में कहते हैं, 'कारावास के असल दुख और क्लेश तो तिलक ने भोगे।... कारावास के उनके अनुभवों को देखकर आंखों से आंसुओं की जगह खून की बूंदें रिस सकती हैं।' (वही)। मराठी नवजागरण के व्यक्तित्वों के योगदान को समझने और मान्यता देने में अंबेडकर ने जरा भी बौद्धिक दकियानूसीपन का परिचय नहीं दिया और न ही आज के कई बुद्धिजीवियों की तरह उच्छेदवादी नजरिया अपनाया।

अंबेडकर का नवजागरण से संपर्क बुद्धिवाद की तरफ उनके झुकाव की वजह से स्पष्ट है, 'हमारे सामाजिक और राजनीतिक जीवन की बुनियाद बुद्धिवाद होनी चाहिए।' (वही, 1944)। वे चाहते थे, लोग 'बुद्धि की कसौटी पर खरी नहीं उतरनेवाली बातों को न मानें।' (वही)। मनुष्य का बौद्धिक विकास वस्तुतः अवधारणाओं के संकट से मुक्त करता है और अवधारणाओं में विकास लाता है।

गौर करने की बात है, अंबेडकर ने मद्रास प्रांत में दलितों की जस्टिस पार्टी की यह कहकर आलोचना की थी, ' नौकरी पर लगे अ-ब्राह्मण लोग समाज से अलिप्त रहकर ऐशोआराम का जीवन बिताने लगे। ब्राह्मणों को गालियां देनेवाले ब्राह्मणेतर लोग फिर ब्राह्मणों की तरह ही सेंट लगाने, पूजा करने, अच्छे कपड़े पहनने आदि ब्राह्मणों के आचार-विचार अपनाने लगे।... ब्राह्मणवाद उसी प्रकार जिंदा रहा।' (वही, 1944)। कहना न होगा कि 21वीं सदी में सत्ता-संपन्न ब्राह्मणेतरों द्वारा यह घटना उत्तर प्रदेश में दुहराई गई। आज बड़ी-बड़ी बातें की जाती हैं, लेकिन मामूली सत्ता मिलते ही छोटे-छोटे स्वार्थ में लिप्त हो जाना आम बात है। दरअसल धीरे-धीरे 'सुधारों' और 'अधिकारों' को पीछे छोड़कर सुविधाओं की बात ही बची रह सकी।

दलित होने का अर्थ पहचान की एकरूपता नहीं है। दलित की एक स्थानीय राष्ट्रीय पहचान भी हो सकती है। वह अपनी भारतीय, ग्लोबल और नई पेशागत पहचान भी रख सकता है, यहां उसकी भूमिका विस्तृत हो जाती है। अंबेडकर अपनी मराठी जातीयता का उद्घोष करते हैं, 'अपने महाराष्ट्रीय होने का मुझे बेहद गर्व है, यह बात मैं यहां विशेष जोर देकर बताना चाहता हूँ। महाराष्ट्रीयों में कुछ ऐसे गुण हैं जो अन्य प्रांत के लोगों में आपको दिखाई न देंगे।' (वही, 1938)। हिंदी क्षेत्र के दलितों में इस तरह का जातीय बोध नहीं पनप सका।

साम्राज्यवाद के बारे में

अंबेडकर कहते थे, 'साम्राज्यवाद हटे, यह मेरी इच्छा है।' वे 'जिम्मेदार स्वराज' और 'जिम्मेदार राजनीतिक सत्ता' की धारणाओं के साथ यह सवाल उठाते हैं- 'अस्पृश्य बंधु, मजदूर और किसानों के बीच रिश्ते कैसे ठीक किए जा सकते हैं?' (वही)। उनकी चिंता के केंद्र में अस्पृश्यों को शामिल करते हुए एक बड़ा मेहनतकश वर्ग है। निःसंदेह वे अस्पृश्यता से जन्मी सामाजिक-आर्थिक समस्याओं को लेकर

सबसे अधिक मुखर थे। शूद्रों और अंत्यजों के भीतर भी अस्पृश्यता सहित जाति भेदभाव के विभिन्न रूप मौजूद थे। इस मामले को लेकर उनमें चिंता थी। उनके सामने ही महाड़ और चमार के भेद सामने आ गए थे। दरअसल उन्होंने धर्मांतरण का समर्थन इसलिए भी किया था कि 'धर्म बदलेंगे तो कम से कम महाड़, मांग, चमार आदि नाम तो हमसे चिपकेगा नहीं!' (वही, 1939)। वे सही कहते थे कि भारतीय समाज के अभिशाप- जाति के संपूर्ण विनाश की बुनियाद पर ही एक 'जिम्मेदार स्वराज' बन सकता है और लोकतंत्र आ सकता है।

अंबेडकर ने ब्रिटिश शासन के खिलाफ न कभी व्यापक आवाज उठाई और न वे कभी जेल गए। वे खुद बताते हैं कि किस तरह यह दलितों की राजनीतिक उन्नति के लिए उनकी एक रणनीति है, 'कोई भले चाहे जितना बलवान क्यों न हो, दुश्मन पर चौतरफा हमला नहीं कर सकता। मैंने भी हमेशा एक-एक दुश्मन पर हमला कर उसे नियंत्रण में लाने की कोशिश की है। लेकिन आज तक मैंने जिस (ब्रिटिश) सरकार के साथ पूरी ईमानदारी बरती, वही आज हमारे खिलाफ हो गई है! इस देश में अंग्रेजों का राज्य हम ले आए हैं, यह ऐतिहासिक सत्य है। अंग्रेजों के पक्ष में खून बहाकर हमने पेशवा युग को समाप्त किया।... निर्णायक लड़ाई में अंग्रेजों की जीत केवल महाड़ वीरों की वीरता के कारण हुई। कोरेगांव में खड़ा विजयस्तंभ इसकी गवाही देता है।' (वही, 1941)। ब्रिटिश साम्राज्यवाद सिर्फ अपने औपनिवेशिक हित को प्रधान मानता है, यह अंबेडकर को तब समझ में आया, जब उसके अत्याचार के दायरे में मुंबई के महाड़, मांग, बेठिया जाति के लोग प्रत्यक्ष रूप से आ गए। उन्होंने घोषणा की, 'आज तक मैं हिंदू धर्म और हिंदू समाज पर हमले करता आया हूँ, लेकिन अब... मैं उससे सौ गुना तेज हल्ला (ब्रिटिश) सरकार पर बोलूंगा।' (वही, 1941)। स्पष्ट है कि वे आगे चलकर कोरेगांव में अंग्रेजों का साथ देने की घटना को महिमामंडित नहीं करते।

लेपेल ग्रिफिन (1838-1908) जैसे ब्रिटिश प्रशासक और कूटनीतिज्ञ की समझ यह थी कि भारत में राष्ट्रीय विद्रोह को फैलने से रोकने के लिए जाति प्रथा एक अच्छी चीज है, क्योंकि जाति प्रथा समाज को हमेशा विभाजित रखेगी और इसके आधार पर आंदोलनों को विभाजित करना आसान होगा।

अंबेडकर देश की स्वतंत्रता के पक्षधर थे। वे विभिन्न आंदोलनों को जोड़ने के पक्ष में वक्तव्य देते हैं, 'अपना देश आजाद रहा तभी हम भी आजाद रहेंगे, यह

सही है। जाहिर है, देश की आजादी को संकट में डालनेवाली नीति हमें नहीं रखनी चाहिए।' (वही, 1939)। हालांकि वे मुख्यतः इस तरह सोचते थे, 'अपना राजनीतिक काम थोड़ी देर रोककर आप अगर अस्पृश्यता को नष्ट करेंगे, तभी साबित होगा कि आप ईमानदार हैं।' अंबेडकर ने पूना पैक्ट के बाद एक बार बातचीत में गांधी से कहा था, 'हमारी एक ही लड़ाई है आपसे। आप राष्ट्रीय कल्याण के लिए काम करते हैं, हमारे हितों के लिए नहीं। यदि आप अपना पूरा समय दलित वर्गों के लिए दें तो आप हमारे नायक होंगे।' यह गांधी के वश की बात नहीं थी कि वे स्वाधीनता की लड़ाई और राष्ट्रीय एकता के प्रयत्न बंद कर दें। दरअसल जब तक देश में सामाजिक गैर-बराबरी या आधुनिकीकरण पूरी तरह न आ जाए, तब तक अंग्रेजी राज बना रहे, इस तर्क को अनगिनत कुर्बानियां दे चुकी देश की जनता मानने के लिए तैयार नहीं थी। बल्कि ऐतिहासिक तथ्य यह है कि उसका ब्रिटिश उपनिवेशवाद से असंतोष और संघर्ष लगातार तीव्र होता जा रहा था।

अंबेडकर की एक सीमा है कि वे सवर्ण समाज में गरीबी, वंचना और भेदभाव नहीं देख पाते थे, 'आज स्पृश्य समाज अधिकारारूढ़ है। अतः स्पृश्य समाज की हालत संतोषजनक है। उनके जीवन में सबकुछ आसान है, (जबकि) आपकी राह में संकट ही संकट खड़े हैं। आपका मार्ग कांटों से भरा हुआ है।' (वही, 1942) समाज में शोषण और दमन के लिए जाति प्रथा को एक बड़े कारक के रूप में देखना एक चीज है, और बाकी अंतर्विरोधों की उपेक्षा करके समाज को सिर्फ स्पर्श्य और अस्पर्श्य में बंटा देखना एक बिलकुल दूसरी बात है।

कहना न होगा कि सवर्ण समाज में भी ज्यादातर लोग गरीब, बेरोजगार और किसी न किसी तरह से उत्पीड़ित रहे हैं। आज भी कई भुखमरी की दशा तक पहुँच जाते हैं। कई दलितेतर किसानों ने आत्महत्या की। इन सभी की जीवन दशा को सिर्फ इसलिए संतोषजनक नहीं कहा जा सकता कि वे स्पृश्य हैं। देर-सबेर समझने की जरूरत है कि इनके बीच भी सांस्कृतिक सुधार, बंधुत्व और आर्थिक विकास का पहुंचना जरूरी है। आमतौर पर 19वीं सदी से शुरू हुआ सांस्कृतिक सुधार कई कृत्रिम राजनीतिक विवादों की वजह से आधे रास्ते में ठहर गया था। यह धीरे-धीरे लगभग सौ सालों में एक ठोस जमीन बना लेने और 21वीं सदी में धार्मिक पुनरुत्थानवाद के पूरी तरह उभर आने की एक बड़ी वजह है।

धार्मिक कट्टरता दूर किए बिना जाति भेदभाव और पितृसत्ता मिटाने के बारे में

सोचना शेखचिल्ली का स्वप्न है। जाति के विनाश के लिए धार्मिक कूपमंडूकता से मुक्त होना जरूरी है। इसपर सोचने की जरूरत है कि यह क्यों न हो सका? दरअसल इस देश के श्रमिक आंदोलनों पर एक बड़ी जिम्मेदारी थी कि वे आर्थिक मुद्दों- अपने वेतन बढ़ाने और काम करने की दशाओं में सुधार के अलावा धार्मिक-सामाजिक सुधार आंदोलन को आगे बढ़ाएं, दलितों और स्त्रियों के मुद्दे पर विशेष ध्यान दें और नवजागरण के अधूरे कार्यों को पूरा करें। लेकिन जिस तरह 19 वीं सदी में 'राष्ट्रीय कांग्रेस' ने सुधार आंदोलन के काम को अपने एजेंडे से बाहर कर दिया था और अपने को राजनीतिक सुधारवाद तक सीमित कर लिया था और 1947 के बाद तो वह सत्ता के नशे में इस काम से पूरी तरह विमुख हो गई थी, उसी तरह श्रमिक आंदोलन भी मुख्यतः 'अर्थवाद' में फँस गए।

ब्राह्मणवाद से लड़ने का अर्थ

अंबेडकर पूंजीवाद से लड़ने के अलावा 'ब्राह्मणवाद' से भी लड़ने की बात करते थे, क्योंकि उन्हें इस देश में समता, स्वतंत्रता और बंधुत्व के अभाव को मिटाए बिना आर्थिक मुक्ति संभव नहीं दिखती थी। इसके लिए लगातार संघर्ष चलना चाहिए था। लेकिन तथ्य यह है कि बड़े उद्देश्यों को लेकर शुरू हुए ऐसे आंदोलन बार-बार तात्कालिकतावाद में फँसे। व्यक्तियों की निजी या सामुदायिक घनिष्ठताओं ने नाक से दूर की सचाइयों को समझने नहीं दिया। अंबेडकर के बाद जाति के विनाश का आंदोलन 'जिम्मेदार स्वराज' या सच्चे लोकतंत्र की स्थापना के उद्देश्यों से हटकर तात्कालिक फायदे के कीचड़ में फँस गया। पिछड़ी और दलित जातियां एक मिलीजुली उदात्त भूमिका निभाने की जगह अंतर्शत्रुता से भर गईं। दलित विमर्शकार मुद्दा उठाते हैं ब्राह्मणवाद का, पर अब टकराव मुख्यतः पिछड़ों और दलितों के बीच घटित होता है।

अंबेडकर ने ब्राह्मणवाद को स्पष्ट किया है, 'दुश्मन मानकर ब्राह्मणवाद से टक्कर लेनी चाहिए, यह मेरा कहना है। और मैं चाहता हूँ कि कोई इसका गलत अर्थ न निकाले। ब्राह्मणवाद से मेरा मतलब ब्राह्मण जाति से नहीं है। इस संदर्भ में मैं इस शब्द का प्रयोग नहीं करता। ब्राह्मणवाद का मेरी नजर में मायने है- आजादी, समता और बंधुत्व का अभाव।' (वही, 1938)। यह सही धारणा है जो भुला दी गई। ब्राह्मणवाद की यह धारणा सभी जातियों पर लागू होती है। दलित

विमर्श में इसे ब्राह्मणों और ठाकुरों तक सीमित कर दिया गया।

वैश्वीकरण के दौर में आजादी, समता तथा बंधुत्व के लोकतांत्रिक तत्व तेजी से गायब हुए हैं। अब मूल्यों, उसूलों और वस्तुपरक कसौटी को वे भी नहीं अपनाते जो इनकी हमेशा बात करते हैं। पक्षपात एक खुल्ला खेल फर्रुखावादी है! इसमें ऊंची जातियों के क्षमतावान लोग सबसे आगे हैं। इसलिए यदि ब्राह्मणवाद से संघर्ष का अर्थ सिकुड़ता गया और दलित आंदोलन संकुचित सत्ता संघर्ष में खोता गया तो इसमें कुछ भी आश्चर्यजनक नहीं है। सांस्कृतिक प्रतिनिधित्व के नाम पर दलितों का कुछ ऊंचे आसन और अवसर पाना ही सबकुछ हो गया। दरअसल तात्कालिक फायदे में लिप्तता एक सार्वभौम विपदा है।

राष्ट्र और हाशिए का संवाद

भारत में 'राष्ट्र'और हाशिये के बीच तनाव स्वाभाविक है, लेकिन इससे राष्ट्र बेमतलब नहीं हो जाता और न सामंजस्यपरक राष्ट्रीय भावना अप्रासंगिक हो जाती है। अंततः 'राष्ट्र' ही समाधानदाता है। उससे लड़ना भी होगा, संबंध भी रखना होगा। अंबेडकर की लड़ाइयों के दिनों में सभी विचारधाराओं के देशप्रेमी उनके उग्र कथनों के बावजूद उनके महत्व को समझ रहे थे। विविधताओं और विचित्रताओं से भरा भारत अपने नए सफर के मार्ग खोज रहा था। कहा जा सकता है कि वह 'विद्रोहों और समझौतों' से बना एक मिलाजुला मार्ग था, क्योंकि अंग्रेजों की व्यापक औपनिवेशिक लूट और अत्याचारों की वजह से यदि देश की आजादी भारत के बहुत से लोगों और सभी राष्ट्रीयताओं का मुख्य लक्ष्य बन चुकी हो तो उस जटिल माहौल में धार्मिक-सामाजिक सुधारों को न उग्र रूप देना संभव था और न पूरी तरह त्याग देना।

अंबेडकर और गांधी दोनों देशप्रेमी हैं, पर अंबेडकर का लक्ष्य गांधी के लक्ष्य से बिलकुल अलग है। अंबेडकर नई भारतीय विडंबनाओं की सही कल्पना कर रहे थे। वे देश की राजनीतिक आजादी के पहले अस्पृश्यों के राजनीतिक अधिकार और सत्ता में अपनी हिस्सेदारी जल्दी तय कर लेना चाहते थे। उन्होंने स्पष्ट तौर पर सामाजिक विभाजन का अपना विमर्श प्रस्तुत किया, 'जिस प्रकार मुसलमान हिंदुओं से साफ तौर पर अलग दिखाई देते हैं, उसी प्रकार अस्पृश्य भी हिंदुओं से अलग हैं। भारतीय राष्ट्र-जीवन में हमें पृथक और विभक्त घटक के तौर पर

जाना जाएगा। अस्पृश्य हिंदुओं का ही एक हिस्सा है, इस सोच का आपको पुरजोर विरोध करना होगा।... इस देश में कई पंथ हैं- (1) हिंदू, (2) मुसलमान, (3) ईसाई, (4) अस्पृश्य।' (वही, खंड 39)। उन्होंने स्वाभाविक रूप से घोषित किया, 'गांधी हमारे सबसे बड़े प्रतिपक्ष हैं।' अंबेडकर स्पेस रखते हुए आगे स्पष्ट करते हैं कि वे 'दुश्मन' शब्द का प्रयोग करने से बचे हैं!

कहा जा सकता है, उपर्युक्त 'स्पेस' का महत्व है। अंबेडकर ने अपने जीवन के महत्वपूर्ण मोड़ पर धर्मनिरपेक्ष लोककल्याणकारी भारतीय गणराज्य के लिए जो संविधान बनाया, वह 19वीं-20वीं सदी के लगभग डेढ़ सौ साल की भारतीय आशाओं, स्वप्नों और संघर्षों का प्रतिबिंब है, निश्चय ही सामाजिक विभाजन की अंबेडकर की उपर्युक्त धारणा का दर्पण नहीं।

अंबेडकर निश्चय ही एक खास सामुदायिक वर्ग के प्रवक्ता थे। लेकिन वे अपनी चिंता एक समुदाय तक सीमित नहीं रखते। 9 दिसंबर 1946 को उन्होंने संविधान सभा में भाषण दिया, 'आज हम राजनीतिक, सामाजिक तथा आर्थिक नजरिए से विभाजित हैं, इसका मुझे अहसास है। एक-दूसरे के खिलाफ लड़नेवाली छावनियों के समूह हैं हम। बल्कि मैं तो यह भी मानता हूँ कि मैं ऐसी ही एक छावनी का नेता हूँ। महोदय, यह सब भले सही हो, लेकिन मुझे पूरा यकीन है कि समय और स्थितियों को अगर अनुकूल बनाया जाए तो कोई भी शक्ति इस देश को एक होने से रोक नहीं सकती। विभिन्न जातियां और संप्रदाय होने के बावजूद हमें एक होने से कोई रोक नहीं सकता।' (वही, खंड 40)। उनकी ऐसी बातों को उड़ा देना संभव नहीं है। बल्कि इसपर सोचा जा सकता है कि बहुराष्ट्रीय कंपनियों और धार्मिक कट्टरवादियों की चुनौतियों को देखते हुए सचमुच फिर एक वैसा ही वक्त आया है या नहीं।

देखा जा सकता है कि अंग्रेजों ने राष्ट्रीय आंदोलन के दबाव में अंबेडकर को धोखा दिया और जिस राष्ट्रीय कांग्रेस का कटु तरीके से अंबेडकर ने लगातार विरोध किया, उसने उनकी योग्यता को समझते हुए उन्हें सरकार में शामिल किया। इसके बाद, यह सभी जानते हैं कि अंबेडकर ने वह संविधान बनाया जो 21वीं सदी के दूसरे दशक से भारतीय जनता के लोकतांत्रिक संघर्ष का सबसे बड़ा हथियार है और वस्तुतः इस संघर्ष का रक्षक भी। यह हर फासीवाद, धर्मांधता और सामाजिक भेदभाव के गले में हड्डी की तरह है।

अंबेडकर ने कहा था, 'संविधान पर अमल करना पूरी तरह संविधान पर ही निर्भर नहीं करता।'(वही, खंड 40, 1949)। उन्होंने आशंका व्यक्त की थी, 'मेरे मन में खयाल आता है कि इस जनतांत्रिक संविधान का क्या होगा? इसे महफूज रखने के लिए मेरा यह देश समर्थ रहेगा या एकबार फिर वह अपनी आजादी गंवा बैठेगा?' (वही)। यह संविधान लागू होने के पहले का कथन है, जिसमें उनकी चिंता साफ झलकती है। उन्होंने यह भी कहा था कि राजनीतिक दल स्वयं को देश से बड़ा मानने लगें तो आजादी खतरे में पड़ जाएगी। आजादी बार-बार खतरे में पड़ी। यह भी उल्लेखनीय है कि बंबई ही अंबेडकर के आंदोलन का केंद्र था। यह आधुनिक महानगर आगे चलकर अंध-राष्ट्रवाद और धार्मिक पुनरुत्थान का एक बड़ा केंद्र बन गया।

हमारा देश कहां है?

यह एक वास्तविकता है कि देश में आज काफी लोग जातिवाद से मुक्त हैं, तथाकथित ऊंची जातियों और पिछड़ी-निम्न सभी जातियों में। कुछ के भीतर चोर दरवाजा हो सकता है, लेकिन बड़ी संख्या में नौजवानों के अलावा बुजुर्गों में भी जातिवाद के अब अनगिनत सच्चे विरोधी हैं। देश की लड़कियों ने जाति तोड़कर विवाह किए हैं। उनकी निगाह में कोई ऊँच-नीच नहीं है। साफ हो चुका है कि दहेज के राक्षस की जान जातिवाद के मटकों में है। इन मटकों को नौजवानों ने तोड़ना शुरू कर दिया है!

विडंबना यह है कि आज जो किसी के अंध-समर्थक नहीं हैं, उनकी खैर नहीं है। आज जो उदारवादी हैं, जाति-आश्रय नहीं चुनते और चापलूसी नहीं करते उन्हें इन सबका खमियाजा भुगतना पड़ता है। पर ऐसे व्यक्तियों में अटूट साहस होता है। आज बहुतों का जातिवाद-विरोध सहभोजन तक सीमित न होकर सामाजिक अंतरंगता और सम्मिश्रण का मामला है।

यह भी एक यथार्थ है कि जाति चीता की तरह पीछे से हमला करती है। ऊंची जातियों के क्षमतावान लोगों के बीच एक मौन गठबंधन होता है। दुर्भाग्यजनक है कि शिक्षा, आधुनिकीकरण और प्रगतिशील आंदोलनों के बावजूद भारत में जातिवाद पहले से बड़े शातिर रूप में मौजूद है और फिलहाल धर्म उसकी इम्युनिटी बढ़ा रहा है।

अंबेडकर का जीवन और संघर्ष 1980 के बाद नए सिरे से दलितों के अधिकारों के लिए संघर्ष, विमर्श और मुक्ति की प्रेरणा बना है। यह ऊंची जातियों के लिए भी प्रेरणा रहा है। यह अंबेडकर की आवाज की ताकत है कि वे बड़े पैमाने पर राजनीतिक आत्मसातीकरण के शिकार हो रहे हैं और वस्तुतः निष्प्रभावी बना दिए जा रहे हैं।

यह भी देखने की जरूरत है कि अंबेडकर के विचारों में 'पृथकता' और 'सहयोग' का द्वैध है, चाहे वह उपनिवेशवाद के संदर्भ में हो, संविधान निर्माण के संदर्भ में हो या राष्ट्रीय भावना के संदर्भ में। यह तथ्य भी सामने है कि नई स्थितियों में सामाजिक पृथकता की पुरानी लक्ष्मण रेखाओं की तुलना में नई लक्ष्मण रेखाएं बनी हैं। देश में जाति-तनाव बढ़े हैं। ब्राह्मण-ठाकुर, पिछड़ा-दलित से संबंधित विवाद छाए हुए हैं। अब सबकुछ बदलते रहने वाले समीकरण पर निर्भर है और अस्थिर है। आज की समस्याएं निशाने को व्यापक बनाने की मांग करती हैं, क्योंकि पुराने निशाने अपना स्थान बदल चुके हैं और पुराने हथियार अपर्याप्त हो चुके हैं!

1990 के बाद दलितों की सामाजिक स्थिति कुछ उन्नत हुई हो, संपन्नता में कुछ फर्क आया हो और वे मध्यवर्ग में पहले से ज्यादा शामिल हुए हों, लेकिन दलितों पर अत्याचार और उनकी उपेक्षा के कई नए रूप सामने हैं। किसी दलित लड़के का ऊँची जाति की लड़की से विवाह आज के जमाने में भी उत्तेजना पैदा करता है। कहा जा सकता है, दलित अपने क्रूर अतीत और विडंबनापूर्ण वर्तमान के बीच बहुत संकटपूर्ण दशाओं से गुजर रहे हैं। यह भी अब काफी साफ है कि वैश्वीकरण के जमाने में अकेले में किसी की मुक्ति संभव नहीं है!

देखा जा सकता है कि देशभक्ति के दौर में ही 'भारतीय राष्ट्र' सबसे ज्यादा खतरे में है। निर्बुद्धिपरक विचारों और छवियों ने हमारे राष्ट्र पर, राष्ट्रीय भावना पर कब्जा कर लिया है। एक बड़ी सचाई यह है कि 'राष्ट्र' से ज्यादा ताकत 'कारपोरेट जगत' के पास है। ऐसे कठिन दौर में चुनौती 'राष्ट्र' को पृथकतावाद के बल पर तोड़ने की नहीं, उसे भारतीय महाजाति के सामाजिक और संवैधानिक सपनों के साथ वापस पाने की है। इसलिए सिर्फ दलित ही नहीं हर सच्चे भारतवासी की जुबान पर अंबेडकर का सवाल नए संदर्भ में मौजूद है- 'मेरा देश कहां है?'

मई 2021

देश को कौन बचाएगा

आपकी नजर से वह चित्र गुजरा होगा जिसमें एक बच्चा समुद्र तट पर गांधी की लाठी का आखिरी सिरा पकड़े लगभग दौड़ रहा है। गांधी भी उसके पीछे-पीछे दौड़ रहे हैं। यह चित्र गांधी के पौत्र कनु रामदास का बताया जाता है जो बाद में नासा का वैज्ञानिक बना। गांधी बच्चे के पीछे चल सकते थे। वे नौजवानों से कहते थे, 'निर्भय बनो'। आज दुनिया भर में बच्चे और युवा ही आंदोलनों के अगुआ हैं, नया भरोसा हैं। 'युवा' की श्रेणी में स्त्री, दलित, आदिवासी, कृषक और सभी समुदाय के लोग होते हैं। वे भेदभाव से ऊपर उठी आवाजें हैं, सभ्यता की नई लहरें हैं।

निश्चय ही बाजार ने नौजवानों की एक कृत्रिम छवि बनाई है, 'हमें आजादियों की परवाह नहीं है, सिर्फ बर्गर और कोक दो!' जबकि ज्यादातर नौजवान कह रहे हैं, 'हमें आजादी चाहिए या मृत्यु!' कैसी आजादी? वे आत्मलिप्त नहीं हैं। वे उपभोग की आजादी की बात नहीं करते, बल्कि भेदभाव से आजादी की बात करते हैं। वे अच्छी शिक्षा और अच्छे इलाज पर होते भारी खर्चे को लेकर परेशान हैं। वे बौद्धिक आजादी, नागरिक अधिकार, रोजगार, पर्यावरण सुरक्षा की मांग कर रहे हैं। उनके भीतर एक हरी आग है। आग का यह हरापन गांधी की देन है।

इस दौर में नौजवान खोखले नारों से बाहर निकल आए हैं। वे राष्ट्रीय अखंडता और न्याय चाहते हैं। वे पाखंडों के विरोधी हैं। कहना मुश्किल है कि परंपरागत दलों के द्वारा वे कब ओवरटेक कर लिए जाएंगे। वे बार-बार पीछे ठेल दिए जाते रहे हैं। फिर भी 1960 के दशक और 1972-77 के बाद 21वीं सदी के युवाओं के नए हस्तक्षेप याद किए जाएंगे। इन्होंने साबित किया है कि प्रेम में घृणा से ज्यादा

शक्ति होती है और मनुष्य की बुनियादी स्वतंत्रताओं को उपभोक्ता वस्तुओं के बदले छीना नहीं जा सकता।

यह उल्लेखनीय घटना है कि जब बड़े नेता पुरानी लड़ाइयों में उलझे हैं और लोकप्रियतावादी जुमलों में फँसे हैं, तब नौजवान ही विचारों, जातियों और धर्मों के बीच पुल बना रहे हैं और प्रयोगशील हैं। आने वाले सालों में विपत्तियों के सबसे ज्यादा शिकार नौजवान होंगे, इसलिए वे अशांत हैं। वे पहले की तरह एक नई भूमिका निभाना चाहते हैं, जिसकी आधारशिला है- बंधुत्व, स्वतंत्रता और न्याय।

1920-22 के प्रथम सत्याग्रह की शताब्दी

2020 में गांधी के नेतृत्व में चले पहले सत्याग्रह की शताब्दी आई थी। उस सत्याग्रह में गांधी के दक्षिण अफ्रीका के प्रयोगों को विस्तार मिला था। भारत के लोगों में धर्म और जाति से ऊपर उठकर व्यापक राष्ट्रीय एकता पनपने लगी थी। वह सत्याग्रह सफल नहीं हुआ, लेकिन लोगों में आत्मविश्वास पैदा हुआ कि वे शांतिपूर्ण तरीके से उपनिवेशवाद को चुनौती दे सकते हैं। जालियांवाला बाग (1919) की पृष्ठभूमि में शुरू हुए इस सत्याग्रह ने 19वीं सदी के राष्ट्रवाद और उदारवाद को जोड़ने का काम किया और दोनों धारणाओं को औपनिवेशिक छायाओं से बाहर निकाला। उस दौर का राष्ट्रवाद धार्मिक कूपमंडूकता से बाहर निकल रहा था और उदारवाद औपनिवेशिक आधुनिकता से।

सवाल है, देश के वर्तमान हिंसात्मक माहौल में उदात्त राष्ट्रीय भावना और उदारवाद फिर कैसे संभव है- विविध रूपों में साझा सत्याग्रह कैसे हों। इसपर इसलिए सोचना जरूरी है कि वर्तमान दौर में विभाजनकारी लोकप्रियतावादी नारों से लोकतंत्र को कमजोर किया जा रहा है। हर तरफ फेक और झूठ का बाजार गरम है। झूठ के महारथियों ने सत्य को अभिमन्यु-जैसा घेर लिया है। मिथ्याग्रह छाया हुआ हो तो एक न एक तरह से सत्याग्रह जरूरी हो जाता है।

देखा जा सकता है कि संकट के नए दौर में सभी का अपना-अपना सत्य है और अपना-अपना सत्याग्रह है। इन दिनों तथ्यपरक सत्य से व्यापक उदासीनता है। धार्मिक विद्वेष के जवाब में जाति और क्षेत्रीयता का बाजार गरम है। इससे एक

अलग किस्म की असहिष्णुता और विकृतियाँ पैदा हो रही हैं। चिंताजनक यह है कि प्रायः सभी नेता अपने-अपने धर्म, जाति, प्रांतीयता और अपने-अपने दल को बचाने में लगे हैं। देश को कौन बचाएगा? देश के मन को जो समझेगा, वही देश को बचाएगा।

गांधी ने अपनी गतिविधियों के बीच से एक प्रधान संदेश देना चाहा था, 'बिना सहकार नहीं उद्धार!' यदि शांति, प्रेम, समानता और न्याय चाहिए तो सत्याग्रह में सहकार हो। वे सभी किस्म के नवजाग्रत और देशप्रेमी व्यक्तियों को साथ लेकर चलना चाहते थे, सामंजस्यवादी थे। वे जा-जाकर सभी से मिलते थे, बातें करते थे। उन्होंने कहना चाहा कि इतने बड़े देश में स्वतंत्रता, परिवर्तन और प्रगति के लिए एक बड़े मन की जरूरत है। उन्होंने भारत के इस स्वभाव को समझ लिया था कि यह देश सामान्यतः उद्धतता या उग्रता पसंद नहीं करता। इस देश के लोग सामान्यतः अहिंसक आंदोलन, सामाजिक न्याय और समावेशिकता के प्रेमी हैं। निश्चय ही गांधी पुराने धर्म, दर्शन और राजनीति के प्रसिद्ध कथनों से नहीं, जनजीवन के ताजा अनुभवों से अपना सत्य पाते थे।

हमें गांधी की उन लड़ाइयों को समझना होगा जो धर्म, जाति और क्षेत्रीय जातीयता के आधार पर भेदभाव के खिलाफ थीं। वे सभी के भय और दुख को दूर करना चाहते थे। उन्होंने अपनी लड़ाइयों में भारत के स्वतंत्रता-प्रेमी आम लोगों को बड़े पैमाने पर शामिल करने में सफलता पाई थी। इस सफलता से गांधी की दौड़धूप ही नहीं, उनकी संवादशीलता और समावेशिकता की शक्ति का बोध होता है। निश्चय ही वैसी ही निरंतरता, प्रचंडता, उद्देश्यपरकता और राष्ट्रीय व्यापकता के साथ फिर एक लड़ाई की जरूरत है। इसका लक्ष्य महज सत्ता-बदल नहीं, आर्थिक-सांस्कृतिक पुनर्निर्माण ही हो सकता है।

गांधी की विशेषता यह है कि उन्होंने धर्म पर जोर दिया, धार्मिक पहचान पर नहीं। आज की संकीर्णतावादी राजनीति में धार्मिक पहचान महत्वपूर्ण है, धर्म नहीं और धर्म के सचाई, ईमानदारी, त्याग, अहिंसा जैसे मूल्य तो बिलकुल नहीं। देश में धार्मिक पहचान के आधार पर ध्रुवीकरण और घृणा फैलाने में जो इतनी सफलता मिल पाई है, उसकी बुनियाद में आजादी के बाद लोकतांत्रिक मूल्यों को सही तौर पर मजबूत नहीं किया जाना और आर्थिक विषमता का बढ़ते जाना है।

गांधी जुझारू और लिबरल थे। उस तरह का, एक बड़े विजन और आत्मानुशासन के साथ जुझारूपन आज भी एक आदर्श है। गांधी धार्मिक कट्टरवाद के विरोध में थे। वे कहते थे, 'धर्म राष्ट्रीयता की कसौटी नहीं है, बल्कि यह व्यक्ति और उसके ईश्वर के बीच का निजी मामला है। राष्ट्रीयता के अर्थ में हम सबसे पहले भारतीय हैं और सबसे अंत में भी भारतीय ही हैं, भले हमारा मान्य धर्म कोई हो।' (गांधी के विचार-आर.के. प्रभु, यू.आर. राव)। उनके युग के धर्म, संस्कृति और राजनीति में जो कुछ निर्जीव था, वह धीरे-धीरे मिट रहा था। गांधी का मकसद आजादी पाना था, लेकिन इसके साथ देश को एक नई सभ्यता की ओर ले जाना भी था।

यह भी याद किया जा सकता है कि दूसरे विश्व युद्ध में साझा शक्तियों द्वारा हिटलर की पराजय (1945) का यह 75वां वर्ष है। उसकी पराजय साझी लड़ाई से संभव हो पाई थी। कहना न होगा कि 1920 से 1945 तक के 25 साल भारत के लिए काफी उद्वेलन भरे थे और फिलहाल फिर वैसे ही उद्वेलन भरे हैं।

भय का समुद्र

यह कैसा समय है कि नागरिकता तथा धर्म-आधारित कुछ अन्य सवालों ने देश की सभी प्रमुख समस्याओं को बहस के बाहर कर रखा है। इन सवालों ने समाज में भय का माहौल पैदा करके जीवन की पीड़ा बढ़ा दी है और खुशहाली में गिरावट ला दी है।

वस्तुतः धार्मिक कट्टरवाद ने सुरुचि को प्रदूषित कर दिया है। साहित्यिक संस्कृति को ही नहीं पूरी संस्कृति को पुराने और नए कचरे से भर दिया है। उसका असर कलाओं, खास कर फिल्मों पर भी पड़ा। इधर कई फिल्में बनीं जिनका काम महान राजनेताओं को गिराना-उठाना था। फिल्में इतिहास बताने लगीं। यह एक अनोखी बात है कि उनका मकसंद अपने प्रभावशाली माध्यम द्वारा भेदभाव का प्रचार करना हो गया। घृणा की राजनीति का असर कला-संस्कृति से आगे बढ़कर न्याय व्यवस्था पर भी पड़ा।

सामान्यतः हर जगह कूपमंडूकता बढ़ गई है। वे लोग भी दिखाने के लिए हनुमान चालीसा पढ़ने लगे हैं जो इसे छूते तक नहीं थे। धर्मनिरपेक्ष लोगों को भी बड़े पैमाने पर धार्मिक चिह्नों और वस्तुओं का इस्तेमाल करना पड़ रहा

है। चिकने गालों पर लंबी दाढ़ियाँ छाने लगी हैं। धवल ललाटों पर लाल तिलक चमकने लगे हैं। धार्मिक कूपमंडूकता के बढ़ने का असर स्त्रियों और दलितों के प्रति दृष्टिकोण पर पड़ा है। वे पहले से अधिक दबाए जाने लगे हैं। हर राज्य में धार्मिक अल्पसंख्यक ही नहीं, जातीयता और भाषा के आधार पर जो अल्पसंख्यक हैं, वे भी भेदभाव और घृणा के शिकार हो रहे हैं। संविधान के शब्द 'हम भारत के लोग' विघटित हो रहे हैं। हर तरफ एक बहुपरतदार भय है, विकृतियाँ हैं और मानसिक पीड़ा है।

21वीं सदी में यदि निजीकरण, बाजार की तानाशाही, बेरोजगारी के आंकड़ों, महंगाई, स्त्रियों-दलितों पर बढ़े उत्पीड़न, किसानों की मुश्किलों, बढ़ रही विषमता तथा कला-साहित्य की स्वायत्तता पर चर्चा न करके धर्म, जाति आदि ही प्रधान मुद्दे बनेंगे तो इन चीजों से सिर्फ सनसनी पैदा होगी और सिर्फ भय छाएगा।

आज के समय में भय का विस्तार व्यापार के क्षेत्र में भी है। लोग व्यवसाय करने से डर रहे हैं। व्यापारियों के लिए पूंजी के इंतजाम, बाजार की मांग और प्रतियोगिता की क्षमता ही नहीं, समाज का हिंसात्मक वातावरण भी एक बड़ी समस्या बना हुआ है। अशांति के कारण न व्यापार बढ़ पा रहा है और न रोजगार। एक अजीब मनहूसियत छाई हुई है।

यह कम चिंताजनक नहीं है कि समाज में निम्न बौद्धिक प्रवृत्तियाँ तेजी से उदात्त बौद्धिक प्रवृत्तियों को हटा रही हैं। निम्न बौद्धिक प्रवृत्तियाँ रूढ़ियों को विज्ञान बना कर पेश करती हैं। इन प्रवृत्तियों का दबाव है- घृणा को बचा कर रखो, कुछ समुदायों को हमेशा भयभीत रखो और बुद्धिहीन बातें करो। भौतिक ताकत फैलती है तो बुद्धि घटती है। सवाल है, भौतिक विकास कैसा होगा, यदि समाज में बौद्धिक-सांस्कृतिक ह्रास घटित हो। आज का विकास बबूल के पेड़ पर चढ़कर आम खोजने जैसा है।

उच्छेदवाद बूमरैंग करता है

इसपर विचार करना चाहिए कि नए वातावरण में सबसे अधिक हमले गांधी पर हो रहे हैं। उनपर कट्टरवादियों और क्रांतिकारियों के वैचारिक हमले पहले होते रहे हैं। गांधी ने जीवन भर सांस्कृतिक बहुलता का समर्थन किया और सांप्रदायिकता का विरोध किया। साहस के साथ 'रघुपति राघव राजा राम' को ईश्वर भी माना

और अल्लाह भी। उनका अध्यात्म व्यापक सामाजिक आधारों वाला था। इन्हीं वजहों से धार्मिक कट्टरवादियों को गांधी नहीं पचते। मुश्किल यह है कि फासीवादी उभार से लड़ने का दावा करने वाले कई बुद्धिजीवियों को भी गांधी खलनायक और पाखंडी नजर आते हैं। उन्हें गांधी में कुछ भी सकारात्मक, मूल्यवान और प्रेरक दिखाई नहीं देता। दोनों तरह के लोगों की नजर में गांधी बुरे हैं।

वर्तमान की चुनौतियाँ अतीत के नए मूल्यांकन का अवसर देती हैं। लेकिन जब वर्तमान की चुनौतियों के प्रति गंभीर न होकर कोई अपनी पुरानी वैचारिक कैद में हो तो वह अपनी महान विरासत के प्रति अपना पुराना उच्छेदवादी दृष्टिकोण ही व्यक्त करता रहता है। ऐसा उच्छेदवाद वूमरैंग करता है। ऐसे व्यक्तियों को व्यवस्था अक्सर चुग लेती है।

रूस में विचारधारा की भिन्नता के बावजूद दूसरे विश्व युद्ध (1939-45) के फासीवाद-विरोधी संघर्ष को वहां के बुद्धिजीवी गौरव से याद करते हैं। जबकि कई भारतीय बुद्धिजीवी देश की महान लड़ाई की शुरुआत अपनी पार्टी के जन्म या अपने महान व्यक्तित्व के अवतरण से पहले मानने के लिए तैयार नहीं दिखते। उन्हें अपने देश की महान परंपराओं से चिढ़ है। उनका काम अपने को महिमामंडित करना और बाकी को कोसना है। वे उद्धत ज्यादा हैं, संवेदनशील और तर्कशील कम। इसमें संदेह नहीं कि जो लोग अपने देश के सैकड़ों साल के संघर्षों की उपेक्षा करते हैं और उनसे प्रेरणा नहीं लेते, वे अंततः अकेले पड़ जाते हैं और सुवेध्य होते हैं।

आज कूपमंडूकता को सर्वव्यापी बना देने में सत्ता के लिए अंधे हो चुके राजनीतिज्ञों और अंध-बुद्धिवादियों की बड़ी भूमिका है। ऐसे खोखले व्यक्ति यदि कम होते तो भारत कभी इतनी बड़ी विपत्ति में नहीं फंसता।

भारत एक उदार, सौम्य और शांतिप्रिय देश है

इन दिनों जिसे देखो, देश को बचाने में लगा है, हालांकि कोई राजनेता अपने दिल और दिमाग को अधिक व्यापक बनाता नहीं दिखता। पिछले लगभग 150 सालों के सुधारवादी और राष्ट्रीय आंदोलनों ने देश के आम लोगों में देशप्रेम की भावना फैला दी थी। इसका उपयोग उदारवादी ताकतें नहीं कर पाईं। वे अंततः जन-जन तक आधुनिकता, लोकतंत्र और सर्वहारा चेतना के संस्कार

पहुंचाने में भी असफल हुईं और नाकारा साबित हुईं। यदि धर्मांधता बढ़ी तथा आम लोग धर्म के अलावा जाति और प्रांतीयता के आधार पर भी तेजी से विभाजित होते गए, तो इसमें कुछ भी आश्चर्यजनक नहीं है।

इन दिनों धार्मिक हिंसा एक मनोरोग की तरह है। देश की अच्छी, सकारात्मक और जीवंत परंपराओं के प्रति उच्छेदवाद पनपेगा तो बुरी, नकारात्मक और मृत परंपराएं सिर उठाएंगी।

इसलिए अब हर तरफ उत्तेजना, मार-पीट और हिंसा है। देखा जाए तो गृहयुद्ध-जैसे हालात पैदा किए जा रहे हैं। देश के लोग भले निःसहाय होते जाएं और देश इसकी सांस्कृतिक आत्मा भले जर्जरित हो, अपने राजनीतिक स्वार्थ की पूर्ति होनी चाहिए! क्या हम 'राष्ट्र' के भीतर 'देश' को क्षण-क्षण मरते हुए देख सकते हैं?

भारत अमेरिका की तरह साम्राज्यवादी मनोभाव वाला उद्धत, आक्रामक और हिंसक देश नहीं है। यह एक उदार, सौम्य और शांतिप्रिय देश है। कहना न होगा कि अपनी सैकड़ों साल की महान उदारवादी परंपराओं की वस्तुपरक समझ और शक्ति लेकर लड़ने वाले भारतीय ही देश के लिए कुछ कर सकते हैं।

दरअसल देशप्रेम का अर्थ देश की अविभाजित जनता से प्रेम है, देश की उदार परंपराओं से प्रेम है। आज कोने-कोने में महात्मा गांधी, विवेकानंद, रवींद्रनाथ, सुभाषचंद्र बोस, प्रेमचंद, अंबेडकर, नारायण गुरु, सुब्रह्मण्य भारती, अय्यनकलि, अशफाकुल्लाह खाँ, सावित्री बाई, बिरसा मुंडा, महादेवी वर्मा, भगत सिंह, काजी नजरुल इस्लाम, सूर्यसेन और कई स्थानीय महापुरुषों की छवियों को सम्मिलित करते हुए भारत की व्यापक अवधारणा और भारत को जोड़ने के लिए आंदोलन हो रहे हैं। हिंदी क्षेत्रों में खासकर प्रेमचंद, निराला, नागार्जुन, मुक्तिबोध, रेणु आदि के नाम लिए जा सकते हैं। एक समावेशी मन बनाने के लिए कई स्तरों पर कोशिशें हो रही हैं, हालांकि अवरोधों की कमी नहीं है।

हमें कहना होगा कि बंधुत्व, स्वतंत्रता और न्याय को इस युग के चरम मूल्य के रूप में स्वीकार करके ही भारतीय राष्ट्र का पुनर्निर्माण संभव है, समाज को विघटित करते हुए कट्टरता की राहों पर चलकर नहीं।

गांधी और अंबेडकर : दूरियों के बावजूद

गांधी बनाम अंबेडकर के मुद्दे पर पुनर्विचार होना चाहिए। इनके रिश्तों को एकतरफा व्याख्या से बाहर लाने की जरूरत है। गांधी से अंबेडकर की असहमति

थी। लेकिन असहमति का अर्थ विचारधारा के विपरीत ध्रुव पर खड़ा होना नहीं है– शत्रु होना नहीं है।

कई बार सुभाषचंद्र बोस के फौजी राष्ट्रवाद का समर्थन करते हुए या अंबेडकर का समर्थन करते हुए गांधी पर अंधे आरोप लगाए जाते हैं। इसी तरह गांधी के अंध–समर्थन में बहुत कुछ कहा जाता है। आजादी के लिए लड़ने वालों को खलनायक बना देने या नायक पूजा की प्रवृत्तियों ने देश की क्षति की है। भावावेग प्रधान या सीमित तथ्यों के आधार पर अंध–आरोप या अंध–समर्थन को मूल्यांकन नहीं कहा जा सकता।

किसी ऐतिहासिक व्यक्तित्व, किसी खास सांस्कृतिक निर्माण या समाज के एक हिस्से का विशेष अध्ययन हो सकता है। खंड–खंड अध्ययन से कई दबे तथ्य या छिपी बातें ज्ञात होती हैं, लेकिन खंड–खंड अध्ययन और खंडित अध्ययन में फर्क है। खंडित अध्ययन मिथ्या विभाजन पैदा करता है, प्रतिकूल तथ्यों को छिपाता है और तब वह अध्ययन नहीं होता, रंग पोता जाता है।

यह जरूरी है कि दो बड़े व्यक्तित्वों की सिर्फ दूरियों को नहीं, उनके संबंधों को भी समझा जाए। बी.आर.अंबेडकर ने जब पहली बार 1935 में अपने धर्म परिवर्तन की बात कही तो जमना लाल बजाज ने 4 मार्च 1936 को एक कार्यक्रम में गांधी से उनकी राय जाननी चाही। गांधी ने कहा, 'अंबेडकर की जगह अगर मैं होता तो मुझे भी उतना ही क्रोध आता।' उन्होंने इसी साल 21 मार्च के 'हरिजन' में लिखा, 'ऐसे समय में (सवर्ण) सुधारकों का अपना हृदय टटोलना जरूरी है।' निम्न जाति के लोगों के मन में पैदा हो रही कटुता के संदर्भ में गांधी कहते थे, 'इसके लिए जिम्मेदार हिंदू लोग हैं, हिंदू धर्म नहीं।' गांधी ने दलित और सवर्ण के बीच विवाह का समर्थन किया था।

अंबेडकर ने दलितों के अधिकार की बात की, तो गांधी ने सवर्णों को उदार बनाने में एक बड़ी भूमिका निभाई। यदि अंबेडकर ने छुआछूत को 'अपराध' और गांधी ने उसे 'पाप' कहा तो दोनों बातों को एक–दूसरे का विपरीत समझना गलत है। गांधी और अंबेडकर दोनों ही जाति भेदभाव के विरोधी थे। दोनों व्यक्ति शांतिपूर्ण आंदोलन, बौद्धिक स्वतंत्रता और अल्पसंख्यकों की सुरक्षा में विश्वास करते थे। निश्चय ही दोनों में कुछ कमियां थीं और दोनों ही कुछ चीजों को समग्र परिप्रेक्ष्य में देख नहीं सके थे।

गांधी ने अंततः वर्ण व्यवस्था और 'मनुस्मृति' का मदुरई की एक सभा में खुलकर विरोध किया। (मदुरई में भाषण की रिपोर्ट, गांधी वाङ्मय, खंड 35)। कहने की जरूरत है कि नए परिदृश्य में अंबेडकरवादियों को वंचितों, दलितों और मुसलमानों के संदर्भ में गांधी की चिंताओं को सकारात्मक दृष्टि से देखना चाहिए। क्या आज कोई उसके बारे में जिससे असहमत है, उस तरह सोच सकता है जैसा गांधी प्रेम और आदर के साथ अंबेडकर के बारे में सोचते थे? देख कर दुख होता है कि इस देश में असहिष्णुता पर धार्मिक फासीवादियों का एकाधिकार नहीं है।

अंबेडकर के नाम गांधी का पत्र

किसी समय राजनेता एक-दूसरे को पत्र लिखते थे, वे सीधा संवाद रखते थे। गांधी ने 6 अगस्त 1944 को सेवाग्राम से अंबेडकर को पत्र लिखा था, 'हिंदू-मुस्लिम प्रश्न मेरे लिए जीवन पर्यंत चलने वाला प्रश्न है। कभी मुझे लगता था कि इस प्रश्न का हल हो जाएगा और भारत की राजनीतिक कठिनाइयां दूर हो जाएंगी। अनुभव से ज्ञात हुआ कि यह आंशिक रूप से सत्य है। अस्पर्श्यता का विरोधी तो मैं बचपन से था। लेकिन मेरे लिए यह धार्मिक और सामाजिक सुधार का प्रश्न है। हालांकि इसका राजनीतिक महत्व स्थापित हो चुका है, (पर) इसका धार्मिक और सामाजिक मूल्य भी मेरे लिए है। मैं अच्छी तरह जानता हूँ कि आपके और मेरे विचार इस संबंध में अलग-अलग हैं। मैं यह भी जानता हूँ कि देश की व्यापक राजनीति के संदर्भ में भी हम भिन्न दृष्टिकोण रखते हैं। मुझे अच्छा लगेगा, यदि उपर्युक्त दोनों ही प्रश्नों (हिंदू-मुस्लिम तथा जातिभेद) पर हम सोच की सामान्य भूमि बना सकें। मैं आपकी व्यापक क्षमता से परिचित हूँ। मुझे अच्छा लगेगा, यदि मैं आपको सहयोगी के रूप में पा सकूं और हम साथ मिल कर काम कर सकें। मैं अपनी असफलता स्वीकार करता हूँ कि मैं आपकी निकटता हासिल न कर सका। यदि आप मुझे बता सकें कि हमारे मिल कर चलने की सामान्य भूमि क्या हो सकती है, तो मैं उस पर जरूर विचार करूंगा। फिलहाल मैं वर्तमान दुर्भाग्यजनक मतभेद मिटाने के लिए मेलमिलाप की आशा में हूँ।' (कलेक्टेड वर्क्स ऑफ गांधी, खंड 84)। उसी तरह से अतिवाद के त्याग और मेल-मिलाप तथा साझा संघर्ष की उम्मीद आज भी की जा सकती है।

अंबेडकर ने भारत के संविधान में जनता की जिन आशाओं और आकांक्षाओं को मूर्त किया है, उनके निर्माण में गांधी के नेतृत्व में चले अहिंसक स्वाधीनता

संग्राम की ऐतिहासिक भूमिका है। गांधी ने जिन चीजों को आध्यात्मिक नैतिकता के स्तर पर देखा था, उन्हें अंबेडकर ने संवैधानिक नैतिकता का रूप दिया। गांधी और अंबेडकर की सिर्फ दूरियों को देखना और संबंधों को खारिज करना आत्मघात है। आज कहा जाना चाहिए कि अंबेडकर पर आक्रमण गांधी पर आक्रमण है तो गांधी पर आक्रमण भी अंबेडकर पर आक्रमण है। विचारों की दुनिया में मतभेद होते हैं, पर घृणा फासीवाद की संतान है।

पिछले 50 सालों में दुनिया भर में कई आशाएं भ्रम साबित हुई हैं। कई सपने टूटे हैं और दुःस्वप्न छाए हैं। पहले के दिखाए गए रास्ते, चाहे वे मार्क्स के हों, गांधी के हों, अंबेडकर के या अन्य किसी के हों, वे अब टूट-फूट गए हैं। हम इस छोर से उस छोर तक एक विस्तृत बाजार में खड़े हैं। इसका यह अर्थ नहीं है कि उन सभी महापुरुषों की खोज, उनके सपने और उनकी लड़ाई व्यर्थ थी या उनके सभी वैचारिक औजार बीती चीजें हैं। मामला सिर्फ यह है कि उनके किसी भी कथन को पर्याप्त नहीं समझ लेना चाहिए और आज की टकराहटों को उस युग की टकराहटों में सीमित करके देखना उचित नहीं है। आज की चुनौतियां नई हैं तो संघर्ष के रास्ते भी नए होंगे, बल्कि विविध भी होंगे।

वर्तमान अर्थव्यवस्था में नैतिकता

भूमंडलीकरण के संपर्क में वर्तमान अर्थव्यवस्था ने अपना सीमाहीन आधुनिकीकरण कर डाला है, फिर भी अनिश्चयता छाई हुई है। अर्थव्यवस्था बेसंभाल है, वह फिलहाल वेंटिलेटर पर है। हाल के आंकड़े के अनुसार, 1 प्रतिशत व्यक्तियों के पास नीचे से 95.3 प्रतिशत आबादी की समूची संपदा से दरअसल चार गुनी अधिक संपत्ति इकट्ठी हो गई है। दुनिया के सिर्फ 2153 अमीर व्यक्तियों के हाथ में सबसे निम्न आर्थिक स्तर के 460 करोड़ लोगों की संपत्ति से अधिक संपदा आ गई है। यह विषमता नई सभ्यता पर दाग है।

इस समय उच्च तकनीक से सुसज्जित अर्थव्यवस्था सभी पर हावी है। पुराने पेशे चल नहीं पा रहे हैं। नए रोजगारों का सृजन बहुत कम हो रहा है, बेकारी बढ़ रही है। 'गोदान' के खन्ना के मिल जैसी हालत है। गोबर तथा दूसरे मजदूर हड़ताल करते हैं तो उनसे आधे वेतन पर काम करने के लिए बेकारों की दुगुनी फौज टूट पड़ती है। सब आपस में लड़ने लगते हैं!

पूंजीवाद की चरम सफलता है गरीबों को भी गरीबों की लूट-मार के लिए तैयार कर देना, अरबपतियों तक विरोध पहुंचने न देना। अब किसी स्त्री या कमजोर पर अत्याचार होता है तो लोग चुपचाप देखते रहते हैं या पहले यह जांचते हैं कि अपने धर्म का है या दूसरे धर्म का, अपनी जाति का है या दूसरी जाति का। यह संसार को लोकतंत्र से ही विच्छिन्न करना नहीं है, उसे प्रेमविहीन कर देना भी है।

एशियाई देशों में लोकतांत्रिक चेतना में रुचि का स्तर हमेशा नीचे रहा है। भारत में लोकतंत्र '22 घंटे की रात और 2 घंटे के दिन' की तरह जाता-आता रहा है। इकोनामिक इंटेलिजेंस यूनिट की एक रिपोर्ट के अनुसार 2019 के लोकतंत्र-सूचक में भारत पहले से 10 स्थान नीचे आकर 165 देशों में अब 51 वें स्थान पर है। इसका अर्थ है, इन दिनों लोकतांत्रिक परिवेश में फिर ह्रास आया है। असहमति की स्वाधीनता तरह-तरह से खत्म हो रही है। आपातकाल के दौरान व्यक्ति इंडिया हुआ करता था, अब राजनीतिक पार्टी इंडिया है। हम एक बुरे दौर में हैं और एक आभासी लोकतंत्र में जी रहे हैं।

यह भी देखा जा सकता है कि बाजार-अर्थव्यवस्था ने आदमी की जीवन शैली और सोच से नैतिकता को किस तरह बाहर कर दिया है। अपना लक्ष्य हासिल करने के लिए भ्रष्ट आचरण अब स्वभाव का हिस्सा है। समाज में गिरने की होड़ है। सवाल उठता है, विषमता बढ़ाती वर्तमान अर्थव्यवस्था, लोकतंत्र के क्षय और नैतिकता की तिलांजलि के बीच क्या एक गहरा संबंध है और क्या यह ग्लोबल मामला है?

वर्तमान अर्थव्यवस्था की ताजा खूबी यह है कि सरकार के बड़े लोग आधा व्यापारी और बड़े व्यापारी आधी सरकार हैं। दोनों ने मिल कर मानवीय मूल्यों और संवेदना पर जिस तरह का संकट पैदा कर रखा है, उसे 'उत्तर-सभ्यता' कहा जा सकता है। लोग इसे सह रहे हैं, बदलाव की प्रतीक्षा कर रहे हैं और किसी-किसी जगह चीख भी रहे हैं।

समाज में इतनी हिंसक अर्थव्यवस्था पहले कभी नहीं थी। अर्थशास्त्र के नए नोबेल विजेता अभिजित बैनर्जी नई अर्थव्यवस्था का समर्थन करते हुए कहते हैं, 'इसमें गरीबी नाटकीय ढंग से कमी है, इधर की मंदी में भले उसकी रफ्तार धीमी हुई हो।' देखा जा सकता है कि अमीरी उससे ज्यादा नाटकीय ढंग से बढ़ी है। यह

बिलकुल नहीं बताया जाता कि वर्तमान मंदी से बहुराष्ट्रीय व्यापारियों का कुल लाभ घटा है या बढ़ा है, उनकी कुल संपत्ति घटी है या बढ़ी है। आज के आर्थिक चिंतक सरकारों को रामबाण अर्थशास्त्र देते हैं, पर शायद ही रोजगार, शिक्षा और स्वास्थ्य के क्षेत्रों को बुरी दशा से बाहर निकालने की दवा किसी के पास हो। दरअसल ये सभी पानी को छुए बिना मछली पकड़ना चाहते हैं!

फिर एक महान भारतीय सिंथीसिस की जरूरत है

गांधी का एक प्रसिद्ध कथन है, 'पृथ्वी के पास सभी की जरूरतें पूरी करने के लिए पर्याप्त सामग्री है, लेकिन किसी एक के भी लालच के लिए निश्चय ही नहीं।' दुनिया में लालच बढ़ा है और लालच पर आधारित व्यवस्था में भय बढ़ता है। एक भयमुक्त समाज के लिए लालच को कम करना होगा और गांधी के महत्व को समझना होगा। यह एक विडंबना ही कही जाएगी कि पिछले दिनों गांधी को रास्ते के कूड़े की सफाई के लिए 'स्वच्छ भारत' में सीमित कर दिया गया, दिमाग को कई गंदगियों से भरकर!

यदि अलगाववाद के विरुद्ध अलगाववाद ही मुख्य राजनीतिक हथियार हो और आम लोग असहाय हों तो देश कैसे बचेगा? घटना यह है कि राष्ट्र संवेदनहीन होता गया है। नेता अपराधी और अपराधी नेता बनते गए हैं। घरेलू उपनिवेशन के भीतर नए उपनिवेश बनते रहे– बहुपरतदार उपनिवेश! 'हम–वे' में 'हम' लगातार खंडित होता गया। 'वे' का कई टुकड़ों में विस्तार हुआ। उच्च लक्ष्यों को हाशिए पर ठेल कर संकीर्णता पनपी। इधर तेजी से दी जा रही छूट और खैरात भुलावा हैं। आर्थिक मुद्दों पर खोखले शब्दों से जनता को धोखा दिया जाने लगा है। बगुला एक पक्षी नहीं, राजनीतिक संस्कृति बन गया है।

मुश्किल है कि जो संविधान के अनुसार काम करने की शपथ लेते हैं, वे संविधान की जगह अपने राजनीतिक विश्वास या निजी स्वार्थ के अनुसार काम करने लगते हैं। इससे संविधान की आत्मा बार–बार घायल होती है।

देखा जा सकता है कि 21वीं सदी में व्यक्तिवाद बढ़ा है, आत्मप्रदर्शन बढ़ा है और सुख–सुविधाओं की चाह बढ़ी है। सुख के पीछे दौड़ने वाला व्यक्ति तर्क या आदर्श की परवाह नहीं करता। वह एक न एक तरह की हिंसा का रास्ता चुनता है। प्रसाद ने 'कामायनी' में सचेत किया था, 'अपने में सब कुछ भर कैसे व्यक्ति

विकास करेगा/यह एकांत स्वार्थ भीषण है अपना नाश करेगा।' आज हम नाश के कगार पर खड़े हैं, भले चारों तरफ सभ्यता के रंगीले दृश्य हों।

गांधी एक 'महान भारतीय सिंथीसिस' थे- कई संस्कृतियों और विचारों में राष्ट्रीय सामंजस्य बना कर काम करनेवाले। वे सभी धर्मों, जातियों और तबकों को अपनी ऐतिहासिक सीमा में जोड़ रहे थे। इसके अलावा, वे व्यक्तिवाद के जबर्दस्त विरोधी थे। वे मन से चाहते थे कि देश के लोग निर्भय हों। इसलिए वे देश की एक बड़ी 'नैतिक शक्ति' बन कर उभरे। उन्होंने जो 'भारतीय विजन' दिया, उसका संबंध भारत के अस्तित्व और उसकी आत्मा से है।

यदि आजादी के लिए पहले सत्याग्रह में एक महान भारतीय सिंथीसिस की जरूरत थी और वह बनी थी तो यह समझने की जरूरत है कि धार्मिक कूपमंडूपता, जातीय घृणा और सामाजिक भेदभाव के विरुद्ध वर्तमान लड़ाई में भी उसकी जरूरत है।

दरअसल जब अपना-अपना सत्य बनने लगता है तो अपने-अपने झूठ की दीवार भी खड़ी होने लगती है। इस देश में यदि 'साझा जीवन-साझी संस्कृति' एक वास्तविकता है, तो सत्य की बहुलता के बावजूद 'साझा सत्य-साझा सत्याग्रह' भी संभव है। इसी से सच्चा राष्ट्र बन सकता है। जरूरत इसकी है कि 'अपनी डफली-अपना राग' की जगह 'हमारी डफली-हमारा राग' हो, क्योंकि हिंसा और वंचना का मुकाबला तभी संभव है। देश तभी बच पाएगा!

मार्च 2020

महामारी और नागरिक परिसर

1918 में भारत में स्पेनिश फ्लू नाम से आई महामारी ने भारतीय स्थितियों में दो बड़े परिवर्तन ला दिए थे। एक, इसने दमनमूलक अंग्रेजी राज के प्रति लोगों के मन में असंतोष भर दिया था, जिससे प्रथम सत्याग्रह आंदोलन के लिए जमीन मिली।

दूसरे, देश में एक अनोखा नजारा देखने को मिला था। कई धार्मिक और जाति-केंद्रिक संगठन भेदभाव से ऊपर उठकर जगह-जगह राहत कार्य करते नजर आए। उन्होंने दवाखाने खोले, शव हटाए और शव-संस्कार की व्यवस्था की। उन्होंने हास्पिटल बनाए, चंदा संग्रह करके कपड़े, भोजन और दवाएं बांटीं। उस दौर की एक रिपोर्ट के अनुसार, 'भारत के इतिहास में पहले ऐसा कभी नहीं हुआ। महामारी में समाज के शिक्षित और प्रतिष्ठित लोग बड़ी संख्या में सामने आए। उन्होंने अपने गरीब देशवासियों को उनके इस दुख के समय मिलकर मदद दी।' यह एक अनोखे नागरिक परिसर के उभरने का संकेत है। उसी समय 'समाज सेवा' शब्द लोकप्रिय हुआ। लोग धर्म के दायरे से बाहर निकलने लगे और जातियों की दीवारें टूटने लगीं- नागरिक परिसर के बनने में तेजी आई। 1918 की महामारी भारत के लिए एक बड़ी विपत्ति थी, जो नए रास्ते भी खोल गई।

मई 1918 में प्रथम विश्वयुद्ध से लौटे सैनिक बंबई बंदरगाह में महामारी का वायरस लेकर आए थे। अंग्रेजों ने सख्ती करने के साथ-साथ राहत कार्य से प्राय: हाथ झाड़ लिया था। महामारी के उस दौर में देश के लोगों को उनके हाल पर छोड़ दिया गया था। गांधी उस समय साबरमती आश्रम में थे और कई आश्रमवासियों सहित खुद बुखार से पीड़ित थे। उन्होंने स्वीकार किया है, 'जिंदा रहने की सारी रुचि मिट गई थी।' उन्होंने अपना बड़ा बेटा खो दिया था। उन्हीं दिनों निराला ने

गांव में अपनी पत्नी सहित परिवार के कई व्यक्तियों को खो दिया था और गंगा में बहती लाशें देखी थीं। कोई आश्चर्य नहीं, यदि महामारी ने भी छायावादियों के'आकाश-से उन्मुक्त मन'की रचना में एक प्रेरणा का काम किया हो।

महामारियां सिर्फ विनाश नहीं लातीं

बाल गंगाधर तिलक ने 'केसरी' (22 अक्तूबर 1918) में सवाल उठाया था, 'बड़े शहरों में डाक्टर, स्वयंसेवक और अस्पताल की व्यवस्था है भी, पर ये सुविधाएं गांवों में कैसे पहुंचेंगी? क्या यह उचित नहीं है कि सरकार चलायमान दवाखानों की व्यवस्था करे?' उस समय बंबई के कई बड़े लोग और अफसर बर्फीले पहाड़ों पर आनंद के लिए चले गए थे। इसपर 'यंग इंडिया' ने व्यंग्य किया था, 'जनता को ईश्वर की कृपा पर छोड़ दिया गया है।' तिलक ने 1896-97 की महामारी के समय भी औपनिवेशिक दमन की तीखी आलोचना की थी। उस समय सावित्री फुले की जान प्लेग के शिकार एक युवक की जान बचाने के दौरान गई थी। वे उसे अपनी पीठ पर लाद कर सेवा के लिए खोली गई क्लिनिक में ले आई थीं। उस दौर में भी महामारी ने सामाजिक स्वयंसेवकों को धर्म और जाति-दृष्टियों से ऊपर उठाया था।

तिलक ने 1918 की महामारी के दौरान चिंता व्यक्त की, 'आम लोगों का यथार्थ शुभेच्छु कौन है? इस समय भारत के विभिन्न समुदायों में परस्पर प्रेम है या घृणा? पिछड़ी जातियों (अस्पृश्यता के कारण सबसे ज्यादा इनके लोग मारे जा रहे थे) की देखभाल कौन कर रहा है? क्या भारत के लोगों में इस समय अपनी जिम्मेदारी का बोध है और इतनी ऊर्जा है कि वे खुद कुछ काम अपने हाथों में लें और उन्हें पूरा करें और कितने लोगों में इस जिम्मेदारी का बोध है?' (केसरी, 1918)। ये सारे प्रश्न एक हिंदू नेता के हैं, जिनसे शायद ही बड़ा हिंदू आज कोई हो।

देखा जा सकता है कि 20वीं सदी के उन आरंभिक दशकों में किस तरह स्वत:स्फूर्त राहत कार्यों और समाचार पत्रों में औपनिवेशिक व्यवस्था की आलोचना के बीच से एक उदार नागरिक परिसर बनने लगा था।

सवाल हैं, 2020-21 की कोरोना महामारी के दौरान जन्मे जन-असंतोष से कौन से नए परिवर्तन आएंगे, उदार नागरिक परिसर कितना विस्तृत होगा और

राष्ट्रीय पुनर्निर्माण के पथ क्या होंगे? कहा जा सकता है कि महामारियां सिर्फ विनाश नहीं लातीं, जीवन की नई राहें भी खोलती हैं।

समुदाय और नागरिक परिसर में फर्क

हम देख सकते हैं कि आपस में विभाजित आमलोगों के एक उदार लोकवृत्त या नागरिक परिसर में बदलने का लंबा इतिहास है। इसका संबंध साझी संवेदना और साझे ज्ञान से है, दिमाग के संकीर्ण घेरेबंदियों से निकलने से है और 'पिछले कलंक- वर्तमान संकट' को समझकर निर्माणात्मक उद्देश्यों की ओर बढ़ने से है। छोटे-छोटे समुदायों के- वे चाहे धार्मिक हों, चाहे जातिगत हों या जातीय समुदाय हों- उनके अपने खास नियम, आदर्श, आराध्य हो सकते हैं। पर सिर्फ आधुनिक युग में नहीं, बल्कि पहले भी भारतीय साझापन की खोजें हुई हैं। निश्चय ही पहले भी भेदभाव और वर्चस्व की व्यवस्था कम शक्तिशाली नहीं थी। फिर भी जब भक्ति आंदोलन चल रहा था, 'सारी नदियों के एक समुद्र में मिलने का भाव' फैल रहा था। भक्ति एक साझी अनुभूति थी। एक ही धर्म में शैव-वैष्णव मतवादी संघर्ष और अन्य कई तरह के सांप्रदायिक संघर्ष थे। वे धार्मिक सत्ता संघर्ष के खेल थे, फिर भी भक्ति की भूमि पर साझापन बन रहा था।

चिंताजनक यह है कि 21वीं सदी में 'भारतीय साझापन' की जगह पुराना 'सामुदायिक भेदभाव' प्रबल होता जा रहा है और उदार नागरिक परिसर का निर्माण महामारी तक के दौर में गत्यावरोध का शिकार रहा है।

समुदाय और नागरिक परिसर (पब्लिक स्फीयर) में फर्क है। समुदाय में कोई आदमी स्वेच्छा से शामिल नहीं हो सकता, वह ब्राह्मण या दलित जाति समुदाय हो, बंगाली या मराठी जातीय समुदाय हो या नगा जनजातीय समुदाय। समुदाय में निजी इच्छा या व्यक्तिगत स्वतंत्रता कोई मायने नहीं रखती। हर समुदाय विशिष्ट है। वह व्यक्ति पर समूह को प्रधानता देता है। उसमें अपनी विशिष्टता और 'दूसरे' से पृथकता का बोध होता है, भले हमेशा कठोरता न हो। समुदाय की एक खूबी है कि इसके लोगों की आपस में सहज निकटता होती है, जैसे- तोता तोते के साथ या कौवा कौवे के साथ उड़ता है। समुदाय से बंधे लोग एक धर्म, एक जाति, एक जातीयता या भाषा के होते हैं। समुदाय आदमी को आकर्षित करता है, शरण देता है, सहानुभूति रखता है और निचोड़ लेता है।

19वीं सदी से आरंभ नवजागरण काल में समुदाय पिघलकर समाज बनने लगे थे। बिना अपना-अपना समुदाय छोड़े भी लोग एक आम नागरिक परिसर तैयार करने में लगे हुए थे। यह 'भारतीय राष्ट्र' में पुनर्गठित होने का एक नया अनुभव था। क्या हम आज उस अनुभव से गुजर पा रहे हैं?

नागरिक परिसर एक गतिशील जगह है। इसमें सभी को शामिल होने की स्वतंत्रता है। इसमें निजी इच्छा और व्यक्तिगत स्वतंत्रता के मायने हैं। कानून की नजर में भी सभी समान होते हैं। भेदभाव नहीं किया जा सकता, यदि कानून का पालन हो रहा हो। समुदायों के खुलेपन, गतिशीलता, अंतर्विलयन और एक सार्वजनिक क्षेत्र के निर्माण से बृहत्तर समाज अस्तित्व में आता है। समाज में ऐसा कॉमन प्लेस एक बड़े मन से बनता है। यह जागरूक और दायित्वशील लोगों की जगह है, जहां असहमति के प्रति आदर होता है। समाज झुंड से एक अलग जगह है, जहां 'उन्माद' की जगह 'बुद्धिपरक सोच' की प्रधानता होती है। आज हमारे समाज में 'कामन प्लेस' कितना बचा है?

आखिर संकीर्णताओं के शिकंजे से कितना बाहर निकला हमारा पब्लिक स्फीयर

21वीं सदी की महामारी के दौर में आम लोग 'ईश्वर की कृपा' पर ज्यादा छोड़ दिए गए। राष्ट्र-राज्य ने लापरवाहियां बरतीं। हर महामारी की तरह इस महामारी में भी अंधविश्वासों का प्रचार जमकर हुआ। गोमूत्र पीने, गोबर से नहाने और यज्ञ करने को कहा गया। एक आयुर्वेद कंपनी ने कोरोना के उपचार का भ्रम फैलाकर अपनी दवा का बिजनेस किया। इस बार अंग्रेजों का राज न था, फिर भी हर तरफ एक लावारिसपन देखने को मिला। इस बार भी गंगा में लाशें बहीं। ऐसे उदाहरण सामने आए कि सरकारी तौर पर लाशें जलाने की लकड़ियों के लिए जो पैसे मिले थे, उनके लालच में दायित्वप्राप्त लोगों ने लाशें जलाने की जगह उन्हें नदी में बहा दिया। निजी अस्पतालों के बेड नोट छापने वाली मशीन बन गए। महामारी की दूसरी लहर के समय दुनिया के किसी भी विकसित देश की तुलना में भारत में अमानवीयताओं के अधिक घृणित रूप सामने आए।

इसमें संदेह नहीं कि अमानवीयताओं के समुद्र में परदुखकातरता और दयालुता के भी कई द्वीप थे। अनगिनत डाक्टरों और चिकित्सा-कर्मियों ने अपनी जिंदगी

दांव पर लगा दी थी। सिखों ने आगे बढ़कर सेवा की, लेकिन धनाढ्य मंदिर और मस्जिद पत्थर बने रहे। निजी स्तर पर संस्थाओं, गली-मुहल्लों के लड़कों-लड़कियों ने जरूरतमंदों को भोजन पहुंचाया। सभी धर्मों के आम नागरिक आगे आए। लेकिन ज्यादातर फिल्मी हीरो-हिरोइनें और अमीर खिलाड़ी छिपे रहे। खैर, जो आगे आए उन्होंने सेवा करते हुए किसी का धर्म नहीं पूछा, जाति नहीं पूछी। इस बार भी मानवता की नदियां सूखी नहीं थीं, लेकिन आम स्वयंसेवक आक्सीजन, वेक्सिन और बेड तो नहीं जुटा सकते थे! धधकती चिताओं की कतारों ने भारत की अंतरात्मा को हिला दिया। देखने की जरूरत है कि संकीर्णताओं के शिकंजे से आखिरकार हमारा पब्लिक स्फीयर कितना बाहर निकल पाया?

महामारी की भयंकरता के बावजूद आज भी विज्ञान की तुलना में धर्मांधता ज्यादा बड़ी सामाजिक शक्ति है। कोरोना से लड़ने के लिए जिस वैज्ञानिक और नागरिक मानस की जरूरत है, उसे पिछले कुछ दशकों से किस बुरी तरह ध्वस्त किया गया है, यह हमने देखा है। कोरोना महामारी का सबक है, आम लोगों के मानस को वैज्ञानिक और लिबरल बनाया जाए। इस समय जो जन-असंतोष है, उसके भीतर से ऐसे उदार मानस का कितना निर्माण हो रहा है, यह आत्मनिरीक्षण का मामला है।

नागरिक परिसर के समक्ष चुनौतियां

सवाल सिर्फ हिंदी जनमानस का नहीं है। वह इतिहास में सबसे ज्यादा छला गया है और वस्तुत: अपनी सांस्कृतिक महानताओं से सबसे अधिक विच्छिन्न कर दिया गया है। हमारा ध्यान व्यापक नागरिक परिसर के समक्ष उपस्थित चुनौतियों की तरफ जाना चाहिए। चिंताजनक यह है कि इतनी भयंकर महामारी के दौर में भी 'भारतीय साझापन' और 'उदारवाद' को लेकर गंभीरता दिखाई नहीं पड़ी है। देशबोध पर किस्म-किस्म की स्वार्थपरता भारी है। देश की विविधता स्वार्थपूर्ण भिन्नता में बदलती जा रही है। विविधता एक शक्ति तभी बन सकती है, जब उसमें समावेशी अखंडता हो। उन्माद की जगह भावनात्मक बुद्धि की प्रधानता हो। आखिरकार कहीं पर तो हिंदू-मुसलमान, तमिल-बंगाली-हिंदी-मराठी, ब्राह्मण-पिछड़ा-दलित आदि की झुंड वृत्ति से मुक्त

कॉमन प्लेस हो। किसी जगह तो हम अतीत के कीचड़ से बाहर निकलें और वहां से सिर्फ लोकमंगल की चीजें चुनें।

देखा जा रहा है कि बड़ी बारीकी से मानवता, धर्मनिरपेक्षता और नागरिक-परिसर की धारणाएं पृष्ठभूमि में जा रही हैं। एक नया परिदृश्य बन रहा है, महासंकीर्णता कई अन्य संकीर्णताओं को उभार रही है। उदारवाद बीमार है और संकट में है। ऐसे में सबसे बेचैन करनेवाला प्रश्न यह है कि विविधता का स्वार्थपूर्ण भिन्नता से अलग नैरेटिव कैसे बने और इसके लिए कैसे बौद्धिक-सामाजिक सुधार जरूरी हैं?

सौ साल पहले भी भारत एक मृत्यु-आंधी से, एक महामारी से बाहर निकला था। उसमें आज से बहुत-बहुत ज्यादा डेढ़ करोड़ लोग मारे गए थे। पर उसके भीतर से देश जैसे किसी नींद से जगा था। उससे स्वाधीनता का नया जज्बा पैदा हुआ था। इस बार भी महामारी को जाना होगा। पर सवाल है, हम कैसे भारत की अगवानी के लिए खड़े हैं?

नागरिक परिसर में बुद्धिजीवी

भारतीय समाज में मानुष भाव, नागरिक भाव या भारतीय उदारवाद का विघटन क्यों हुआ। इसके लिए एलीट बुद्धिजीवी और उदारवादी राजनीतिज्ञ खुद कितने जिम्मेदार हैं, इस पर भी सोचने की जरूरत है। कई बार जरूरी होता है अपनी पुरानी मूर्ति के बाहर आना- उसे तोड़कर! निश्चय ही हमारी सोच पर अभी इतनी फंफूद नहीं है कि यह असंभव हो।

प्रेमचंद ने कहा था, 'इंटेलेजेंसिया में जो भी शक्ति आती है वह जनता से आती है।' आज हाल यह है कि बुद्धिजीवियों में जो भी शक्ति आती है, वह सत्ता के गलियारों से आती है या विदेशी फंड या बूकर जैसे व्यावसायिक पुरस्कारों से।

लेखक या बुद्धिजीवी नागरिक परिसर के प्रमुख अंग हैं, बल्कि वे इसके प्रवक्ता की हैसियत रखते हैं। निश्चय ही हमेशा नहीं, क्योंकि आम नागरिक कई बार बुद्धिजीवियों को सुनना बिल्कुल बंद कर देते हैं। लोक और बुद्धिजीवी के बीच विपरीतमुखी संबंध हो जाता है। इस पर सोचने की जरूरत है कि पिछले 3-4 दशकों में नागरिक परिसर के चरित्र में कैसे बदलाव आए, इस परिसर में स्वतंत्र बुद्धि का विकास कितना हो सका और बुद्धिजीवी इस परिसर में हाशिये पर क्यों हैं।

एक लोकतांत्रिक देश में कई धर्मों, वर्गों और जातियों के बीच लोकवृत्त या नागरिक परिसर जरूरी है, क्योंकि ऐसी जगहों के बिना विभिन्न विचार के लोगों के बीच संवाद और आम सहमति या असहमति का निर्माण संभव नहीं है। लोकतंत्र में नागरिक परिसर को उदार वातावरण का चिह्न माना जाता है। हालांकि इसपर संदेह भी व्यक्त किया गया है कि 21वीं सदी में क्या कोई मुखर और सक्रिय नागरिक परिसर संभव है।

अब काफी हाउस या पहले-से अड्डों की जगह डिजिटल संवाद ने ले ली है। सिटिजन नेटजन बन गए हैं। मनुष्य में अपनी अस्मिता को अधिकाधिक अपृथक समझने या समावेशी बनाने की जगह धर्म या जातियों के आधार पर पृथक्करण और स्वकेंद्रिकता की प्रवृत्ति प्रबल हुई है। संवाद की जगह आरोप-प्रत्यारोप ज्यादा घटित हो रहे हैं। पैसे के बल पर जनमत-प्रबंधन ज्यादा सुगम हुआ है। लोकतंत्र की तुलना में व्यापार और बाजार के विस्तार की तरफ झुकाव ज्यादा है। व्यापारिक हितों के सामने लोकहित के मुद्दे गौण हैं। आमतौर पर लोगों को स्वतंत्रता की जगह रोबोट सी एक-न-एक गुलामी मंजूर है। उनके सामने सवाल हैं- स्वतंत्रता चाहिए या रोजगार? स्वतंत्रता चाहिए या आधुनिक सुविधाएं? स्वतंत्रता चाहिए या राहत? इस तरह 21वीं सदी में अंग्रेजों के समय का 18वीं-19वीं सदी का वातावरण तैयार हो रहा है।

असहमति, प्रतिवाद और विरोध के विमर्श बिखरे हुए हैं

अंग्रेजी राज के समय की तुलना में रामायण-महाभारत के समय को सामने रखते हुए प्रेमचंद ने एक जगह लिखा था, 'लंका में विभीषण ने अपने भाई रावण के खिलाफ रामचंद्र की मदद की थी, मगर विभीषण पूरी आजादी के साथ रहता था। रावण को कभी साहस नहीं हुआ कि वह विभीषण का एक बाल भी बांका कर सके। आज लड़ाई के जमाने में इस तरह का राजद्रोह कोर्ट मार्शल का कारण बन जाता। विदुर कौरवों से वजीफा पाता था, लेकिन ऐलानिया पांडवों का साथ देता था तो भी कौरवों ने यद्यपि वे कर्तव्य भावना से रहित कहे जाते हैं, इस निर्भीक स्पष्टता के लिए विदुर को मार डालने के योग्य नहीं समझा।' (विविध प्रसंग)।

भारत की विरासत पर गर्व करने वालों में आज रावण और कौरवों जितनी नैतिकता भी नहीं बची है। असहमति के सफायाकरण के लिए हर जगह साम, दाम, भेद और दंड के तरीके आम हो चुके हैं।

एक उदाहरण और रखने की इच्छा हो रही है, इसमें आज का परिदृश्य झलक सकता है। भक्ति आंदोलन ने अपने समय में लोकवृत्त तैयार किया था। 12वीं से 17वीं सदी के बीच भक्ति आंदोलन का रूप सर्वभारतीय हो चुका था। दक्षिण भारत में बसवण्णा, महाराष्ट्र में ज्ञानदेव, नामदेव, तुकाराम, पूर्व भारत में विद्यापति, चंडीदास, श्री चैतन्य, हिंदी क्षेत्र में कबीर, सूर, मीरा, तुलसी और जायसी के जमाने को जरा याद कीजिए। वह राजनीतिक तौर पर बड़ा अशांत, विद्वेष से भरा समय था और धार्मिक मामले में बड़ा ही पतित।

ब्राह्मण परंपरा धार्मिक मतांधता में जड़ हो गई थी तो श्रमण परंपरा भी अपने गौरव से गिरकर कई प्रतिस्पर्धी मतों और रीतियों में विभाजित थी। तंत्रवादियों, योगियों, शाक्तों आदि में ज्ञान का प्रति-अहंकार, उग्रता, बहिष्कारवाद और सुखवाद भरा हुआ था। इन्हें हाशिए के धार्मिक विमर्श या उत्तर-आधुनिक भाषा में 'सबाल्टर्न' कहा जा सकता है। एक तरफ महानता का दावा कर रही ब्राह्मण परंपरा में विद्वेष भरा था, कठोरता भरी थी। दूसरी तरफ असहमति, प्रतिवाद और विरोध के विमर्श बिखरे हुए थे। इनके अगुआ जितने आत्मलिप्त थे या भोगवाद में डूबे, उतने ही उग्र भी थे। जिधर देखो, कूपमंडूकता थी। जिधर देखो, आम लोग असहाय थे और विपत्तियों से घिरे थे। वैचारिक नवोन्मेष का अभाव था।

ऐसी कठिन घड़ियां चुनौतीपूर्ण होती हैं और निश्चय ही संभावनापूर्ण भी। हम बहुत कुछ आज जैसी स्थितियां उस काल के सामाजिक परिवेश में पाते हैं। ऐसे ही काल में भक्ति आंदोलन प्रेम और ज्ञान का एक नया संदेश देते हुए उभरा था। उसने असहमति और प्रतिवाद के लिए एक साझा परिसर तैयार किया जहां सच्ची अनुभूतियां थीं, भेदभाव नहीं था, बल्कि त्याग की भावना थी। सांस्कृतिक विनिमय के दरवाजे खुल गए थे। लचीलापन था, कट्टरवाद नहीं था। ईश्वर से मधुर एकात्मता की चाहत थी तो परदुखकातरता भी थी- वैष्णव जन तो तैने कहिए जे पीर पराई जाने रे!

वे सभी भक्त कवि एक-दूसरे को सामान्यत: आदर से देखते थे, भले उनकी धारा के न हों। श्री चैतन्य ने जयदेव (उड़िया), विद्यापति (मैथिली) और चंडीदास (बांग्ला) की सराहना की थी। जरा इस बड़े रेंज को देखिए। कई संतों सूफियों और

भक्तों की रचनाओं से बने 'गुरुग्रंथसाहिब' में 'दूसरे' का नामोनिशान नहीं है। वे सभी भक्त अपने समय के बुद्धिजीवी थे, भावजीवी थे। आज की भौतिकवादी दुनिया में भी उनकी चीजें प्रेरणादायक हैं।

20वीं सदी की शुरुआत में प्रेमाश्रम, शारदा सदन, सेवासदन, महिला एसोसिएशन जैसे नागरिक संगठन बन रहे थे। उस समय सफेद को काले से, न्याय को अन्याय से अलग करना आसान था, समाज में बहसें थीं। लोग जनदरदी थे। वर्तमान दौर में ऐसे नागरिक संगठन ज्यादा हैं, जो धंधे की जगहें हैं। मतवाद से ऊपर उठकर गरीबों, स्त्रियों, दलितों, आदिवासियों, अल्पसंख्यकों का भला करने के उद्देश्य से एनजीओ बना लिया, विभिन्न कंपनियों, अंतरराराष्ट्रीय संगठनों या सरकार से मैनेज करके अनुदान लिया और थोड़ा बांटा-ज्यादा खाया। ऐसी ही एनजीओ संस्कृति पर भगवानदास मोरवाल का उपन्यास 'नरक मसीहा' है। ऐसा नहीं है कि हर जगह ऐसा है या नागरिक परिसर में सब्रकुछ पाखंड है या सिर्फ ढुलमुलपन है। नई स्थितियों में ऐसे काफी प्रबुद्ध लोग हैं जो शांत नहीं हैं, न पस्त और न ही बौद्धिक रूप से दिवालिये।

नागरिक परिसर के बिना हम स्वतंत्र देश की कल्पना नहीं कर सकते

नागरिक परिसर से किया जाने वाला हस्तक्षेप कितना क्षणभंगुर है- कितना गहरा असर डालने वाला, यह राज्य के कुकृत्यों पर कितना खुलकर बोलता है- कितना छानकर, यह डिजिटल प्रबंधन का कितना शिकार है- कितना मुक्त? नागरिक परिसर में चालाक चुप्पियों की जगह कितनी फैलती जा रही है, पब्लिक स्फीयर का आज अर्थ बचा है या यह निरर्थक हो चुका है- इन प्रश्नों पर बहस होनी चाहिए। इसमें संदेह नहीं कि छोटी-छोटी आवाजें, जनआंदोलन की छोटी लहरें, यहां तक कि सोशल मीडिया पर कम लाइक पाने वाली पीड़ाओं या असंतोषों की लाखों अभिव्यक्तियां वस्तुतः एक समाज के जीवित रहने के लक्षण हैं। नागरिक परिसर की ऐसी गतिविधियां लोकतंत्र के चिह्न हैं। ऐसे सार्वजनिक स्पेस या कॉमन प्लेस के बिना हम एक स्वतंत्र देश की कल्पना नहीं कर सकते। चिंताजनक है, ऐसी जगहों पर इधर आक्रमण बढ़े हैं, कौशलपूर्वक नियंत्रण बनाए जा रहे हैं और सबकुछ को खास प्रबंधन की छाया में लाया जा रहा है। क्या हम

निकट भविष्य में 'असहमति', 'स्वतंत्रता', 'बंधुत्व', 'समानता' जैसे शब्द भूल जाने वाले हैं?

आर्थिक सुधार और निजीकरण द्वारा राज्य की भूमिका सीमित होते जाने से गरीबों और वंचितों की संख्या में बाढ़ आ गई है। विश्व नए रूप में द्वि-ध्रुवीय हो गया है- क्षमतावान अमीर और असहाय गरीब! तीसरी शक्ति की कोई संभावना नहीं है, जिस तरह किसी समय अमेरिका और रूस के दो ध्रुवों के बावजूद थी।

दलितों, स्त्रियों, आदिवासियों और बुजुर्गों की असुरक्षा बढ़ गई है। अब विमर्श व्यक्तिगत प्रतिष्ठा देने वाले मामले बन गए हैं। वे सुधार या परिवर्तन लाने के औजार नहीं हैं।

2020-21 की महामारी ने चिकित्सा और शिक्षा का असली चेहरा दिखा दिया, विषमता की भयंकरता भी स्पष्ट कर दी। सांप्रदायिक, जातिवादी और स्थानीय अंध-राष्ट्रवादी ध्रुवीकरण ने भद्दे मुद्दे सामने ला दिए। राष्ट्रवाद को विध्वंसक बनाने के बाद अब 'लोकल' के उदात्त को उजाड़ कर इसे विध्वंसक बनाने की तैयारी है। इन स्थितियों में नागरिक परिसर का विघटन दिखाई दे सकता है और कहा जा सकता है कि हम एक दमघोंटू माहौल में हैं।

क्या बुद्धिजीवी आज राजनीतिक खाद्यवस्तु है?

'बुद्धिजीवी' शब्द दूसरे विश्वयुद्ध के समय लोकप्रिय हुआ था। यह 1970 के दशक तक उनके लिए इस्तेमाल किया जाता था जो देश, शासन और समाज के बारे में स्वतंत्र और आलोचनात्मक ढंग से सोचते थे। इनके पास कुछ सिद्धांत और विश्वास होते थे। वे अपनी वैचारिक सीमा में न्याय की बात करते थे। वे कलाकार थे, लेखक थे, पत्र-पत्रिकाएं निकालने वाले थे। वे सेमिनारों में मित्रतापूर्ण बहस करते थे।

बुद्धिजीवी कहने से जिस तरह रूसो, अनातोले फ्रांस, ब्रेख्त, बर्ट्रेंड रसेल, सार्त्र या भारतीय संदर्भ में देखें तो कबीर, राममोहन राय, डिरोजियो, फुले, भारतेंदु, रवींद्रनाथ, नर्मद, महावीर प्रसाद द्विवेदी, प्रेमचंद, निराला, महादेवी वर्मा, अज्ञेय, नागार्जुन आदि का एक बिंब बनता है, 21वीं सदी की विकसित सभ्यता के दौर में अब वह धातु देखने को नहीं मिलती। ऊपर से बुद्धिजीवी शब्द के अर्थ में काफी पानी मिला दिया गया है।

आज के अधिकांश अंग्रेजी-दां बुद्धिजीवियों की नाभि किसी विदेशी विश्वविद्यालय, विदेशी फाउंडेशन या किसी न किसी राजनीतिक सत्ता से जुड़ी होती है। अब वे हमेशा हवाई यात्राओं में रहते हैं। वे देश की उच्च परंपराओं से डिस्कनेक्ट रहते हैं, कई बार उच्छेदवादी होते हैं और एक न एक कुआं चुन लेते हैं, जिसमें एक न एक भांग पड़ी होती है। वे हर आपदा को अवसर के रूप में देखते हैं। आमतौर पर आज का बुद्धिजीवी अपने सिर पर अपनी ही मूर्ति लेकर घूमता है। वह कई बार सही आवाज उठाता है, पर उसका लक्ष्य सामान्यतः स्वयं पूजित होने या अपना बाजार बनाने से ज्यादा नहीं होता। ऐसे बुद्धिजीवियों की चिंता यह नहीं होती कि 'आम असहमति' का निर्माण कैसे हो, क्योंकि वे खास होते हैं।

नोआम चॉम्स्की ने आजकल के बुद्धिजीवियों को 'राजनीतिक खाद्यवस्तु और सत्ता-प्रतिष्ठान का पोषक' बताया है। निश्चय ही नागरिक परिसर में बुद्धिजीवियों की विश्वसनीयता का ह्रास हुआ है।

गोपाल कृष्ण गांधी ने एक अच्छी बात कही है, 'बुद्धिजीवी की सच्ची बुद्धि 'लाइ डिटेक्टर' और 'नार्को टेस्ट' की तरह होती है। वह कोई अंतिम सत्य कहने की जगह हमेशा बौद्धिक प्रश्न खड़े करता है।' कहना न होगा कि सच्चे बुद्धिजीवी के लिए कभी भी साहित्य या कोई लेखन महज यश पाने का जरिया नहीं है। उसके लिए इतिहास कभी भी अपने समय को स्वेच्छाचारी ढंग से रंगने का साधन नहीं है, सिद्धांत कभी भी बौद्धिक विलासिता और राजनीति कभी भी निजी तरक्की की सीढ़ी नहीं है। ऐसे सुदृढ़ बुद्धिजीवियों के बिना नागरिक परिसर के यथास्थितिवाद का टूटना नामुमकिन है।

कहना न होगा कि सत्ता के कुटिल उद्देश्यों से संचालित प्रतिष्ठानों से जुड़े बुद्धिजीवियों की परंपरा और व्यापक लोकभूमि से जुड़े बुद्धिजीवियों की परंपरा – ये दोनों परंपराएं न नई हैं और न दोनों कभी मिटने वाली हैं। पंचतंत्र की एक कथा में दुर्बल खरगोश ने बुद्धि से ही जंगल के भयंकर शेर को मौत के मुंह में भेजा था। बुद्धि की सामाजिक महत्ता हर युग में बनी रहेगी, भावनात्मक बुद्धि की भी!

जून-नवंबर 2021

विमर्शों को जोड़ने का अर्थ

दलित विमर्श दलित चेतना की एक मंजिल है, अंतिम मंजिल नहीं। इसी तरह स्त्रीवाद स्त्री चेतना की एक मंजिल है, अंतिम ठिकाना नहीं। 1980 के दशक से स्त्री विमर्श और दलित विमर्श शुरू हुए थे। विमर्शों के आगमन से समुदायों से समाज में आने की घटना उलट गई, समाज तेजी से समुदायों में विभाजित होने लगे। समुदाय 'रेडीमेड गार्मेंट्स' की तरह हैं, समाज बनाने के लिए प्रयास करने होते हैं। इसके लिए समवेदना, संवाद और बौद्धिक खुलापन जरूरी है।

21वीं सदी की घटना है कि धर्म के आधार पर सामुदायिक विमर्श पिछले सौ सालों से कछुए की चाल से चलकर अंततः न सिर्फ संपूर्ण 'भारतीय राष्ट्र' पर भारी पड़ गया, बल्कि खरगोश की तरह दौड़ रहे दलित और स्त्री विमर्शों पर भी। इसका अर्थ है, भारतीय समाज बनाने या वंचितों के अधिकार दिलाने की पिछले लगभग सौ सालों की सोच और कोशिशों में कुछ खोखलापन था।

विमर्श क्या है

हिंदी संसार में 1986-2000 के बीच दलित विमर्श और स्त्री विमर्श सामने आ गए थे। अब स्त्री, दलित, आदिवासी और अनगिनत जातियां-पुराजातियां अपने ऊपर हुए जुल्मों का इतिहास खुद खोज रही थीं। इन्हें एक खास काल की टुकड़ों में व्यक्त राष्ट्रीय आकांक्षाओं के रूप में पढ़ा जाना चाहिए और विमर्शों की सीमाओं को समझते हुए यह भी देखना चाहिए कि ये नई स्थितियों में कितने अर्थपूर्ण रह गए हैं।

पश्चिम के बौद्धिक संसार में 1980 के दशक में 'डिस्कोर्स' शब्द लोकप्रिय हुआ। इसके लिए हिंदी में 'विमर्श' शब्द चला। 'डिस्कोर्स' का शाब्दिक अर्थ

है–'सर्मन', धार्मिक प्रवचन, कोई उद्देश्यपूर्ण भाषण और संवाद की जगह कुछ भी एकतरफा बोलना। यह विचार विमर्श नहीं है। विमर्श की खूबी है, इसमें पहले से तय होता है कि क्या कहा जाना है और क्या बिलकुल नहीं कहा जाना है। मिशेल फूको ने इसे सत्ता और राज्य के संदर्भ से जोड़ दिया। विमर्श में सुना नहीं जाता, सिर्फ बोला जाता है। विमर्श में जितना बोलते हैं, उससे ज्यादा चुनी हुई चुप्पियां होती हैं।

निःसंदेह विमर्शों में उत्पीड़ित की वैचारिकता है, जो मुख्यतः सामंतवाद-विरोधी वैचारिकता है। विमर्शों में उन्होंने बोलना शुरू किया, जो हजारों साल से सिर्फ सुन रहे थे। उनकी उग्रता कई जगहों पर 'इर्रैशनल' लग सकती है, पर यह अंततः उनकी एक असहाय जिज्ञासा है–उत्पीड़न और कब तक? आमतौर पर सांप्रदायिकता और बाजार–अर्थव्यवस्था स्त्री, दलित और आदिवासी विमर्श के निशाने नहीं हैं, जबकि ये दोनों पुरुषसत्ता और जाति व्यवस्था को मजबूत बनाती हैं। विमर्शों का निशाना नई बाजार व्यवस्था की तानाशाही नहीं है, जिसके कारण महंगाई और बेरोजगारी बढ़ रही है। विमर्शों के लिए जनआंदोलन का महत्व नहीं है। किसी खास समुदाय के लोगों की सभा या जाति पंचायत बुलाई जाए, तो जरूर भीड़ लग जाएगी।

1980 के दशक में अमेरिका और इंग्लैंड में उत्तर–औनिवेशिक सिद्धांत बने थे। ये सिर्फ अफ्रीका और दक्षिण एशिया को नजर में रखकर बने थे। मजे की बात है कि जिस पश्चिम ने यह बताया कि उपनिवेशवाद क्या है और यह कितना गुणकारी है, उसी ने उत्तर–औपनिवेशिक सिद्धांत भी दिए। हालांकि पहले भी औपनिवेशिक कारीगरी के अंग के रूप में लघु इतिहास और जाति–आधारित इतिहास लिखे जा रहे थे। लघु परंपराएं खोजी जा रही थीं। उनका नया चरण 'सबाल्टर्न इतिहास' है, जो एकेडेमिक फैशन बना। 'मनुष्य', 'नागरिक', 'लोक' और 'वर्ग' की जगह 'वंचित', 'विस्थापित', 'दबाए गए', 'दलित', 'स्थानीय', 'जेंडर' जैसे शब्दों का इस्तेमाल बढ़ गया। गौर करने की चीज है कि किसी भी उपनिवेशवादी पश्चिमी विद्वान ने भारत के साझा जीवन–साझी संस्कृति की खोज नहीं की। भिन्नताओं को खोजा पर अंतर्संबंधों को नहीं खोजा, इन्हें मजबूत बनाने की बात बहुत दूर है।

विमर्श एक न एक वर्चस्व को चुनौती देते हैं। जैसे दलित विमर्श सवर्णवाद को चुनौती देते हुए उभरा तो स्त्री विमर्श पितृसत्ता को। सभी विमर्श 'सामुदायिक पहचान की राजनीति' पर आधारित हैं।

विमर्शों की एक अन्य महत्वपूर्ण खूबी यह है कि इनमें स्वानुभव और समवेदना के बीच भेद किया जाता है। विमर्श का एकमात्र आधार 'स्वानुभव' है। विमर्श में अनुभव को महत्व देने का अर्थ है वर्चस्व पर हमला। इस विडंबना पर गौर करने की जरूरत है कि किसी एक समुदाय के विमर्शकार को किसी दूसरे समुदाय के उत्पीड़न से मतलब नहीं होता, उसे सिर्फ स्वानुभव से मतलब है।

वैश्वीकरण के युग में विश्व गांव की कल्पना की जाती है। ऐसे दौर में भी एक समुदाय के लिए 'दूसरा' आउटसाइडर है। मराठी अंध-राष्ट्रवादियों के लिए हिंदी भाषी मजदूर आउटसाइडर हैं। दलित के लिए गैर-दलित आउटसाइडर हैं। आदिवासी लेखक दलित पर और दलित लेखक आदिवासी पर नहीं लिखेगा। स्त्री कथाकार दलितों की समस्या और दलित लेखक स्त्रियों की समस्या नहीं उठाएगा, क्योंकि उसके लिए स्वानुभव सबकुछ है, समवेदना कुछ भी नहीं है। देश 'भिन्नता' की राजनीति के कारण छोटे-बड़े सैकड़ों टापुओं में विभाजित होता जा रहा था, उसकी छाया विमर्शों पर थी।

पिछले करीब चार दशकों में विमर्श के जो रूप आए, वे दलितों और स्त्रियों के सैकड़ों साल के अपमान, उत्पीड़न और वंचना से मुक्ति के ही नहीं, सत्ता संघर्ष के भी औजार थे। आज इसपर चर्चा जरूरी है कि दलित ही राष्ट्र है, स्त्री देह ही राष्ट्र है, प्रांत ही राष्ट्र है, क्या ये दृष्टियां आज तक किसी समुदाय को मुक्त कर पाईं। वास्तविकता यह है कि ये अपने एकांतिक कोण की वजह से एक सांस्कृतिक चक्रव्यूह में फँसती गईं।

विमर्श 'पहचान' को मोम की जगह पत्थर बना देते हैं, जो पिघल नहीं सकता। इनमें पहचान एक तलाश न होकर पूर्वप्रदत्त चीज है। जैसे कोई लेखक, शिक्षक, तकनीकविद या वकील है तो उसकी यह पहचान गौण है। मुख्य बात है कि उसकी जाति क्या है, उसका जेंडर क्या है, उसकी प्रांतीयता क्या है और उसका धर्म क्या है। इस तरह विमर्शों में पहचान का अर्थ हमेशा 'भिन्नता' है। उनका एक मकसद 'अन्य' के प्रति घृणा निर्मित करना है। मुक्ति के लिए 'निर्मित घृणा' ही धर्म, जाति, लिंग और प्रांतीयता-आधारित विमर्शों का केंद्रीय सार है। आश्चर्य नहीं

होना चाहिए यदि दलित विमर्श और स्त्रीवाद की तरह हाल के हिंदुत्व के विमर्श में उपर्युक्त सभी गुण नजर आएं और वह सभी विमर्शों को निगलता महाविमर्श-सा दिखे!

विमर्शों में इतिहास की रोज खुदाई होती है, पुराने इतिहास को मिटाकर समानांतर इतिहास लिखा जाता है। इनमें सुधारवादी, राष्ट्रीय और मानवतावादी धारणाओं को उलट देने का आवेश होता है। इसलिए नवजागरण तथा स्वाधीनता आंदोलन के उदारवादी व्यक्तित्व इनके कठोर निशाने पर होते हैं। उनके महत्व को स्वीकार नहीं किया जाता। इस तरह की बातें भी उग्रतापूर्वक कही गई हैं कि हिंदी साहित्य का इतिहास हिंदू साहित्य का इतिहास है या यह पुरुष साहित्य का इतिहास है।

विमर्शवादी लेखन की सबसे बड़ी समस्या उसका होमोजीनियस होना है। आज किसी से पूछा जाए कि 20 साल पहले के विमर्शवादी लेखन से आज के विमर्शों में क्या फर्क आया है, तो कोई आशाजनक जवाब नहीं मिलेगा। विमर्श यदि अपरिवर्तनशील होते हैं तो वे एक काल के बाद निष्प्राण हो जाते हैं। मुक्त बाजार व्यवस्था की समस्याएं, जो आज जीवन को सबसे ज्यादा प्रभावित कर रही हैं, दलित और स्त्री विमर्शों में अनुपस्थित हैं। यह चिंताजनक है। दलित और स्त्रीवादियों के लेखन को पढ़ा जाए तो पता ही नहीं चलेगा कि इस देश में गरीब किसान भी रहते हैं और बेरोजगारी बढ़ रही है।

उल्लेखनीय है कि पिछले कुछ दशकों से ज्ञान को सत्ता-विमर्श का पर्याय बना दिया गया, महज अपना-अपना सामुदायिक स्वार्थ सिद्ध करने का औजार। विमर्शों के संसार में कुछ भी साझा नहीं है, कुछ भी राष्ट्रीय नहीं है। विमर्शों में भिन्नता ही जीवनशक्ति है। हम जब एक राष्ट्र में अपने बनाए संविधान के तहत रहते हैं, क्या हमारे लिए 'राष्ट्रीय' और 'मानवीय' का कोई अर्थ नहीं है और राष्ट्र के किसी एक टुकड़े को गेंद बना लेना काफी है? इसका विस्तृत अध्ययन करने की जरूरत है कि 1980 के दशक से उदारवादी क्यों हाशिया पर जाने लगे और कट्टरवादी क्यों लोकप्रिय होने लगे, 'राष्ट्र' पर क्यों प्रश्न उठने लगे, 'पहचान की राजनीति' किस तरह प्रधान हो उठी और अंततः क्यों सारी लड़ाई पहचानों के बीच सीमित हो गई तथा क्यों सबकुछ 'चिह्नों' में रूपांतरित हो गया।

विमर्श क्यों उभरे

विमर्श बुद्धिवाद, राष्ट्रीयता, लोकतंत्र, आधुनिकता और वाम विचारधाराओं के आंतरिक संकट की देन हैं। दरअसल ऊँचे आदर्शों की बातें करने वालों ने ही ऊँचे आदर्शों पर संकट उपस्थित किया। आधुनिक युग के 'ग्रांड नैरेटिव्स' संदेह से देखे जाने लगे। आजादी के बाद नवजागरण काल के सामाजिक सुधार के कार्यों को आगे नहीं बढ़ाया गया, 'नियति से मुठभेड़' बंद कर दी गई। इन वजहों से आधुनिकीकरण के प्रसार के बावजूद आधुनिकता नहीं आ पाई, दृष्टि में कूपमंडूकता बनी रह गई। सामान्यतः स्त्री पुरुष की उपनिवेश बनी रह गई। ऊँची जातियों द्वारा जाति भेदभाव और उत्पीड़न जारी रहे। ऊँच-नीच की धारणाएं लोगों के मन से नहीं मिटीं। इन दशाओं में कई बार मुक्तिदाताओं से ही मुक्ति पाना जरूरी हो जाता है।

देखा जा सकता है कि हम सामान्यतः जिस भाषा का व्यवहार करते हैं, उसमें जाति और लैंगिक अवमानना संबंधी कहावतें लंबे समय से चली आ रही हैं। लोग धड़ल्ले से बातचीत में 'चोरी-चमारी', 'तिरियाचरित्तर', 'कहां राजा भोज-कहां गंगू तेली' जैसे मुहावरे बोल देते हैं। स्त्रियों को खानदान की 'इज्जत', स्त्रियों के बलात्कार को 'इज्जत लूटना' माना जाता है, बल्कि कुछ नेताओं के ऐसे वक्तव्य भी आए कि लड़कियां देर रात घर से बाहर रहेंगी तो बलात्कार होंगे! लारियों के पीछे आमतौर पर लिखा होता है-'बुरी नजर वाले तेरा मुँह काला', अर्थात काले रंग को खराब मानने की जड़ीभूत अभिरुचि बनी हुई है। इस तरह समर्थ व्यक्तियों की छद्म सांस्कृतिक भद्रता के भीतर जातिवाद, पुरुषसत्तात्मकता, रंगभेद, प्रांतीयतावाद और कई अन्य तरह के अहंकार कभी नग्न और छिपे रूप में अपना काम करते रहते हैं। इनके प्रति आक्रोश जगना स्वाभाविक है।

विमर्शों ने सामंतवाद को चुनौती दी। उनमें आवेश की प्रधानता हो और कोई विचारधारात्मक अनुशासन न हो, पर उनमें वैचारिकता रही है- उत्पीड़ितों की वैचारिकता। यह मुख्यतः एक सामंतवाद-विरोधी वैचारिकता है। विमर्श राष्ट्र में मौजूद सामंती वर्चस्वों को चुनौती हैं। सैकड़ों साल से जो स्त्रियां और दलित सिर्फ सुन रहे थे, वे अब बोल रहे थे तो सैकड़ों साल से जो सिर्फ बोल रहे थे, उनको अब सुनना था!

विमर्शों के दौर में सामंतवादी वर्चस्व को दी गई हर चुनौती अधूरी थी। फलस्वरूप 'खंड-खंड-महाखंड' के दृश्य बढ़ गए। आर्थिक शोषण के मुद्दों को हटाकर जातिवादी वर्चस्व, लैंगिक वर्चस्व, स्थानीय स्वायत्तता आदि संघर्ष के नए मुद्दे बने। ये अब सत्ता के नए हथियार थे। देखा जा सकता है कि एक अंध-राष्ट्रवाद दूसरे अंध-राष्ट्रवाद को एक सांस्कृतिक तोड़फोड़ एक दूसरे सांस्कृतिक तोड़फोड़ को और एक घृणा दूसरी घृणा को उकसाने के लिए किस तरह काम करने लगी। यह भी घटित हुआ कि बड़े अपराधों को सांस्कृतिक राजनीति के चलते वैधता मिलने लगी, राजनीति और अपराध का संबंध मजबूत हुआ।

विमर्शवाद की सीमाएं

इस देश के क्षमतावान व्यक्तियों में सामान्यतः सुनने की क्षमता कभी नहीं रही है। वे सैकड़ों साल से चतुराई के साथ अपनी नई-नई सुरक्षात्मक व्यवस्था रचते रहे हैं और कमजोरों को, जो हमेशा बड़ी संख्या में होते हैं, दबाते रहे हैं। स्त्री, दलित और आदिवासी सिर्फ इतने भर सुने गए कि वे चिह्न बना दिए गए। अब चिह्न ही काफी समझे जाने लगे। चिह्न बनने के लिए दौड़ शुरू हो गई। इससे वंचितों का उत्पीड़न कम नहीं हुआ, तकलीफें कम नहीं हुईं।

अंबेडकर की मूर्तियां और चित्र लगाकर मान लिया गया कि दलितों की मुक्ति हो गई। कुछ दलित, स्त्री और आदिवासी ऊंचे स्थानों पर चिह्न के रूप में दिखाए जाने लगे। वे 'आइटम' बना दिए गए। वे प्रतिनिधित्व की आकांक्षा से आगे नहीं बढ़ सके, जबकि निजीकरण ने आकर सांस्कृतिक प्रतिनिधित्व की धारणा को पूरी तरह अप्रासंगिक बना दिया। इस युग में हर सांस्कृतिक प्रतिनिधित्व व्यक्तिगत महत्वाकांक्षाओं में सीमित हो जाने के लिए अभिशप्त है।

विमर्शों की एक अन्य बड़ी सीमा है कि वे समानांतर रूप से क्रांतिकारी नैतिकता का निर्माण करके कोई भिन्न आदर्श उपस्थित न कर सके। एक बार सबाल्टर्न इतिहासकार आशिस नंदी ने एक दलित मुख्यमंत्री के बड़ी संपत्ति बनाने पर बड़ी दृढ़ता से कहा था, 'भ्रष्टाचार का व्यापक होना लोकतंत्रीकरण का चिह्न है।' उनका आशय था कि यदि पिछड़े, दलित या आदिवासी भी भ्रष्टाचार के जरिए बड़ी संपत्ति बना रहे हैं तो यह लोकतंत्र का चिह्न है। इस तरह का समाजवैज्ञानिक उत्साह अंततः ले डूबने वाला होता है।

यह भी एक विडंबना है कि दलितों में ज्योतिबा फुले-सावित्री बाई, बी.आर.अंबेडकर की तरह अपने समुदाय में सुधार और आंतरिक भिन्नता दूर करने की आकांक्षा पैदा नहीं की जा सकी। दलितों के बीच जाति-स्तरभेद के अनुसार कलह बढ़ता गया है। इसके अलावा, विचारधारा के स्तर पर 'ब्राह्मणवाद' का विरोध करते हुए भी वस्तुतः पिछड़ा-दलित संघर्ष ही प्रधान होता गया है। दरअसल आप धर्म के नाम पर किसी के सत्ता में आने का कैसे विरोध कर सकते हैं यदि आप जाति या प्रांतीयता के नाम पर सत्ता में आने का स्वप्न देखते हैं! यदि कोई खुद कट्टरता का बीज बोता है तो उसे उदारवाद की फसल नहीं मिलेगी।

इसपर सोचने की जरूरत है कि आज के विमर्शवादी कितना मनुवाद, धर्मांधता, पितृसत्ता और बाजार की तानाशाही से लड़ रहे हैं और कितना आपस में लड़ रहे हैं। आज सभी विमर्शों के सामने यह चुनौती है कि वे इस देश में उदारवाद का किस तरह प्रचार करें। विमर्शों का ताजा हाल यह है कि ये चुनाव-मशीन या आत्मप्रोपेगंडा के औजार बनकर रह गए हैं। आखिर कोई लेखक समाज के कुछ बड़े प्रश्नों की उपेक्षा करते हुए कितना अर्थपूर्ण लेखन कर सकेगा।

निश्चय ही दलित लेखन का महत्व है, इसने उत्पीड़न के एक बड़े रूप को उजागर करते हुए, शिक्षित दलितों में आत्मविश्वास पैदा किया और उन्हें बोलने की शक्ति दी। लेकिन आज नई चुनौतियों के बीच उसमें एक मोड़ की जरूरत है।

पिछले दो सौ सालों के विभिन्न जन-आंदोलनों ने स्त्रियों, दलितों और आदिवासियों के प्रति भारत के काफी लोगों के सामाजिक दृष्टिकोण को विकसित किया है। यह पर्याप्त न हो, पर महत्वपूर्ण है। साहित्यिक दुनिया में भारतेंदु हरिश्चंद्र, प्रेमचंद, प्रसाद, निराला, महादेवी वर्मा, अज्ञेय, मुक्तिबोध आदि ने जाति और लैंगिक भेदभाव का विरोध किया है। दरअसल साहित्यिक परंपराओं का अंध-नकार विमर्शों की एक अन्य बड़ी सीमा है। इसने विमर्शवादियों को एकांगी और अहंकारवादी बना दिया। उन्हें एक बंद गली में खड़ा कर दिया। उन्हें लगता है कि वे संसार के पहले और सबसे बड़े विद्रोही हैं। उनसे पहले के सभी साहित्यकार निरर्थक हैं, पहले का सारा ज्ञान निरर्थक है।

हिंदी संसार में मराठी दलित लेखकों से भिन्न, प्रायः अंध-नकारवाद रहा है। इससे विमर्श की सीमाएं शुरू हो जाती हैं। विमर्श उत्तेजक उग्र कथन के द्वारा

सामाजिक वैमनस्य बढ़ाने का औजार बन जाता है और एक सहज वेध्य बौद्धिकता देता है। विमर्श कई बार एक फैशन, सत्ता की सीढ़ी और अपने अंधे उत्तेजक आक्रमण से दूसरों का ध्यान अपनी ओर खींचने का उपक्रम भर होता है। इसके अलावा, विमर्शों का कैननाइजेशन हुआ है, रचनाएं रीतिकालीन साहित्य की तरह अलग-अलग विमर्श के प्रचारित लक्षण देखकर लिखी जा रही हैं और तदनुसार अनुभव 'निर्मित' किए जा रहे हैं।

विमर्श के निशाने पर सामंती मिजाज की जगह व्यक्ति आ जाता है। व्यक्तिगत आरोप-प्रत्यारोप चिंताजनक स्तर पर पहुंच जाते हैं। जो असहमत है, वह शत्रु के रूप में देखा जाने लगता है। समाज के अन्यायपूर्ण संबंध को न्यायपूर्ण संबंध में बदलना जरूरी है, लेकिन भिन्नता को किसी भी रास्ते से शत्रुता तक ले जाना एक किस्म की कूपमंडूकता है।

विमर्शों के दौर में अतिरंजनापूर्ण बातें प्रधान हो गईं। एक दलित बुद्धिजीवी ने प्रेमचंद की कहानी 'कफन' की बुधिया का डीएनए टेस्ट करके साबित कर दिया कि उसके पेट में जो बच्चा था, वह ठाकुर का था। मानो दलित युवक-युवती कभी अपना बच्चा पैदा नहीं कर सकते!

दलित और स्त्री विमर्श आज के नए सामाजिक यथार्थों से विच्छिन्न हैं। अधिकांश विमर्शकार समुदाय के नाम पर सिर्फ अपने या एक तात्कालिक गठजोड़ के प्रतिनिधि हैं। यह एक विडंबना है कि वंचित, गरीब और सीमांत के लोग प्रतिनिधित्व के परिसर से बुरी तरह गायब कर दिए गए हैं। विमर्श अब लेखकों की दुनिया के अलावा विश्वविद्यालयों में भी चर्वितचर्वण हैं। सभी विमर्शों पर अंततः धार्मिक महा विमर्श भारी हैं। ऐसी दशा में कुछ भिन्न सोचना जरूरी हो जाता है।

अस्मिता एक सुरक्षागृह तभी है, जब उसमें खिड़कियां हों।

विमर्शवादी लेखन में आलोचनात्मक समावेशिकता जरूरी है

वैश्वीकरण से अपेक्षा थी कि वह सामाजिक अंतरमिश्रण बढ़ाएगा, उदारवाद पनपेगा, लेकिन वह भीतरघाती निकला- 'बाजार में एकता- समाज में अंतर्शत्रुता' का पोषक। आर्थिक संसार में उदारवाद है, पर समाज में अनुदारवाद है। एक तरफ से धार्मिक-जातिवादी भावनाओं को उकसाकर, दूसरी तरफ से लोकहित-

विरोधी आर्थिक सुधारों को निष्कंटक बनाया जा रहा है। कहीं कॉमन प्लेस नहीं बन पा रहा है।

कहा जाना चाहिए कि 'दूसरे' के सच, उत्पीड़न को पहचानने की सबसे अधिक जरूरत साहित्य में है और इसकी संभावना भी सबसे अधिक साहित्य में है। साहित्य राजनीतिक विचारधारा की जेरॉक्स कॉपी नहीं है। इसलिए संस्कृति की राजनीति की तरह साहित्य को भी काट-छांटकर एक छोटा स्थान बना देना आत्मघातक है। इतिहास के एक अन्याय को मिटाने के लिए दूसरे अन्यायों से आंखें मूंदे रखना सिकुड़ते-सिकुड़ते अंततः असहाय हो जाना है।

विमर्श अकेला उनका मामला नहीं है जो बोल रहे हैं; यह उनका भी मामला है, जो सुन रहे हैं। कबीर जब 'सुनो भई साधो' कह रहे थे तो वे सिर्फ जुलाहों को संबोधित नहीं कर रहे थे। इसलिए एक चुनौती यह है कि विमर्शों और बुद्धिपरकता के बीच संबंध कैसे अधिकाधिक मजबूत हो, विमर्शों और सुधारों के बीच संबंध कैसे स्थापित हो और विमर्शों में कैसे आलोचनात्मक समावेशिकता आए।

उदाहरण के तौर पर, ज्योतिबा फुले और सावित्रीबाई जाति व्यवस्था को चुनौती देते हुए समाज सुधार और रचनात्मक कार्यों से भी जुड़े हुए थे। बिरसा मुंडा ने जब संघर्ष किया था, उसने अपने संघर्ष को प्रेतात्मा की पूजा रोकने जैसे कई सुधारों से जोड़ा था। अंबेडकर ने 'ब्राह्मणवाद' का विरोध करते हुए पिछड़ी-दलित जातियों के भीतर पनपते ब्राह्मणवाद जैसे तत्व का विरोध किया था। उन्होंने सामाजिक सुधार का सवाल उठाया था। हालांकि वर्तमान युग में ब्राह्मणवाद जैसे शब्द से बचकर 'मनुवाद' शब्द का इस्तेमाल करना चाहिए, क्योंकि ब्राह्मणों में सभी पाखंडी और लुटेरे नहीं हैं। उनके बीच उदारवादी सोच के लोग भी हैं।

उपर्युक्त सीमाओं के बावजूद विमर्श-आधारित साहित्य का बड़ा योगदान यह है कि इसने साहित्य का केंद्रीकरण खत्म किया, स्वयंभू साहित्यिक नेताओं की इजारेदारी तोड़ी। साहित्य बहुकेंद्रिक हुआ। एकबार लघु पत्रिकाओं ने साहित्य को बहुकेंद्रिक किया था, दूसरी बार विमर्शों ने किया। सोचने का मुद्दा यह है कि बुद्धिवाद, आधुनिकता, प्रगतिशील या वाम दृष्टिकोण और राष्ट्रीयता की निश्चय ही कई ज्यादतियां हैं, लेकिन इन चीजों को खोकर विमर्श कहां पहुंचेंगे। दुनिया की कोई सचाई पूरी सफलता तक नहीं पहुंच पाई। इसका यह अर्थ नहीं है कि उन सचाइयों को जीवन से निकालकर फेंक दें।

क्या अब राष्ट्र आंख वाले अंधों का हाथी है

हम देखते हैं कि किसी व्यक्ति को सिर्फ एक वर्चस्व नहीं, एक साथ कई वर्चस्वों का सामना करना पड़ता है। इसलिए उसकी पीड़ा को सिर्फ 'मनुवाद' से पैदा हुई पीड़ा, सिर्फ पितृसत्ता से पैदा हुई पीड़ा या सिर्फ 'विकास' से पैदा हुई पीड़ा तक सीमित करके देखा नहीं जा सकता।

यह एक बड़ी समस्या है कि भारत में कई 'हम' और कई 'वे' बन गए हैं। मनुष्य की अस्मिता एक रणभूमि बन गई है। भय, घृणा और हिंसा हाल के दशकों की मुख्य फसलें हैं। ये ही अब सत्ता के मुख्य स्रोत हैं। पहले सांस लेने की थोड़ी जगह थी, हर अन्याय का स्वतःस्फूर्त विरोध था। फिलहाल स्थिति यह है कि किसी का बलात्कार हुआ तो पहले उसकी जाति पूछो, किसी की हत्या हुई तो पहले उसका धर्म मालूम करो। कोई भूख से मरा तो जान लो कि किस जिले या प्रांत का था। कोई दुर्घटना में घायल है तो उसे अस्पताल पहुंचाने से पहले देख लो कि वह तुम्हारे धर्म का आदमी है या नहीं। यदि माफिया है या किसी ने बड़ा अपराध किया है तो पहले देख लो कि वह अपने राजनीतिक दल का है या किसी और दल का। मानवता अब यहां पहुंच गई है। क्या यह हमारी उत्तर-औपनिवेशिक नियति है?

दरअसल ज्यादातर भारतीय बुद्धिजीवियों ने उपनिवेशवादियों द्वारा तोड़े गए आईने में अपना चेहरा देखा।

आज इसी प्रभाव में हर 'दूसरे' को आक्रमणकारी सत्ता के रूप में देखा-दिखाया जा रहा है। अजीब मामला है कि अतीत जोर-शोर से उपस्थित है और बाजार भी उतने ही जोर-शोर से। यह सब देखकर राष्ट्रीयता, आधुनिकता, प्रगतिशील विचारधाराओं और विकास के पैरोकार हलकान हैं, जबकि वे खुद इस विडंबना के लिए जिम्मेदार हैं।

क्या 'राष्ट्र' अब अंधों के हाथी की जगह आंख वाले अंधों का हाथी है? पिछले कुछ दशकों में 'राष्ट्र' को इस नजरिये से भी देखा जाने लगा कि यह एक खराब चीज है, इसके 'टुकड़े' करो। सबाल्टर्न इतिहास ऐसी ही धारणा लेकर आया, जबकि वर्तमान दशाओं में किसी भी समस्या का समाधान 'राष्ट्र' के जरिए ही संभव है, भारतीय संविधान के जरिए ही संभव है। समावेशी

राष्ट्रीयता के जरिये ही किसी बड़ी चुनौती का सामना संभव है। हिंद महासागर आकर किसी समस्या का समाधान नहीं करेगा।

यह एक महत्वपूर्ण सवाल है कि हम भारतीय राष्ट्र में बैठे वर्चस्वों का समाधान कैसे निकालें और क्या वर्चस्वों से अलग-अलग लड़कर आगामी 200 सालों में भी किसी समस्या का समाधान संभव है। भारतीय राष्ट्र में मुख्यतः सात वर्चस्व मौजूद हैं- (1) पुरुष सत्ता का वर्चस्व, (2) जाति व्यवस्था का वर्चस्व, (3) सांप्रदायिक वर्चस्व, (4) अंध-प्रांतीय वर्चस्व, (5) महानगरीय वर्चस्व, (6) अंग्रेजी वर्चस्व और (7) कारपोरेट वर्चस्व। यह अद्‌भुत है कि भारतीय राष्ट्र में इतने अधिक वर्चस्व की जोंकें हैं। भारत में ही 'भारतीय' की भावना नहीं पनप पा रही है।

संभव है कि समाज में कोई व्यक्ति एक वर्चस्व का शिकार हो और दूसरी जगह किसी अन्य वर्चस्व का अंग हो, जैसे-वह जातिवादी वर्चस्व का शिकार हो और लैंगिक वर्चस्व का अंग हो। कारपोरेट वर्चस्व का शिकार हो और जाति या लैंगिक वर्चस्व का अंग हो। अंग्रेजी वर्चस्व का शिकार हो, लेकिन सांप्रदायिक वर्चस्व का अंग हो। यह भी देखा जा सकता है कि बहुराष्ट्रीय कंपनियों की बाजार व्यवस्था में 'राष्ट्र' का उदार रूप धीरे-धीरे भाप बनकर खोता जा रहा है। 'राष्ट्र' मल्टीनेशनल व्यापारियों के खेलने का खुला मैदान बन गया है। 'राष्ट्र' बाजार के खेलने का खुला मैदान बन जाए, इससे अधिक अभिशप्त और दुर्भाग्यपूर्ण स्थिति नहीं हो सकती।

देश के ऐसे हालात को बदलना होगा, जिनमें एकसाथ सभी वर्चस्वों को लेकर चिंता करना, सभी प्रमुख समस्याओं का मिलजुलकर सामना करना असंभव लगता है। सोच की एकायामिता समाप्त कर उसका पुनर्गठन इस युग की एक प्रमुख चुनौती है।

स्वानुभव की कैद से बाहर आना है

इन दिनों इतिहास की नव-औपनिवेशिक फैक्टरियां खुली हुई हैं, जबकि 'हम कौन हैं', से यह कम बड़ा प्रश्न नहीं है कि 'हम किधर जा रहे हैं'। इसका उत्तर कोई नहीं देता।

आम मनुष्य के लिए राजनीतिक असहायता का यह एक बड़ा गंभीर समय है। आज का सामान्य चित्र यह है कि गरीबी समुदाय नहीं देख रही है, बेरोजगारी

समुदाय नहीं देख रही है, विषमता समुदाय नहीं देख रही है और आत्महत्या भी समुदाय नहीं देख रही है!

देखा जा सकता है कि एक समुदाय की पीड़ा वस्तुतः दूसरे समुदाय की पीड़ा से, बल्कि हरेक समुदाय की पीड़ा से जुड़ी हुई है। कोई व्यक्ति सिर्फ अपने समुदाय के लिए आवाज उठाकर अपने को भले एक कीमती 'चिह्न' के रूप में प्रतिष्ठित कर ले और खुद को एलीट वर्ग में शामिल कर ले, वह अपने समुदाय के आम वंचित जनों को स्वाधीनता के द्वार तक नहीं पहुंचा सकता। इसके लिए भेदभाव की संपूर्ण सामंती मानसिकता पर प्रहार करना होगा, कारपोरेट तानाशाही को मुद्दा बनाना होगा और अपने उत्पीड़नों का बयान करते हुए 'दूसरे के अनुभव' में भी साझेदारी बढ़ानी होगी।

यह कहने की जरूरत है कि विमर्शों में अब ठहराव आ चुका है। ये नए समय को संबोधित नहीं कर पा रहे हैं। इसलिए बेअसर हो चुके हैं। हरेक के एक जैसे सीमाबद्ध निशाने हैं, एक जैसी हड़बड़ी है, एक जैसा जिद्दी आवेश है। विमर्श विभाजित है, अंतर्विभाजित है। इसलिए धार्मिक महाविमर्श को उसे निगलने में मुश्किल नहीं हुई। बदली स्थिति में विमर्शों के आपस में जुड़ने की जरूरत बढ़ गई है।

विमर्शों को जोड़ने का अर्थ है, स्वानुभव की कैद से बाहर आना, देश-संसार के बहुत से प्रश्नों के बारे में सोचना, कल्पनाशील होना और बिखरावों से उबर कर कॉमन प्लेस बनाना। प्रतिवाद की एकायामिता से मुक्त होना हमारे समय की एक प्रमुख आवाज है। पूर्वग्रह स्थगित किए जाएं, संवाद शुरू हो और एक नया माहौल बने, यह समय का तकाजा है।

विमर्शों को जोड़ने का तात्पर्य है, सभी तरह की वंचनाओं और उत्पीड़नों को जोड़ना, उत्तेजना की जगह तर्क को प्रधानता और हर विमर्श का नवोन्मेषशील आत्म-रूपांतरण। विमर्शों को जोड़ने का अर्थ है नीचे से राष्ट्रीय पुनर्जागरण!

कैसी विडंबना है कि बाजार में कोई आउटसाइडर नहीं है, जबकि विमर्श और महाविमर्श में आउटसाइडर ही निर्मित किए जाते हैं!

फरवरी 2023

असहमति का भविष्य आम असहमति में है

साहित्य का जन्म असहमति से हुआ है। इसका प्रमाण है 'रामायण' में बहेलिया द्वारा मिथुनरत नर क्रौंच को मार गिराने के प्रतिवाद में वाल्मीकि के कंठ से फूटा पहला श्लोक, 'मा निषाद प्रतिष्ठां त्वमगमः...'! यह भी गौर करने की चीज है कि कवि वाल्मीकि का अयोध्या के राजदरबार से कोई संबंध न था, तभी वे राज्यादेश से जंगल में अकेली छोड़ दी गई गर्भवती सीता को शरण दे पाए थे। कहना न होगा कि सत्य हर जगह से थक-हारकर अंततः साहित्य में आश्रय लेता है।

असहमति की शुरुआत मानवता की यात्रा के साथ हुई। आज यह लोकतंत्र की बनावट का एक जरूरी हिस्सा है। हम अपने हजारों साल के इतिहास मे ऐसे ही महान व्यक्तित्वों के बारे में ज्यादा जानते हैं, जिनका संबंध किसी न किसी असंतोष, असहमति और प्रतिवाद से रहा है। धर्म असहमति से जन्मे, सभ्यताएं असहमति में बनीं और दुनिया की महान साहित्यिक कृतियां असहमति की देन हैं। वेदांत के रचनाकार और बुद्ध, रामानुज, गोरखनाथ, रामानंद, वल्लभ, कबीर, गांधी, प्रेमचंद जैसे व्यक्ति असहमति की भूमि पर खड़े होकर ही कुछ मूल्यवान दे सके थे। भारत का संविधान सामंती-औपनिवेशिक धारणाओं से असहमति की बुनियाद पर निर्मित हुआ। इसके भीतर से लोगों ने नए भारत का स्वप्न देखा। समाज में असहमति का होना और उसे पनपने का अवसर मिलना लोकतंत्र ही नहीं, खुद पूरे समाज की जीवंतता का चिह्न है।

साहित्यकार की श्रेष्ठता इसमें है कि वह हजम न किया जा सके

असहमतियां मनुष्य की स्मृतियों, आशाओं और कल्पनाओं में हमेशा मौजूद रही हैं। असहमतियां हैं तो सत्ता-व्यवस्था से सच के लिए टकराव है। असहमतियां हैं तो हमारे पास ऊंचे आदर्शों को रूपायित करने की आकांक्षा है। असहमतियां हैं तो विविधता की ताकत है। असहमतियां हैं तो स्वतंत्रता का एहसास है। असहमतियां हैं तो हमारे मनुष्य होने का एक अर्थ है।

प्राचीन कहावत है, 'वादे वादे जायते तत्त्वबोधः', अर्थात विचारों की टकराहट से ही सत्य का बोध होता है। एक समय ग्रीक दार्शनिक सुकरात ने स्वीकृत धारणाओं का विरोध किया था और उन्हें सत्य कहने के कारण जहर पीना पड़ा था। उनका समस्त चिंतन संवाद में है। ग्रीक साहित्य की तरह वैदिक साहित्य में भी संवाद का महत्व है। इसमें ईश्वरवादी दर्शन के साथ अनीश्वरवादी दर्शन भी हैं। बुद्ध अपना उपदेश देने से पहले कई दार्शनिकों से संवाद कर चुके थे और उनसे असहमत थे। गांधी असहमतियों को सुलझाने के लिए रामास्वामी नायकर सहित कई विरोधी मत वालों से जा-जाकर मिले। वे भारत को जोड़ने का काम कर रहे थे। प्रगतिशील आंदोलन और आपातकाल के दौर में संवाद से ही नए पुल बने थे।

2001 के वर्ष को संयुक्त राष्ट्र ने खतरे भांपकर 'सभ्यताओं के संवाद' का वर्ष घोषित किया था। संवाद सभ्यता का चिह्न है, लेकिन संवाद तभी संभव है जब बोलने वालों के पास सुनने की क्षमता हो। कहना न होगा कि संवाद ही किसी समाज को जीवंत और गतिशील बनाकर रखते हैं।

इधर गैर-जरूरी आरोप-प्रत्यारोप के बीच न सिर्फ संवाद की जगह सिकुड़ गई है, बल्कि असहमत व्यक्ति को शत्रु के रूप में देखा जाता है।

लोक भाषाओं को चुनने वाले भक्त कवि अपने समय की धार्मिक व्यवस्था से कई मुद्दों पर असहमत थे। वे बाह्याडंबर और जाति भेदभाव के विरोधी थे। वे खुलकर बोले और सुने गए। 19वीं सदी के नवजागरणकालीन व्यक्तित्व सामाजिक कुप्रथाओं के अलावा अपनी सीमा में उपनिवेशवाद से भी लड़े। वे खुलकर बहस करते थे, तर्क करते थे। जिस देश में असहमति की ऐसी दीर्घ

परंपरा है, वहां की लोकतांत्रिक व्यवस्था में अब असहमति के प्रति आदर और संवाद का अभाव चिंताजनक है।

भरतमुनि के 'नाट्यशास्त्र' के केंद्र में रस है, आनंद है। इसमें एक रोचक मामला है कि ग्रंथ के आखिरी हिस्से में ऋषि-मुनि कलाकारों को इसलिए शाप देते हैं कि उन्होंने नाटक खेलकर उनके पाखंडों को उजागर किया था, उनपर व्यंग्य किया था। अतः जाओ, तुम्हें सवर्ण समाज से बाहर किया जाता है! इसलिए नाट्यशास्त्र पंचम वेद है, शूद्रों का वेद है। कलाकार या लेखक की श्रेष्ठता इसमें है कि वह हजम नहीं किया जा सके, भले बहिष्कृत हो जाए, जैसा प्राचीन युग में नाट्यकर्मियों के साथ घटित हुआ!

आमराय के युग में असहमति

पिछली सदी की 'वाशिंगटन आमराय' के बाद अब सबकुछ आमराय से हो रहा है। निजीकरण का जगमग विस्तार आमराय से हो रहा है। विषमता आमराय से बढ़ रही है। छोटे व्यापारी आमराय से उजड़ रहे हैं। दुकानें आमराय से उदास हैं। नौकरी करनेवालों के अधिकार आमराय से सिकुड़ते जा रहे हैं। महंगाई आमराय से बढ़ रही है। हर जगह आमराय से लूट है और आमराय से मार है। आमराय के जमाने में असहमति के भविष्य पर सोचने की जरूरत है, क्योंकि इसपर समाज का भविष्य निर्भर करता है।

वैश्वीकरण की जान है आमराय तो लोकतंत्र की जान है असहमति। दोनों के बीच सामंजस्य कठिन है। एक ओर बाजार अर्थव्यवस्था में 'स्पीड' लाना, दूसरी तरफ विषमता और वंचना के शिकार बेहाल लोगों को संभालना-यह नदी के दो किनारों पर एकसाथ चलना है जो सिर्फ कोई तिलिस्म खड़ा करके ही संभव है।

वह तिलिस्म है हर मुद्दे को एक ऐसे कार्निवाल में बदल देना जिसमें रंग, संगीत, छवियां, प्रोपेगंडा, बैनर-कटआउट के अलावा अंतहीन निजी आरोप-प्रत्यारोप हों। लोकतंत्र ऐसी पवित्र मूर्ति बन जाए, जिसे आप छू नहीं सकें। इस तिलिस्म में सारी चीजें तेलुगु फिल्मी गाने 'नाटु नाटु' जैसी हो जाती हैं। उनमें भारत की सांस्कृतिक-बौद्धिक परंपराएं खो जाती हैं। हम सब देखते हुए भी अंधे होते हैं। बहुत कुछ देख ही नहीं पाते। यह बदली हुई दुनिया एक ऐसा तिलिस्म

है, जो प्राचीन अतीत और अत्याधुनिक मुक्त बाजार दोनों के द्वारा मिलकर रचा जा रहा है।

प्रबंधकों का लोकतंत्र

फूकोयामा, हटिंग्टन जैसे पश्चिमी विद्वान पिछली सदी में घोषित कर रहे थे कि 'इतिहास का अंत' हो गया है, असहमतियों को पराजित किया जा चुका है और संपूर्ण विश्व व्यवस्था अब अमेरिकी मॉडल के उदारवादी लोकतंत्र की ओर बढ़ रही है। ये बातें झूठ निकलीं। खुद अमेरिका ने अपना पुराना मॉडल तोड़ दिया। दुनिया में इतिहास के अंध-पाठ तैयार होने लगे। असहमतियों के सैकड़ों आत्ममग्न द्वीप बन गए। समाज में उदारवाद की जगह पूरी ताकत से संरक्षणवाद का उदय हुआ। 19वीं-20वीं सदी के पूर्वार्ध में सामाजिक बुराइयों का जो पेंडोरा बाक्स बंद किया गया था, ढक्कन खुलते ही अतीत की सारी बुराइयां एक झंझावात की तरह फिर चारों तरफ छा गईं। गाने लगीं- 'नाटु नाटु'!

बहुराष्ट्रीय कंपनियों की छाया में उदारवादी लोकतंत्र का अर्थ है प्रबंधकों का लोकतंत्र। राजनीति के नेता राजनीतिक प्रबंधक होते गए। उनकी मुट्ठी में अर्थव्यवस्था की जगह अब मुख्यतः संस्कृति है। राजनीति का अर्थ पूरी तरह बदल गया है। इस समय सांस्कृतिक राजनीति की प्रधानता है। 'जनता का लोकतंत्र' अब किसी के स्वप्न का हिस्सा नहीं है, इसपर चर्चा बंद हो गई है। राजनीति के लोग बाजार-अर्थव्यवस्था तथा आम नागरिकों के बीच मध्यस्थता का काम करने लगे हैं। ये बाजार अर्थव्यवस्था के प्रति नरम हैं और नागरिकों पर शासन के लिए कठोर। इसलिए इन्हें अब अधिक भौतिक ताकत चाहिए, और तिलस्मी छवियां चाहिए, अन्यथा प्रबंधन का एक खास रूप असंतोष-प्रबंधन मुश्किल है। नए दौर में राजनीति सामाजिक परिवर्तन के औजार की जगह मिथ्या आशाओं की आतिशबाजी है। सवाल है, क्या अब कुछ भी प्रबंधन के बाहर है?

आज जैसी दशा है, वाम और दक्षिण का भेद नहीं बचा है, क्योंकि बुनियादी मुद्दों पर आमराय कायम है। अब एक ही मिठाई कई रंगों में है, आप जो चुन लें। विडंबना यह है कि किसी को नई उदारवादी अर्थव्यवस्था भा नहीं रही है, फिर भी सभी को इसी में जीना पड़ रहा है। पब्लिक प्रमथ्यु और सिसिफस की

तरह दंड भोगने के लिए अभिशप्त है! क्या वैश्वीकरण और खासकर निजीकरण वस्तुतः एक दंड है?

नई दशाओं में अति-व्यावहारिक होकर सोचा जाता है। इसलिए अच्छाई-बुराई, न्याय-अन्याय, उचित-अनुचित को पुनर्परिभाषित कर लिया गया है। अब कुछ भी 'ब्लैक एंड ह्वाइट' नहीं है। इस समय 'राष्ट्र' धृतराष्ट्र है और जनता गांधारी। सवाल है, यह स्थिति कब तक चलेगी, राजनीति का पुनर्मानवीयकरण कैसे होगा और नेता कब सुधरेंगे। अपने को अतीत के संकुचित चरित्र से मुक्त करके सुधारना शर्म की बात नहीं है, बल्कि अब तक न सुधर पाना शर्म की बात है।

इसपर विचार करने की जरूरत है कि भारतीय समाज बनते-बनते क्यों खोने लगा। यह कैसी अति-राजनीति आ गई, जिसमें सवाल करने के लिए स्पेस नहीं है। अब पहले की तरह दीर्घ समय तक आंदोलन नहीं चल पा रहे हैं, बिखर जा रहे हैं। देश में सामान्य मुद्दे नहीं बन पा रहे हैं। सभी को बड़ी शक्तियों द्वारा निर्मित 'आमराय' में शामिल होना है। आज की राजनीति में विचारधारा, नैतिकता, पारदर्शिता, अहिंसा जैसी चीजों का महत्व नहीं है। यह 'परिवर्तन' की जगह 'प्रबंधन' की राजनीति है, जिसमें समाज का जाति, धर्म, लिंग, प्रांतीयता आदि के आधार पर विभाजन का प्रबंध भी शामिल है। इस राजनीति में मनुष्य कहीं नहीं है- सिर्फ हिंदू-मुसलमान, ब्राह्मण-पिछड़े-दलित, बंगाली-मराठी-बिहारी आदि हैं और बाजार के बाहर कहीं 'कॉमन प्लेस' नहीं है!

सत्ता के बदलते चेहरे

20वीं सदी में दमन के विरुद्ध जो मुखर होते थे, उन्हें देश का शत्रु (जर्मनी) या जनता का शत्रु (रूस और चीन) कह दिया जाता था। 21वीं सदी की दुनिया में 'हम-वे' के विभाजन हैं और 'देश के शत्रु' के मुहावरे को नया रूप मिला है।

एक शेर हिरण से कहता है, 'यदि तुम मेरा भोजन हो तो मैं करुणा कहां से लाऊं, क्योंकि यह मेरे लिए भुखमरी होगी।' 21वीं सदी करुणा से प्रस्थान का युग है। यह 'सरवाइवल ऑफ द फिटेस्ट' के नजारों से भरा है। पता नहीं कब तक हर बड़ी मछली अपने से छोटी मछली को खाती रहेगी। इस दौर तक सत्ता में बारी-बारी से आकर सभी दल अपना पूरा परिचय दे चुके हैं! आम लोगों के विश्वास

में दरारें पड़ चुकी हैं। उनके लिए यह भीषण असहायता का दौर है।

आज की सत्ता के अपने कुछ खास लक्षण हैं जो हर उस व्यक्ति में मिलेंगे जो सत्ता के किसी छोटे या बड़े पायदान पर खड़ा है। पहला लक्षण है, आज की सत्ता को स्वाधीन चिंतन पसंद नहीं है, उसे पिछलग्गू चाहिए। इसलिए वफादारी और योग्यता में वफादारी को प्रधानता दी जाती है, बल्कि उसे जो वफादारों में सबसे बड़ा पिछलग्गू है। अब होड़ दूसरे से अधिक बड़ा पिछलग्गू बनने के लिए है, दूसरे से अधिक नीचे गिरने के लिए है। दूसरा लक्षण है, बहुराष्ट्रीय व्यापारियों को अनियंत्रित मुनाफा की छूट। तीसरा लक्षण है, आम लोगों के लिए खैरात और स्पष्ट दिखने वाले कुछ कल्याणकारी काम। चौथा लक्षण है, अपने से कमजोर को लूटो। विचित्र है कि हर वह व्यक्ति जो अपने से कमजोर को लूट रहा है, वह अपने से शक्तिशाली द्वारा लूटा भी जा रहा है। पांचवां लक्षण है समावेशी होने की जगह अवसर के अनुसार धर्म, जाति या प्रांतीयता पर आधारित एक न एक घृणा को जीवित रखना। छठा लक्षण है, कथन में उदारता-आचरण में अनुदारता, प्रतिशोध-वृत्ति।

सातवां लक्षण है, सत्ता का स्रोत अब ज्ञान को नहीं, धनबल और बाहुबल को समझा जाता है। 'नालेज इज पॉवर' अतीत की चीज है। अब है 'पावर इज नालेज'! इसके लिए नई टेक्नोलॉजी का भरपूर उपयोग करके 'अज्ञानता का निर्माण' किया जाता है। 'चिह्न' निर्मित किए जाते हैं। इस परिदृश्य में 'आर्ट' की जगह 'आर्टिफिसियल' मूल्यवान हो जाता है, कला का अपहरण हो जाता है।

मानवतावाद अब तक का सबसे बड़ा प्रतिरोध है

दुनिया में दमन के बावजूद असहमतियां दर्ज हुई हैं, प्रतिवाद हुए हैं। वैश्वीकरण के कुछ समय के अनंतर ही जब लगने लगा कि यह इच्छित फल नहीं दे रहा है तथा मुक्त बाजार व्यवस्था में बड़ी वित्तीय पूंजी, संचार क्रांति और ग्लैमर की ताकत से स्वेच्छाचरिता पनप रही है, 'वर्ल्ड सोशल फोरम' जैसे कुछ संगठन बने। सिएटल (1999) से प्रदर्शन का सिलसिला शुरू हुआ था। ऐसे प्रदर्शनों में 'असहमति का विश्व' सामने आया और सवाल उठे, लेकिन सबकुछ बिखर गया। कुछ सालों के बाद सभी एकाकी होते गए। ऐसे में सवाल है, क्या विकल्प देने वाली ताकतें भी गुपचुप 'आमराय' में शामिल हो गई हैं?

1960 और 70 के दशक की असहमति की आधुनिकतावादी आवाजों को छोड़ भी दें तो हाल तक 'बुराई' बुराई की तरह दिखती थी, 'संकीर्णता' संकीर्णता लगती थी। किसी अपरिचित की भी पीड़ा देखकर अक्सर आदमी सहयोग के लिए दौड़ पड़ता था। वह जाति-धर्म-पार्टी नहीं देखता था। कहा जा सकता है कि मानवतावाद सामाजिक भेदभावों, अन्यायों और क्रूरताओं का अब तक का सबसे बड़ा प्रतिरोध रहा है। निश्चय ही समाज में उसके फल पूरी तरह नष्ट नहीं हुए हैं।

मानवतावाद की प्रेरणाओं ने विभिन्न दर्शनों और सिद्धांतों की छाया में दुनिया को बदलने का काफी काम किया। उसने हमेशा असहमतियों और प्रतिवादों को एक बड़ी जमीन दी। उसने बताया कि कहां बिलकुल सहन नहीं करना है और कहां सहिष्णुता जरूरी है। वह सदियों से इन्सान को घृणा की जगह प्रेम करना सिखाता रहा है। लेकिन प्रतिगामिता के उत्तर-आधुनिक औजारों ने मानवतावाद के टुकड़े-टुकड़े कर दिए।

21वीं सदी में यह अहसास कराने की कोशिश की जा रही है कि सभी लोग सत्ता और सुविधाओं के एक न एक पायदान पर खड़े हैं। सभी चलायमान सीढ़ी से स्वतः ऊपर उठते जाएंगे। कोई नहीं बताता कि कैसे उठते जाएंगे, यदि कृत्रिम मेधा और नई तकनीक से यह स्वयंसक्रिय अर्थ व्यवस्था कामगारों को छांटती जाएगी? फिर भी लोगों को तरह-तरह से स्वतंत्रता और मुक्ति का अहसास कराया जा रहा है, जबकि मुक्त वस्तुतः बाजार है! जैसे भी हो खूब कमाओ, दिन-रात कलह में लिप्त रहो, लूट-मार को प्रोत्साहन दो, पर गाते रहो- 'दिल भी क्या है, जान भी देंगे/ ऐ वतन तेरे लिए!'

कभी-कभी आसन्न खतरे को देखकर लेखकों की असहमति शब्दों के बीच मौन में या 'बिटविन द लाइंस' व्यक्त हुई हैं। ऐसा भी हुआ है कि किसी मुद्दे पर कोई बांध टूटा है और पानी दहाड़ मार कर फैला है। बर्लिन की दीवार ऐसे ही टूटी थी (1989)। 2010 से 2013 के बीच अरब स्प्रिंग घटित हुआ तथा मध्य-पूर्व में भी आग दिखाई पड़ी। चीन में असंतोष की लहरें उठीं। मलाला यूसुफजई और ग्रेता थुनवर्ग की इच्छाशक्ति के भी उदाहरण हैं। इंग्लैंड में नई आवाज उठी। श्रीलंका में निर्भय जनता राष्ट्रपति भवन के भीतर घुस गई। ईरान की युवतियां हिजाब के विरोध में सड़कों पर उतर गईं। दिल्ली एकबार भ्रष्टाचार

के मुद्दे पर, फिर निर्भया कांड के समय आलोड़ित हुई। युवा मुखर हुए। किसानों ने आंदोलन चलाया, अपनी कई बातें मनवाईं।

दुनिया की असहमतियों और प्रतिवादों की एक लंबी सूची है। इनकी सामान्य खूबी है कि ये किसी देश के एक स्थान पर घटित होते हैं तो दूसरे स्थानों पर लोग महज दर्शक होते हैं। सोए जगते हैं तो जगे सो जाते हैं। अब असहमति में दीर्घजीविता नहीं है।

हाथी डूब रहा है पूंछ की चिंता

क्या धीरे-धीरे असहमति अब एलीट बौद्धिक विलास में और प्रतिवाद 'कर्मकांड' में सीमित हो गए हैं? असहमति के चरित्र में पिछले कुछ दशकों से एक फर्क आया है। इधर की ज्यादातर असहमतियां सामाजिक विभाजन के उद्देश्यों से हैं। इसके लिए अतीत की बुरी घटनाओं की याद कराई जाती है। जिस देश के लोगों में भविष्य कल्पना की शक्ति खत्म होने लगती है, वहां अंतर्द्वंद्वों से भरा अतीत चढ़ाई कर देता है।

इधर जेंडर या जाति के पुराने प्रसंग उठाकर या रामचरितमानस की 'ढोल गंवार शूद्र पशु नारी' जैसी पंक्तियां उठाकर या दक्षिण भारत में बेवजह हिंदी का सवाल उठाकर उत्तेजनात्मक असहमतियां व्यक्त की जाती रही हैं। जो लोग ऐसे सवाल उठाते हैं, उनमें बड़े सामाजिक सुधार की आवाज उठाने और आर्थिक मुद्दों पर लड़ने का साहस नहीं देखा जाता। क्या कबीर को हम इसलिए छोड़ दें कि उन्होंने 'नारी की झाईं पड़त अंधा होत भुजंग' कहा था? क्या गांधी को इसलिए त्याग दें कि उन्होंने एक समय वर्णाश्रम व्यवस्था का समर्थन किया था?

भक्त कवियों में निश्चय ही कमियां हैं, पर उन सभी के कुछ अवदान भी हैं। उन्हें ऐतिहासिक परिप्रेक्ष्य में पढ़े बिना ठीक से समझा नहीं जा सकता। उनपर उच्छेदवादी दृष्टि से प्रहार करने वाले इस तेवर में होते हैं, मानो उनकी अपनी सोच में कोई अंतर्विरोध, ढुलमुलपन और कमी न हो, वे परिपूर्ण हों। मुझे लगता है कि सृजनात्मकता में आत्मतृप्ति दीमक है।

19वीं-20वीं सदी में भारतीयता का निर्माण अतीत के मिथ्या अंतर्द्वंद्वों से असहमत होकर किया जा रहा था। घटना यह है कि औपनिवेशिक कारीगरी की वजह से अंतर्द्वंद्व मिट नहीं पाए। भारत आज भी अतीत के मिथ्या अंतर्द्वंद्वों को

ढोते हुए ही आधुनिकीकरण और वैश्वीकरण की ओर बढ़ रहा है। हमारी चिंता का विषय यह होना चाहिए कि धार्मिक कट्टरवाद और मुक्त बाजार व्यवस्था मिलकर जाति व्यवस्था, पुरुषसत्ता तथा अन्य कूपमंडूकताओं का संरक्षण किस तरह कर रहे हैं। जबकि असहमतियों के सिकुड़े होने, व्यक्ति-केंद्रित होने और कई बार हास्यास्पद होने की वजहों से यही उभरता है कि अनगिनत बुद्धिजीवियों को पूंछ को लेकर गहरी चिंता है, हाथी भले पानी में डूब रहा हो!

असहमति को तोड़ने के नए उपाय

असहमति का अर्थ उसके उद्देश्य की व्यापकता पर निर्भर है, उसमें अंतर्निहित तर्क की दार्शनिक शक्ति पर भी। इसलिए हर सत्ता असहमति को कमजोर करने के लिए इसके उद्देश्य की व्यापकता और बुद्धिपरकता को मिटाने का प्रयास करती है। वह असहमति को प्रलोभन देकर निगल जाती है या उसकी रीढ़ तोड़ देती है। इसका एक उदाहरण हाल के कुछ लिट फेस्ट हैं, जिनकी तरफ लेखक बेतहाशा दौड़े गए और उन्हें आईना दिखा दिया गया।

पिछले दशकों में असहमति के संसार पर बड़ी वित्तीय पूंजी, नई तकनीक और राजनीति का व्यापक प्रभाव पड़ा है। इस वजह से तत्काल संतुष्टि के लिए अल्पकालिक सोच ही प्रधान हो गई है, लंबी मियाद के संघर्ष पीछे छूट गए हैं। अब सभी को तत्काल सफलता चाहिए, तत्काल फायदा चाहिए। किसी का सही होना आज उतना जरूरी नहीं है, जितना मीडिया के बल पर अपने सही होने का प्रचार करके लोगों के मन में बैठा देना।

असंतोष प्रबंधन के लिए आम लोगों को थोड़ी खैरात, कुछ सांस्कृतिक चिह्न, कुछ दिवालियां और कुछ चमकदार आश्वासन अब काफी माने जा रहे हैं। बीच-बीच में पर्यावरण सजगता, जलवायु परिवर्तन जैसे मुद्दे भी महत्वपूर्ण घोषित कर दिए जाते हैं। इस तरह सबकुछ जल्दी और सस्ते में हो जाता है।

नए युग में मीडिया पर नियंत्रण करने के अलावा असंतोष-प्रबंधन के ऐसे तरीके अपना लिए गए हैं कि असहमति या प्रतिवाद की ज्यादा परवाह करना जरूरी नहीं रह गया है। एक खास शिक्षित तबके के लिए यही संदेश है, अपनी असहमति को लेकर ट्विटर, फेसबुक, इंस्टाग्राम पर बैठ जाओ और तनाव ढीला कर लो! हालांकि ये नए ई-मंच कई बार आंदोलन शुरू करने और उसे व्यापक बनाने में

सहायक हुए हैं और सदुपयोग हो तो आगे भी हो सकते हैं।

वैश्वीकरण के नए जमाने में इसपर खासतौर से ध्यान दिया जा रहा है कि जहां भी विपत्ति और पीड़ा मुखर होती दिखे, तुरंत असंतोष-प्रबंधन की मशीनरी का इस्तेमाल करो। असहमति को तोड़ो। समाज की वंचित श्रेणियों को विपदजनक बनने से रोकने के लिए दो काम किए जाते हैं-(1) सामान्य मानवीय पीड़ा के बीच सामुदायिक दीवारें खड़ी करना और (2) सुख और प्रतिष्ठा की सीढ़ियों का जाल बिछाना ताकि लोग जिस पायदान पर हैं उससे ऊपर चढ़ने के बारे में सोचें, बाकी चीजें भूल जाएं। वे अपना होना सीखें, 'दूसरों' के दुख-कष्ट की तरफ न देखें।

पहले की बौद्धिक असहमतियां और विद्रोहों के दौर में कोई पूर्व-निर्धारित रास्ता नहीं था, उद्देश्य ही राह थे। अब ऐतिहासिक निर्धारणवाद की जगह जातिवादी, धार्मिक, स्थानीय और अन्य कई तरह के 'निर्धारणवाद' पहले से तैयार हैं। प्रतिवाद के पाठ मिथ्या चेतना से ज्यादा निकल रहे हैं और सामाजिक विभाजन के नए-नए सिद्धांतों द्वारा निर्धारित हो रहे हैं। 'आमराय' वालों को बड़ी सफलता मिली है, क्योंकि बाजार एक है, पर असहमति विभक्त है।

क्या असहमति का कोई भविष्य है

असहमत होना एक भिन्न तर्क रखने के साथ एक बड़ा 'विजन' सामने लाना है। यह आलोचनात्मक लटके-झटके दिखाना नहीं है और न कोई घिसापिटा रिकार्ड बजाना या घटिया शैली में आरोप-प्रत्यारोप लगाना है। असहमति का अर्थ इसपर निर्भर करता है कि यह किसके हित में है और कितने अर्थपूर्ण सोच-विचार के साथ है। असहमति और बुद्धिपरकता के बीच संबंध असहमति को निर्माणात्मक ही नहीं बनाता, तथ्यपूर्ण और स्वीकार्य भी बनाता है। कहने की जरूरत है कि तेजी से बदलते इस युग में असहमति के पुराने रूप नहीं चल सकते। उनकी सीमाएं सामने आ चुकी हैं, खासकर अस्मिता की राजनीति की सीमाएं। कई बार असहमति उपद्रव और हिंसा की शक्ल में होती है, जो मानवीय विफलता का चिह्न है।

असहमति एक जड़ और अपरिवर्तनशील दशा नहीं है। हम पिछली सदी में पाते हैं कि वह न सिर्फ एक तर्क-आधारित सोच रही है, बल्कि रचनात्मक सामाजिक

कार्यों से भी जुड़ी रही है। हर मेधावान चिंतक, सुधारक और नेता ने बदलते समय की जरूरतों के अनुसार अपनी असहमतियों का विस्तार किया है। रवींद्रनाथ, गांधी, अंबेडकर, प्रेमचंद, निराला, महादेवी वर्मा जैसे लोग आज के बुद्धिजीवियों की तरह एकसुरा नहीं थे। वे पहले जैसे थे, बाद में बिलकुल वैसे ही न थे। वे अपने को बदलते और विकसित करते थे। इसके विवरणों में न जाकर यह कहना जरूरी है कि उनमें नए यथार्थों के सामने खड़ा होने का साहस था। वे सीमित स्वार्थ से जकड़े नहीं थे और निर्भय होकर नई दिशा चुनते थे।

हमारे समय की बहुत-सी असहमतियां और प्रतिवाद कर्मकांड की तरह हैं। वे प्रभावहीन हैं। प्रभावकारी असहमति के लिए ऐतिहासिक जागरूकता का होना जरूरी है, लेकिन वर्तमान में इसकी जगह इतिहास के अंध-पाठ, इतिहास की तोड़फोड़ और अतीत की सकारात्मक स्मृतियों की जगह नकारात्मक स्मृतियों को उकसाने के खेल ज्यादा हैं।

खासकर हिंदी क्षेत्र के लोगों में आत्मनिरीक्षण की प्रवृत्ति बहुत कम है। इसलिए एकसुरापन है। कई बार ये असहमतियां भीतर ही भीतर आमराय में शामिल नजर आती हैं। यदि 'विजन' में व्यापकता न हो तो असहमति टर्र-टर्र या हुआँ-हुआँ से भिन्न नहीं होती।

यह भी देखा जा सकता है कि कई असहमतियों को सही नेतृत्व नहीं मिल रहा है। नेतृत्व का अभाव एक बड़ी समस्या है। आज काफी लोग एक अनोखे अनुभव से गुजर रहे हैं, अपनी असहमति के साथ अकेला रह जाने या प्रतिनिधित्व-विहीन हो जाने के अनुभव से। खासकर जो जाति-धर्म-स्थानीयतावाद से ऊपर उठे हुए लोग हैं, जिन्होंने जाति तोड़कर अंतरजातीय या अंतरधार्मिक परिवार बनाए हैं और जो अपने को उदार देशप्रेमी नागरिक समझते हैं, उनकी दशा आमतौर पर दर्द भरी है।

आम असहमति की जरूरत

असहमति का खंड-खंड होना, उसका एक बंद जगह होना 21वीं सदी की एक बड़ी ट्रैजडी है। इसलिए यह समझना जरूरी हो गया है कि असहमति का भविष्य केवल आम असहमति में है-असहमतियों के बीच पुल में है। इस दौर में सबसे बड़ा सवाल यह है कि आम असहमति तक पहुंचने के लिए सभी स्तरों पर संवाद

को कैसे विस्तार दिया जाए, असहमति के अपने पुराने रूपों का कैसे अतिक्रमण किया जाए। इसपर सोचने की जरूरत है कि अतीतवाद और विभाजनकारी औपनिवेशिक बौद्धिकता में फँसे बिना हम सांस्कृतिक उन्मूलन की दशाओं से कैसे बाहर निकलें, 'आत्म' और 'पर' की खाई को पाटकर कैसे 'अ-पर' का निर्माण करें। यह सवाल जितना साहित्य का है, ज्ञान की दुनिया का है, कलाओं का है, उतना ही राजनीति का भी है।

यह अविश्वासों और संदेहों से भरा समय है। इसलिए कुछ लोग देश की विविधता को शक्ति की जगह एक असामान्य चीज के रूप में देखते हैं। कई बुद्धिजीवी पोस्ट-कोलोनियल के नाम पर वस्तुतः कोलोनियल सिद्धांतों को ढो रहे हैं। निश्चय ही सामने उपस्थित चुनौतियों का सामना प्राक-औपनिवेशिक दशा या हजार-पंद्रह सौ साल पहले की मानसिक दशाओं में लौटकर नहीं किया जा सकता। हमने पिछले सैकड़ों साल के संघर्षों के बीच से बहुत कुछ नया रचा है जिसे ध्वस्त किया जा रहा है, पर हम उसे खोना नहीं चाहते। हालांकि चिंता होती है कि खासकर पिछली दो सदियों के महान व्यक्तित्वों के आदर्शों की जगह अब हमारे पास बस उनके नाम पर दी जा रही कुछ सरकारी छुट्टियां बची हैं!

फिर भी यदि इतिहास अनंत है तो अभी कई नई घटनाएं सामने आएंगी। आम लोगों के असंतोष और विवशता का अंततः एक समाधान सामने आएगा, क्योंकि लोगों के पास हजारों साल के अनुभव से विकसित 'कॉमन सेंस' है। मुझे लगता है कि आम लोगों के पास उनकी सबसे बड़ी ताकत उनका कॉमन सेंस है। यह भले फिलहाल तोड़-फोड़ वाले विचारों और छवियों से घिरा हुआ है, लेकिन इसमें जाति-धर्म-स्थानीयता आदि के कृत्रिम विभाजनों के पार देखने की शक्ति है।

एक समय भक्त कवि पढ़े-लिखे न होने के बावजूद कॉमन सेंस से ही समझ सके थे कि क्या सच है और क्या पाखंड है। प्रेमचंद के अनपढ़ चरित्र सूरदास (रंगभूमि), धनिया-गोबर (गोदान), बच्चा हामिद (ईदगाह) कॉमन सेंस से ही समझते हैं कि सच, उचित और न्यायपूर्ण क्या है। उनपर अतीत और पश्चिम का बोझ नहीं था।

यह भी कहना चाहिए कि मनुष्य का कॉमन सेंस उसकी सद्‌बुद्धि, सद्‌भावना और सकारात्मक स्मृतियों का ऐसा रूप है जो कभी मिटाया नहीं जा सकता। 21वीं सदी का उन्नत कॉमन सेंस ही देश में कॉमन प्लेस को बचाकर रखेगा।

साहित्य आलोचनात्मक अंतर्दृष्टि देता है

साहित्य सदियों से घृणा, हिंसा और दमन के समानांतर मानव की निश्छल आवाज रहा है। दुनिया के दूसरे देशों में यह है और भारत में सब कूड़ा-करकट है, यह माना नहीं जा सकता। साहित्य हमारी अंतरात्मा का रक्षक ही नहीं, निर्माता भी है। भूल-भटक जाने पर हम साहित्य में ही अपने को खोज पाते हैं और जीवन के सौंदर्य को पहचानते हैं। इसने हमेशा वह दिखाया जो सत्ता के अंतर्जाल में फँसे रहकर और एक 'स्थान' में सीमाबद्ध होने पर नहीं दिख सकता।

साहित्य का सांस्कृतिक के साथ-साथ राजनीतिक महत्व भी है। राजनीति अब तक साहित्य के साथ क्या करती रही है, यह स्पष्ट है। हमारे लिए ज्यादा महत्वपूर्ण यह है कि साहित्य राजनीति को किस तरह ले। यह सत्ता, इतिहास, सामाजिक न्याय, प्रतिनिधित्व, प्रतिरोध आदि प्रश्नों को कैसे देखे। साहित्य निश्चय ही राजनीति की छाया नहीं है।

साहित्य निजी महत्वाकांक्षाओं की सीढ़ी, उपभोक्ता वस्तु या साहित्य उत्सवों के आभूषण से अलग चीज है। इसमें ऐसा बहुत कुछ होता है जो रोज के अनुभवों को समझने के लिए एक आलोचनात्मक अंतर्दृष्टि देता है, हमारी संवेदना का विस्तार करता है और हमारी 'इंटीग्रिटी' को बचाता है।

भारत की आवाज वह है जो उसकी व्यापक सामाजिक अंतरात्मा से निकलती है। निश्चय ही यह वैश्वीकरण का युग है, लेकिन इसका सामना हमें अतीत के औजारों की जगह भविष्य के औजारों से करना होगा। अतीत की टॉपिंग के साथ आधुनिक पिज्जा से किसी को ज्यादा देर तक भूलभुलैए में नहीं रखा जा सकता।

मार्च 2023

सभ्यता की हिंसा

मनुष्य दूसरे जीव-जंतुओं की तरह अपनी प्रकृति से हिंसक है। हिंसा प्रकृति है, जबकि अहिंसा सभ्यता है। अहिंसा स्वाभाविक नहीं है, यह प्रयत्न से अर्जित की जाती है। यह सिर्फ मनुष्य जाति द्वारा संभव है। हम जानते हैं कि महाभारत के पन्ने युद्ध और हिंसा के दृश्यों से भरे हैं। लेकिन इस महाकाव्य का संदेश है- 'अहिंसा परमो धर्मः'। यह लोकप्रिय पंक्ति महाभारत की है। इस महाकाव्य की रचना यह बताने के लिए हुई कि अहिंसा ही सभ्यता है- लोगों को मारना सभ्यता नहीं है।

दुनिया की सभ्यताओं में हिंसा आम की गुठली की तरह हमेशा मौजूद रही है। आज सरहदों के युद्ध और आतंकवाद के अलावा धार्मिक हिंसा, जाति हिंसा, यौन हिंसा, घरेलू हिंसा, बाजार की हिंसा और कार्यालय की हिंसा बड़े पैमाने पर मौजूद है। हर आदमी दूसरे आदमी को संदेह से देख रहा है। वह बदले की भावनाओं से भरा है। क्या अब लोग मानव सभ्यता के गुणों को खोकर लोभ और हिंसा की आम मानव प्रकृति में लौट रहे हैं? हिंसा प्रकृति है, प्रेम सभ्यता है!

हिंसा का संस्थाबद्ध रूप विशेष रूप से चिंताजनक है। इधर हिंसा धर्म, जाति, नस्ल और प्रांतीयता की सांस्कृतिक बुनावटों में प्रचंड रूप से मौजूद है। उसे सामुदायिक वैधता मिली हुई है, 'वैदिक हिंसा हिंसा न भवति'! यदि अपनी पार्टी का अपराधी है, तो वह उस पार्टी में महानायक है।

हिंसा आर्थिक और राजनीतिक सत्ताओं का सदा से अंग है। हमारे सामने सवाल है, क्या हिंसा ही इन दिनों सभ्यता का चिह्न है। सभ्यता जैसे-जैसे उन्नत हो रही है, हिंसा बढ़ रही है। क्या आज की सभ्यता ही हिंसा की जननी है?

आज जिधर देखो, भौतिक सभ्यता की खूबसूरत छवियां हैं। नए स्थापत्य वाले ऊँचे भवन, हाई-वे, मल्टीप्लेक्स बाजार, सुंदर विमान और समुद्री क्रूज, बुलेट ट्रेन, अनोखे व्यंजन, डिजाइनर कपड़े, कामुक छवियां, कीमती फर्नीचर, बड़े बजट की फिल्में, पॉप म्यूजिक, यौनिक नाच-गाने, 10-20 लाख के मासिक वेतन वाले विशेषज्ञ और सैकड़ों करोड़ के नए मंदिर! इस सभ्यता का कोना-कोना वातानुकूलित है। बुद्ध को, जब वे सिद्धार्थ थे, सुखों के ऐसे ही जाल से घेरा गया होगा। उन्होंने विद्रोह किया, पर विद्रोह की वैसी ताकत आज किसी के पास नहीं है। देखा जा सकता है कि आज सभ्यता देह सुख देती है, लेकिन मनुष्य की आत्मा और उसके मानवीय स्वाभिमान को मार डालती है। वह बर्बरताओं की वाहक है। वह भरसक स्पेस नहीं छोड़ती, जहां संदेह किया जा सके, हिंसा का विरोध हो सके।

सभ्यता की भौतिक ऊँचाई पर ऐसी नई-नई शक्लों वाली हिंसा है, जिनकी गांधी कल्पना नहीं कर सकते थे। वे कैसे सोच सकते थे कि विनम्रता में हिंसा छिपी हो सकती है। दया करके दी जा रही खैरात में हिंसा छिपी हो सकती है। मुआवजा देकर विस्थापन में हिंसा छिपी होती है। बाह्याडंबरों में हिंसा होती है। आश्वासन भी एक हिंसा है। टीवी की खबरों, बहसों और धारावाहिकों में हिंसा है। राजनीतिक विलासिता, बड़े माल और कारपोरेट जगत के नए सौंदर्य में हिंसा है। अब सादगी असुंदर है! डॉक्टर के इलाज में हिंसा है। हिंसा शिक्षा में छिपकर ऐसे बैठी होती है, जैसे पूजा की थाली में तक्षक! हिंसा की अनगिनत सभ्य शैलियां हैं।

सभ्यताओं में हिंसा का सफर

हर महान देश की सभ्यता में हिंसा रही है। प्राचीन काल से हिंसा की राजनीति है तो इसका दर्शन, इसका नृ-तत्व और इसका भाषाशास्त्र भी है। इन सबका विस्तृत अध्ययन होना चाहिए। यहां कुछ उदाहरण लाकर यह देखना काफी है कि सभ्यता के विकास के साथ हिंसा मिटी नहीं है, बल्कि यह हर विकास से अन्योन्याश्रित रूप से जुड़ी रही है।

इस देश में यज्ञ, देवताओं और पूर्वजों के लिए बलि प्रथा हजारों साल पहले से थी। एक कहावत ही बन गई, 'वैदिकी हिंसा हिंसा न भवति'। देवताओं द्वारा

असुरों और राक्षसों को मारने की कथा के बिना कोई धार्मिक संदेश पूरा नहीं होता, हिंसा के बिना किसी सत्य की प्रतिष्ठा नहीं होती। देखा जा सकता है कि वेदांत, बौद्ध दर्शन और भक्ति आंदोलनों के निशाने पर सामाजिक भेदभाव के अलावा हिंसा भी है। यह एक तथ्य है कि आम लोगों ने कभी महाभारत के सुदर्शन चक्र वाले कृष्ण को अपनी आस्था का हिस्सा नहीं बनाया। उन्होंने वृंदावन के मोरपंख और बांसुरी वाले कृष्ण को अपने हृदय में बसाया। आम लोग सदा शांतिप्रिय रहे हैं। वे घृणा की जगह 'ढाई अक्षर प्रेम' को जानते हैं।

कहा जा सकता है कि हिंसा का संबंध सदा वर्चस्व के लिए लड़ाई से रहा है, जिसमें हमेशा साधारण लोग उजड़े हैं। देश के राजा एक-दूसरे पर आक्रमण करते थे, वे नंगी हिंसा में लिप्त थे। वंशों की शत्रुताएं सामाजिक तानेबाने में शामिल हुईं। बाहरी आक्रमणकारी भी आए, उन्होंने कत्लेआम किया। राजनीतिक और आर्थिक वर्चस्व के रूपों में जैसे-जैसे बदलाव आया, हिंसा का स्वरूप बदलता गया और आम लोगों का जीवन प्रभावित होता रहा। हिंसा सत्ता का स्थायी चरित्र है, जिसकी भी सत्ता हो। यह भी उतना ही बड़ा सत्य है कि सत्ता की हिंसा के खिलाफ समाज में हमेशा आवाजें रही हैं।

हम जानते हैं कि यूरोपीय नवजागरण के साथ साम्राज्यवाद फैला था। सभ्यता के झंडे लेकर ही ब्रिटेन, फ्रांस आदि देश एशिया में कूदे थे। उन्होंने अपने देश में 'बंधुत्व, स्वतंत्रता और समानता' का नारा दिया और यहां सभ्यता के आवरण में हिंसा की। लोकतंत्र-प्रेमी इंग्लैंड भारत को, फ्रांस अल्जीरिया को, इटली लीबिया को आजाद करना नहीं चाहता था। पश्चिमी देशों का उपनिवेशवाद 'सभ्यता का मिशन' माना जाता था। वह न्याय संस्थापनार्थ था! एक समय पश्चिम की सभ्यता में हिंसा किस तरह छिपी थी, यह 1857 से लेकर 1919 में जालियांवाला घटना तक देखा जा सकता है।

21वीं सदी में भी लोकतंत्र और स्वतंत्रता के नाम पर पश्चिमी देशों की हिंसा आतंकवाद के समानांतर बरकरार रही है। संहारक युद्धोपकरण बनते रहे हैं। आज भी कई देशों के बीच युद्ध ठना हुआ है और मानवाधिकारों पर हमले हो रहे हैं। गली-गली, गांव-गांव में बाहुबल की प्रधानता है, कहीं भी स्वतंत्र होकर बोलना मुश्किल है। दुनिया की नजरों से छिपा नहीं है कि आज वस्तुतः कहीं भी आखिर कितनी मुक्ति, कितनी स्वतंत्रता और कितनी सभ्यता है।

हिंसा का क्रांतिकारी दार्शनिकीकरण

यूरोप में हिंसा के औपनिवेशिक तर्क के समानांतर हिंसा का क्रांतिकारी नैरेटिव भी बना। फ्रांज फेनन ने 'द रेचेड ऑफ द अर्थ' (1961) में दुनिया के उत्पीड़नों का यथार्थपरक चित्र खींचा, लेकिन इनसे मुक्ति की राह बताते हुए लिखा है, 'हिंसा ही साम्यवादी राज्य के लिए संघर्ष का रास्ता है। यह उत्पीड़ित लोगों को भयमुक्त करती है और आत्मसम्मान लौटाती है।' हरबर्ट मार्क्युस औद्योगिक तकनीकी सभ्यता का सही विश्लेषण करते हुए भी 'वन डायमेंशनल मैन' (1964) में लिखते हैं, 'मनुष्य अपनी वैयक्तिक मनोवैज्ञानिक समस्याओं से मुक्ति केवल राजनीतिक रास्ते से ही पा सकता है। मनुष्य की विध्वंस करने की हिंसक इच्छा दमनात्मक सत्ता के अत्याचारों की ही प्रतिक्रिया है। ...उदारवाद जनता को बेवकूफ बनाता है। इसलिए खेल के सारे कायदे तोड़ दो। वर्तमान व्यवस्था के ध्वंस के लिए प्रतिहिंसा जरूरी है। ऐसी हिंसा निर्माणात्मक होती है, यह जनहिंसा है।'

दार्शनिक स्तर पर उपर्युक्त दोनों विचारकों ने तथा राजनीतिक स्तर पर चे-गुएआरा और द' ब्रे ने विश्व के राजनीतिक क्षितिज पर हिंसा के प्रति एक नए ढंग का बौद्धिक आकर्षण पैदा किया था। कविताओं और कहानियों में भी यह आकर्षण व्यक्त हुआ था। एक समय क्रांतिकारी हिंसा की व्यापक अनुगूंज संपूर्ण बौद्धिक जगत में थी। लेकिन समग्रत: जो नतीजा सामने आया, वह यह है कि मुट्ठी भर लोगों की क्रांतिकारी हिंसा पर राज्यशक्ति की हिंसा भारी पड़ी।

20वीं सदी के उत्तरार्द्ध में हिंसा का रास्ता दुनिया के कई देशों में साम्यवादी राज्य की स्थापना में सहायक नहीं हो सका। सशस्त्र संघर्ष की छिटपुट क्रांतिकारी घटनाएं लोकमानस को प्रभावित नहीं कर सकीं। कई शांतिप्रिय लोग मार्क्सवाद के लक्ष्यों से सहमत होते हुए भी हिंसा के तत्व के कारण उससे दूर रह गए। बड़े मार्क्सवादी दलों ने हिंसा का रास्ता जब छोड़ा, काफी देर हो चुकी थी। आज महसूस हो सकता है कि समग्रतः इन लगभग सौ सालों में अनगिनत लोगों की शहादत कुछ व्यक्तियों के लिए बस सीढ़ी बनी। इससे अधिक दुखद कुछ नहीं है।

भारत की सामाजिक स्थितियों का मार्क्सवादी विश्लेषण कई मामलों में कच्चा और यांत्रिक रहा है। उसमें तत्व कम और फेन ज्यादा था। तेलंगाना विफल हुआ। नक्सलवाद व्यक्ति हिंसा में फँसकर विफल हुआ। वामपंथी-क्रांतिकारी ताकतों में बिखराव आया, सामान्यतः गलतियां पर गलतियां हुईं और स्वीकारने के बावजूद बार-बार होती रहीं। भारत में बंदूक की नली से सत्ता नहीं निकल पाई। यदि थोड़ा उलट-पुलट हुआ तो बुलेट से नहीं, शांतिपूर्ण जन-आंदोलनों और बैलेट से। उग्रवाद एक 'बचकाना मर्ज' साबित हुआ, शिशु अवस्था में हनुमान द्वारा सूरज को निगलने की तरह!

अंततः बहुत से मामलों में उग्रवाद की परिणति सुविधावाद में हुई। एक अतिवाद दूसरे अतिवाद की ओर ले गया। हिंसा का क्रांतिकारी दर्शन अंततः शाब्दिक बहस में खो गया। ग्रुपवाद बढ़ता गया, जिसका नतीजा आया बिखराव। अंततः दुनिया के सर्वहारा एक न हो सके, पर दुनिया के व्यापारी एक हो गए!

यदि इन्सान पहले बंदर था तो उसकी पूंछ कहां गई?

अतीत में हिंसा पर नियंत्रण के लिए धर्म की कुछ परंपराएं थीं जो मनुष्य को हिंसा से विरत करती थीं। भक्ति आंदोलन, शैव दर्शन, वैष्णव और सूफी परंपराएं ऐसी ही थीं। संयुक्त परिवार के लोग शांतिपूर्ण जीवन और मिलजुलकर रहना पसंद करते थे। परिवार में, खासकर स्त्रियों ने युद्ध, दंगा और हिंसा कभी पसंद नहीं किया, क्योंकि वे सबसे ज्यादा पीड़ित होती थीं। कृषकों और दस्तकारों की ग्रामीण एकता भी सौहार्दपूर्ण भारतीय जीवन में सहायक थी। काल प्रवाह में इन पुरानी स्वतःस्फूर्त व्यवस्थाओं का विघटन होता गया। हिंसा पर सामाजिक नियंत्रण के लिए आधुनिक व्यवस्थाएं अर्थपूर्ण विकल्प नहीं दे सकीं, उल्टे ये आततायी के रूप में सामने आईं।

दरअसल आजादी के बाद जब लोकतांत्रिक संस्थाएं निजी स्वार्थ के चलते खोखली होती गईं तो धर्म, जाति और प्रांतीयता नई हिंसा को बढ़ावा देने वाले प्रमुख तत्व बन गए। आजकल संकीर्णता और भिन्नता ही सत्ता की गंगोत्री हैं।

क्या विश्व गांव, वैश्वीकरण और निजीकरण के दौर में हिंसा की विदाई हो गई? नहीं, हिंसा का नया सफर शुरू हुआ। इसका लक्ष्य सामाजिक विद्वेष और

भिन्नता बढ़ाना है। यह हिंसा स्पष्ट से ज्यादा छिपी है। देखा जाए तो वर्तमान राज्य 'बाजार राज्य' है। इसमें भूख, बेरोजगारी, इलाज की कुव्यवस्था, कमजोर शिक्षा, लू-बाढ़ में मृत्यु, आत्महत्या आदि में हिंसा अदृश्य रूप से मौजूद रहती है।

आज की हिंसा 'लॉ एंड ऑर्डर' का मामला नहीं है। यह सांस्कृतिक और व्यापारिक आचरण का अंग है। आज हिंसा किसी न किसी तरह से अपनी वैधता प्राप्त कर लेती है और जन समर्थन भी निर्मित कर लेती है। जब हिंसा हिंसा न लगे, समझना चाहिए कि यह नैतिक क्षय का चरम रूप है।

इधर काफी लोगों में हिंसा की घटनाओं से संतोष की मनोवृत्ति देखी गई है। वे अपने समुदाय के व्यक्ति द्वारा की गई हिंसा का मुखर समर्थन करते हैं। बड़े अपराधों को भी सामुदायिक वैधता मिल जाती है। इस तरह भारतीय समाज अंध-सामुदायिकताओं में विघटित होता जा रहा है। उच्च सामाजिक आदर्श टूट रहे हैं। सैकड़ों साल की राजनीतिक-सांस्कृतिक उपलब्धियां असुरक्षित हैं। आज नामी व्यक्तियों के लिए जेड प्लस से लेकर साधारण सुरक्षा तक के जो इंतजाम हैं, उससे वर्तमान सभ्यता का डर ही नहीं उसकी अपंगता भी झांकती है।

प्राचीन काल में हिंसा से अ-हिंसा की ओर बढ़ना कठिन था, क्योंकि जनतांत्रिक संस्थाएं नहीं थीं, सामाजिक पिछड़ापन था और राजनीतिक बर्बरता थी, लेकिन आज हिंसा से अ-हिंसा की ओर बढ़ना पहले से ज्यादा कठिन दिख रहा है, क्योंकि भारतीय सभ्यता के जो भी उच्च, उदात्त और मानवीय तत्व रहे हैं वे गहरे संकट में पड़ गए हैं। लोकतंत्र के भीतर से लोकतंत्र को उजाड़ा जा रहा है। भौतिक बल की प्रधानता बढ़ गई है। हमलोग अब एक ऐसे युग और व्यवस्था में हैं जो विज्ञान और टेक्नोलॉजी की बड़ी-बड़ी उपलब्धियों के बावजूद विवेक की शत्रु है।

किसी नव-डार्विनपंथी से किसी ने पूछा कि यदि इन्सान पहले बंदर था तो उसकी पूंछ कहां गई। नव-डार्विनपंथी ने बड़ी सहजता से कहा कि पूंछ पहले बाहर थी, अब वह भीतर चली गई है। मनुष्य के अंदर जानवरपन जागा है। क्या मानव सभ्यता के विकास का इतिहास एक दिन उसके हिंसक जानवरपन के विकास के इतिहास के रूप में लिखा जाएगा?

हिंसा के मुख्य निशाने पर स्त्रियां और दलित

हमारे देश में आर्थिक उदारीकरण जरा भी सामाजिक उदारता नहीं ला पाया, उल्टे दमन और अंतर्शत्रुताओं का जाल बिछ गया। यहां तक कि अब गरीब को गरीब की हत्या करने में हिचक नहीं है। एक मध्यवर्गीय व्यक्ति दूसरे मध्यवर्गीय व्यक्ति को नीचा दिखाता है और बड़े मजे से उसका हक छीनता है। लोग धार्मिक आधार पर एक-दूसरे के खून के प्यासे होते जा रहे हैं। देखा जा सकता है कि शैक्षिक और बौद्धिक क्षेत्रों के व्यक्तियों के बीच किसी भी जमाने से आज ज्यादा अंतर्शत्रुता है। नेताओं के बीच भीषण कलह है, अहं का टकराव है और बदले की भावना है। क्या इतना कलह, अंतर्शत्रुता और हिंसा इसलिए है कि देश में अब सुधार या परिवर्तन के लिए बड़े जन-आंदोलन नहीं हैं और जनहित के सामान्य मुद्दे गायब हैं?

इन दिनों स्त्रियों और दलितों पर हिंसा बढ़ी है। एक आंकड़े के अनुसार, अमेरिका में हर चार स्त्रियों में एक दैहिक हिंसा की शिकार होती है। दुनिया में 25-45 वर्ष की 27 प्रतिशत स्त्रियां किसी न किसी तरह की दैहिक या यौन हिंसा की शिकार होती हैं। भारत जैसे 'नारी वंदना' वाले देश में 2021 में रेप की 31,677 घटनाएं दर्ज की गई थीं, अर्थात- प्रतिदिन 86 स्त्रियां बलात्कार की शिकार हुईं। सभी जानते हैं कि बलात्कार की इससे कई गुना अधिक घटनाएं लज्जा या भय के कारण दर्ज नहीं हो पातीं। इस देश में घरेलू हिंसा का आंकड़ा पाना कठिन है। एक अनुमान है कि आज भी 90 प्रतिशत स्त्रियां दैहिक और भावनात्मक हिंसा की शिकार होती हैं। स्त्रियों के लिए घर भी बाहर की तरह असुरक्षित जगह है, जबकि बाहर की हिंसा से बचाने का तर्क देकर ही उन्हें घर में ज्यादा रखा जाता है।

दलितों के मामले में जो आंकड़े प्रकाश में आए हैं, उनके अनुसार दलितों पर अत्याचार की 2018 में 42,793 तथा 2021 में 50,900 घटनाएं सामने आई हैं। अर्थात अंबेडकर को बड़ी संख्या में माला पहनाने के बावजूद घटनाएं बढ़ी हैं। आदिवासियों के समाज में स्त्रियों के प्रति हिंसा कम है।

आमतौर पर भारत के आम लोग भय और असहायता में जी रहे हैं। इकोनॉमिक ग्रोथ की गति जितनी तेज है, उससे कई गुना तेज गति तरह-तरह से हिंसा की है। दरअसल लोकतांत्रिक पद्धति तोड़कर की गई एक तरह की

मनमानी से दूसरी तरह की मनमानी के लिए रास्ता बनता है, हिंसा बढ़ती है। लोगों को रोजगार से बाहर रखना या किसी को अपमानित करना या तुच्छ नजरों से देखना भी हिंसा है! इस देश में हिंसा इस स्तर पर भी है कि नलों पर एक बाल्टी पानी के लिए मारपीट होती है।

आतंकवाद और हिंसा के नए रूप

आतंकवाद और नई हिंसा में फर्क है। आतंकवाद हत्या, आत्मघात करते हुए सुनियोजित विध्वंस और धमकियों द्वारा व्यवस्थित तरीकों से हिंसा भड़काने की कार्रवाई है। उसके भौतिक नतीजों से भयंकर उसके मनोवैज्ञानिक नतीजे हैं। आतंकवादी बिना भेदभाव के साधारण नागरिकों, महिलाओं और बच्चों तक को अपना शिकार बनाते हैं और दहशत फैलाते हैं। आतंकवाद विश्व शांति को एक बड़ा आघात देता आ रहा है। इसके खिलाफ जागरूक मुस्लिम नेताओं और बुद्धिजीवियों की आवाज बहुत कमजोर है, जबकि उन्हें व्यापक रूप में मुखर होना चाहिए।

यह समझने की जरूरत है कि एक धर्मांधता दूसरी धर्मांधता को बढ़ाती है। इसलिए कई देशों में आतंकवाद शासक वर्ग के लिए धार्मिक खाई चौड़ी करने का राजनीतिक हथियार बन जाता है। आतंकवाद ने लोगों का ध्यान बुनियादी समस्याओं से हटाकर बनावटी समस्याओं पर केंद्रित कर दिया है।

पश्चिमी देशों के हाल के प्रत्युत्तर से लग सकता है कि 'सभ्यताओं के टकराव' की धारणा ने 'सभ्यताओं के संवाद' को विस्थापित कर दिया है। 'इस्लामिक' और 'नन-इस्लामिक' की दो विरोधी दुनियाएं बनती जा रही हैं। यह परिघटना हिंसा को नए सिरे से वैश्विक औचित्य देते दिख सकती है। लेकिन उपर्युक्त विभाजन इसलिए सही नहीं है कि हिंसा किसी एक धर्म या कुछ देशों का मामला नहीं है। बड़ी संख्या में शांतिप्रिय मुसलमान इस्लामी आतंकवाद के शिकार हैं। वे परेशान हैं, हालांकि मुखर नहीं हो पा रहे हैं।

हिंसा की एक बड़ी वजह धार्मिक फोबिया है। यह बाजार और राजनीति की मिलीजुली सफलता है कि प्रचारों द्वारा तर्क विस्थापित और उन्माद स्थापित है। धर्म को सदाचरण और उच्च मूल्यों की जगह भय पैदा करने का हथियार बना दिया गया है। कहना न होगा कि धार्मिक विश्वासों के बीच शत्रुता बढ़ाने

में हर धर्म के कठमुल्लों को मीडिया के सहयोग के कारण भारी सफलता मिली है। यह अच्छी बात है कि इसे लेकर शांतिप्रिय लोगों के बीच गहरी चिंता है।

देखने की जरूरत है कि ठंडे दिमाग और पेशेवर ढंग से की गई हिंसा से भिन्न चरित्र है आज की नई हिंसा का। नई हिंसा आदिम प्रवृत्तियों का पुनरोदय नहीं है। इसका मुख्य आधार डार्विन की धारणा 'सरवाइवल ऑफ द फिटेस्ट' है। मजबूत बचेंगे-कमजोर मिटेंगे। इसलिए वैश्वीकरण के जमाने में अब एक ही लक्ष्य दिखाया जा रहा है, येन-केन-प्रकारेण अधिक ताकतवर बनो। राष्ट्र-राज्य सुरक्षादाता के रूप में दिखते हुए भी आज की हिंसा का एक भद्र, और कई बार कानूनी पार्टनर है।

उल्लेखनीय है कि वैश्वीकरण के युग में युद्ध और व्यापार के बीच अंतर्विरोध नहीं है। भले दो देशों की सरहद पर युद्ध चल रहा हो, लोग मारे जा रहे हों, लेकिन युद्धरत या तनावपूर्ण देशों के बीच व्यापार चलता रहता है। युद्धरत रूस और नाटो देश दो पक्ष हैं, पर कई नाटो देशों द्वारा रूस की गैस खरीदी जा रही है। चीन और भारत की सरहद गरम है, लेकिन भारत में चीन के माल शौक से आ रहे हैं। देश का बहुत सारा तिरंगा वहीं से बनकर आया! इस समय मुनाफा से बढ़कर कुछ नहीं है। कहना न होगा कि यह खून-पसीने की प्यासी सभ्यता है।

एशिया के देशों में ही सबसे अधिक हिंसा क्यों है

हम ध्यान दें तो 20वीं-21वीं सदी में सबसे ज्यादा हिंसा में फँसे एशिया के देश हैं- ईरान, अफगानिस्तान, भारत, पाकिस्तान, श्रीलंका, मलेशिया, चीन, हांगकांग और एक-दो देश छोड़कर जिधर नजर ले जाइए। एशिया में किसी समय परिवार, समाज और शांतिपूर्ण सामूहिक जीवन की लोक भावना अधिक गहरी रही है। बल्कि बहुराष्ट्रीय कंपनियों ने अपने कारपोरेट कल्चर में सामूहिकता की जिस भावना को महत्व दिया है, वह एशिया की देन है। एशिया के आम लोग अपने कुटुंब के लिए इतना ही चाहते रहे हैं, 'मैं भी भूखा ना रहूं, साधु न भूखा जाए'। वे भौतिक संसाधनों पर कब्जे से अधिक ध्यान अपने शांतिपूर्ण सादे जीवन पर देते रहे हैं। यहां दार्शनिक स्तर पर 'अंश' और 'संपूर्ण' का युग्म मान्य रहा है, जो उदारवाद का चिह्न है।

आखिर एशिया के लोग पश्चिमी सभ्यता के व्यक्तिवाद, भोगवाद और अंध-राष्ट्रवादी हिंसा में क्यों फँसते गए? वे वैयक्तिकता और सामाजिक उत्तरदायित्व के बीच संबंध क्यों नहीं स्थापित कर सके? अस्मिता और देश के बीच सहज रिश्ता क्यों न बन सका? क्यों भूल गए, 'भोग करो भी तो त्याग के साथ' (ईशावास्योपनिषद)? क्रांतिकारी भावनाएं क्यों कच्ची रह गईं, वे क्यों विकसित नहीं हो सकीं? उपनिवेशवाद और नव-उपनिवेशवाद ने एशिया को विकसित होने नहीं दिया। आजादी के बाद एशियाई देशों में राजसत्ता, धर्मसत्ता और हाल की बाजार सत्ता की हिंसा व्यापक होती गई।

पश्चिम के लोग कई बार मिल-बैठकर अपनी समस्याओं के निदान शांतिपूर्ण ढंग से कर लेते हैं, एशिया में यह कठिन क्यों है? यह सवाल एशिया के सभी राज्याधीशों से पूछा जाना चाहिए।

यह सही है कि सबसे अधिक धार्मिक, जातीय और सांस्कृतिक विविधता एशिया में है। इस विविधता को शक्ति में बदला जा सकता है। लोग अंतर्शत्रुता को मिटाकर एक साझा सामाजिक विजन बना सकते हैं। इसपर सोचना चाहिए कि क्या बाधाएं हैं, कहां बाधाएं हैं और ये कैसे दूर होंगी।

हमें हिंसा-मुक्त भारत चाहिए

कहा जाना चाहिए कि दुनिया के किसी भी दूसरे देश के मुकाबले में भारत ने सर्वप्रथम अहिंसा का संदेश दिया था। प्राचीन काल में हमारा देश जब हिंसा के दलदल में फंसा था, गौतम बुद्ध ने अहिंसा का संदेश देते हुए कहा था, 'एक आदमी संग्राम में लाखों लोगों को जीत ले और दूसरा अपने आपको जीत ले- यह दूसरा आदमी ही सच्चा विजेता है।' (सहस्स वग्गो, 4)। उन्होंने आत्मनिर्भरता और मैत्री का रास्ता दिखाया था।

महावीर ने कहा था, 'सभी प्राणी जीना चाहते हैं। अतः किसी प्राणी की हिंसा न करो।' (आचारांग)। उन्होंने यह महत्वपूर्ण बात भी कही थी, 'जो अपना दुख ठीक से जानता है, वह अपने अलावा दूसरों के दुख को भी जानता है। जो दूसरों के दुख को जानता है, वही अपने दुख को भी जान सकता है।' (वही)। बौद्ध और जैन धर्मों का उदय दुनिया की महानतम घटनाओं में एक है। महाभारत और बौद्ध-जैन धर्मों का दर्शन अहिंसा पर आधारित है। भारत को

विश्वगुरु कहने का तभी एक अर्थ है, जब अहिंसा को सर्वोपरि माना जाए। हिंसा फैलाने की जगह अहिंसा का रास्ता चुना जाए। यह नहीं होता।

यदि प्राचीन काल में बौद्ध और जैन धर्मों ने अहिंसा को आध्यात्मिक ऊँचाई दी तो आधुनिक काल में गांधी ने उसे राजनीतिक ऊँचाई दी। लेकिन हम देख सकते हैं कि आज बुद्ध और गांधी के देश में राजनीति हिंसा का फार्म हाउस बन गई है। इसका अर्थ है कि वैसे ही मुकाबले की ऐतिहासिक घड़ी एकबार फिर उपस्थित है। कुछ तो करना होगा हिंसा-मुक्त भारत, हिंसा-मुक्त एशिया के निर्माण के लिए!

कहना न होगा कि जिस तरह अहिंसा एक अर्जित किया जानेवाला सत्य है, उसी तरह 'दूसरों' से प्रेम, 'दूसरे' के हित की चिंता भी एक अर्जित सत्य है। हिंसा मानव प्रकृति है। स्वार्थ मानव प्रकृति है। द्वेष मानव प्रकृति है। यह सब सीखना नहीं पड़ता। अपने परिवार, वर्ग या अपने समुदाय के बारे में सोचना आसान है, जबकि 'दूसरे' की चिंता करना सीखना पड़ता है। यह सभ्यता का चिह्न है। यह श्रम करके अर्जित किया जाने वाला सत्य है।

आमतौर पर जन-आंदोलनों की एक बड़ी समस्या रही है कि खासकर मध्यवर्गीय लोग जब तक अपना स्वार्थ, अपना सीमित श्रेणी-स्वार्थ या सामुदायिक स्वार्थ नहीं देखते, जन-आंदोलनों में शामिल नहीं होते। यह एक विडंबना है कि इन लोगों को श्रेणी स्वार्थ समझाते-समझाते कई युग बीत गए, फिर भी आमतौर पर वे अपने वेतन-बोनस, सुख-सुविधाओं से आगे बढ़कर संपूर्ण मनुष्यता के स्वार्थ के बारे में सोचने की क्षमता हासिल नहीं कर सके। वे सहृदय और बुद्धिपरक नहीं हो सके। यह भी एक विडंबना है, जिससे जूझना होगा।

आज जितनी बार हिंसा होती है, धार्मिक विद्वेष कुछ और फैल जाता है, जातिवाद कुछ अधिक मजबूत हो जाता है या प्रांतीय भेदभाव अधिक बढ़ जाता है। हिंसा मानवीय संवेदना और राजनीतिक दृष्टि को ही पीछे नहीं ठेलती, यह इतिहास-दृष्टि को भी विपर्यस्त कर देती है। अब अतीत की भेदभाव वाली स्मृतियां लोकप्रिय बनाई जा रही हैं, 'तुमने नहीं तो तुम्हारी मां ने नहर का पानी गंदा किया होगा'! कहने का अर्थ है, इतिहास और हिंसा के बीच संबंध बनाया जा रहा है। शांतिप्रिय समाज को योद्धाओं के समाज में बदल दिया जा रहा है। इसलिए सबसे बड़ी जरूरत है भेदभाव और हिंसा के खिलाफ व्यापक राष्ट्रीय

आंदोलन की, ताकि समानता से प्रेरित शांतिपूर्ण और अंतरर्निभर सामाजिक जीवन में आस्था लौट सके।

मारीच–नियति से मुठभेड़

मारीच एक मायावी राक्षस था, वह ताड़का का पुत्र था। उसका मन बदल गया था। वह अहिंसक हो गया था, पर रावण ने उसे डरा कर फिर पुराने काम में लगा दिया। सत्ता अपना भय पैदा कर सामान्य जीवन जी रहे आम लोगों का अपने हिंसक उद्देश्यों के लिए कैसे इस्तेमाल करती है, इसका एक उदाहरण रामायण में मारीच की कथा है।

रावण मारीच को मायावी स्वर्णहिरण का रूप धारण कर राम के हाथों मरने का आदेश देता है। आज आम लोगों की दशा मारीच जैसी है। उसे मरना है, चुनना सिर्फ यह है कि किसके हाथों मरे। उसे तिल–तिल मरना है– रोज एक न एक झूठ का वाहक होकर, विकृत इतिहास पढ़ते और बनाते हुए, एक–न–एक का बौद्धिक लठैत बनकर, किसी की लूट और किसी की मार का औजार बनकर क्षण–क्षण मरना है। उसे हमारे समय की अनोखी हिंसा का शिकार होकर मरते–मरते भी झूठ बोलना है, ताकि सीता हरण हो। आम लोग अपनी इस ट्रैजिक 'मारीच नियति' से मिलजुल कर कैसे लड़ें, यह सोचने का विषय है।

अक्टूबर 2022

वंदे भारतम्–वंदे मानवम् : स्वतंत्रता का हलफनामा

स्वाधीनता के 75वें वर्ष पर दो पुराने कथन याद आ रहे हैं। एक कथन है, 'मनुष्य स्वाधीन पैदा होता है, लेकिन उसे हमेशा बंधनों में जीना पड़ता है।' दूसरा है, 'मनुष्य एक करुणासंपन्न प्राणी है, लेकिन हमेशा ऐसे समाज में जीता है जो निष्करुण और अन्यायपूर्ण है।' जब दुनिया 21वीं सदी के प्रवेशद्वार पर थी, इसे उच्च संभावनाओं, पारदर्शिता, सभी की स्वतंत्रता और शांतिपूर्ण विकास की सदी के रूप में देखा जा रहा था। नई सदी में चलते–चलते दो दशक से ज्यादा समय बीत गया, हर तरफ उन्मत्त भीड़ नजर आती है। उसमें संवेदना की क्षमता नहीं है। संवेदना, अर्थात दूसरे के दुख–कष्ट को अपना दुख–कष्ट समझना, समान वेदना का अनुभव करना!

महाभारत में देखा जा सकता है कि हिंसा में अफवाह की क्या भूमिका है। द्रोणाचार्य की संहारक वीरता से घबराकर पांडव पक्ष अफवाह फैलाता है कि अश्वत्थामा मारा गया। युधिष्ठिर से कहा गया कि वे द्रोणाचार्य के समक्ष इसकी पुष्टि कर दें। युधिष्ठिर महाभारत के एकमात्र ऐसे चरित्र हैं जो सच बोलना छोड़ नहीं सकते थे और 'अश्वत्थामा मारा गया' के संदर्भ में दुविधा से अत्यधिक पीड़ित थे। इस महाकाव्य का दूसरा कोई चरित्र इतने संशय और दुविधा में नहीं रहा है। बहुतों को लगता है कि महाकाव्य के नायक भीम हैं, जिन्होंने दुःशासन को मारने के बाद उसका रक्तपान किया, युधिष्ठिर नहीं। आखिर क्या बड़ी चीज है– नृशंसता या इसे लेकर मन में पैदा होने वाली दुविधा? महाभारतकार ने स्वर्ग में भीम को नहीं, युधिष्ठिर को भेजा था। उसका मकसद हिंसा की

बीभत्सता दिखाना था, ताकि लोगों के मन में हिंसा को लेकर संशय पैदा हो। प्लेटो ने भी कहा था, 'युद्ध के बाद हर तरफ होते हैं सिर्फ अश्रु और रक्त!'

यदि स्वतंत्रता के 75वें साल के मौके पर हम आत्मनिरीक्षण करना चाहते हैं तो सामने यह प्रश्न है – क्या आज किसी भी हिंसा, पक्षपात में शामिल होते समय या इसका समर्थन करते समय हमारे मन में कोई दुविधा होती है, कोई संशय होता है?

एक उदाहरण इतिहास से लें। अशोक ने कलिंग विजय के बाद जब धौलगिरि पर्वत से नदी के जल को रक्त से लाल होता हुआ देखा, वह चंडाशोक से देवनांप्रिय अशोक बन गया। उसे 'दूसरे' की हिंसा विचलित कर गई। आज की हिंसा कितनों को विचलित करती है? प्रसाद की कहानी 'ममता' में ममता शेरशाह से अपने प्राण बचाकर आश्रय के लिए आए मुगल हुमायूँ से कहती है, 'तुम भी वैसे ही क्रूर हो'। लेकिन वह ब्राह्मण होकर भी अपने बर्तन से उसे जल पिलाती है और आश्रय देती है।

इस दौर में स्पष्ट है, 'दूसरे' के दुख–कष्ट या मारे जाने को चुपचाप देखना नृशंसता है। जिस तरह का विद्वेष हर तरफ फैलाया जा रहा है, उसको लेकर संशय न होना बौद्धिक पक्षाघात है। सबसे खतरनाक है जिज्ञासा की मृत्यु!

बृहदारण्यकोपनिषद में कहा गया है, 'दाम्यत दत्त दयध्वमिति।' कहने का आशय है–आत्मनियंत्रण, त्याग और करुणा (सम–अनुभूति) की तत्काल फिर जरूरत है।

दुख देगी यह संकुचित दृष्टि

प्रसाद ने 'कामायनी' (1936) में बनते हुए राष्ट्र के लिए समरसता का स्वप्न देखा तो अपनी आशंकाएं भी व्यक्त कर दीं। उन्होंने इड़ा सर्ग में लोकतंत्र की भावी विसंगतियों का जो त्रासद चित्र खींचा है, आज वह यथार्थ बनकर उपस्थित है :

यह अभिनव मानव प्रजा–सृष्टि
द्वयता में लगी निरंतर ही
वर्णों की करती रहे वृष्टि
अनजान समस्याएं गढ़ती

रचती हो अपनी ही विनष्टि
कोलाहल कलह अनंत चले
एकता नष्ट हो, बढ़े भेद
अभिलषित वस्तु तो दूर रहे
हाँ मिले अनिच्छित दुखद खेद...
सबकुछ भी हो यदि पास भरा
पर दूर रहेगी सदा तुष्टि
दुख देगी यह संकुचित दृष्टि।

आजादी पाए 75 साल बीत गए, भारत को भिन्नता पर आधारित उपर्युक्त 'संकुचित दृष्टि' के कारागार से मुक्ति कैसे मिलेगी? यह आज का सबसे बड़ा प्रश्न है। इस समय कोई व्यक्ति सुख-शांति से नहीं है, फिर भी सामान्यतः अशांति अब विचलित नहीं करती। हर भिन्नता अपना लोकप्रिय तर्क गढ़ चुकी है। हर जगह हिंसा का अंत करने के लिए हिंसा जरूरी बताई जा रही है। हर नृशंसता एक मजेदार घटना है, जिससे कुछ लोगों को मजा आता है। गरीब परिवारों से आकर गली-मुहल्लों में छोटे-छोटे आततायी पनप गए हैं और वे सत्ता के हथियार बन चुके हैं। एक जहर को काटने के लिए दूसर जहर खिलाया जा रहा है।

इस युग में निश्चय ही दिख रहा है कि देश में सड़कों, ट्रेनों, हवाई अड्डों, फ्लाइ-ओवरों, शानदार भवनों, मॉल-मल्टीप्लेक्स का जाल बिछ गया है। हर तरफ हँसते हुए सुखी चेहरों की छवियां हैं। इन सबके बीच ऐसा बहुत कुछ है जो नहीं दिख रहा है और अनजाने बहुत कुछ खोता जा रहा है।

वैश्वीकरण से निराशा हिंसा का गर्भगृह है

आक्सफेम की 23 मई 2022 की एक रिपोर्ट के अनुसार इन दिनों विश्व में हर 30 घंटे पर एक नया अरबपति बन रहा है, जबकि इसी अवधि में कई लाख लोग चरम गरीबी की तरफ फेंके जा रहे हैं। उसका निष्कर्ष है, कोरोना महामारी के दौर में भोजन, दवाइयों, ऊर्जा और तकनीकी क्षेत्रों में बड़ी कंपनियों के मुनाफे में अपार बढ़ोतरी हुई है, जबकि मूल्य-वृद्धि की वजह से आमलोगों का जीना पहले से ज्यादा कठिन हुआ है। उन्हें भोजन के लाले पड़ गए हैं। दिखावा के साथ रहने वाले मध्यवर्गीय लोग भी बहुत परेशान हैं। कई भारी कर्ज

और अवसाद में हैं। इस दौर में जिनके काम-धंधे कमजोर हो गए हैं, उनकी 'कहां जाई का करी' की दशा है। पर ऐसे लाखों मध्यवर्गीय बाबू और सर शर्म से कुछ कह नहीं पा रहे हैं।

कोरोना महामारी के बाद बढ़ी आर्थिक मंदी और मुद्रास्फीति के कारण देश अधिक जटिल स्थितियों से गुजर रहा है। साधारण मध्यवर्ग की हालत बिगड़ चुकी है, खासकर जो सरकारी वेतन नहीं पाते। इनके छोटे-मोटे रोजगार, व्यवसाय या कारखाने संकट में हैं। इनकी हालत लखनऊ के उजड़े रईसों-सी है। लेकिन ये न रोजगार गारंटी योजना में शामिल हो सकते हैं, न राशन योजना और न नकद हस्तांतरण योजनाओं में। नकद पाने वाले गरीब लोग छोटे-छोटे स्वप्न देख लेते हैं, कुछ नहीं तो एक लाटरी खरीद लेते हैं। आम मध्यवर्गीय लोगों के तो सारे स्वप्न हवा हो गए हैं।

इधर भारतीय मध्यवर्ग के एक खास हिस्से का स्वाधीनता आंदोलन के दौर से भिन्न चरित्र सामने आया है। वे निराश हैं और जितने अधिक निराश हैं उतने ज्यादा गुस्से में हैं। वर्तमान विषमता से नहीं; दूसरे धर्म, दूसरी जाति या दूसरी प्रांतीयता वालों के प्रति। वे जितने अधिक उग्र हैं, उनके सोचने की शक्ति उतनी कम होती जा रही है, समवेदना घटती जा रही है। देखा जा सकता है कि एक अंध-राष्ट्रवाद दूसरे अंध-राष्ट्रवाद के लिए और एक घृणा दूसरी घृणा के लिए किस तरह खाद का काम कर रही है।

इस दौर की आर्थिक निराशा मनुष्य को तरह-तरह से आक्रामक बना रही है। निराशा का आक्रमण सकारात्मक स्मृतियों पर है, ऊँचे मूल्यों की थाती पर है। उसके निशाने पर स्वाधीनता संग्राम काल के महान व्यक्तित्व और राष्ट्रीय पुनर्निर्माण के स्वप्न हैं। आक्रमण भविष्य कल्पना पर है। हर तरफ आक्रामकता के बिंबों की आराधना है। 21वीं सदी में मनुष्य को आत्मविहीन करने के औजार-खुद सोचने, कल्पना करने और रचने से रोकने वाले औजार धर्म, राजनीति, उपभोक्ता संस्कृति और मीडिया द्वारा बड़े पैमाने पर तैयार किए जा रहे हैं।

इतिहास की राख

आज की एक विडंबना यह है कि इतिहास को लेकर एक तरफ सिर्फ गर्व है, दूसरी तरफ सिर्फ ग्लानि है। इतिहास को कंगूरा और कबाड़खाना बनाने

वालों की किसी जमाने में कमी नहीं रही है। इतिहास सांस्कृतिक तोड़फोड़ का शिकार है। कहीं पौराणिक घटनाओं को इतिहास बताया जा रहा है, कहीं इतिहास के संवेदनशील मामलों को राजनीतिक चाट बनाकर परोसा जा रहा है। जिस जमाने में 'भौतिक समृद्धि–बौद्धिक रिक्तता' चरम पर हो, उसमें इतिहास की दशा शरणार्थी की होती है।

21वीं सदी में इतिहास को राजनीति और बाजार का खिलौना बना दिया गया। ऐतिहासिक प्रसंगों पर उपन्यास आए, फिल्में बनीं। कई लेखक कथा का मिश्रण करके इतिहास बेच–खा रहे हैं। इतिहास को द्रौपदी बना दिया गया है। अपने को इतिहासकार कहने वाले ऐसे व्यक्तियों की कमी नहीं है, जो इतिहास की महत्वपूर्ण घटनाओं के वास्तविक अर्थ को बदल डालने का काम करते हैं। जैसे एक क्षमतावान अर्थशास्त्री और इतिहासकार संजीव सान्याल यह धारणा देते हैं कि नवजागरण 19वीं सदी की घटना नहीं है। वह तो 21वीं सदी में पिछले कुछ सालों में आया है।

इतिहास खिलौना नहीं है, यह आम लोगों की जीवनी शक्ति है। पर इधर इतिहास से क्रीड़ा करने वालों की संख्या बढ़ी है। फिर भी, यदि इतिहास में इतिहास को मारने वाली ताकतें हैं, उसमें मनुष्यता के लिए चले संघर्षों को बचाने वाली ताकतें भी हैं। वे कभी–कभी स्पष्ट दिखने की जगह पहाड़ों और मिट्टी के नीचे छिपे उस पानी की तरह होती हैं, जो चारों तरफ से इकट्ठा होकर कभी भी प्रचंड सहस्रधार बनकर झर सकता है।

इतिहास युद्धास्त्र नहीं है। वह शांति, मनुष्यता और स्वतंत्रता की खोज है। वह विज्ञान न हो और 'अस्थिर' हो, पर मिथ्या चेतना नहीं है।

1960 के दौर में आधुनिकतावादी लेखक अपने को इतिहासहंता के रूप में देखते थे, पर इतिहासहंता तो अब आए हैं। यह जरूर कहा जा सकता है कि इतिहास के अंत का यदि कोई अर्थ है तो वह है इतिहास की एकरेखीयता का अंत। भारत का इतिहास कभी एकरेखीय नहीं रहा है, क्योंकि इसमें कई समाजों, कई भाषाओं, कई जातियों, कई धर्मों और कई संस्कृतियों का इतिहास शामिल है। इस इतिहास में विशिष्टता और अखंडता के बीच अंतर्विरोध नहीं है और विविधता सर्वोच्च मूल्य है। इस इतिहास ने हमें साथ रहना सिखाया है। स्पष्ट

है कि हम भारत के भविष्य की जिस रूप में कल्पना करते हैं, भारत का अतीत वैसा ही दिखेगा।

हमें इतिहास से दृष्टि मिलती है, मूल्य मिलते हैं और परंपराओं का ज्ञान होता है, और कोई इतिहास भविष्यहीन नहीं होता। हर इतिहास में भविष्य-कल्पना छिपी होती है। सावधान होने के लिए एक बात है- इतिहास से दृष्टि मिलती है, पर कई बार यह दृष्टि अंधता का काम करने लगती है। कुछ व्यक्ति इतिहासांध होते हैं।

आजादी के 75वें वर्ष में एक बड़ी चुनौती है, हम अपने विध्वस्त हो रहे इतिहास का समावेशी आलोचनात्मक पुनर्निर्माण कैसे करें। हम इसे इतिहास के खिलाड़ियों, इतिहासांधों और इतिहासहंताओं से कैसे बचाएं।

हम अपने इतिहास को ब्राह्मण परंपरा या श्रमण परंपरा में विभाजित करके नहीं देख सकते। इसी प्रकार हम अपने इतिहास को कबीर या तुलसी के रूप में नहीं देख सकते। हम अपने इतिहास को गांधी या वल्लभभाई पटेल या भगत सिंह या सुभाषचंद्र बोस के रूप में नहीं देख सकते। हम उसे उत्तर या दक्षिण के रूप में नहीं देख सकते। यदि साहित्य के संसार में देखें, तो प्रेमचंद या प्रसाद के रूप में नहीं देख सकते। ब्राह्मण या दलित, पुरुष या स्त्री, समवेदना या स्वानुभव के रूप में नहीं देख सकते। अब भी आंखें खुल जानी चाहिए। हमें 'या' की जगह 'और' को चुनना होगा, मिथ्या बनामवाद को खत्म करके।

निश्चय ही इतिहास में ऐसा बहुत कुछ है जो हमपर बोझ है। उसमें ऐसा भी बहुत कुछ है, जिसे खोकर हम अपनी भारतीय पहचान और इसकी वैश्विक मानवीय जड़ों से विच्छिन्न हो जा सकते हैं। समझने की जरूरत है कि इतिहास से स्वार्थवश रणनीतिक गठबंधन और समावेशी आलोचनात्मक रिश्ता दो भिन्न चीजें हैं।

प्रदत्त अस्मिता और अर्जित अस्मिता

निराला ने अपने एक लेख 'साहित्य की समतल भूमि' में एक मार्के की बात कही है, 'सीमा के अंदर घिरकर रहना जिस तरह मनुष्य की प्रकृति है, उसी तरह सीमा के संकीर्ण बंधनों को पार कर जाना भी मनुष्य की प्रकृति है।' कोई व्यक्ति अपनी अस्मिता को, चाहे वह धार्मिक हो, जातीय हो या जातिपरक (कास्ट) हो, मान दे ही सकता है। एक हिंदू क्यों नहीं कहे कि वह हिंदू है। एक मुसलमान क्यों नहीं कहे कि वह मुसलमान है। एक तमिल क्यों नहीं कहे कि वह तमिल है। एक

गुजराती क्यों नहीं कहे कि वह गुजराती है। लेकिन एक बिंदु के बाद मनुष्य को अपनी अस्मिता के संकीर्ण बंधनों और सीमाओं को पार करना पड़ता है। दरअसल एक 'प्रदत्त अस्मिता' होती है, जिसमें हम जन्म लेते हैं, यह हमारा चुनाव नहीं होता और एक 'अर्जित अस्मिता' होती है जो हमारे कार्यों, सरोकारों और विचारों से बनती है।

निराला ने बल देकर कहा था कि सीमा के संकीर्ण बंधनों को पार करना भी मनुष्य की प्रकृति है। कोई मनुष्य प्रदत्त अस्मिता से बंधकर नहीं रह सकता। वह सभ्यता के असर की वजह से स्वतंत्रता-खोजी है, शांति-खोजी है और प्रेम चाहता है। इसलिए वह संस्कृति को चुनता है, कला-साहित्य को चुनता है और एक 'कॉमन प्लेस' खोजता है। संस्कृतिहीन व्यक्ति ही कला-साहित्य से विमुख रहता है, कॉमन प्लेस की जगह कौवे-हिरण की तरह सिर्फ अपने खास झुंड में रहना चाहता है। यह कैसी घड़ी आ गई है, व्यक्ति आज अपनी जाति-बिरादरी या धर्म या प्रांतीय समुदाय में ही सुरक्षा का अनुभव कर रहा है, वह बृहत्तर समाज में अपने को असुरक्षित पाता है!

सत्ता की राजनीति का सदा से एक बड़ा औजार रहा है - अभेद में भेद। इसके लिए एकेडेमिक संसार को भी हथियार बनाया जाता है। इन चीजों का मकसद है- 'सांस्कृतिक इंटरैक्शन' में अवरोध पैदा करना तथा 'सांस्कृतिक रेजिमेंटेशन' को बढ़ावा देना। इसमें सफलता मिल जाती है, जब मनुष्य की दो बड़ी आंतरिक क्षमताओं-तर्कशक्ति और सृजनात्मक कल्पना को 'प्रचार' के नए माध्यमों द्वारा ध्वस्त कर दिया जाता है। लोग तब हर मामले में अंध-पिछलग्गू हो जाते हैं।

यदि अतीतवादी बर्बरता ला रहे हैं तो उपभोक्तावादी भुक्खड़ता ला रहे हैं। पहला सामुदायिक उन्माद बढ़ाता है, दूसरा विलासोन्माद। दोनों ही तर्क, कल्पना और सृजनात्मकता के समान रूप से शत्रु हैं। मनुष्य के खुद सोचने और विवेकपूर्ण निर्णय लेने के लिए जब मानसिक स्पेस सिकुड़ गया हो तो वह 'कृत्रिम इच्छाओं' को ढोने के लिए बाध्य होता है। वह हर सूचना या अज्ञान के प्रचार को ज्ञान मान लेता है।

आमतौर पर मनुष्य प्रत्यक्षतः जो देखता है और जिन खास सांस्कृतिक स्थितियों में जीता है, उनके पार जाकर वह बहुत सारी चीजों को देखना, जानना

और उनसे रिश्ता बनाना चाहता है। मनुष्य के अर्थपूर्ण अस्तित्व के लिए यह जरूरी है कि वह कूपमंडूक न बने। वह प्रदत्त अस्मिता का अतिक्रमण करे। वस्तुतः वह कई पहचान रखता भी है। वह एकसाथ हिंदी भाषी, भारतीय, किसी का पिता, व्यापारी, हिंदू, ब्राह्मण, मनुष्य, नागरिक आदि बहुत कुछ होता है। बस सवाल है, वह जोर किस-किस पर देता है। आजकल सबसे कठिन है अपने को भारतीय और मनुष्य समझना, वंदे भारतम्-वंदे मानवम् का भाव रखना!

मनुष्य की प्रकृति में यह भी है कि उसके मन में प्रश्न पैदा होते हैं। उसमें सभ्यता की शुरुआत से जिज्ञासा है, जिसका अंत नहीं किया जा सकता! इसलिए कोई बंधन या बाउंडरी शाश्वत नहीं है- हर बाउंडरी, चौखटा प्रश्नांकित होता है। जिज्ञासा अनंत है। स्वतंत्रता अनंत है, इसकी कोई आखिरी मंजिल नहीं है। इसलिए अस्मिता की भी कोई आखिरी मंजिल नहीं है।

तकनीकी विकास और लोकतंत्र

हम देख सकते हैं कि आज लोग कंप्यूटर, इंटरनेट और अन्य प्रौद्योगिकियों के प्रयोग में आगे हैं, लेकिन मानवीय संबंधों के बोध, मूल्य चेतना और संवेदनशीलता के मामले में पिछड़ते जा रहे हैं। मोबाइल ने नन्हे बच्चों से खिलौने और खुले मैदान छीन लिए हैं। बस पर चढ़िए, हर यात्री अपने मोबाइल में डूबा दिखेगा। वह अलग-अलग द्वीप की तरह होगा। यदि कोई असमर्थ बुजुर्ग किसी नौजवान के सामने क्लांत खड़ा हो, तब भी नौजवान अपनी सीट छोड़कर उसे बैठने के लिए नहीं कहेगा। भले दोनों हिंदू हों! लोकतंत्र में यदि संवेदनशीलता का ह्रास हो जाए, फिर उसमें कुछ बचा नहीं होता। देखा जा सकता है कि तकनीकी छलांग बहुत तेज है, बाजार में अखंडता है, लेकिन समाज अंतर्शत्रुताओं से भरा है। वह न्याय और पारदर्शिता से दूर होता जा रहा है। क्या स्वतंत्रता के 75 साल की यही चरम उपलब्धि है?

दरअसल 1947 में 'नियति से मुठभेड़' का जो सुअवसर मिला था, उसे हमने गंवा दिया। एक समय तक मूल्य-संस्कृति में जरूर कुछ आवाज थी। ज्यादातर लोग उदार थे, बड़े स्वप्न मरे नहीं थे। समाज में आधुनिक विकास को लोकतांत्रिक चरित्र देने के लिए आवाजें थीं। लेकिन सत्ता मिलने पर चूहों में भी बिल्ली बनने की आकांक्षा पैदा होने लगती है। अतः नेताओं की रीढ़ गलने लगी। सबको बहुत

पैसा चाहिए, बहुत जमीनें चाहिए, बहुत सोना चाहिए। अतृप्ति बढ़ती गई। लोकतंत्र में खुदगर्जी, कुप्रबंध और भ्रष्टाचार की दीमकें लगती गईं। 'सा विद्या या विमुक्तये' की बात झूठ निकली, ज्ञान का अर्थ हो गया चालाकी!

नायक पूजा की प्रवृत्ति ने इस देश का काफी नुकसान किया है। इसने सत्य और तर्क का महत्व गिरा दिया। समाज की तहों तक लोकतंत्र पहुंच नहीं पाया। परिवार और लोगों के बीच रिश्तों में भी लोकतांत्रिकता नहीं आ पाई। देश में भूमंडलीकरण के बाद जब किसी भी तरफ बाजार छोड़कर कुछ नहीं बच पाया, तो आखिरकार संसद दधीचि का तपोवन कैसे होती!

हम पिछले 75 सालों के परिदृश्य पर गौर करें। आधुनिकीकरण के बावजूद जीवनदृष्टि में आधुनिकता नहीं आ पाई। ऊपर टाई –भीतर जनेऊ की जोड़ी बनी। माथे पर तिलक लगा लेना भर धार्मिक होने का प्रमाणपत्र बन गया। आधुनिक जीवनशैली और कूपमंडूकता की जुगलबंदी आम हो गई। विकास और अन्याय सहोदर बन गए। फिर सबकुछ जारी रहा– स्त्री की अवमानना, हर जाति द्वारा अपने से नीचे की जाति से भेदभाव, दहेज प्रथा और बढ़–चढ़कर दिखावा और 'चिह्नों' के साथ शक्ति प्रदर्शन! जातिवाद और हिंसक बड़बोलापन बढ़ता गया। इन दिनों हर आदमी के दिमाग में एक न एक छोटा फासिज्म बैठा हुआ है, परिवार से लेकर राजनीति तक। एक व्यक्ति दूसरे व्यक्ति पर चढ़ बैठना चाहता है।

यह एक लज्जाजनक हकीकत है कि भारतीय संस्कारों में लोकतंत्र शामिल नहीं किया जा सका। तकनीकी बुद्धि का खूब विकास हुआ, पर तर्क का विस्थापन घटित हुआ। प्रायः हर व्यक्ति आजकल याज्ञवल्क्य के मिजाज में रहता है कि इससे आगे बोला तो तुम्हारे सिर के टुकड़े हो जाएंगे! तर्क पर बाहुबल, पद का बल, मिथ्या प्रचार और संख्या का बल हावी हो जाए तो लोकतंत्र की आत्मा का बचना मुश्किल है।

सोशल मीडिया में कैसा लोकतांत्रिक परिवेश है? यह वर्तमान युग में झूठ के प्रचार का सबसे बड़ा मंच है। यदि कोई पीछे पड़ गया, जिसे ट्रोल करना कहते हैं, तो किसी भी व्यक्ति के अपमान, उपहास और उसके प्रति घृणा की ज्वालामुखी फट पड़ेगी। किसके भीतर से कब एक बाघ निकल आएगा ठीक नहीं। नई सभ्यता शालीनता के ही पूरी तरह खात्मे पर नहीं तुली है, इसने भाषा को अपशब्दों का भंडार बना दिया है।

क्या मध्यवर्ग के लोगों में कोई संभावना बची है

19वीं सदी और 20वीं सदी के पूर्वार्ध में मध्यवर्ग ने एक ऐतिहासिक भूमिका निभाई थी। इसने बहुत त्याग किया था। इसने बंधुत्व, स्वतंत्रता और समानता के लिए कुर्बानियां दी थीं। उस युग का वह सच्चा नायक है। 21वीं सदी के वर्तमान दौर में वह फिर मुखर, उत्साही और हुंकारों से भरा है। पर इस बार उसे बंधुत्व, स्वतंत्रता और समानता के मूल्य पसंद नहीं हैं, क्योंकि अब वह स्वाधीनचेता न होकर अमीरों के नेतृत्व के अधीन है। ये सैकड़ों करोड़ों के मालिकाना वाले वे अमीर हैं जो हठात अमीर बने हैं।

माना जाता है कि आम मध्यवर्गीय मनुष्य उदार होता है, वह प्रेम से भरा होता है। आज के मध्यवर्ग का चित्त कठोर है। यदि किसी के हृदय में सचमुच प्रेम है, वह चांदी के कुएं में नहीं रह सकता। वह हर वंचित और उत्पीड़ित के दर्द को छुएगा, उसकी जाति, धर्म और प्रांतीयता नहीं देखेगा। कहा जा सकता है कि आज का मध्यवर्ग क्रूरता के साथ लालच के नंगे रूप में है। सुख के एक खास स्तर तक पहुंचने के बाद उसे बिना अपने फायदे के अब कुछ भी करने की इच्छा नहीं होती। आदमी जब अपने लिए कोई कष्ट उठाना नहीं चाहता तो वह दूसरों का कष्ट क्या समझेगा!

ऐसे माहौल में संवेदनशील लोगों का अजनबीपन बढ़ा है, क्योंकि उन आधुनिक और मानवीय मूल्यों को बचा पाना काफी मुश्किल हो गया है जो साम्राज्यवादी-सामंती व्यवस्था से लड़कर हासिल हुए थे। अभी कुछ पहले तक स्वतंत्रतापूर्वक बहस की एक आत्मीय दुनिया थी। अपरिचित व्यक्ति या 'भिन्न' के भी दुख को देखकर पीड़ा होती थी। आम लोगों के बीच प्रेमपूर्ण सह-अस्तित्व का भाव पनप रहा था। उस दुनिया को आज के नए संसार ने बदल दिया है। आज मानो मनुष्य से उसका आकाश छीन लिया गया है, वह अपनी ही धरती पर विस्थापित है। अब मूल्यों की जगह कब्र से निकले प्रेत नाच रहे हैं। फिर भी बहुत-सी जगहों पर यह विश्वास बना हुआ है कि यदि वह दुनिया बदल गई है तो यह दुनिया भी बदलेगी।

इसपर सोचने की जरूरत है कि जब अतीत की भेदभाव पैदा करने वाली रूढ़ियों को ही संस्कृति बनाकर उपस्थित किया जा रहा है या बाजार की मजेदार

चीजों के पीछे लोग दौड़ रहे हैं तो व्यक्ति की स्वतंत्रता सचमुच कितनी सुरक्षित रह सकती है। जब एक-एक शब्द में मिलावट करने में शक्तिशाली लोग लगे हुए हों, भाषा की रीढ़ कहां होगी? ऐसे लोग अंततः प्रेम, धर्म, शिक्षा, लोकतंत्र, स्वतंत्रता, विकास और जीवन के अस्तित्व की व्याख्या करने वाले शब्दों को पूरी तरह प्रदूषित कर दें, इससे पहले कुछ करना होगा। हम अपने शब्दों को 'कृत्रिम चिह्नों' में नहीं खो जाने देंगे। हमें अपनी भाषा के एक-एक शब्द की विशिष्टता और उसकी आत्मा की रक्षा करनी होगी।

मध्यवर्ग के लोगों की विवेकात्मा उनके भीतर अहर्निश जलने वाली एक पवित्र आग है, बहुतों के लिए आशा का स्रोत। यह आग कहीं न कहीं जलती रहती है। यहां नहीं तो वहां, इस व्यक्ति में नहीं तो उस व्यक्ति में। मनोरंजन और सुखों की चमकती रेत कभी उसे बुझा नहीं पाती। अतीत के प्रेत इस आग से भय खाते हैं। यह कभी न बुझने वाली पवित्र आग है, तभी आज पीठ पर हाथ रखकर पूछने वाले लोग हैं, 'सकुशल हो?' यह आग है, तभी उन्माद के साथ जो विध्वंस चल रहा है उसे देखकर बोलने की इच्छा होती है- 'नहीं!' यह 'नहीं' बोलने का अधिकार लोकतंत्र का चिह्न है। कोई भला आदमी नहीं चाहता अशांति, विद्वेष, घृणा और हिंसा का नृंशस संसार। बर्फ में भी आग होती है, अब भी कहा जा सकता है- नहीं!

स्वतंत्रता के इन 75 सालों ने क्या दिया

स्वंतंत्रता के इन 75 सालों ने हमें क्या दिया, इसके 75 जवाब हो सकते हैं। एक का जवाब दूसरे के लिए प्रीतिकर नहीं भी हो सकता है। इस तरह का जवाब भी हो सकता है कि कुछ नहीं दिया, जो अच्छा मिला है वह अब मिला है। चिंताजनक है कि आज असहमत होना शत्रुता मोल लेना है, जबकि कोई भी लोकतंत्र पिछलग्गुओं से नहीं चलता। दरअसल लोकतंत्र के क्षय को सभ्यता के सूर्यग्रहण के रूप में देखना चाहिए।

फिलहाल वैश्वीकरण संकट के दौर से गुजर रहा है। इसने जो आशा जगाई थी और प्रतिश्रुति दी थी- सभी को विकास की सीढ़ी पर एक न एक जगह खड़ा कर देने की, वह फेल कर गई है। हर शब्द के पीछे से वार हो रहा है। पहले के 'विनिवेश' को सकारात्मक बनाकर अब 'निजीकरण' कहा जाने लगा है।

निजीकरण ही वैश्वीकरण का पर्याय है। यह भी देखा जा सकता है कि स्पर्धा कहीं भी पारदर्शी नहीं है। सबकुछ 'न्यूनतम सरकार-अधिकतम कारपोरेटतंत्र' की धारणा के अधीन हो रहा है। इस परियोजना की सफलता के लिए एक विभाजित-विद्वेषपूर्ण समाज राजनीतिक ही नहीं, अर्थतंत्रीय जरूरत भी है।

इस समय आजादी का अर्थ है एकाधिकार, स्वेच्छाचारिता, किसी भी मूल्य की तिलांजलि देकर अधिक से अधिक दौलत कमाना, भोगवाद, एनआरआई हो जाना और 'अदर्स' के पीछे लगना। उन्हें लगातार ट्रोल करते रहना! हम इन दिनों शक्तिवानों के 'भूमंडलीय कर्म और धार्मिक-स्थानीयतावादी सोच' के भंवर में अपने भारत को गुम होता देख सकते हैं। आर्थिक उदारवाद बड़े पैमाने पर सामाजिक अनुदारवाद ला रहा है। एक पैर नवीनतम टेक्नोलॉजी में है तो दूसरा पैर सामाजिक खाइयों-भरे अतीत में।

क्या इन 75 सालों की सबसे बड़ी देन है आत्मविलोप, अपने ही घर में खो जाना? क्या भारत ने अपने को पुनःउपलब्ध करते-करते अंततः अपने को खो दिया है? हर तरफ है पैसे और भोग की असीम भुक्खड़ता और बगलगीर है धर्म, जाति और प्रांतीयता-आधारित बर्बरता! क्या अब इन्हीं चीजों के बीच जीना है?

भारत की सबसे बड़ी खूबी है, नियति से बार-बार मुठभेड़ और उसकी सबसे बड़ी शक्ति है विविधता। इस देश की विविधता स्वेच्छाचरिता के मार्ग में एक बड़ी रुकावट है। भारत के बचे होने का राज है विविधता! यह देश कभी थका नहीं है। पर इसकी विविधता में शक्ति तभी आ सकती है, जब भिन्नता-भाव को हटाकर उसका शक्ति-सौंदर्य फूटे। तभी उससे लोकपरक राष्ट्रीय पुनर्निर्माण की शक्ति मिलेगी और जैसी नृशंसता हर तरफ चल रही है, उसे 'ना' कहने की शक्ति भी!

अगस्त 2022

स्वतंत्रता की जययात्रा

अज्ञेय ने एक जगह लिखा है, 'स्वाधीनता एक ऐसी चीज है जो निरंतर आविष्कार, शोध और संघर्ष मांगती है।' इसका अर्थ है, स्वाधीनता की कोई आखिरी मंजिल नहीं है। भारत की स्वतंत्रता के 75 साल पर कई तरह से चर्चा हुई है। 21वीं सदी के एक खास दौर को अमृतकाल कहा गया और 15 अगस्त की महत्ता को खुलकर नकारा गया। यह भी फिर से उजागर हुआ कि भारत के लोगों के लिए 15 अगस्त और 26 जनवरी की तारीखें कितना अधिक महत्व रखती हैं।

स्वाधीनता अतीत की जंजीरों के टूटने की आवाज है। स्वाधीनता के अनुभव की एक कसौटी यह है कि हम भारत के लोग अपने साझे मूल्यों, लक्ष्यों और सेवाओं को कितना मजबूत बना पाए हैं। क्या 21वीं सदी के नागरिकों में कुछ भी निजी, मानवीय और सामाजिक बचा है? क्या जातिवाद, धर्मांधता और प्रांतीयतावाद से बंधे आदमी को स्वाधीन कहा जा सकता है? क्या ऐसा व्यक्ति स्वाधीनता को सत्य की निरंतर खोज में बदल सकता है?

ऐसे समय में बुद्ध याद आते हैं, उनकी करुणा याद आती है, फिर अज्ञेय की ही एक और पंक्ति याद आती है, 'करुणारहित योद्धा केवल आततायी हो सकता है या (किसी) आततायी का उपकरण हो सकता है।' भारत की उदारवादी परंपरा बहुत दीर्घ और गौरवपूर्ण है। देखने की जरूरत है कि बौद्ध होते हुए भी किस तरह अश्वघोष (100 ई.) ने 'बुद्धचरित' की शुरुआत में 'रामायण' के रचयिता वाल्मीकि का आदरपूर्वक स्मरण किया है! अतीत के ऐसे कितने ही उदाहरण हैं।

21वीं सदी का यह एक खास दौर है, जब स्वाधीनता का अर्थ धुंधला हुआ है। यह एक तरफ दायित्वहीन कुकथनों और दुरुपयोगों से प्रदूषित है। दूसरी तरफ

इतिहास से खिलवाड़, 'राष्ट्र' की तुलना में बहुराष्ट्रीय कंपनियों की बढ़ती क्षमता, कृत्रिम मेधा सहित हाई टेक्नोलॉजी के स्वार्थपूर्ण इस्तेमाल, मीडिया की स्वायत्तता के ह्रास, नव-पुनरुत्थानवादी उभार और लोकप्रियतावाद के तिलिस्म के कारण लगभग विस्थापित है। मनुष्य की निस्सहायता बढ़ गई है। इन दिनों मिथ्या धारणाओं और वस्तुओं का एक बृहद जाल फैल गया है, जिसमें स्वाधीनता वस्तुतः एक हांफती मछली है!

इतिहास की पुनर्रचना और इतिहास में घुसकर अफवाह फैलाना

बचपन में सुदर्शन की एक कहानी पढ़ी थी 'हार की जीत'। इसमें एक डाकू खड़ग सिंह भिखारी का वेश बनाकर छल से बाबा भारती का घोड़ा लेकर भागता है। बाबा भारती उसे बुलाते हैं और दुखी मन से कहते हैं- घोड़ा ले जाओ पर यह बात किसी को न बताना, अन्यथा लोग भिखारियों पर भरोसा करना छोड़ देंगे।

यही बात उनके बारे में कही जा सकती है, जो इतिहास की डकैती करके अपनी-अपनी महत्वाकांक्षा की गुफा में ले जा रहे हैं। यह राजनीति में हो रहा है, साहित्य में हो रहा है और फिल्मों की दुनिया में हो रहा है। इस तरह देश को समझने का एक महत्वपूर्ण आईना चूर-चूर हो रहा है। साहित्य में सलमान रुश्दी, विलियम डेलेरेंपिल जैसे व्यक्तियों ने और हाल के दशकों में कुछ हिंदी लेखकों ने भी अपने-अपने तरीके से इतिहास को रंगा। लोकप्रियता का शार्टकट चुनते हुए कई उल्टे-सीधे उपन्यास इतिहास को डिस्टार्ट करते हुए आए। लेखकों ने इतिहास-क्रीड़ा की। निश्चय ही हमें इतिहास की पुनर्रचना और इतिहास के भीतर घुसकर अफवाह फैलाने में फर्क करना होगा।

इतिहास के दबे यथार्थों का उद्घाटन जरूरी है, पर यह काम मुख्यतः जिंदा सचाइयों को दफनाने के उद्देश्य से किया जा रहा है। आज इतिहास के दबे यथार्थ का उद्घाटन एक निर्मित स्मृति है। ऐसी कृत्रिम स्मृतियां विनाशकारी होती हैं और ऐसे विनाश की भरपाई कठिन होती है।

ऐसा नहीं है कि पहले इतिहास की साहित्यिक-फिल्मी पुनर्रचना नहीं हुई। प्रसाद ने 'चंद्रगुप्त', 'स्कंदगुप्त', 'ध्रुवस्वामिनी' जैसे नाटक लिखे। वृंदावनलाल

वर्मा, रांगेय राघव, अमृतलाल नागर, हजारी प्रसाद द्विवेदी के ऐतिहासिक उपन्यास हैं। 'मुगले आजम' के अलावा 1857, भगत सिंह, मिल्खा सिंह पर फिल्में हैं। इन निर्माणों में एक सौंदर्यबोध है। ये बड़े चित्त से बने हैं। ऐसी कृतियां विध्वंसक की जगह निर्माणात्मक हैं।

फूकोयामा : अब इतिहास का अनंत

डेनियल बेल ने 1960 में 'विचारधारा का अंत' घोषित किया था। इसके कुछ नतीजे ऊँचे आदर्शों से मोहभंग, बीट पीढ़ी और युवा विद्रोहों के रूप में सामने आए थे। इससे भिन्न फूकोयामा ने 1990 के दशक में 'इतिहास का अंत' की धारणा दी। इसका संक्षेप में अभिप्राय यह है कि शीतयुद्ध के खात्मे और सोवियत रूस के विघटन के बाद इतिहास अब उदारवादी लोकतंत्र के अंतिम मुकाम पर पहुंच गया है, जिसका आदर्श अमेरिका है। विश्व को अब अमेरिकी उदारवाद की राह से एकध्रुवीय हो जाना है।

2017 में अमेरिका में डोनाल्ड ट्रंप और इंग्लैंड में 'ब्रेक्जिट' की घटनाएं देखकर फूकोयामा का मोहभंग हुआ। उसने वैचारिक पलटी मारी। उसने कहा, 'पचीस साल पहले मैं सोच नहीं पाया था कि दुनिया के लोकतंत्र पीछे की तरफ भी जा सकते हैं। निश्चय ही वे पीछे की तरफ जा सकते हैं।' (वाशिंगटन पोस्ट)। इसका अर्थ है, इतिहास में 'रिट्रीट' संभव है। इधर दुनिया में भारी सांस्कृतिक और राजनीतिक विपर्यय घटा है। देश सुलग रहे हैं।

इसके बावजूद कहा जाना चाहिए कि इतिहास के पहिये को पीछे की तरफ घुमाया नहीं जा सकता, क्योंकि स्वतंत्रता की जययात्रा को अंततः रोका नहीं जा सकता। इतिहास में दबी चीखों को मिटाना संभव नहीं है। एक तबाह और आदर्शविहीन दुनिया लंबे काल तक नहीं चल सकती। इसलिए इतिहास के अंत को चुनौती देते हुए एक भिन्न दुनिया रची जानी है। इतिहास का पुनर्जन्म होना है। इतिहास का अंत वस्तुतः आत्मतुष्टि का चरम रूप है। जब सपनों का अंत हो जाता है, केवल तब इतिहास का अंत होता है।

यह भी कहना होगा, इतिहास का ज्यादा बोझ स्वतंत्रता को सीमित करता है। इसका असर अंततः विकास पर पड़ता है। देखने की जरूरत है, इतिहास में युद्ध के उपकरण ही नहीं, शांति और प्रेम की प्रार्थनाएं भी हैं। उसमें शक्तिमानों

के वृत्तांत ही नहीं, दबाए हुए लोगों की आकांक्षाएं भी हैं। शास्त्र के निर्देश ही नहीं, लोकभाषा में काव्यात्मक आवाजें भी हैं। ऐसे इतिहास को 'नीचे से लिखा गया इतिहास' कहा जा सकता है। ऐसा ही है नाथपंथियों, संतों, भक्तों और सूफियों का साहित्य! इसमें आम लोगों का इतिहास है, जहां बहुरेखीयता के बावजूद साझापन है। ऐसे इतिहास में तिल को ताड़ और ताड़ को तिल नहीं बनाया जाता।

इतिहास मानव अनुभव के सभी क्षेत्रों में प्रवेश करने से बनता है। सैकड़ों साल से लोग क्या उत्पादन कर रहे थे, क्या खाते-पहनते थे, कौन-सी कविताएँ गाते थे, क्या कलाएं थीं, कैसा स्थापत्य था- ऐसी बहुत सारी चीजें देखने से मालूम होगा कि सचमुच हमारा इतिहास क्या है। इतिहास युद्ध के घोड़ों का अस्तबल नहीं है।

जहां भय है वहां स्वतंत्रता नहीं है

तुलसी के 'रामचरितमानस' में रावण का एक चित्र है-'भुजबल बिस्व बस्य करि राखेसि, कोउ न सुतंत्र।' रावण ने पूरे विश्व को भौतिक बल से अपने वश में कर रखा है, कोई स्वतंत्र नहीं है। कबीर ने कहना चाहा है कि प्रेम ही स्वतंत्रता का मुख्य द्वार है। वे कहते हैं, 'कबीर निरभै राम जपु'। भय सबसे बड़ा कैदखाना है, कबीर भय छोड़ने को कहते हैं। जहां भय है, वहां स्वतंत्रता नहीं है।

'रामचरितमानस' के उत्तर कांड में राजा राम अयोध्या के सभी वर्गों के नागरिकों को बुलाकर कहते हैं-नागरिको! यदि मैं कुछ भी अनीतिपूर्ण और अन्यायपूर्ण करूं तो आप निर्भय होकर मुझे रोकें। तुलसी की पंक्ति है, 'जो अनीति कछु भाषौं भाई तो मोहि बरजहु भय बिसराई।' यह एक कवि की अनोखी लोकतांत्रिक कल्पना है। इन दिनों दुनिया का कौन सत्ताधारी है, कौन व्यक्ति है जो इस तरह सोचता है? राम कहते हैं निर्भय होकर बोलो! लोक की यह आवाज ही भारत की आवाज़ है।

आजकल इस तरह के विचार धड़ल्ले से व्यक्त किए जाते हैं, 'ऐसे लोगों को गोली मार देनी चाहिए', 'टिट फॉर टैट', 'लड़कियां शाम के बाद घर से बाहर निकलेंगी तो मर्द हमला कर ही सकते हैं', 'ऐसा होता रहता है, कौन-सी नई बात है'। ऐसे परिवेश में अंदाजा लगाया जा सकता है कि आज स्वाधीनता का स्तर क्या है।

इन दिनों यह दिखाने पर जोर है कि स्थानीय स्तर पर कोई कितना 'भिन्न' है तथा वैश्विक स्तर पर कितना 'अ-भिन्न, पश्चिम-जैसा' है। क्या अब विश्व की हर दिशा में फिर पश्चिम ही पश्चिम है? कहा जा सकता है कि जातिवाद, धर्मांधता, क्षेत्रीयता, अंध-जातीयता, भ्रष्टाचार, भोग-विलास, 'दूसरे' से घृणा, पश्चिम का अंधानुकरण, कृत्रिम मेधा और संवेदनहीनता वस्तुतः ये एक ही रावण के अलग-अलग 10 सिर हैं!

बाजार में स्वाधीनता

अब विचारधारा नहीं, बाजार स्वाधीनता की परिभाषा देता है, बल्कि स्वाधीनता को नियंत्रित भी करता है। बाजार ही देश की प्रगति का इंजन है। कई मामलों में बहुराष्ट्रीय कंपनियां 'राष्ट्र' से ज्यादा शक्तिशाली हो चुकी हैं। बड़ी सावधानी से दिखाया जाता है कि नई हालत स्वाभाविक है।

इस दौर में एक विडंबना यह है कि हमें जब भी कुछ चुनना हो, हमारे सामने सिर्फ मिथ्या चीजें होती हैं। हमें 'बुराइयों' में से ही कुछ चुनना पड़ता है। लोग खुद अपनी पसंद निर्मित नहीं कर पा रहे हैं। उनकी पसंद निर्मित कर दी जा रही है। उनकी स्मृतियां निर्मित कर दी जा रही हैं। उन्हें 'फास्ट फूड' की तरह सबकुछ पहले से 'सोचा हुआ' मिल रहा है। उन्हें उपभोक्ता वस्तुओं के एक विराट संसार के साथ सोच की एक पूर्व निर्धारित 'बाउंडरी' भी मिल रही है। उनका खुला आकाश छीन लिया गया है। उनका इतिहास धूमिल कर दिया गया है। उनके प्रेरक महान व्यक्तित्व छीन लिए गए हैं। वे अलग से कुछ सोच या रच नहीं पा रहे हैं। यह गरिमा में आत्मरिक्तता का उत्सव है!

बाजार में अब प्राइवेट सेना तक है। इसके दस-दस लाख मासिक वेतन पाने वाले सैनिक हैं, उनका अपना कोई राष्ट्र नहीं है। यह मामला हाल में रूस से जुड़ी एक घटना से उजागर हुआ। असीमित अमीरी हो तो टाइटेनिक का मलबा देखना भी एक पैकेज टूर है। टूर कंपनियां दो करोड़ में एवरेस्ट भ्रमण के लिए ले जा रही हैं। एक बिस्कुट कंपनी शादी में उपहार स्वरूप बिस्कुट देने के लिए कह रही है, क्योंकि पैकेट में सोना मिल सकता है! बड़े-बड़े फिल्मी सितारे अखबारों के पहले पेज पर पान मसाला बेच रहे हैं। ऐसे विज्ञापन आज के समाज

के चेहरे हैं। बड़े-बड़े सेलेब्रिटी, फिल्म और राजनीति के कलाकार उतरे हुए हैं लोगों की बड़ी से बड़ी और छोटी से छोटी 'पसंद' निर्मित करने के लिए!

कारपोरेट सभ्यता में आम नीति है, 'ठहरे कि मरे, हमेशा गति में रहो'! गति की सीमा नहीं है। लोभ की भी सीमा नहीं है। बहुराष्ट्रीय कंपनियों में काम करने वाले जानते हैं कि उनके जीवन का उद्देश्य कंपनी को टारगेट मुनाफे तक पहुंचाना है। अगले साल लाभ का टारगेट बढ़ जाना है। पूरा नहीं किया तो छंटनी के लिए तैयार रहो! पहले की तरह आठ घंटे की ड्यूटी नहीं है, टारगेट पूरा करना है भले 24 घंटे लगें। ऐसे दबाव हमेशा बने रहते हैं, ताकि आप कुछ और सोच न सकें। बदले में वेतन के अलावा बढ़िया बोनस, शेयर और अन्य सुविधाएं लो। इस तरह के लोभ हों तो कोई स्वाधीनता के बारे में क्यों सोचे।

लोभ कारपोरेट सभ्यता की धुरी है। आज शिक्षा और अस्पताल जैसे मानव सेवा के निजी प्रतिष्ठानों का भी यही लक्ष्य है। अपोलो अस्पताल की पिछले साल की कुल प्रदर्शित वार्षिक आमदनी लगभग 5 हजार करोड़ से ऊपर है। इसमें मालिक का मुनाफा 1 हजार करोड़ से ऊपर है। कई अस्पतालों ने शेयर बाजार में प्रवेश ले रखा है। इस स्थिति में मानव सेवा लक्ष्य नहीं होगी। मरीजों के लिए बलात भारी बिल बनता रहेगा, सभ्य तरह से लूट। आजकल मतदाता विचारधारा न देखकर यह देखते हैं कि किसके जीतने से शेयर का भाव बढ़ेगा!

कारपोरेट सभ्यता 'स्वतंत्रता' की जगह 'लाभ' को धुरी बनाती है। जीवन के हर मामले में यह प्रश्न प्रधान हो जाता है- मेरा फायदा क्या है?

मेधारोबो आ रहे हैं

बाजार में मेधारोबो (आर्टिफिशियल इंटेलिजेंस) का आगमन हुआ है, जो कारपोरेट जगत का व्यावसायिक अणु बम है। ये उन हजारों नौजवानों को बेरोजगार कर देंगे जो टेक्नोलॉजी और मैनेजमेंट की दुनिया में हैं। ये सभी कर्मस्थलों और सेवाओं पर असर डालेंगे। ये प्रोपेगंडा के बड़े हथियार बन सकते हैं। ये फेक न्यूज को महामारी का रूप दे सकते हैं। ये फ्रेंड बनकर सोशल मीडिया में छा सकते हैं और आर्थिक धोखाधड़ी के लिए इस्तेमाल किए जा सकते हैं। मेधारोबो शिक्षकों और वकीलों की जगह ले सकते हैं। ये परंपरागत ढंग के विद्यालयों-विश्वविद्यालयों को उजाड़ सकते हैं। ये विभिन्न कलाकारों,

उपन्यासकारों और कवियों की जगह ले सकते हैं। ये यदि बढ़ गए, रोजगार का बड़े पैमाने पर खात्मा होगा। मेधारोबो भुखमरी पैदा करेंगे। ये मानवीय स्वाधीनता के सामने एक बड़ी चुनौती बनने वाले हैं।

मेधारोबो का प्रवेश समाचार वाचन के क्षेत्र में हुआ है। अब चैटजीपीटी है। मेधारोबो बमवर्षक विमान चलाएंगे। बहुराष्ट्रीय कंपनियों के दफ्तर में मेधारोबो की सेवाएं बढ़ रही हैं। दो-तीन दशकों के बाद हो सकता है कि बड़े देशों के प्रधानमंत्री या राष्ट्रपति वे ही हो सकें, जिनके पास सबसे अधिक और विकसित मेधारोबो हों!

मेधारोबो के कारण मानव संबंधों में भारी उथलपुथल संभव है। वे मानव बुद्धि तथा संवेदनशीलता के सामने एक बड़ी चुनौती हैं, इसका अनुभव दुनिया भर में किया जा रहा है। लेकिन जिस तरह अणु बम के भयंकर विनाशकारी प्रभाव को जानते हुए भी परमाणु बम बनाना नहीं रुका, उसी तरह संदेह है कि मुनाफे पर नजर गड़ाए कारपोरेट महारथी मेधारोबो के विकसित रूप तैयार करते रहने से कभी बाज आएंगे। हमारे देश में इसके प्रसार पर रोक लगनी चाहिए, क्योंकि इधर तेजी से हो रही छंटनी और बेरोजगारों की बड़ी संख्या पहले से ही एक बड़ी चेतावनी है।

नई टेक्नोलॉजी व्यक्ति को कितना स्वाधीन कर रही है और कितना गुलाम बना रही है, इसका एक उदाहरण मोबाइल में खो गए छोटे-छोटे बच्चे हैं। मोबाइल पर वीडियो गेम में डूबे छोटे-बड़े लोग हैं। नई टेक्नोलॉजी जरूरी है, पर यह आदमी को किस तरह सामाजिकता से विमुख कर रही है, यह भी देखना होगा। इसके अलावा, 'नई टेक्नोलॉजी-पुरानी आइडियोलॉजी' की जोड़ी तगड़ी हो गई है।

अच्छा और बुरा लोकप्रियतावाद

भारत एक बहुलतापरक देश है। यहां लोक के प्रांतीयता, धर्म, जाति, पुराजाति, भाषा आदि के आधार पर सैकड़ों चेहरे हैं। यह देश अतीत में ज्यादा डूबा रहा है। इसलिए उपनिवेशकों के लिए भी स्थानीय भिन्नता का फायदा उठाना आसान रहा है। 19वीं-20वीं सदी में जब दुनिया भर में स्वतंत्रता की लहरें उठीं, हमारे देश के लोग भी साझे उदारवादी लक्ष्यों और मूल्यों की ओर बढ़े। वे विविधता को राष्ट्रीय क्षमता में बदलना चाहते थे। उस समय लोग तर्क

कर रहे थे, खुले मन से बहस कर रहे थे और सामाजिक सुधारों पर जोर देते थे। उनकी शिक्षा उन्हें परदुखकातर और संपूर्ण भारत के लिए चिंतित बनाती थी। सबको आपस में जोड़कर चलने की प्रवृत्ति मजबूत हो रही थी। विषम स्थितियों में भी पुराने भारत से एक नया, बुद्धिपरक और समावेशी राष्ट्रीय भारत निकल रहा था। सवाल है, वैश्वीकरण के दौर में वह उभर रहा नया भारत कहां है?

लोकप्रियतावाद के दो रूप हैं– अच्छा लोकप्रियतावाद और बुरा लोकप्रियतावाद। पुराने आधुनिक युग के राममोहन राय, फुले, नर्मद, विद्यासागर, विवेकानंद, रवींद्रनाथ, अय्यन कलि, गांधी, भगत सिंह, अंबेडकर, जयप्रकाश नारायण जैसे व्यक्तित्व अपने–अपने समय में लोकप्रिय थे। उनमें जो धार्मिक थे, वे अपनी ऐतिहासिक सीमा में लिबरल और मानवतावादी भी थे। वे रूढ़ियों और पाखंडों में नहीं फँसे थे। वे स्वार्थी नहीं थे। अच्छे लोकप्रियतावाद के उस दौर में रोमांटिसिज्म एक प्रमुख तत्व था।

फिल्म से उदाहरण लें तो एक समय राज कपूर, दिलीप कुमार, सुनील दत्त, नरगिस, मधुबाला जैसे कलाकार थे। उनमें उज्ज्वल रोमांटिसिज्म था। राज कपूर ने अपनी किसी फिल्म में मार–धाड़ का सीन नहीं दिया। हमेशा प्रेम का संदेश दिया, क्योंकि दुनिया में एक आशा थी।

फिर बुरे लोकप्रियतावाद का दौर शुरू हुआ। इसने सबसे नुकसानदेह काम यह किया कि आत्मजागरूक हो रही 'पब्लिक' को 'मॉब' में बदल दिया। एक सियार हुआं–हुआं करता है तो सभी करने लगते हैं। 1970 का दशक स्वातंत्र्य चेतना के प्रबल उत्ताप के साथ लोकतंत्र की विफलता का भी दशक था। यह बुरे लोकप्रियतावाद की शुरुआत का दशक था। इसी समय स्वतंत्रता पर अंकुश लगाते हुए 20 सूत्री कार्यक्रम के साथ आपातकाल लागू हुआ था। पहला लोकप्रियतावादी नारा सामने आया था– 'गरीबी हटाओ'! बुरे लोकप्रियतावाद और स्वतंत्रता को सीमित करने के बीच गहरा संबंध है।

फिल्मी दुनिया से उदाहरण चुनें तो इस दौर के महानायक थे मारधाड़ के अनोखे दृश्य देने वाले अमिताभ बच्चन। वे फिल्मों में अक्सर शक्तिमान आम आदमी बनकर आए। आम लोगों को अब वह व्यक्ति नायक प्रतीत होने लगा, जो आक्रामक रास्ते से न्याय दिलाने का स्वप्न दिखाता है। अमिताभ बच्चन

बुरे लोकप्रियतावादी दौर के आक्रामक और 'एंग्री यंग मैन' के रूप में सामने आए, क्योंकि दुनिया में एक निराशा थी।

बुरे लोकप्रियतावाद के कई रंग हैं। वह समावेशी राष्ट्रीयता, बुद्धिपरकता, आधुनिकता, प्रगतिशीलता, वैयक्तिक स्वतंत्रता और लोकतंत्र पर अंततः भारी पड़ता गया। बुरा लोकप्रियतावाद सामान्यतः समावेशी की जगह वर्चस्व-आकांक्षी है।

यदि लोक इतना छला नहीं जाता

कहना न होगा कि स्वतंत्रता और लोकतंत्र धीरे-धीरे सिकुड़कर 'चिह्नों' में सीमित होते गए। अब सब चिह्नों में देखो- देश का विकास, लोगों की खुशहाली, जनता को नकद, आवास-मुफ्त बिजली आदि देकर राहत, छवि निर्माण के लिए नेता का किसी दुखी को गले लगाना या बच्चों से बातें करना, सुप्रीम कोर्ट का न्याय, स्त्री-दलित-आदिवासी की महत्ता, यहां तक कि धर्म। यहां तक कि प्रतिवाद। अब सबकुछ चिह्नों में है, अंश से संपूर्ण का आभास! आम लोग चिह्नों से ही संतोष करने लगे हैं, उनमें जीने लगे हैं। इसके साथ उनकी बौद्धिक आत्मरिक्तता बढ़ती जा रही है।

किसी प्रांत में प्रवासी और शरणार्थी बढ़ने लगें तो अपने हकों को लुटता देखकर स्थानीय असंतोष आकार लेने लगा। 'बाहरी और भीतरी' का द्वंद्व उभरा। घृणा दिखने लगी। विश्वमानवतावाद विघटित हुआ। सत्ताओं ने अपनी सुरक्षा के लिए 'भिन्नताओं' को राजनीतिक हथियार बनाया।

सबाल्टर्न विमर्श कुछ सकारात्मक बिंदुओं के बावजूद अंततः बुरे लोकप्रियतावाद के रूप में सामने आए। सामान्यतः स्त्रियों और दलितों की स्थितियां बदतर होती गईं, पर स्त्री विमर्श और दलित विमर्श का बाजार बनता गया। इन्होंने शैक्षिक संसार में जो दिया, उसमें ज्यादातर चीजें शार्टकट वाली और खोखली हैं। गौरतलब है कि विमर्शों से देश की कई बड़ी समस्याएं गायब कर दी गईं, वे एकायामी हो गए।

विमर्श विफल हुए। स्त्री आमतौर पर शृंगार (सौंदर्य बाजार), शौर्य (धर्मांधता) और सेवा (परिवार के कार्यों का भार) के त्रिपाश में जकड़ने लगी। वह तिहरा उपनिवेश है! दलित बिखर गए, इनका उत्पीड़न पहले की तरह जारी है। कुछ

की रुचि घृणा उगलने में सीमित हो गई। वे नई चुनौतियों से बचने लगे। आदिवासी मूक कर दिए गए। सामान्यतः विमर्श एकजैसेपन से ग्रस्त हो गए, उनमें नवोन्मेष घटित नहीं हुआ। नए जमाने में सर्वत्र वैचारिक रीढ़ कमजोर होती गई, ऊंट कोई करवट ले सकता है। लोक इतना छला गया न होता तो अनुदारवादियों की तरफ इतना आकर्षित न होता।

'राष्ट्र' और 'हाशिया' के बीच जो सांस्कृतिक युद्ध शुरू हुआ, उसका नतीजा 'हाशिये' की इकहरी-बिखरी आवाजों का निगला जाना या प्रभावहीन हो जाना है। प्रतिवाद में भी 'स्पेशलाइजेशन' का आ जाना है। कोई स्त्री मुद्दे पर 'स्पेशलाइज्ड' है तो कोई दलित, आदिवासी या किसी अन्य मुद्दे पर! लोकप्रियतावादी नारों की वजह से बुद्धिवादी आम लोगों से विच्छिन्न होते गए। इस तरह घटित हुआ सुविधाभोगी महत्वाकांक्षी एलीट और उपेक्षित आम लोक का विभाजन! अंध-बुद्धिवाद बनाम अंध-विमर्शवाद!!

आर्थिक उदारता : सामाजिक अनुदारता

विश्व की सत्ताएं आम लोगों की आर्थिक असहायता, उत्पीड़न या किसी भी अन्य समस्या का समाधान करने में जितनी अक्षम हुई हैं, उन्हें 'अन्य' पर आधारित भिन्नता का प्रचार करते हुए लोकप्रियतावाद की उतनी अधिक जरूरत पड़ी है। वे लोकतंत्र और स्वतंत्रता के प्रसार से डरती हैं, क्योंकि इससे मुक्त बाजार की तानाशाही में विघ्न संभव है। खासकर अनुदारवादी सत्ताएं 'आर्थिक उदारीकरण और सामाजिक अनुदारता' की जोड़ी सलामत रखती हैं। कहा जा सकता है कि अनुदारवाद एक किस्म की संगठित अराजकता है।

यह समझने की जरूरत है कि एक कट्टरता दूसरी कट्टरता को बढ़ाती है। लगता है, यह भेड़ों की तरह झुंड में रहने का समय है-अपने-अपने धर्म, अपनी-अपनी जाति, अपनी-अपनी प्रांतीयता में। धर्म की राजनीति तो एक ऐसा पंडोरा बाक्स है जिसके खुलते ही जातिवाद, प्रांतीयता, पितृसत्ता और अंधविश्वास विकराल रूप धारण कर लेते हैं। गौर करने की चीज है कि इन दिनों लोगों की भाषा काफी हिंसात्मक होती जा रही है, क्योंकि उनका जीवन हिंसात्मक होता जा रहा है। संकीर्णताओं से ऊपर उठकर सोचना मुश्किल हो रहा है। हर जगह लोक एक न एक उन्माद का चेहरा है।

हजारी प्रसाद द्विवेदी ने अपने उपन्यास 'बाणभट्ट की आत्मकथा' में साहस के साथ लिखा है, 'सत्य के लिए किसी से भी न डरना-गुरु से भी नहीं, मंत्र से भी नहीं, लोक से भी नहीं, वेद से भी नहीं।' निर्मित लोकरुचि में न बहने पर ही स्वत्व रक्षा संभव है।

क्या अब लोग स्वातंत्र्य-प्रेमी नहीं हैं

स्वाधीनता से प्रेम उसी में हो सकता है जिसमें वैयक्तिकता हो, बौद्धिक आत्मसजगता हो और आत्मशक्ति हो। कारपोरेट सभ्यता में 'व्यक्ति' विलुप्त हो गया। व्यक्ति समाज में होते हैं, मस्तिष्कहीन जनसमूह या भीड़ में नहीं। आदमी की खुद सोचने की शक्ति खत्म कर दिए जाने पर भीड़ का जन्म होता है। आश्चर्यजनक नहीं है, यदि लोगों को स्वतंत्रता की जगह अब मनोरंजन की चीजें, सुख की चीजें, अपने छोटे-छोटे फायदे की चीजें ज्यादा महत्वपूर्ण लगती हैं।

कुछ व्यक्ति स्वतंत्रता की ऐसी छवियां सामने लाते हैं : देखो, पहले से अब कितने अधिक लोग अभाव के वृत्त से बाहर निकलकर मुक्त बाजार के मजे ले रहे हैं। फैशन और खाने-पीने के विकल्प बढ़े हैं। मॉल-मल्टीप्लेक्स स्वाधीनता के नए-नए रूपक रच रहे हैं। अब कितने सुंदर, सुखदायक और बड़े-बड़े भवन हैं! धारणा है, अधिकाधिक विदेशी पूंजी निवेश अधिकाधिक स्वाधीनता देगा। इंटरनेट का अधिक उपयोग अधिक स्वाधीनता का चिह्न है, डेटा खरीदते रहो! कहा जा सकता है कि जिस तरह के सुख के पीछे दौड़ाया जा रहा है, वह स्वाधीनता का दुश्मन है। इस तरह की स्वाधीनता भोग रहे लोगों को न 'राष्ट्र' से मतलब है, न बौद्धिक स्वतंत्रता से और न ऊंचे मानवीय आदर्शों से। वे 'कैपिटल दास' हैं। उन्हें स्वाधीनता की चिंता नहीं है।

स्वाधीनता के बोध के लिए थोड़ा दुख होना चाहिए, क्योंकि दुख ही स्वाधीनता का गर्भाशय है। हर स्वाधीनता भोगे गए किसी विराट दुख का शिशु है!

यह लंबी रात तारों से भरी है

यह विचारों की दुनिया में एक लंबी रात है, पर वान गॉग(1853-1890) के चित्र 'द स्टारी नाइट' को देखें तो यह एक तारों भरी रात है। डच चित्रकार

वान गॉग जीवन भर अभाव और मानसिक अशांति में थे। वे असंतोषों से भरे रहते थे। उनके सामने दो रास्ते थे- अवसाद या सृजन। उन्होंने कुछ समय सृजन पर जोर दिया। पर इस स्वाभिमानी कलाकार के मन में छिपी दुर्दमनीय आत्मशक्ति को उसके समय के लोगों ने नहीं पहचाना, बल्कि उसका बहिष्कार किया। फिर भी भले गाढ़े काले रंग में छिपे हों, वान गॉग ने सूरजमुखी बनाए, तारे बनाए और गरीब किसानों की दरिद्रता के चित्र दिए।

आज भी बहुत से लोग मस्तिष्कहीन भीड़ के शोर से दूर अकेलेपन या निस्संगता का अनुभव करते हैं। वे निस्संग हैं और अनगिनत हैं। वे हृदय में प्रेम से भरे हैं। वे पिछले जड़ बौद्धिक ढांचों से मुक्ति लेकर नए सिरे से कुछ कहना चाहते हैं। वे कुएं की जगह आकाश की ओर देखते हैं। भले वहां लंबी रात हो, पर वहां टिमटिमाते तारे मिलकर बनाते हैं रात का सूर्य!

कहना न होगा कि कारपोरेट सभ्यता का कृत्रिम सुख और अतीत के प्रेतों द्वारा जगाई गई घृणा -ये दोनों चीजें मनुष्य की स्वतंत्रता के विरुद्ध षड्यंत्र हैं। यह जीवन को निषेध की दीवारों से घेर देना है, उसे एक खोज बनने से रोकना है। कबीर के शब्दों में कहें तो यह हद छोड़कर 'बेहद' के मैदान में जाने न देना है।

वैश्वीकरण तो यह कहते हुए आया था -खोल दो घर के सभी खिड़कियां-जंगले, पर वह अंततः क्या दे गया!

अगस्त 2023

खंड – 2

भारतीय साहित्य का दर्द

भारतीय साहित्य के बारे में कहा गया है– 'विभिन्न भारतीय भाषाओं में रचा जाने वाला भारतीय साहित्य एक है'। सामान्यतः यहाँ जोर एकरूपता पर न होकर इंद्रधनुषी एकता पर है। समस्या यह है कि भारतीय साहित्य नाम केवल तब सामने आता है जब विदेशी पाठक 'भारतीय द्वारा लिखी गई अंग्रेजी किताब' अपने हाथ में उठाता है या जब भारतीय भाषाओं के कुछ चुने हुए लेखक फ्रैंकफर्त्त, पेरिस, लंदन, मास्को जैसे शहरों में इकट्ठा होते हैं और भारतीय लेखक के रूप में जाने जाते हैं।

सवाल उठता है कि क्या भारतीय साहित्य का सिर्फ भौगोलिक अर्थ है या इसका कोई सांस्कृतिक अभिप्राय भी है। इससे जुड़ा एक और सवाल है कि भारतीय साहित्य जब अपना सांस्कृतिक अभिप्राय लेकर आता है, क्या वह एक 'वर्चस्व' और 'केंद्र' का निर्माण कर देता है। टकराया इस सवाल से भी जा सकता है कि साहित्य और इससे जुड़े सरकारी संस्थानों के अति–राजनीतिकरण ने भारतीय साहित्य की अवधारणा को कितनी क्षति पहुँचाई है।

देखा जा सकता है कि इस देश में किसी भी राष्ट्रीय भाषा या समुदाय के लेखकों में 'भारतीय लेखक' होने का अहसास आमतौर पर क्षीण है। यह बड़े जलसों में महज औपचारिक उच्चारण है। कभी भारतीय साहित्य के उदार परिप्रेक्ष्य की कल्पना की गई होगी। इसमें विविधतापूर्ण स्मृतियों, हाशिये की दबी आवाजों, साझी चिंताओं और बौद्धिक स्वतंत्रता के लिए पर्याप्त जगह देखी गई होगी। हकीकत यह है कि वह उदार कल्पना आज लगभग एक खंडहर है। हर तरफ कट्टरताओं का बोलबाला है। कहा जाए, एक अंध–जातीय कछुआपन है।

कोई भी साहित्य सबसे पहले दबी मनुष्यता की आवाज है, बाद में जाकर फ्रेंच

साहित्य, जर्मन साहित्य, अंग्रेजी साहित्य या भारतीय साहित्य। साहित्य मनुष्य में बौद्धिक विस्तार लाता है। यह किसी बिंदु पर इतिहास का होकर भी इतिहास का, खास संस्कृति का होकर भी उस संस्कृति का, खास राजनीति का होकर भी उस राजनीति का अतिक्रमण करता है। वह तभी मनुष्यता की आवाज का अंग बनता है। ऐसी आवाज होकर ही वह दूसरे देशों और संस्कृतियों में पढ़ा जाता है। यह भी कहा जाना चाहिए कि साहित्य सुंदरतम है, क्योंकि उसके सामने न लोकरुचि अंतिम कसौटी है, न कोई खास सिद्धांत अंतिम कसौटी है और न बाजार में खपना।

भारतीय साहित्य की उदारवादी धारणाओं पर तरह-तरह से चोट की गई है, जो भारत की सांस्कृतिक आत्मा पर आघात है। दरअसल भारत की सांस्कृतिक आत्मा को धर्मसत्ताएँ और राजसत्ताएँ सदियों से अपनी तोड़फोड़ से जितना भी घायल करती आई हों, साहित्य ने हमेशा उसे जोड़ने और प्रज्वलित रखने का काम किया है। साहित्य हर जमाने में धर्मशास्त्र से भिन्न था। इसके अलावा, वह न कभी राजनीति का दर्पण बना और न किसी कठोर सिद्धांत का अनुचर। उसने महज रसास्वादन और उपभोग की वस्तु बनने से हमेशा इनकार किया। हम इन चीजों को भारतीय साहित्य के सांस्कृतिक लक्षणों के रूप में देख सकते हैं।

स्थानीयता, भारतीयता और विश्वबोध का त्रिभुज संकट में है

साहित्य एक खास इतिहास, सांस्कृतिक ढांचे और समुदाय में रहते हुए लिखा जाता है, लेकिन इसकी एक बड़ी चिंता 'अदरनेस' है। 'अदरनेस', 'हम-वे' का भाव सत्ता द्वारा पैदा की जाने वाली एक मिथ्या चेतना है।

हमने प्राचीन भारतीय साहित्य से लेकर नवजागरण और उत्तर-नवजागरण तक के साहित्य में देखा है कि इन हजारों सालों में देश के 'रूढ़िभंजक सृजनात्मक मस्तिष्क' ने कितनी महान कृतियाँ दीं। उनमें स्वाधीन चिंतन, उदार सौंदर्यबोध और जीवन की सचाइयों का प्रकाश एक न एक हद तक है। कई कवियों और लेखकों को चेतन होने का दंड भोगना पड़ा है। यदि तीव्र सृजनात्मक मस्तिष्क का कोई लेखक है, उसमें बौद्धिक असंतोष, बेचैनी और विद्रोह होगा।

19वीं सदी में 'वफादार मस्तिष्क' ने औपनिवेशिक आधुनिकता के असर में अपनी दुनियादारी दिखाई थी। लेकिन कुछ समय बीतते ही 'वफादारी' पर 'विद्रोह'

भारी हो गया। सच पूछा जाए तो इसी दौर में जातीय साहित्य के साथ-साथ भारतीय साहित्य की धारणा भी बननी शुरू हुई। निश्चय ही एक विश्वबोध भी निर्मित होने लगा। यह 19वीं सदी और 20वीं सदी के शुरू के दशकों का मानवतावाद है जो स्थानीय जातीय जाग़रण, भारतीयता और विश्वबोध का बौद्धिक त्रिभुज बना रहा था।

इसका अर्थ है, यदि कुछ भी भारतीय साहित्य है, वह स्थानीय और वैश्विक इन दोनों में से किसी की उपेक्षा नहीं कर सकता। इस तरह भी कहा जा सकता है कि भारतीय साहित्य का अर्थ राष्ट्रवादी साहित्य नहीं है। यदि कुछ भी साहित्य है, वह चौहद्दियाँ बनाएगा नहीं, तोड़ेगा।

निराला ने 1933 में भारतीय साहित्य के मुहावरे का प्रयोग किया था, 'भारतीय साहित्य का अंग्रेजी साहित्य से पृथक अपना विकास है।' (भारतीय और अंग्रेजी साहित्य)। हम उनकी कुछ अन्य टिप्पणियों में देख सकते हैं कि भारतीय साहित्य की उनकी अवधारणा में कितना खुलापन है, 'हमारे समाज से भिन्न किंतु मिला हुआ एक और समाज है। वह केवल देश में नहीं बंधा, तमाम पृथ्वी के मनुष्य उसके अंतर्गत हैं। वहाँ उन्हीं मानवीय भावों की गुंजाइश है जो मनुष्य मात्र के कहे जाते हैं। ऐसे सर्वसाधारण भावों पर लिखने वाले साहित्यिक को बाहरी छोटे-मोटे सांप्रदायिक अथवा जातीय उपकरण छोड़ देने पड़ते हैं।' यह भारतीय साहित्य को सांप्रदायिकता और जातीयता के साथ-साथ एकदेशीयता से भी ऊपर उठ कर देखने की दृष्टि है।

साहित्य अकादेमी इस धारणा का प्रचार करती है- 'विभिन्न भारतीय भाषाओं में लिखा गया भारतीय साहित्य एक है', लेकिन वह अब धार्मिक कट्टरवाद के दबावों से घिरी है। दरअसल भारतीय साहित्य को एकरूपता और एकायामिता में देखना निराला के उपर्युक्त महान कथन का विपर्यय है। साहित्य अकादेमी तथा भाषा-साहित्य के अन्य केंद्रीय सरकारी संस्थानों का इधर भीषण राजनीतिकरण हुआ है। इन जगहों पर गुणवत्ता का स्थान वफादारी ने ले लिया है। अब बस दिखावटी स्वायत्तता है।

निराला ने यहां तक लिखा था, 'अब हमें पूर्व और पश्चिम को एक करना है और इस तरह समस्त भूमंडल को एक करना है।' (कवि और कल्पना, 1924)। ध्यान में रखना होगा, उन्होंने तथा उस युग के उनके जैसे कई लेखकों ने जिस

भूमंडलीकरण का स्वप्न देखा था उसके मुख्य संदर्भ बंधुत्व, समानता और स्वतंत्रता हैं। आज का भूमंडलीकरण मुनाफाखोरी का पर्याय है।

21वीं सदी जब दूर थी, यह 'होप' की सदी, आशा की सदी लग रही थी। लेकिन हम इसके जितने भीतर प्रवेश कर रहे हैं, यह लूट और मार की सदी के रूप में दिखाई दे रही है। बड़े पैमाने पर लोग एक साथ सस्ती पश्चिमी आधुनिकता से सराबोर और कट्टर दोनों होते जा रहे हैं। तर्क और नैतिकता की बात करने वाले अलग-थलग हैं, जबकि वफादार और चाटुकार ऊँची जगहों पर युग के आदर्श की तरह बैठे हैं। ऐसी घड़ियों में भारतीय साहित्य और इसकी अवधारणाओं पर भी संकट उपस्थित है। देखा जा सकता है कि लेखक की स्वतंत्रता पर दस तरफ से हमले हो रहे हैं।

भविष्य पर हक सिर्फ उनका है जिन्होंने अपने वर्तमान को लुटाया है, न कि उनका जिन्होंने वर्तमान को सिर्फ लूटा है!

क्या भारतीय साहित्य को प्रतिष्ठा मिल रही है

आखिरकार भारतीय साहित्य की पहचान धुंधली क्यों हुई, शिक्षित बुद्धिजीवियों के मन में उसकी अनुगूंज प्रभावशाली क्यों नहीं हुई?

प्राचीन संस्कृत साहित्य को भारतीय साहित्य कहा जाता है। उसके अलावा, भारतीय लेखकों द्वारा मुख्यतः अंग्रेजी में लिखे गए साहित्य को ही भारतीय साहित्य की प्रतिष्ठा मिली है। इसने देश की सभी भाषाओं के पाठकों को अपनी ओर खींचा और खासकर पिछले 40 सालों में एक बड़ा पाठक वर्ग और साहित्यिक बाजार बना लिया। भारत में बड़े लिटरेरी फेस्टिवल अंग्रेजी लेखकों को ही केंद्र में रख कर होते हैं। उनपर व्यावसायिकता का भारी दबाव है, जिसने एक तरफ सनसनीखेज विवादों को तो दूसरी तरफ साहित्यिक उथलापन बढ़ाया है, क्योंकि यही बिकता है।

व्यावसायिक ताकत से आयोजित ग्लैमर भरे अंग्रेजी-केंद्रित लिटरेरी फेस्टिवल वस्तुतः राष्ट्रीय भाषाओं के साहित्यकारों को बौनेपन का अहसास कराते हैं। इन उत्सवों में हिंदी और अंग्रेजी से भिन्न अन्य भारतीय भाषाओं के लेखक सौतेलापन महसूस करते हैं या तमाशा के आनंद में आत्महीनता को ढकते दिखाई देते हैं। यदि कोई मंच पर पहुँच गया तो वह समावेशिकता प्रदर्शित करने के लिए प्रतीक की

तरह उपयोग में लाया जा रहा होता है, न कि राष्ट्रीय भाषाओं को सचमुच कोई प्रतिष्ठा मिलती है। ऐसे लिटरेरी फेस्टिवल में साहित्य का मैदान असल में अंग्रेजी लेखकों, फिल्मी कलाकारों और विवादास्पद बोलक्कड़ों के हाथ में होता है।

सलमान रुश्दी ने 1997 में कहा था, 'वर्नाकुलर भाषाओं की तुलना में अंग्रेजी में ज्यादा महत्वपूर्ण साहित्यिक कृतियाँ आ रही हैं।' आज भी खुलकर नहीं तो दबी जुबान से अंग्रेजी के लोकप्रियतावादी भारतीय लेखक यही सोचते और कहते हैं। वे भारतीय भाषाओं में छपी पुस्तकों को हीन दृष्टि से देखते हैं और अधिक बिकने की वजह से अपने को श्रेष्ठ मानते हैं। हालांकि ज्यादातर किताबें 'एयरपोर्ट लिटरेचर' होती हैं। इन लोगों के पास लिटरेरी फेस्टिवल, बुकर प्राइज जैसे व्यावसायिक प्रचार के बड़े उपाय होते हैं। पश्चिम पहले संस्कृत ग्रंथों से अपनी बौद्धिक भूख मिटाता था। आजकल अंग्रेजी में लिखे भारतीय उपन्यासों या कथेतर साहित्य से उसका संपर्क है।

दूसरी बात, अंग्रेजी के भारतीय लेखक जोरदार आवाज में अपने साहित्य को 'भारतीय साहित्य' कहते हैं। अंग्रेजी से इतर भारतीय भाषाओं के लेखक इस मामले में अलग-अलग मत रखते हैं। आमतौर पर उन्हें भारतीय साहित्य कहने में अपने को खो देने का भय होता है। वे अपने साहित्य को अपनी जातीय भाषा या सामुदायिक विमर्श से जोड़ते हैं। वे सामान्यतः अपने-अपने सांस्कृतिक घोंघे में अधिक सहजता महसूस करते हैं। यह वस्तुतः देश में समावेशी लोकतांत्रिक परिवेश के अभाव का नतीजा है।

अंग्रेजीदां बुद्धिवादियों ने उच्च भारतीय परंपराओं की उपेक्षा की

भारतीय साहित्य की अवधारणा मार्क्सवादी लेखकों में लोकप्रिय नहीं हो पाई, क्योंकि उनका साहित्य विश्व के सर्वहारा साहित्य का अंग होता था। इसके अलावा, उनका प्राचीन भारतीय साहित्य के प्रति दृष्टिकोण आमतौर पर नकारात्मक था।

रामविलास शर्मा ने अपनी पुस्तक 'भारतीय साहित्य की भूमिका' में नया दरवाजा खटखटाया, 'यहाँ भारतीय साहित्य और उसकी सामाजिक-सांस्कृतिक पृष्ठभूमि के कुछ पक्षों पर विचार किया गया है। प्रयत्न यह है कि देशी रूढ़िवादियों और पश्चिमी संसार के 'वैज्ञानिक' विचारकों से अलग हट कर ऐसा रास्ता बनाया

जाए, जिस पर चलते हुए भारतीय साहित्य के और बहुत से पक्षों का वस्तुगत विवेचन किया जाए।'

रामविलास शर्मा कहना चाहते हैं कि वैज्ञानिक माने जानेवाले पश्चिमी विचारक, जिनका अनुसरण भारतीय बुद्धिजीवी करते हैं, प्राचीन भारतीय साहित्य के संबंध में देशी पुरानपंथी लोगों की दृष्टि को ही दोहराते हैं। वे प्राचीन साहित्य के उच्च और प्रगतिशील तत्वों को रूढ़िवादी तत्वों से अलग नहीं करते, उसे पुरानपंथियों की तरह पूरा का पूरा रूढ़िवाद के भीतर रखते हैं। ऐसे बुद्धिजीवी प्राचीन भारतीय साहित्य और इसकी आदर्शवादी परंपराओं में कुछ भी उच्च, जीवंत और प्रगतिशील तत्व नहीं देख पाते।

पश्चिमी विचारकों का अनुकरण करने वाले अंग्रेजीदां भारतीय बुद्धिजीवी प्राचीन भारतीय साहित्य को ब्राह्मणों का साहित्य और हिंदी साहित्य को हिंदू साहित्य कह कर खारिज करते रहे हैं। वे अंग्रेजी राज की प्रगतिशील भूमिका के समर्थक रहे हैं। उनके प्रेरणास्रोत मुख्यतः वे पश्चिमी ओरियंटलिस्ट थे जो भारत को असभ्य, स्थिरतावादी और अप्रतिरोधशील और पश्चिम को सभ्यता का मुक्तिदूत समझते थे।

प्राचीन भारतीय साहित्य को प्रगतिशील उच्छेदवादियों ने बिलकुल नकार दिया तो पीछेदेखू शुद्धतावादियों ने उसे सांप्रदायिक रंग दे दिया। यह रंग आज खेल रहा है। रामविलास शर्मा ने दोनों को चुनौती देते हुए मार्क्सवाद को एक भारतीय परिप्रेक्ष्य दिया था।

रोचक तथ्य यह है कि उच्छेदवादियों ने जिस हिंदी साहित्य को हिंदू साहित्य कह कर बार-बार नकारा, उसे हिंदुत्ववादियों ने स्वाभाविक कारणों से कभी अपना साहित्य नहीं माना। भला कबीर-मीरा या भारतेंदु-प्रेमचंद या प्रसाद-निराला इन्हें कैसे पच सकते थे! यदि भारतीय साहित्य की धारणा पर अंग्रेजी में लिखने वाले भारतीय लेखकों ने कब्जा जमा लिया तो औपनिवेशिक विभाजनों का प्रभाव झेल रहे राष्ट्रीय भाषाओं के लेखक स्थानीय अंतर्मुखता, कट्टर सामुदायिकता और जातीय अहंबोध के शिकार रहे। उन्हें 'भारतीय साहित्य' की धारणा रास नहीं आई।

कौन भारतीय है?

आमतौर पर भारतीय लेखकों में साझापन का अभाव है, जमीनी स्तर पर

संवादहीनता है। कुओं में सुनामी के दृश्य हैं। मराठी के लेखक को मतलब नहीं है कि बगल की कन्नड़ या गुजराती भाषाओं में क्या लिखा जा रहा है। बांग्ला के लेखकों को हिंदी या तमिल साहित्य से मतलब नहीं है। तमिल साहित्यिक जगत जब मलयालम और तेलुगु साहित्य से ही अनजान होता है तो असमिया या हिंदी से उसे क्या लेना-देना। यदि पड़ोसी साहित्य को लेकर थोड़ी-बहुत जिज्ञासा है तो यह कहने की छूट ली जानी चाहिए कि हिंदी में विभिन्न भारतीय भाषाओं के साहित्य का सबसे अधिक अनुवाद हुआ है और वह रुचि से पढ़ा जाता है।

भारतीय साहित्य की अवधारणा को एक जबरदस्त धक्का फेसबुक, ट्विटर, ब्लॉग आदि ने दिया है। ये ग्लोबल जगहें समझी जाती हैं। इनपर लेखक अपने को स्वाधीन मानता है, उसे भारतीय होने-न होने से कोई खास मतलब नहीं है। ये भले क्षणभंगुर हैं, लेकिन सनसनीखेज जगहें हैं, जहाँ बड़ी कृतियों के लिए कोई जगह नहीं है। आलोचक 'लाइक' द्वारा विस्थापित है। इस जमाने में आलोचक मर गया है, 'लाइक' ही महाआलोचक है!

भारतीय साहित्य अपने ही देश में वायलिन पर शोक संगीत-जैसा है। अंध-राष्ट्रवाद बढ़ा है, सांस्कृतिक दीवारें ऊँची हुई हैं। सामुदायिक खिड़कियाँ बंद हैं। इसी अनुपात में भारतीय भाषाओं के क्लासिक और आधुनिक साहित्य की उपेक्षा बढ़ी है।

देखा जा सकता है कि देश में 'सादा जीवन-साझी संस्कृति' के लिए स्पेस इधर काफी सिकुड़ा है। सांप्रदायिकता और भ्रष्टाचार राष्ट्रीय रोग बन गए हैं। अधिक विडंबनापूर्ण यह है कि इन्हें बड़े पैमाने पर सामाजिक मान्यता मिली है। जन-असंतोष की राजनीतिक खरीद-बिक्री होती ही है। इस माहौल में भारत की सभी श्रेष्ठताएँ दांव पर हैं।

निश्चय ही आज यह प्रश्न बहुत झंझट झेल रहा है- कौन भारतीय है?

हिंसा के नए रूप

हम एक जीवन-विरोधी और रचना-विरोधी समय में जी रहे हैं, जब हिंसा के नए रूप पैदा हो चुके हैं। पहले के युगों में व्यक्ति की हिंसा थी, घरेलू हिंसा थी, कुछ गिरोह हिंसक थे। राज्य की धारणा में हिंसा शुरू से निहित रही है। लेकिन

आज से पहले कभी ऐसा नहीं था कि राज्य की हिंसा में आम जनता का एक बड़ा हिस्सा साथ दे। भीड़ की हिंसा संविधान पर हावी होने की कोशिश करे। कहना न होगा कि जबसे धार्मिक मिथक और सांस्कृतिक चिह्न राजनीति के लिए पावर जेनरेटर हुए हैं, भीड़ की हिंसा बढ़ी है।

हमारे समय में आभासी लोकतंत्र है। राज्य की शक्ति दमनात्मक हुई है। राज्य बड़े सभ्य ढंग से निर्दय हुआ है। राजनीति लोगों को भ्रम में रखने की शैली बनती जा रही है। अब दो ही शक्तिकेंद्र हैं– राजनीति और अंतरराष्ट्रीय वित्तीय पूंजी। इनके आगे आम मनुष्य झुकने के लिए विवश है।

गांधी की याद आती है। उन्होंने कहा था, 'मैं राज्य की शक्ति में वृद्धि से भयभीत हो गया हूँ।' उन्होंने यह भी कहा था, 'लोकतंत्र और हिंसा साथ नहीं चल सकते।' हालत यह है कि दुनिया के देश अहिंसक समाज की ओर उन्मुख नहीं हो पा रहे हैं। उनकी नई बाजार व्यवस्था में नियति है स्वेच्छाचारिता और सर्वसत्तावाद की ओर बढ़ना। सत्ता का केंद्रीकरण होगा तो हिंसा होगी। हिंसा के नए-नए तर्क गढ़े जाएंगे। समाज से हिंसा को समाप्त करने के उपायों की खोज जितनी जरूरी है, आज इस खोज के प्रति उदासीनता उतनी ज्यादा है। क्योंकि हिंसा ही और तरह-तरह के विद्वेषपूर्ण हिंसात्मक प्रचार ही अब सत्ता तक पहुँचने के मार्ग हैं।

यह सार्वभौम यथार्थ है कि उदार आधुनिक संस्कृति अभूतपूर्व संकट के दौर से गुजर रही है। मुख्य वजह यह है कि बाजार अर्थव्यवस्था और लोकतंत्र के बीच संबंध टूट चुका है। 19वीं सदी और 20वीं सदी के पूर्वार्ध में उदारवाद ने दुनिया के देशों को भेदभाव से ऊपर उठा कर लोकतंत्र, भाईचारे और बराबरी का उपहार दिया था। 21वीं सदी में इन सबके सामाजिक-सांस्कृतिक चिह्न मिटाए जा रहे हैं। इसलिए लोकतंत्र झुंडतंत्र में बदल रहा है। स्वाभाविक है कि झुंडतंत्र में भारतीय साहित्य के लिए जगह नहीं होगी।

हर युग में सत्ता की राजनीति अपनी कला लेकर आती है। अब वह कला है– राजनीतिक तवे को हमेशा गरम रखो। रोटी नहीं पकानी है, बल्कि गरम तवे पर छींटे मार कर छन-छन की आवाज बनाते रहना है– भले वे छींटे मनुष्य के रक्त के हों! यही वजह है, हर तरफ 'निर्मित भय' छाया हुआ है।

इधर कुछ नए कानून बना कर नागरिक समाज में भेदभाव पैदा किया जा रहा है। लोगों का मन दूध की तरह फाड़ा जा रहा है। भारत की छाती फट रही है! क्या उसका दुख बोलेगा?

निश्चय ही इन दिनों हिंसा बढ़ने की मुख्य वजहें हैं – लोकतांत्रिक प्रक्रिया का अभाव तथा संसाधनों और सत्ता तक लोगों की पहुँच में भारी विषमता। ऐसे अभावों और विषमताओं को एक तरफ विकास के चमकीले और नकली चिह्नों से ढका जाता है तो दूसरी तरफ, समाज में भेदभाव, विद्वेष और ध्रुवीकरण द्वारा भय पैदा कर दिया जाता है। भय पैदा करने के बाद राजनीतिक भयदोहन होता है। भय को दूर करने की जगह उनका राजनीतिक उपयोग हमारी सभ्यता की एक दर्दनाक घटना है।

दरअसल उस दौर में दुनिया के लाखों लोगों की जानें जा रही हैं जब बड़े-बड़े भूमंडलीय बाजार हैं, बड़े-बड़े आश्वासनों वाली राजनीति है और रोज नई होती टेक्नोलॉजी है। वास्तविकता यह है कि बाजार, राजनीति और टेक्नोलॉजी का दूषित गठबंधन ही इन दिनों बढ़ी हिंसा का मूल है। एक विडंबना यह भी है कि टेक्नोलॉजी ने हिंसा को न सिर्फ आसान बना दिया है, बल्कि उसको एक मनोरंजक खेल में बदल दिया है।

हिंसामुक्त भारत का स्वप्न

भारत दुनिया के 6 सबसे अधिक आत्महत्याओं वाले देश के रूप में सामने आया है। एक रिपोर्ट के अनुसार 2016 में यहां कुल 1,31,000 लोगों ने आत्महत्या की। इनमें से अधिकांश की उम्र 15-39 साल के बीच थी। 2014 में सिर्फ महाराष्ट्र में 60,000 किसानों ने आत्महत्या की थी। 2021 में देश के कुल 1,64,000 लोगों ने आत्महत्या की। इसपर सोचने की जरूरत है कि यह सब आत्महत्या है या हत्या है? इधर हत्या के स्थूल की जगह सूक्ष्म रूप बढ़े हैं।

हिंसा का एक स्रोत उपभोक्ता संस्कृतियों में डूबे लोगों के बीच अधिक सुखों के लिए होड़ है। सुख की होड़ हिंसक ही नहीं बनाती, विचारों का अकाल भी पैदा करती है। अधिक सुख व्यक्ति को कल्पना से विमुख करता है। वह आदर्शों और नैतिकता से दूर कर देता है तथा कृत्रिमता बढ़ाता है। जीवन के हर क्षेत्र में कृत्रिमता बढ़ी है और कृत्रिम इच्छाएँ बढ़ी हैं, क्योंकि सुख की भूख बढ़ी है।

ऐसे दौर में कोई सोच नहीं पाता कि उसे साहित्य पढ़कर अपने मानसिक क्षितिज, सौंदर्यबोध और संवेदना का प्रसार करना है। साहित्य पढ़ने के आनंद से कान में ठेपी लगा कर पॉप संगीत सुनने में ज्यादा मजा आता है। हिंदी में अंग्रेजी

उपन्यासों की नकल करके नए ढंग का लुगदी साहित्य बढ़ा है, जिसे इधर प्रकाशक ज्यादा उछाल रहे हैं।

आजकल हिंसा के नए-नए रूप हैं। गरीबों और वंचितों के प्रति सामाजिक दायित्व से हाथ खींचना भी हिंसा का एक रूप है। व्यक्तियों की निजता पर निगरानी हिंसा है। भ्रष्टाचार निश्चय ही हिंसा का एक बड़ा रूप है। लड़कियों के प्रति यौन हिंसा बढ़ी है। वे सामान्यतः रात 6-7 बजे के बाद घर से अकेली नहीं निकल सकतीं। व्यावसायिक विज्ञापनों में कोई बड़ा-सा सुंदर चित्र होता है, बड़े हरफों में आकर्षक बातें होती हैं तथा ध्यान न जाए, इतने छोटे अक्षरों में लिखा होता है- 'शर्तें लागू'! यह भी हिंसा है।

मुश्किल है, हिंसा बढ़ते-बढ़ते दफ्तर, बाजार, घर-परिवार और व्यक्ति-व्यक्ति के बीच पहुँच गई है। इन स्थितियों में भारत की सांस्कृतिक आत्मा से एक ही आवाज निकल रही है - इस दल से मुक्त भारत, उस दल से मुक्त भारत और अमुक व्यक्ति से मुक्त भारत नहीं - हिंसामुक्त भारत रचो! भारत की सांस्कृतिक आत्मा का यह सबसे बड़ा सपना है।

गांधी ने हिंसा पर एक महत्वपूर्ण बात कही है, 'हिंसा दूसरों के आदर्शों से भय का नतीजा है।' अब के समय में 'दूसरों' के विचारों को सुनना गवारा नहीं है। राजसत्ता केवल सहमत लोगों को पसंद करती है। साहित्य असहमत लोगों की बस्ती है जो हिंसकों को पसंद नहीं है। यदि हम भारतीय साहित्य की परंपराओं को देखें, उनमें सैकड़ों साल से एक ही प्यासा स्वप्न बोलता दिखेगा- 'रचो हिंसामुक्त भारत!'

अनुवाद और उदारवाद का गहरा संबंध है

अनुवादक हिंसक नहीं हो सकता। अनुवाद और उदारवाद का गहरा संबंध है। कट्टरवादियों में दूसरी भाषाओं के साहित्य और संस्कृतियों को जानने की इच्छा नहीं होती।

यह भी एक तथ्य है कि पश्चिमी देशों में आत्मश्रेष्ठता का बोध है, उनकी अंतिम दुनिया अंग्रेजी है। फ्रेंच, जर्मन या अंग्रेजी में भारतीय भाषाओं से अनूदित कृति की 100 प्रतियां भी खरीद कर पढ़ी जाती हों तो सोचिए वह बेस्ट सेलर है! हिंदी की कोई कृति बांग्ला, मराठी या मलयालम में अनूदित होकर आखिरकार

कितनी पढ़ी जाती है? अनुवादों की मास-रीडिंग का विश्वव्यापी क्षय खतरे की घंटी है। यह बढ़ते अनुदारवाद का चिह्न है।

यदि अनुवाद आज महज सांस्थानिक औपचारिकता हैं - वे भाषाओं, संस्कृतियों, साहित्य तथा विचारों के बीच पुल का काम नहीं कर पा रहे हैं तो समझ जाना चाहिए कि भूमंडलीकरण कितना अधिक विध्वंसक है। यह आर्थिक उदारता के समानांतर सामाजिक और सांस्कृतिक अनुदारता ला रहा है।

अनुवाद हमें 'दूसरों' से जोड़ते हैं, दूसरों को समझने में मदद देते हैं और इस अहसास तक पहुँचाते हैं कि 'दूसरे' दूसरे नहीं हैं। वे अपने हैं, हम सरीखे हैं। अनुवाद अखंडता के बोध को मजबूती देते हैं, सौंदर्यबोध की विविधता से भी परिचय कराते हैं। वे हमारे भीतरी 'मैं-मेरा' को विस्तार देते हैं, साथ ही हमारी अपनी भाषा के विश्व को बृहत्तर बनाते हैं।

एक सवाल यह भी है कि भारत के लोग अंग्रेजी से भारतीय भाषाओं में अनुवाद खूब करते हैं, पश्चिम के लोग एशियाई देशों की भाषाओं से अंग्रेजी में कितना अनुवाद करते हैं? वे आत्मतृप्त हैं। एशियाई भाषाओं के लेखकों के लिए पश्चिम का द्वार वस्तुतः बंद है।

पश्चिम को भारत की आधुनिक राष्ट्रीय भाषाओं का साहित्य पश्चिम की फेंकी जूठन पर आधारित लगता है। इस पर सोचने, और लगे तो थोड़ा आत्मनिरीक्षण करने की जरूरत है।

भारतीय साहित्य में बहुत कुछ मूल्यवान और अनोखा है। इसपर सोचना होगा कि सरकारी प्रकाशन गृहों के साथ-साथ निजी प्रकाशन गृहों और पत्रिकाओं में भारतीय भाषाओं के साहित्य के अनुवादों को कैसे बढ़ावा दिया जाए तथा अनुवाद कैसे मूल पाठ का आनंद दें। भारत में अनुवादक पुल बनाने वाले इंजीनियर से कम नहीं हैं। लेकिन जरूरत तो पुल पर आवाजाही करने वालों की भी है, संवादप्रिय पाठकों की भी है। ऐसे पाठक हैं उदारवाद के सच्चे ध्वजवाहक!

हिंदी भारतीय भाषाओं का आंगन है। इस आंगन को विलुप्त नहीं होने देना है।

रजत जयंती अंक, जनवरी-फरवरी 2020

सूफी प्रेम के मायने

सूफी दरवेश होते थे, एक प्रांत से दूसरे प्रांत और एक देश से दूसरे देश में आने-जाने वाले। वे प्रेम से भरे और लोभहीन लोग थे। इसलिए भ्रमणशील और निरंतर यात्री थे। यह विचित्र लग सकता है कि एक समय धर्म प्रचारकों और व्यापारियों ने ही उन बड़े भूमि-मार्गों और जल-मार्गों की खोज की थी जिनसे होकर बाद में युद्धोन्मादी सिकंदर, कई दूसरे आक्रमणकारी और लुटेरे एक देश से दूसरे देश में आने-जाने लगे थे। शांतिप्रिय लोगों ने अपने व्यापक मानवीय हृदय के कारण ऐसे बड़े मार्गों की खोज की थी। बाद में ये हिंसा के राजमार्ग बन गए।

एक समय बौद्ध धर्म अहिंसा का प्रचारक बनकर श्रीलंका, अफगानिस्तान, नेपाल, तिब्बत, चीन, जापान आदि देशों में गया। सूफी लोग प्रेम का लोकदूत बनकर एक तरफ ईजिप्ट और अफ्रीका के देशों में गए। दूसरी तरफ वे ईरान, अफगानिस्तान, भारत, इंडोनेशिया तक आ गए। एशियाई देशों में उनकी उपस्थिति की खूबी यह है कि उन्होंने अरबी को छोड़कर फारसी, सिंधी, उर्दू, पंजाबी और हिंदी को चुना। यह उनके प्रेम का लौकिक विस्तार था। उदारवादी सूफी साधक काव्य और संगीत प्रेमी थे। कहना न होगा कि एक दौर में हिंदी सहित कई जनभाषाओं और कलाओं की समृद्धि में सूफियों का बड़ा योगदान है।

सूफियों पर चिंतन की विडंबना

इस्लामी कट्टरवादी सूफी मत को इस्लाम की विकृति के रूप में देखते हैं और इसके प्रति असहिष्णु रहते हैं तो सेकुलर बुद्धिजीवियों को इसमें मध्यकालीन चमत्कारवाद नजर आता है। इस्लामी विद्वानों के लिए सूफियों के पक्ष में कुछ भी कहना बड़ा साहस का काम रहा है, हालांकि पिछले कुछ दशकों से सूफी मत के

अध्ययन में विस्तार आया है, साथ ही इसके संबंध में उपनिवेशवादियों की कई ओरियंटलिस्ट धारणाओं को चुनौती मिली है।

एक प्राच्यवादी लेखक ई.एच.पाल्मर ने 1867 में लिखी गई अपनी किताब 'ओरियंटल मिस्टीसिज्म' में बताया था, 'सूफी मत आर्य नस्ल के ही प्राचीनतम धर्म का विकास है।' वे सूफी मत की व्याख्या भारत की देवपूजा और कुरान के विश्वासों की मध्यवर्ती घटना के तौर पर करते हैं।

कार्ल अन्सर्ट ने सूफी मत के योग-संपर्क को योग के इस्लामीकरण के रूप में देखा (सूफिज्म)। एक लेखक अजीज अहमद का कहना है कि सूफी रहस्यवाद का संबंध वेदांत की जगह ईसाई रहस्यवाद से है। किसी ने सूफी दर्शन को आत्मछल तो किसी ने इसे निष्क्रिय भक्ति के रूप में देखा! उन सबकी नजर मानवजाति की एकता और उच्च मूल्यों की तरफ बढ़ने की विश्वव्यापी सभ्यतागत आकांक्षा की तरफ नहीं गई। वे किसी भी धार्मिक सिंथीसिस की व्याख्या 'हिंदूकरण' या 'इस्लामीकरण' के रूप में ही कर पा रहे थे और यह देखने में ज्यादा मशगूल थे कि 'अभेद में भेद' कहां है।

तुलसीदास ने 'साखी सबदी दोहरा कहि कहिनी उपखान' (दोहावली) कहकर संतों-सूफियों को वेद-पुराण का निंदक बताया था, लेकिन उन्होंने 'रामचरितमानस' में अंततः 'सगुनहि अगुनहि नहिं कछु भेदा' कहा और सूफियों की तरह प्रेम भावना को सर्वोच्च ठहराया, 'रामहि केवल प्रेम पियारा, जान लेहु जो जानहि हारा'। इस विकास को ध्यान में रखने की जरूरत है। स्पष्ट है कि सूफी संतों और कबीर ने प्रेम की जो महत्ता स्थापित कर दी थी, उससे तुलसी प्रभावित थे।

उल्लेखनीय है कि रामचंद्र शुक्ल और हजारी प्रसाद द्विवेदी सूफी साहित्य के संदर्भ में न सिर्फ दो छोरों पर नहीं हैं, बल्कि दोनों इस साहित्य को सकारात्मक दृष्टि से देखते हैं। यह स्वाधीनता आंदोलन काल के उदारवाद की शक्ति का बोध कराता है।

दरअसल कबीर हों या तुलसी, जायसी हों या मीरा - उन भक्त कवियों की सांस्कृतिक पूंजी किसी भी धर्माचार्य-पुरोहित से बड़ी है। कोई भी भक्त कवि किसी एक खास प्रेरणास्रोत तक सीमित न था। हर भक्त कवि के रूपक कई धाराओं से आए थे। सभी भक्त कवि एक न एक सीमा तक धर्मसत्ता से टकराए। उन्होंने संसार को प्रेम का संदेश दिया।

सूफी मत और भक्ति आंदोलन का संबंध

सूफियों, संतों और सामान्यतः संपूर्ण भक्ति आंदोलन की विभिन्न धाराएं कई बार एक-दूसरे के विरोध में दिखती हैं। वे इसी तरह प्रस्तुत भी की जाती रही हैं : सगुण-निर्गुण, प्रेम मार्ग-ज्ञान मार्ग, भक्त-संत या दास्य, माधुर्य, सख्य जैसी विभाजनमूलक कल्पना करके। जबकि सभी भक्त कवियों के बीच अपनी-अपनी विशिष्टता के बावजूद अखंडता है। उन्हें रेल के एक-दूसरे से कटे डिब्बे की तरह नहीं देखा जा सकता। भक्ति की कोई धारा अलगाव में बनी स्वतःसंपूर्ण सांस्कृतिक अभिव्यक्ति नहीं है। सभी धाराओं के बीच मतभेद के बावजूद संवाद और सांस्कृतिक मिश्रणशीलता रही है। उनके बीच अनुभवों, भावनाओं और दृष्टियों का अंतःसंचरण होता रहा है। क्या आज भी कुछ मतभेदों के बावजूद दस लोग आम असहमति और आम सरोकार व्यक्त नहीं करते?

ऊपर से देखने पर सूफी मत और भक्ति के बीच संबंध देखना मुश्किल लग सकता है। सूफी एकेश्वरवादी दर्शन में देवताओं की जगह 'एक ईश्वर' की धारणा है, जबकि भक्ति के अद्वैतवाद में देवताओं को मानते हुए वस्तुतः इनकी एकता को 'एक ईश्वर' के रूप में देखा गया है। यह भी बताया गया है कि ईश्वर सर्वत्र है-'सर्वं खल्विदं ब्रह्म'। सूफी एक अलग राह से इस धारणा तक पहुंचे थे, 'आत्मा और परमात्मा एक है' या 'मैं ब्रह्म हूँ'। मंसूर हल्लाज ने बगदाद में 922 में इसी आशय से अपनी ईश्वरमय दशा में कहा था, 'अन अल हक' (मैं ईश्वर हूँ) और उसे जलाकर मार डालने का राजदंड मिला था।

सूफियों और भक्त कवियों में बहुत-सी बातें समान हैं, जैसे भेदभाव और बाह्याडंबर का विरोध। सभी भक्त कवि ही अहंकार, 'मैं-मैं' और 'मोर-तोर' के विरुद्ध थे। ध्यान में रखने की जरूरत है कि सभी भक्त कवि एक बड़े कठोर समाज में भक्ति, ज्ञान और प्रेम का प्रचार कर रहे थे। ये तीनों चीजें एक-दूसरे से भिन्न नहीं थीं। दक्षिण भारत, महाराष्ट्र-गुजरात और हिंदी क्षेत्र के भक्त कवि त्याग, प्रेम भावना और रूढ़ियों के प्रति अपने क्षोभ द्वारा समाज में खुलेपन का आगाज कर रहे थे। उनके बीच एक और समानता है, वह है तल्लीनता। वे अपने संगीतमय गान में बिलकुल तल्लीन हो जाते थे। इस तरह भक्ति काव्य में क्षोभ और तल्लीनता दोनों चीजें प्रधान हैं।

सूफियों और भक्त कवियों ने धर्म के केंद्रीकरण, संस्थानीकरण और सत्ता से रिश्ते को आमतौर पर कबूल नहीं किया। हालांकि मंदिर और खानकाह बन रहे थे। पंजाबी सूफी कवि बाबा फरीद (1179–1266) कहते थे, 'आध्यात्मिकता में ऊंचाई चाहते हो तो राजाओं और राजकुमारों से बचकर रहो।' कुंभनदास कहते थे, 'संतन को कहा सीकरी सो काम'। यह समानता भी महत्वपूर्ण है कि भक्तों और सूफियों ने समान रूप से लोकभाषाओं की शक्ति बढ़ाई।

सूफी बाबा फरीद जब किसी को आशीष देते थे, तो कहते थे, 'जा, तुझे इश्क हो जाए'! इस इश्क का अर्थ सिर्फ ईश्वर से प्रेम न होकर संसार के सभी लोगों से प्रेम है, हिंसा से मुक्ति है। सूफियों ने जाति व्यवस्था को शिथिल किया और स्वच्छ प्रेमपूर्ण जीवन का संदेश दिया। बाबा फरीद जागरण का आह्वान करते हैं, 'फरीदा सूता है त जाग'! उनका एक दोहा अपने लोकप्रिय रूप में इस प्रकार है, 'कागा सब तन खाइयो, चुनि–चुनि खाइयो मांस। ए दुहि नयना मत खाइयो, पिया मिलन की आस।' सूफी चेतना में ईश्वरीय इश्क एक ऐसी ही आग है, ऐसा ही नशा है। यह प्रेम ईश्वरीय होते हुए भी भाईचारा और बराबरी पर आधारित नए सामाजिक मूल्यों का स्रोत है।

सूफी मत और योग

सूफी मत और योग के संबंध पर कम चर्चा हुई है, जबकि सूफियों का योग से संबंध उनके हिंदुस्तान चैप्टर की एक उल्लेखनीय घटना है। जायसी के 'पदमावत' में रत्नसेन जोगी होकर ही घर से निकलता है और सिंहलद्वीप जाता है। वह महादेव के मंदिर में बैठकर साधना और पदमावती का ध्यान करता है। उधर हीरामन सुग्गा पदमावती के पास पहुंचता है। वह पदमावती को रत्नसेन की दशा बताकर उसे साथ ले आने में सफल होता है। पदमावती को अचानक देखते ही रत्नसेन मूर्च्छित हो जाता है। ऐसी घटनाओं को मुख्यतः अन्योक्ति की तरह पढ़ा जाना चाहिए। यह सूफी दर्शन में आध्यात्मिक 'हाल' की दशा है। फिर पदमावती रत्नसेन की छाती पर चंदन से कुछ लिखकर लौट जाती है। रत्नसेन निराश हो जाता है और जल मरने को उद्धत होता है। देवताओं के आग्रह पर महादेव और पार्वती वेश बदलकर उसके पास आते और समझाते हैं। वे उसे सिद्धि गुटका देते हैं और सिंहलगढ़ में घुसने का मार्ग बताते हैं।

अहंकारी राजा के क्रुद्ध होने पर सब कुछ त्याग करके आया योगियों का दल जब सिंहलगढ़ पर 'चढ़ाई' करता है, महादेव के साथ हनुमान भी रत्नसेन और उसके योगियों के दल के साथ आ खड़े होते हैं। ऐसे सभी विवरण के रूपक-अर्थ हैं। पहली बात यह है कि जायसी के सूफी मत का योग के जिस विशिष्ट रूप से संबंध है, वह नाथपंथियों की योग साधना तक सीमित नहीं है। वह शिव के योगी रूप से जुड़ा है और प्रेम से भी जुड़ा है। सिंहलगढ़ पर चढ़ाई का उद्देश्य भी वस्तुतः किसी को परास्त करना न होकर 'आत्म' पर विजय पाना है। सूफियों का योग का मार्ग चुनने का लक्ष्य प्रेम की उच्च भूमि पर पहुंचना रहा है, आत्मसेवा नहीं और आज की तरह व्यवसाय कतई नहीं!

जायसी के 'पदमावत' का अंत कठोर सामाजिक-राजनीतिक हालात की वजह से ट्रैजिक है। यह 'पद्मावती' फिल्म देखकर समझ में नहीं आ सकता। उपर्युक्त महाकाव्य जौहर की प्रचलित कथा के दबाव में रूढ़ि-पोषण करता है। लेकिन यह गौण चीज है, मुख्य है प्रेम की चरम सत्यता का प्रचार।

पंजाबी सूफी कवि बुल्ले शाह (1680-1757) की एक कविता में हीर कहती है 'मुझे रांझा कहकर पुकारो, हीर नहीं!' एक अन्य कथा में चरवाहा रांझा हीर से मिलने के पहले योग सीखने के लिए नाथपंथियों के एक ठिकाने पर जाता है। पंजाबी सूफी कविता में भी योग की उपस्थिति है। उस जमाने के पंजाब में योगियों की व्यापक उपस्थिति थी। उनके ठिकाने को 'टिल्ला जोगिया' कहते थे। बुल्ले शाह की हीर सूर की राधा की तरह है, 'राधा हरि हो गई' (यदि हरि राधा हो पाते)! यह 'भृंगी-कीट न्याय' के रूप में जाना जाता है, जिसमें भौंरा जिस कीट को पकड़ता है उसे वह अपने सदृश बना लेता है। सभी भक्त कवियों का ईश्वर-प्रेम यही करता है। वह भक्त को अपने अनुरूप ईश्वरीय बना देता है, जबकि 21वीं सदी का धर्मांध आदमी ईश्वर को ही अपनी तरह का बना देने पर तुला है। भक्ति और धर्मांधता दो विपरीत छोर की चीजें हैं।

प्रेम व्यक्ति और बाकी सारी चीजों के बीच एक पुल है

सूफियों ने हिंसा के युग में प्रेम के भीतर से जीवन के सार की खोज की थी। 18वीं सदी के एक अन्य पंजाबी कवि वारिस शाह के काव्य 'हीर' का रांझा कृष्ण की तरह बांसुरी बजाता है। इस अंतरसांस्कृतिक संबंध को समझना चाहिए। पंजाबी

में सोहनी–महीवाल, शीरीं–फरहाद, यूसुफ–जुलेखा की कथा को विषय बनाकर सूफी कविताएं लिखी गई हैं। सूफी दर्शन में जो अंतरधार्मिकता है या जो अंतरसांस्कृतिक हाइब्रीड है, वह उदारवाद का चिह्न है। सूफी दूसरी धार्मिक परंपराओं को 'अन्य' की तरह नहीं देखते। यह एक बड़ी घटना है।

सूफी प्रेम और आनंद के अमर गायक हैं जलालुद्दीन रूमी (1207–1273)। अमेरिका ईरान को पसंद नहीं करता, पर ईरान के रूमी का फैन है। रूमी को अपनी आंतरिक सचाई और नवोन्मेषी कल्पना की वजह से विश्व प्रसिद्धि मिली। उन्होंने कविता, संगीत और मृत्यु को जिस प्रकार जोड़ा, वह न सिर्फ कला–साहित्य के बल्कि मानव–मुक्ति के संदर्भ में भी एक उदाहरण बना। उनका काव्य फारसी का चरम सांस्कृतिक उत्कर्ष है। रूमी की कविताएं सूफी तत्व और भाव–आवेग को समझने के लिए जरूरी मानी गई हैं। वे सभी धर्मों के लिए प्रेरणा बनी हैं। उनकी कविताओं के सामने हर कट्टरवाद धराशायी हो जाता है। उन्होंने प्रेम के बारे में कहा था, 'प्रेम तुम्हारे और बाकी सारी चीजों के बीच एक पुल है!' सूफियों का प्रेम ईश्वर से प्रेम तक सीमित न था, उसका लौकिक आयाम महत्वपूर्ण था।

रूमी एक परंपरागत इस्लामी शिक्षक से सूफी बने थे। उन्होंने धर्म का एक उदारवादी परिप्रेक्ष्य रखा था। वे सूफी मत की आधारशिला रखनेवालों में प्रमुख माने गए तथा दुनिया में सहिष्णुता के एक बड़े प्रतीक के रूप में देखे गए। उनकी कविताओं से अनूदित ये पंक्तियां उनके दर्शन को खोलती हैं–

इस सफर में मैं रहा, बिन मेरे
उस जगह दिल खुल गया, बिन मेरे
मुझको मत कर याद हरगिज
याद रखता हूँ खुद को, बिन मेरे!

रूमी की कविताओं में 'मैं' के अहंकार से मुक्त होकर ईश्वर से प्रेम है और उसके सौंदर्य से एकात्मता है। इस आनंद के सामने धार्मिक कर्मकांड और भौतिक सुखों के कृत्रिम आकर्षण फीके हो जाते हैं। विलक्षण बात यह है कि रूमी ने ईश्वर से मिलन की अनुभूति के मामले में ही विविधता को महत्व नहीं दिया, धार्मिक विविधता और सहिष्णुता का भी समर्थन किया। उनके दिमागी खुलेपन की एक वजह यह हो सकती है कि उन्होंने पश्चिम और पूर्व दोनों दिशाओं की खूब यात्रा की थी और अनुभव बटोरे थे।

रूमी की सहिष्णुता का परिचय हजरत मूसा से संबंधित उनकी इस काव्यात्मक कथा में है : हजरत मूसा ने राह से गुजरते समय एक चरवाहे को देखा जो बहुत तल्लीनता से खुदा से बातें कर रहा था, 'प्यारे खुदा, तू कहां है, बता ताकि मैं तेरे मोजे सीऊं, तेरे बालों में कंघी करूं, तेरे कपड़े धोऊं, तेरे हाथ चूमूं, पैरों की मालिश करूं, तेरे लिए रोज घी और दूध पहुंचाया करूं...।' चरवाहे को मजहब की धारणाओं से भिन्न, बेबुनियाद बातें करते देखकर मूसा को गुस्सा आया, 'अभागे, तू काफिर हो गया है क्या? अपने मुंह में रूई ठूंस। तेरे कुफ्र की दुर्गंध सारे संसार में फैल रही है। मोजे और कपड़े तुझे ही शोभा देते हैं, भला सूर्य को इन चीजों की क्या जरूरत है? यह बेहूदी बकवास बंद कर।' चरवाहा खामोश हो गया और डर से कांपने लगा। उसने अपने कपड़े फाड़ डाले, वह जंगल में चला गया।

मूसा को आकाशवाणी सुनाई दी, 'मूसा, तूने यह क्या किया? मेरे बंदे को मुझसे जुदा कर दिया? तू संसार में मनुष्यों को मिलाने आया है या अलग करने? मैंने लोगों का भाव अलग-अलग बनाया है और उन्हें भिन्न-भिन्न बोली दी है। जो बात किसी के लिए अच्छी है, वह तेरे लिए बुरी हो सकती है। उनके जाप और भजन से मैं अपवित्र नहीं हो जाता, बल्कि उनके मुंह से जो मोती जैसे विचार झरते हैं, उनसे उनकी आत्मा शुद्ध होती है-यह भी देख!' मूसा ने जब आकाशवाणी सुनी तो वे चरवाहे की तलाश में बेसब्र दौड़े। चरवाहा एक जगह डर से छिपा कांप रहा था। मूसा ने उससे कहा, 'तेरे दम से ही सृष्टि है। तू जैसे इबादत कर रहा था, वैसे ही कर!' चरवाहा ने कहा, 'मेरी दशा बयान से बाहर है, अब मैं खुदा से कैसे जुड़ूं!' मूसा को अपनी गलती का अहसास हुआ।

ईश्वर को स्त्री के रूप में देखना

सूफी मत में एक दूसरा अनोखा मामला है- स्त्री के प्रति सम्मान। सूफियों ने ईश्वर के मर्दाना आभास को मिटा कर ईश्वर को स्त्री-रूप में उपस्थित किया, जैसे 'पदमावत' में पदमावती को ईश्वर रूप में देखना। यह ईश्वर के पुलिंगीकरण से सांस्कृतिक प्रस्थान है। सूफी कवियों ने स्त्री-पुरुष में भेद वैसे ही नहीं माना जिस तरह जाति, धर्म और राष्ट्र के स्तर पर भेद नहीं देखा। लक्षित किया जा सकता है कि पश्चिमी देशों में भी तब स्त्री के प्रति सम्मान और बराबरी का भाव विकसित नहीं हुआ था। अरबी जनजातियां एक समय देवियों की मूर्ति की पूजा करती थीं, साथ ही वे

अबोध कन्याओं को जिंदा जला दिया करती थीं। ऐसे दौर में पैगंबर साहब ने मूर्ति पूजा का ही विरोध नहीं किया, उन्होंने इस्लाम में स्त्री-पुरुष दोनों में समान गुण देखे और स्त्रियों को इज्जत देने की सिफारिश की। सूफी परंपरा में यह तत्व इतना विकसित हुआ कि स्त्री रूप में परमात्मा की कल्पना की गई। उसके अनोखे सौंदर्य का गुणगान हुआ, जैसे पदमावती के दांत चमकने से ही सूर्य, चंद्रमा, नक्षत्रों में उजाला होता है, 'रवि ससि नखत दिपहिं ओहि जोती।' (पदमावत)। जायसी के महाकाव्य को ईश्वरीय और आध्यात्मिक आलोक से बाहर रखकर समझना असंभव है।

उल्लेखनीय है कि इस्लाम में आगे पनपी कट्टरता की वजह से स्त्रियों के बीच से ज्यादा सूफी कवयित्रियां नहीं हुईं। फिर भी रबिया सहित कई सूफी स्त्रियां थीं। मुगल बादशाह शाहजहां की बेटी जहांआरा सूफी थीं। रूमी ने स्त्रियों के बारे में एक महत्वपूर्ण बात कही है, 'स्त्री ईश्वर की किरण है, महज धरती पर रहने वाली प्रेमिका नहीं। वह निर्मित नहीं की गई है, खुद निर्माणकर्ता है।' यह हिम्मत कबीर भी नहीं कर सके थे। उन्होंने खुद को 'बहुरिया' के रूप में चुना था और परमात्मा को पुरुष बनाया था- 'हरि मेरा पीव मैं हरि की बहुरिया'!

जो भी हो, सूफियों और कबीर जैसे संतों ने व्यापक लोकप्रियता अर्जित की। यह इन भक्तों के प्रति आम लोगों के मन में आदर भाव की सूचना है और कट्टर धार्मिक-सामाजिक बंधनों से लोगों के ऊबने का उदाहरण है। आगे चलकर नजीर अकबराबादी जैसे कवियों को कृष्ण को लेकर आनंद से भर जाते देखा गया है। नजीर ने गुरुनानक को लेकर कहा था, 'सब शीश नवा अरदास करो और हरदम बोलो वाहे गुरु!' एक समय इस तरह का अंतरधार्मिक-अंतरसांस्कृतिक संबंध मजबूत हो रहा था, बढ़ी-चढ़ी राजनीतिक बर्बरताओं के समानांतर। उस दौर की अस्मिताओं में पृथकतावादी कठोरता की जगह सांस्कृतिक घुलनशीलता थी। इस संप्रीति के निर्माण में सूफियों की एक बड़ी भूमिका है। उन्होंने भक्ति साहित्य में प्रेम को इस तरह एक महान मूल्य बना दिया कि कोई भक्त कवि प्रेम की उपेक्षा नहीं कर सका।

सूफी विरह है बाह्याडंबर से विद्रोह

सूफी विचारधारा में विरह का प्रमुख स्थान है। कबीर ने सूफी विरह की महत्ता इस तरह व्यक्त की है, 'जिहि घट विरह न संचरे सो घट सदा मसान।' जहां विरह

नहीं है, वह जगह श्मशान जैसी है। सूफी मत में विरह रहस्यदर्शी की ऐसी मनोदशा है जिसमें वह अपने भीतर ईश्वर को पागल होकर खोजता है। यह संसार की संकीर्णताओं से मुक्त होकर अपने अहंकार रहित 'मैं' को, वैयक्तिकता को पाना है। विरह एक तरह से मनुष्य में 'व्यक्ति' की वापसी है, जहां से उस महत की खोज शुरू होती है जिससे उसे प्रेम है।

सूफी भावना में विरह अकेला होने की नहीं, ईश्वर से एकात्म न हो पाने की पीड़ा है। कठमुल्ले हिंदू तथा मुस्लिम धर्माचार्य ऐसे विरह की निंदा करते हैं, क्योंकि पुरोहित लोग रुपयों के चढ़ावे पर तुरंत देवता के दर्शन करा देते हैं। अतः विरह कैसे हो! मुल्ला भी बीच से हटकर किसी को सीधे खुदा से कैसे मिलने दें!

सूफी कवि अमीर खुसरो की पंक्ति है, 'सखी पिया को जो न देखूं तो कैसे काटूं अंधेरी रतियां'। सूरदास ने राधा के विरह का चित्र, जो कई जगहों पर कामोत्तेजक है, खींचा है। कहा जा सकता है कि विरह में इतनी भावपूर्ण तल्लीनता, भक्ति और शृंगार दोनों भूमियों पर, बहुत कुछ सूफी चेतना की देन है। विरहाग्नि जितनी तेज होती है, धार्मिक-सामाजिक बंधन उतनी जोर से टूटते हैं। दरअसल भक्ति में विरह के प्रवेश ने एक सच्चा मन और 'कल्चरल सेल्फ' पैदा किया। विरह की भयमुक्त अभिव्यक्ति बाह्याडंबर से विद्रोह है।

संगीत सुनना ईश्वर से इश्क करना है

सूफियों का काव्य के अलावा संगीत, नृत्य आदि कलाओं के क्षेत्र में भी एक बड़ा सांस्कृतिक योगदान है। यह दरबारों के शास्त्रीय संगीत और कव्वाली से लेकर गांवों में बाउलों के गान तक विस्तृत है। ऐसे संगीतात्मक गान सूफी भावना की तरफ झुकाव का परिचय देते हैं। अमीर खुसरो का यह लोकप्रिय गान लें, 'छाप-तिलक सब छीनी रे मोसे नैना मिलई के/बात अघम कह दीन्हीं रे मोसे नैना मिलई के/गोरी-गोरी बइयां हरी-हरी चूरियां/बइयां पकड़ धर लीन्हीं रे मोसे नैना मिलई के।' इसके कई रूपभेद हैं। कव्वाली के इस रूप में परमात्मा से 'इश्क' अधिक लौकिक हो गया। कहना न होगा कि अलग से भी सूफी संगीत अपना एक व्यक्तित्व रखता है और आज भी लोकप्रिय है।

भारतीय काव्य, दर्शन और शास्त्रीय संगीत में कई स्रोतों से लोक तत्व आ जुड़े हैं। ठुमरी और दादरा-गायिका विद्या राव ने लिखा है, 'इनके पाठ वैष्णव भक्ति

तथा सूफी परंपराओं से लिए गए हैं।... विस्मय होता है कि ठुमरी के रोमांटिक रूपों में सूफी निर्गुण दर्शन और काव्य को भी स्थान मिला है। कलाकार, विद्वान और संरक्षक ऐसी निर्गुणी ठुमरी की चर्चा करते रहे हैं जो विरह के रूपक को लेकर चलती है।... ठुमरी और सूफी कव्वाली के बीच जो संपर्क बना, वह बड़ा अप्रत्याशित और सम्मोहक था। ठुमरी और कव्वाली संगीत के दो विपरीत छोरों पर हैं, लेकिन इनमें कई समानताएं भी हैं। दरअसल ठुमरी और अमीर खुसरो की कव्वाली- इन दोनों की गायकी और काव्य पूर्वी क्षेत्र के लोक गीतों से जुड़े रहे हैं। अमीर खुसरो के पद को ठुमरी या दादरा के रूप में गाया जा सकता है।' (पोयटिक्स एंड पालिटिक्स ऑफ सूफिज्म एंड भक्ति इन साउथ एशिया, सं. कविता पंजाबी)। विद्या राव ठुमरी के रूप में गाए गए एक सूफी दोहा का उदाहरण रखती हैं, 'साजन ये मत जानियो तोहे बिछड़े मोहे को चैन। जैसे बन की लकड़ी सुलगत है दिन-रैन।' यह सूफियों के 'इश्क हकीकी' का उदाहरण है। यह सच्चा आध्यात्मिक प्रेम है, यह इश्क मजाजी नहीं है।

दरअसल संगीत सुनना ईश्वर से इश्क करना है। संगीत और ईश्वर दोनों ही शब्दहीन वाक्य हैं, इसलिए सीमाहीन! शब्दहीन वाक्य, अर्थात जहां ध्वनियों के बीच कोई दूरी नहीं है, सबकुछ अखंड है! विद्या राव कहती हैं, 'संगीत सुनते समय यह फर्क मिट जाता है कि कौन गा रहा है और कौन सुन रहा है और गायकी में क्या कहा जा रहा है। खासकर ठुमरी संगीत का वह रूप है जिसमें सरहदें धुंधली हो जाती हैं!' (वही)। सूफी विचारधारा में संगीत को इस तरह अपनाना एक धार्मिक विद्रोह है। सूफी दर्शन ने जिस तरह जाति, धर्म और क्षेत्र की सरहदों को मिटा दिया, उसने संगीत में भी समावेशिकता पैदा की। संगीत के कारण कट्टरवादियों ने सूफियों का तिरस्कार किया था। हिंदू मीरा नाची थीं, 'पग घुंघरू बांध मीरा नाची रे'। उन्हें अपने समय के सत्ता-संपन्न हिंदुओं का तिरस्कार झेलना पड़ा था, 'लोग कहे मीरा भई बावरी, न्यात कहे कुल नासी रे।' भारत में कलाओं को निम्न काम माना जाता रहा है, खास कर हिंदी परिवारों में!

भक्ति और सूफी संगीत ने, खासकर ठुमरी और दादरा ने कई बहिष्कृत स्त्रियों को गायकी के क्षेत्र में ऊंचा नाम दिया। इनकी गायकी ने तन्मयता को एक नया शिखर प्रदान किया, दुनिया से मनुष्य के रिश्ते को बदल दिया और भाईचारा का ही नहीं स्वतंत्रता का भी अहसास कराया।

बंगाल के बाउल भी सूफियों जैसे रहे हैं, हिंदू और मुसलमान के दायरे से बाहर निकले हुए। इन्होंने परंपरागत धार्मिक व्यवस्था और रिवाजों को नहीं माना। इन्हें भी ब्राह्मण और मौलवी दोनों का दुत्कार सहना पड़ा। बाउल मुख्यतः अंग्रेजों द्वारा उजाड़े गए जुलाहे थे और निम्न जाति के समझे जाते थे। ये मधुकरी वृत्ति के थे। गाते थे, 'तुम क्या पढ़कर पंडित हुए हो रे!' बाउल में मुख्य नाम लालन फकीर है। रवींद्रनाथ ने बाउल (बावरा) की तारीफ की है, 'ग्रामीण बंगाल के हृदय में कैसे उच्च सभ्यता की प्रेरणाएं हैं, यह बाउलों को देखकर बोध होता है।' बाउल गाते रहे हैं, 'बाउल होयवा मुखेर कथा ने', बाउल होना मुंह की बात नहीं है! गेरुआ पहन लेने से ही कोई बाउल नहीं हो जाता। इसी तरह हिंदू होना या मुसलमान होना भी एक अंतःसाधना है, एक भक्ति है। दरअसल तिलक-छाप लगा लेने भर से कोई सच्चा हिंदू और दाढ़ी-टोपी रख लेने से कोई सच्चा मुसलमान नहीं बन जाता!

पवित्रता और उदारवाद दो भिन्न चीजें नहीं हैं

सूफी कहते थे, 'कितनी जोर से हम आवाज दें कि उसे सुनाई पड़ जाए। अजीब बात है, मछली तो पानी में है और पानी की तलाश है उसे!' सूफी मत को भक्ति आंदोलन के एक महत्वपूर्ण आयाम के रूप में देखने की जरूरत है। इसने उदार जीवन और कला-साहित्य के न जाने कितने अनोखे बिंबों की रचना में योग दिया। सूफियों की प्रेमाभिव्यक्ति विभिन्न कालों और भाषाओं में विभिन्न रूपों में सामने आई। कबीर की तरह किताबी ज्ञान की आलोचना करते हुए जायसी ने कहा था, 'पढ़े बहुत पर नेह न जाना'! प्रेम को धर्म मानने की वजह से ही पवित्रता और उदारवाद अब दो भिन्न चीजें नहीं रह गई थीं।

कहना न होगा कि प्रेम को लेकर पागलपन भारत के सांस्कृतिक अंतःकरण का एक अमर हिस्सा है। सूफियों ने अपनी खास शैली में वस्तुतः घृणा पर आधारित धर्मोन्माद का एक सांस्कृतिक विकल्प खोजा था। खासकर संतों, सूफियों, शैव और वैष्णव भक्तों ने प्रेम को किस तरह सौंदर्यशास्त्रीय उदात्तता दी, यह देखने की चीज है। उन सभी ने 'दूसरे' की धारणा से मुक्त प्रेम भावना को जो अंतर-सांस्कृतिक उत्कर्ष प्रदान किया, वह आज भी एशियाई एकता का एक बड़ा प्रेरणास्रोत है।

दिसंबर 2021

प्रेमचंद : भूलने से पहले–1

हमारा समय प्रेमचंद को भूलने के दौर में है। 1960–70 के दशक में आधुनिकतावादी उभार के समय प्रेमचंद को बैलगाड़ी के जमाने का कथाकार कहा जा रहा था। वे सामान्यतः याद नहीं किए जाते, क्योंकि लोगों की चेतना पर प्राचीन–नए दबाव बढ़ गए हैं। बहुत कौशल से अंधेरे में समा चुकी चीजों पर उजाला चढ़ाया जा रहा है और पहले जो उजाले में था, उसे अंधेरे के सुपुर्द किया जा रहा है। ऐसी विभ्रांति छाई है कि हम बहुत कुछ से विच्छिन्न होते जा रहे हैं, यहां तक कि स्पष्ट सचाइयों से भी।

प्रेमचंद यथार्थवादी कहे जाते हैं, पर वे आधुनिक कैसे नहीं हैं? उनकी आधुनिकता आज भी आश्चर्यचकित करती है। वे किसी भी रूढ़ि, अंधविश्वास और प्रचलित आधुनिक फैशन के आगे घुटने नहीं टेकते। वे स्त्री की स्वाधीनता का समर्थन करते हैं। यहां तक कि मेहता और मालती के संबंध का तर्क देते हैं, विवाह के बिना भी उनके प्रेम से साथ रहने को एक पूर्ण संस्था मानते हैं। वह आज के लिव–इन–रिलेशनशिप जैसा था।

प्रेमचंद कन्या को 'वस्तु' नहीं मानते, इसलिए विवाह में कन्यादान का विरोध करते हैं। दहेज का विरोध करते हैं। आम कृषकों के दुख–दर्द के साथ–साथ गंगी, हल्कू और घीसू–माधव जैसे वंचितों–दलितों के भी विलगाव का यथार्थ उपस्थित करते हैं। नैतिक मरजाद पर चलने वाला होरी दलित सिलिया को गर्भावस्था में अपने घर में पनाह देता है। उस समय पिछड़ा–दलित संबंध कुछ ऐसा ही सहयोगपरक रहा है। होरी अपने बेटे गोबर का दूसरी जाति में विवाह स्वीकार कर लेता है। वह मंगरू साह द्वारा श्राद्ध में पांच हजार रुपये फूंके जाने का विरोध करता है। आज के कितने लोग इतने भी आधुनिक हैं? प्रेमचंद

की आधुनिकता एक अन्वेषण ही नहीं, परिवर्तन भी है। वह मानव मूल्यों और संवेदना की रक्षा करती है तथा नए स्वप्न बोती है।

प्रेमचंद के जमाने में धार्मिक दिखावा और सामाजिक कुप्रथाओं के विरोध में एक विश्वव्यापी बौद्धिक लहर थी। बहिष्कारपरक की जगह समावेशी राष्ट्रीयता जनप्रिय हो रही थी। शिक्षित लोग साहित्य, दर्शन, विज्ञान, राजनीति, इतिहास- एक साथ बहुत से विषयों में थोड़ी या बहुत रुचि रखते थे, एकायामी न थे। खासकर वैश्वीकरण (1991) के युग में इन प्रवृत्तियों को तेज धक्का लगा। 'राष्ट्र' के स्तर पर विद्वेष और विघटन तेज हुआ। खाइयां चौड़ी होने लगीं, पुलों की चिंता नहीं की गई। आर्थिक उदारवाद सामाजिक-बौद्धिक अनुदारवाद ले आया। देश जलने लगा!

गुलामी के चिह्न धार्मिक अतीत और औपनिवेशिक आधुनिकता दोनों में हैं

भौतिक रूप से तृप्त या अतीत में लिप्त आदमी के पास स्वप्न नहीं होते। वह वर्तमान का कैदी होता है या वर्तमान और अतीत दोनों का। प्रेमचंद को भारत का स्वप्न-नायक इसलिए कहा जाना चाहिए कि उन्होंने देश के धार्मिक अतीत और औपनिवेशिक आधुनिकता दोनों में गुलामी के चिह्न देखे थे और इनसे मुक्ति की कथाएं कही थीं।

प्रेगचंद ने अपने ऐतिहासिक दौर के बारे में लिखा था, 'यह समय राष्ट्र के निर्माण का है।' उन्होंने ब्रिटिश उपनिवेशवाद के साथ जाति व्यवस्था, पुरुषसत्ता और धर्माचार्यों के पाखंडों को भी चुनौती दी थी। हालांकि उच्छेदवादी बुद्धिपरकता का परिचय न देते हुए यह भी लिखा था, 'अगर एकाएक जनता को कोई भगवान से अलग करना चाहे तो संभव नहीं है।... दुखी आशा में ईश्वर में भक्ति रखता है, सुखी भय से।' उनके कथा साहित्य में प्रेमशंकर (प्रेमाश्रम) और अमरकांत-सुखदा (कर्मभूमि) से लेकर मेहता-मालती (गोदान) तक कई मध्यवर्गीय चरित्र हैं, जो नए स्वप्न रचते हैं और राष्ट्रीय जागरण लाने की कोशिश करते हैं। सूरदास (रंगभूमि) जैसा आम आदमी लड़ाई का एक अनोखा उदाहरण है।

प्रेमचंद लिखते हैं, 'एक तरफ बेहूदा रूढ़ियां हैं, दूसरी तरफ पश्चिम की अंधाधुंध नकल है।' यही वजह है कि वे धार्मिक अतीत को चुनौती देते हुए

राष्ट्रीयता की एक भिन्न धारणा देते हैं, 'हम जिस राष्ट्रीयता का स्वप्न देखते हैं, उसमें तो जन्मजात वर्णों की गंध तक न होगी। वह हमारे श्रमिकों और किसानों का साम्राज्य होगा, जिसमें न कोई ब्राह्मण होगा, न हरिजन, न कायस्थ, न क्षत्रिय। उसमें सभी भारतवासी होंगे।' एक बड़े मन का मनुष्य ही ऐसा सोच सकता है।

प्रेमचंद की एक कहानी है 'परीक्षा'। यह एक राज्य के दीवान के पद पर नए व्यक्ति को चुनने की कथा है। सुजान सिंह नौजवानों का अनोखे तरीके से टेस्ट लेते हैं। उम्मीदवारों में मार्निंग वाक करने वाले और सिगार पीने वाले आधुनिक सज्जनों के अलावा धार्मिक प्रवृत्ति के भी कई व्यक्ति थे, 'शर्मा जी घड़ी रात से ही वेद मंत्र पढ़ने लगते थे और मौलवी साहब को नमाज और तलावट के सिवा और कोई काम नहीं था।' इस तरह औपनिवेशिक आधुनिकता और रूढ़िवादी धार्मिकता दोनों ही परीक्षा टेबल पर थी।

एक दिन सभी उम्मीदवार हॉकी खेलकर लौट रहे थे। रास्ते में एक बूढ़े किसान की अनाज से भरी गाड़ी नाले के कीचड़ में फंसी हुई थी। सभी आधुनिक सज्जन और अपने-अपने धर्म में डूबे हिंदू-मुसलमान स्वार्थ और मद में पास से गुजर गए। भारतीय समाज में शिक्षित वर्गों और साधारण लोक के बीच आज भी सामान्यतः इससे भिन्न संबंध नहीं है। कहानी आगे बढ़ती है, हॉकी के खेल में घायल होकर भी जानकीनाथ कीचड़ में उतरकर बूढ़े किसान की गाड़ी को नाले से बाहर निकाल देता है। जाहिर है, दीवान के पद पर जानकीनाथ चुना गया, क्योंकि उसमें दक्षता के साथ संवेदनशीलता भी थी।

प्रेमचंद शिक्षा और योग्यता में आगे बढ़े हुए बौद्धिक समुदाय पर टिप्पणी करते हैं, 'वह इस झूठे आडंबर और बनावट की जिंदगी का, इस व्यावसायिक और औद्योगिक प्रतियोगिता का इतना प्रेमी हो गया है कि उसकी बुद्धि में सरल जीवन का विचार आ ही नहीं सकता। उसकी निगाह मौजूदा रहन-सहन के रौशन पहलू की तरफ जमी हुई है, उसके अंधेरे पहलू को वह जानबूझकर या स्वभाववश देखना नहीं चाहता।' (वर्तमान आंदोलन के रास्ते में रुकावटें)। लक्षित किया जा सकता है कि देश में सादगीपूर्ण जीवन पसंद करनेवाले लोग कम होते गए, कृत्रिमता बढ़ती गई।

आज जो दक्ष हैं, शिक्षित हैं, क्या वे संवेदनशील हैं? प्रेमचंद ने जानकीनाथ

में एक आशा देखी और कहानी का अंत इस प्रकार किया, 'ऐसा आदमी गरीबों को कभी न सताएगा। उसका संकल्प दृढ़ है, जो उसके चित्त को स्थिर रखेगा। वह चाहे धोखा खा जाए, परंतु दया और धर्म से कभी न हटेगा।' बताने की जरूरत नहीं है कि प्रेमचंद का यहां धर्म से क्या आशय है। वे कहानी में दिखाते हैं कि समाज में धर्म और आधुनिकता दोनों ही किस तरह आडंबर बन गए हैं।

रवींद्रनाथ और प्रेमचंद

एक बार बनारसीदास चतुर्वेदी ने रवींद्रनाथ के सामने एक आयोजन में प्रेमचंद से उनकी मुलाकात कराने का प्रस्ताव रखा। रवींद्रनाथ ने मौन रहकर उत्तर दे दिया। प्रेमचंद रवींद्रनाथ के आलोचक थे, 'बुद्धि और आध्यात्मिकता की यह खींचतान वर्तमान आंदोलन के रास्ते में भयानक रुकावट होगी और जबसे उसके समर्थक रवींद्रनाथ टैगोर जैसे दूरदर्शी, गहरी नजर वाले लोग हैं तो इस रुकावट को रास्ते से हटाना आसान न होगा।' (विविध प्रसंग-2)।

प्रेमचंद और रवींद्रनाथ के बीच दूरी थी, लेकिन एक खास मामले में दोनों के विचारों में गजब की निकटता थी। दोनों लेखक विश्वविद्यालयों में दी जा रही शिक्षा के कटु आलोचक थे। रवींद्रनाथ ने समानांतर रूप से एक प्राकृतिक परिवेश में विश्वभारती की स्थापना (1921) की थी। वे कलकत्ता विश्वविद्यालय को बुराइयों की जड़ मानते थे, हालांकि वहां दीक्षांत भाषण (1937) देने चले गए थे!

प्रेमचंद ने लिखा, 'काश ये यूनिवर्सिटियां नहीं होतीं, काश आज उनकी ईंट बज जाती, तो हमारे देश में द्रोहियों की इतनी संख्या न होती। ये विद्यालय नहीं गुलाम पैदा करने के कारखाने हैं।' (वही)। प्रेमचंद के इस कथन को उच्च शिक्षा का विरोध मानना गलत है। दरअसल उन्हें लग रहा था कि इस देश की शिक्षा पर पश्चिमी सभ्यता का नकारात्मक असर ज्यादा है। इसलिए अधिक शिक्षा अधिक खुदगर्ज और अधिक भिन्नतावादी बनाती है। वे कहते हैं, 'पश्चिम ने जो हमें सबसे जहरीला पाठ पढ़ाया है, वह खुदगर्जी है। जो सज्जन नए ढंग में जितने रंगे हैं, उनमें संकीर्णता उतनी अधिक है।'

देखा जा सकता है कि आज धार्मिक भेदभाव, विद्वेष और हिंसा की रचना करनेवाले सभी लोग शिक्षित वर्गों के हैं। उनमें कोई गरीब नहीं है। दरअसल कारपोरेटता और कूपमंडूकता एक सफल युग्म है।

सुखों के बीच कितने खुश हैं लोग

आज सबको अधिक सुख चाहिए। अधिक सुख के लिए अधिक पैसा, अधिक अमीरी चाहिए। आज किसी के पास दो-चार करोड़ की संपत्ति हो तो भी वह अपने को गरीब के रूप में देखता है, क्योंकि उसके सामने दस करोड़ की हैसियत वाला आदमी खड़ा है। उसकी छोटी कार के पास दूसरे की बड़ी कार खड़ी है। भौतिक सुख के पीछे निरंतर दौड़ने वाला व्यक्ति चाहे जितना हुनरमंद हो, वह बौद्धिक रूप से दरिद्र होता है। उसकी चालाकी का विस्तार और संवेदना का क्षय स्वाभाविक है।

वर्ल्ड हैप्पीनेस रिपोर्ट तैयार करने वालों ने सुख और खुशी में फर्क किया है। 2023 की रिपोर्ट में विश्व के 146 देशों में भारत का 126वां स्थान बताया गया है, अर्थात-भौतिक सुख के जितने चमकते तारे बन रहे हों, लोग खुश नहीं हैं। लोगों को धर्म, बाजार और लोकतंत्र के नए-नए स्वप्नलोक दिखाकर कहा जा रहा है-खुश रहो, पर लोग खुश नहीं हैं। उनके दुख के टांके खुल जा रहे हैं।

वे आमतौर पर नैतिकता, राजनीति, प्रशासन, शिक्षा, स्वास्थ्य-सुविधाओं के गिरते स्तर से परेशान हैं। वे अन्याय और अशांति से घिरे हैं। उन्हें वह खुशी नहीं मिल पा रही है, जो मनुष्य की क्षमताओं के विकास के लिए जरूरी है। दरअसल शेयर बाजार के उतार-चढ़ाव की संख्या से ध्यान हटाकर कभी-कभी देश में बढ़ी विषमता और घटी खुशी के आंकड़ों को भी देख लेना चाहिए या खुद से पूछ लें कि कितना खुश हैं।

प्रेमचंद ने लक्षित किया, सुखी लोग खुश नहीं हैं। 'गोदान' के खन्ना के पास बहुत पैसा है, लेकिन न वे खुश हैं और न उनकी पत्नी गोबिंदी। रायसाहब खुश नहीं हैं। 'कर्मभूमि' में सुखदा सुखभोग को ही अपने जीवन का आदर्श मानती है। पर उसका हृदय बदलता है, 'भोग विलास पर प्राण देने वाली सुखदा आज सेवा और दया की मूर्ति बनी हुई है।' सुख के पीछे दौड़ने का अर्थ है 'स्वत्व' खोना। प्रसाद ने लिखा था, 'अधिकार का सुख बड़ा मादक होता है' (स्कंदगुप्त)। प्रेमचंद की यह बात बीते जमाने की मानी जाएगी, 'धन खोकर यदि हम अपनी आत्मा को पा सकें तो यह कोई महंगा सौदा नहीं।' सिर उठाकर जीने के लिए कुछ अभावों को चुना जा सकता है!

स्थिति यह है कि पैसे, सुख और सत्ता की दौड़ में शामिल लोग स्वकेंद्रित हो जा रहे हैं। वे अपने से बाहर किसी चीज को, यहां तक कि प्रेमचंद को भी कैसे याद रखें!

सौंदर्य का अर्थ कैसे लौटे

आज सौंदर्यबोध अमानवीय दिशाओं में जा रहा है। एक मोटा उदाहरण है, 2011-22 के 12 सालों में 16 लाख भारतीय लोग अपनी नागरिकता छोड़ कर विदेश की चमचमाती दुनियाओं में चले गए। उन्हें भारत पसंद नहीं आया। इनमें सवा दो लाख लोगों ने अकेले 2021 में देश को त्यागा है। ऐसे व्यक्ति अवसर, सुख और सुविधाओं के लिए विदेशों में जाकर बस रहे हैं। लाखों परिवार हैं, जिन्हें इस बात पर गर्व है कि उनके बच्चे विदेशों में हैं। क्या यह सच नहीं है कि इस समय जो जितना अमीर या क्षमतावान है, उसमें उतना कम देशप्रेम है?

'रंगभूमि' में उद्योगीकरण के लिए सूरदास की जमीन छीन ली जाती है। अंग्रेजी सत्ता जॉनसेवक के साथ है। इस उपन्यास में विस्थापन का दर्द पहली बार व्यक्त हुआ है। प्रेमचंद ने सूरदास के झोपड़े का चित्र दिखाने के साथ-साथ जमींदार कुंवर भरत सिंह के भवन का वर्णन किया है। वहां बाग-बगीचों के अलावा हैं- 'दीवारों पर मनोहर पच्चीकारी, कमरों में दीवारों पर बड़े-बड़े आदमकद आईने... जापान, चीन, यूनान और ईरान की कला निपुणता के उत्तम नमूने, सोने के गमले, लखनऊ की बोलती हुई मूर्तियां, इटली के बने हुए हाथीदांत के पलंग...।' इस चित्र को मुंबई में बने 27 मंजिले एंटीलिया तक लाया जाए तो छवि कुछ ऐसी है-चार लाख वर्गफुट का निवास स्थान, 160 गाड़ियां रखने का गैरेज, तीन मंजिलों का हैलीपैड, 600 नौकर-चाकर आदि!

एक समाचार है, दिल्ली के एक सरकारी आवास के सिर्फ नवीकरण पर लगभग चालीस करोड़ रुपये खर्च हुए हैं- नए पर्दे, टाइल्स, फर्नीचर और भव्य साज-सज्जा पर। आखिर यह कैसा सौंदर्यबोध पनप रहा है, जो 'कृत्रिम जीवन-निम्न विचार' ला रहा है? बाहर की कृत्रिमताएं हमेशा अंदर के खोखलेपन का प्रतिबिंब होती हैं।

आज भवनों, स्मारकों, मंदिर-मस्जिदों, सड़कों की रोशनी, गृह सज्जा,

मॉल आदि जगहों पर सुंदरीकरण की धूम है। सब सुंदर से सुंदर हो। यहां तक कि जब होटलों में खाने की सजी डिश आती है, कइयों के मुंह से निकलता है, 'वाउ, कितना सुंदर'! देखोगे या खाओगे? आजकल सौंदर्य ज्यादातर आतंक पैदा करने के लिए होता है। वह सोचने से रोकता है और बौद्धिक निद्रा का औजार बन जाता है। कई बार ऐसे सौंदर्य से कुरुचि और विचारों की दरिद्रता झांकती है। भरपूर देखना नहीं होता।

आज हर जगह सब विराट, ऊँचा और किसी बड़े आश्चर्य की तरह चाहिए, सिर्फ विचारों की दुनिया को छोड़कर, क्योंकि यहां संकीर्णता ही सुंदर है! प्रेमचंद ने लिखा, 'हमें सुंदरता की कसौटी बदलनी होगी।' उन्होंने 'पंच परमेश्वर' के न्याय, 'ईदगाह' के चिमटे, और 'रंगभूमि' में सूरदास की अविचलित दृढ़ता में सौंदर्य देखा। 'गोदान' में वे ब्राह्मण मातादीन के दलित सीलिया से जन्मे अपने बच्चे से प्रेम में सौंदर्य रचते हैं। बदल चुका मातादीन साहस के साथ अपने दोनों हाथों में बच्चे का शव लेकर जाता है। प्रेमचंद ने धनिया के गुस्से में और मेहता की सुख की चीजों का इस्तेमाल करते समय होने वाली मध्यवर्गीय आत्मग्लानि में सौंदर्य देखा। इस तरह के सौंदर्य में एक अलग आनंद है। प्रेमचंद के हिंदुस्तान में एक उदात्त सौंदर्यबोध विकसित हो रहा था, जिसमें 'स्माल इज ब्यूटीफुल' की चेतना थी।

21वीं सदी का कृत्रिम सौंदर्यशास्त्र सुंदरता, सृजनात्मकता और जीवन के बारे में धारणाओं को तेजी से बदल रहा है। कृत्रिम सौंदर्यशास्त्र विचारों पर गहरा असर डाल रहा है। आम आदमी बड़ी-बड़ी चीजें देख रहा है, पर उसकी सोच में मानवता का खुला आकाश नहीं है। उसमें स्पेस का अभाव है, जिससे भावनाओं के सौंदर्य में ह्रास आया है।

क्या हम सौंदर्य को पहचानने की शक्ति खोते जा रहे हैं? साहित्य से दूर हो जाने पर सौंदर्यबोध सीमित हो जाता है। इसलिए कहने की इच्छा होती है, सौंदर्य का हमारा अर्थ लौटा दो!

अतीतवाद के पहाड़ हिले थे

राष्ट्रीय आंदोलन के दिनों में स्त्रियों ने आवाज उठानी शुरू कर दी तो अतीतवाद के पहाड़ हिले, नदियां मुस्कराईं और इतिहास ने उनके लिए

दरवाजा खोल दिया। प्रेमचंद को यह सब अच्छा लग रहा था, 'जायदाद और शिक्षा की कोई कैद उन्हें पसंद नहीं और राष्ट्रीय एकता का जितने जोर से स्त्रियों ने हर अवसर पर समर्थन किया है, उसपर बहुमत से हिंदू और मुसलमान पुरुषों को लज्जित होना पड़ेगा। जिन महानुभावों को हमारी देवियों की विचारशीलता पर संदेह था, उन्हें अपने विचारों में तरतीम करनी पड़ेगी।' आमतौर पर स्त्रियां जितनी धार्मिक रही हैं, उतनी ही वे अ-सांप्रदायिक भी रही हैं। भले आज की स्थिति कुछ भिन्न हो। फिर भी कोई दंगा स्त्रियों से पूछकर नहीं हुआ!

उल्लेखनीय है कि उस जमाने के दलितों और स्त्रियों के सामने अपने-अपने सामुदायिक मुद्दों के साथ 'राष्ट्र' के मुद्दे भी महत्वपूर्ण थे। वे बड़े पैमाने पर मिलकर उपनिवेशवाद-विरोधी स्वाधीनता आंदोलन में शामिल थे। इसका बड़ा दृश्य 'कर्मभूमि' में है।

एक बार जब नागपुर में दलितों के लिए अलग छात्रावास बनाया गया, प्रेमचंद ने टिप्पणी की, 'इससे तो अछूतपन मिटेगा नहीं और दृढ़ होगा। उन्हें तो साधारण छात्रावास में बिना विचार के स्थान मिलना चाहिए।'(1932)। प्रेमचंद के कथा साहित्य में स्त्री और दलित पहली बार विस्तार से बोलते हैं और उनकी आवाज में एक व्यापक अपील है।

'गोदान' का एक दृश्य याद आ रहा है। खन्ना की मिल में श्रमिकों का वेतन आधा कर दिया जाता है। गोबर सहित सभी श्रमिक हड़ताल करते हैं, लेकिन मिल के बाहर ऐसे बेरोजगारों की भीड़ खड़ी हो जाती है जो पहले से आधी मजदूरी पर काम करने के लिए तैयार हैं। दोनों श्रमिक समूहों के बीच हिंसक संघर्ष शुरू हो जाता है। गोबर सहित कई लोग घायल हो जाते हैं। आज वैश्वीकरण के युग में फिर श्रमिकों की वैसी ही दुर्दशा है। वे आवाजहीन हैं।

राष्ट्रीय आंदोलन में ऐसा बहुत कुछ था, जो दिखावा था। प्रेमचंद ने इसपर टिप्पणी की, 'अभी जो कुछ हो रहा है, उसमें दिखाने का भाव ही प्रधान है और दिलों की सफाई अभी बहुत दूर की बात है।' सबसे महत्वपूर्ण बात है, मन में जमी हजारों साल की मैल छुड़ाना। हम जिस आईने में अपना चेहरा देखते हैं, उसे साफ करते रहना जरूरी है। गौर करने की चीज है कि प्रेमचंद के दलित पात्रों की आंखों में घृणा की जगह जुझारू मनुष्यता की ज्योति है। वे प्रति-

घृणा में समस्या का समाधान नहीं पाते और प्रति-घृणा से समाधान आज भी नहीं हो पा रहा है, क्योंकि एक अति-बड़ी धार्मिक घृणा बाकी घृणाओं पर भारी हो गई है।

क्या नागरिक समाज में ऊंचे आदर्शों की वापसी संभव है

प्रेमचंद ने यह सवाल उठाया था, 'सभी दल अपनी-अपनी रक्षा करेंगे, राष्ट्र की रक्षा कौन करेगा?' आज धर्म, जाति, प्रांतीयता की बढ़ी दीवारों के कारण सिविल सोसाइटी के विघटन की बात कही जाती है। 'गोदान' की नगर कथा में नागरिक समाज के संगठित होने का एक महत्वपूर्ण वृत्तांत है। इसमें रायसाहब और खन्ना के अलावा मेहता, मालती, खुर्शीद, ओंकारनाथ, तंखा जैसे बुद्धिजीवी हैं। रायसाहब के घर एक पार्टी में मालती अपने समय के नागरिक समाज का परिचय देती है, 'हममें से कोई ब्राह्मण नहीं है, कोई शूद्र नहीं है, कोई हिंदू नहीं है, कोई मुसलमान नहीं है, कोई ऊँच नहीं है, कोई नीच नहीं है।... जो लोग भेदभाव में विश्वास रखते हैं, जो लोग पृथकता और कट्टरता के उपासक हैं, उनके लिए हमारी सभा में स्थान नहीं है।' रायसाहब के महल की यह सभा रासरंग में डूबे नागरिक समाज की है, जिसमें सभी लोगों के अपने निजी हित हैं और स्वतंत्र इच्छाएं हैं और सभी देशप्रेमी भी हैं! क्या ऐसे देशप्रेमी राष्ट्र की रक्षा कर सके?

प्रेमचंद ने नागरिक समाज की विडंबनाओं को उभारते हुए भी बताया है कि इसमें सबकुछ नकारात्मक और बुरा नहीं है। मध्यवर्ग के लोगों में 'बुरे' से 'अच्छा' बनने की शक्ति है, उनमें आत्मसंघर्ष की प्रवृत्ति है। कई अपने को बदलते हैं। मालती तितली से मधुमक्खी हो गई, वह धनिया के गांव गई। प्रेमचंद ने निम्नवर्ग के चरित्रों के संदर्भ में 'ट्रैजडी' और मध्यवर्ग के चरित्रों के मामले में 'हृदय परिवर्तन' की शैली चुनी है।

'गोदान' में सामाजिक सुधार में लगे बुद्धिजीवियों पर व्यंग्य करने से प्रेमचंद नहीं चूकते, 'मुझे उन लोगों से जरा भी हमदर्दी नहीं है जो बातें तो करते हैं कम्युनिस्टों की सी, मगर जीवन जीते हैं रईसों-सा, उतना ही विलासमय, उतना ही स्वार्थ-भरा हुआ।' देखा जाना चाहिए कि आखिर लगभग सौ सालों की यात्रा (1925-2024) के बाद 21वीं सदी में प्रगतिशील-मानवतावादी लोग

किन सरणियों से कहां पहुंचे और दूसरी तरफ, अंध-राष्ट्रवादी उन्हीं सौ सालों में किन सरणियों से कहां पहुंचे! देखा जाए तो वर्तमान विपर्यय लोकतंत्र-प्रेमियों के चरित्र के दोहरेपन के कारण घटित हुआ। नियति से मुठभेड़ बिखर गई। प्रेमचंद को अपने समय में इसकी आशंका थी।

फिर भी मध्यवर्ग में ऐसे लोग अभी भी हैं जो व्यवस्था को एक्सपोज करते हैं। दरअसल मध्यवर्ग के बुनियादी अस्तित्व में 'सहकारिता' और 'आपसी द्वंद्व' दोनों तत्व हैं। हम पाते हैं कि नागरिक समाज के आज भी काफी लोग अपने धर्म, जातिवाद और प्रांतीयता से ऊपर उठे हुए हैं। वे आघात पाकर सामान्य मुद्दों पर इकट्ठे होते हैं, भले निजी हितों को सुरक्षित रखते हुए। उनके बीच कभी हँसमुख तनाव होता है, कभी मार्मिक लगाव!

प्रेमचंद ने चर्चिल से असहमति व्यक्त की

चर्चिल ने कहा, 'भारत की जनता कोई परिवर्तन नहीं चाहती।' प्रेमचंद ने इसका विरोध करते हुए लिखा(1932), 'चर्चिल शायद भूल जाते हैं कि यह बीसवीं सदी है और संसार जिस तरफ जा रहा है, उधर ही भारत का जाना अवश्यंभावी है।' वे सामंती व्यवस्था के संदर्भ में आशा कर रहे थे, '(अंग्रेज) सरकार उसकी कितनी ही हिमायत करे, मगर जनतंत्र के तूफान से उसे बचा नहीं सकती।'

कितने आश्चर्य की बात है कि जिस यूरोप के कारखाने में 'राष्ट्र' की धारणा बनी थी, वही भारत को 'राष्ट्र' बनने देना नहीं चाहता था, जबकि भारत बहुविभाजित रहते हुए भी स्वाधीनता संग्राम के भीतर से अपने उदीयमान 'राष्ट्र' में एक बड़ी मानवता की रचना कर रहा था। इसपर सोचने की जरूरत है कि 21वीं सदी में भारत के उन बढ़ते कदमों को अतीत और पश्चिम के संकीर्ण विचारों ने फिर कैसे जकड़ लिया और पूरी दुनिया फिर एक नई मानवता की ओर कैसे बढ़ेगी।

प्रेमचंद के पीछे कोई सत्ता नहीं है

प्रेमचंद की एक बड़ी चीज आज के समय में खो गई है, जो उनके पात्रों के मन में गूंजती रहती थी- 'क्या बिगाड़ के डर से ईमान की बात नहीं कहोगे?'

आज कोई आदमी जरा भी नुकसान उठा कर सच्ची बात कहने या त्याग के लिए तैयार नहीं है। इसलिए वह कई मुद्दों पर चुप रहता है और अपनी चुप्पी को रणनीति बताता है।

आज जीवन में चुनी हुई चुप्पियों के अलावा नई-नई उपभोक्ता चीजों का आकर्षण है। अब उत्तेजना पैदा किए बिना कुछ भी अधूरा है। मानवीय संबंध अल्पकालिक हो गए हैं। आत्मकेंद्रिक नगर जीवन में प्रत्यक्ष मिलकर बात करने वाले, बहस करने वाले, अड्डा मारने वाले लोगों का अभाव है। अब विकल्प के तौर पर ह्वाट्सऐप, फेसबुक, इंस्टाग्राम जैसे ऐप हैं। जिधर देखो, चटकदार या हिंसक भाषा है, जो किसी के प्रति जवाबदेह नहीं है। कैसे पहुंची हमारी भाषा इस मोड़ पर? मानवता, लोकतंत्र, राष्ट्रीयता, समाजवाद, विकास, सामाजिक न्याय, विमर्श, धर्म और जनसेवा कैसे बन गए अपराधियों के छिपने की जगहें और ये चीजें क्यों रिक्त होकर चिह्नों में बदल गईं? इस देश, दुनिया और समाज की मूल्यवान चीजों का चिह्नों में बदलना एक बौद्धिक रिक्तता की देन है। बौद्धिक रिक्तता लोकतंत्र में घुन का काम करती है।

क्या प्रेमचंद भी चिह्न में बदले हैं? ऐसा नहीं हुआ है, क्योंकि हर चिह्न के पीछे सत्ता होती है- बाजार सत्ता या राज्य सत्ता। सत्ताओं के पास ही चिह्न निर्मित करने की ताकत है, क्योंकि उन्हें छिपने की जगहें चाहिए। प्रेमचंद के पीछ कोई सत्ता नहीं खड़ी है, क्योंकि यह एक असुविधाजनक जगह है। इसलिए आज लोग याद करना नहीं चाहते उनके सूरदास, धनिया, जानकीनाथ, मंगल, हामिद, जाहिद जैसे चरित्रों को, उनके दो बैलों को, उनकी आवाज की साहसिक ईमानदारी को, उनके सादे विद्रोही जीवन को!

इस युग में स्मृतियों, अनुभवों और भविष्य कल्पना की जरूरत सामान्यतः खत्म हो चुकी है, क्योंकि टेक्नोलॉजी तेजी से बदल रही है। चीजें जल्दी पुरानी और गैर-जरूरी हो जा रही हैं। इसलिए सकारात्मक स्मृतियां काम नहीं आ रही हैं, नकारात्मक स्मृतियों का उपयोग भले हो रहा हो। हमेशा एक अनिश्चितता है। सबकुछ बदलते तकनीकी संसाधनों और तात्कालिक जरूरतों पर निर्भर होता जा रहा है। हर दस दिन पर सत्ताएं बताती हैं कि क्या याद करना है और क्या नहीं। इस तरह लोगों की खुद याद रखने और भविष्य कल्पना की

क्षमताओं का धीरे-धीरे ह्रास होता जा रहा है, जबकि सिर्फ अ-मानव के लिए ही स्मृतियां और भविष्य कल्पना अर्थहीन हैं।

जाग मच्छिंदर गोरख आया

गोरखनाथ के गुरु मत्स्येंद्रनाथ बौद्ध और हिंदू परंपराओं के बीच पुल की तरह देखे जाते हैं। उनसे जुड़ी एक कथा है। वे एक बार कदलीवन में फंस गए, जो सिर्फ स्त्रियों का स्थान था। यहां वे अकेले पुरुष थे, बाकी सभी स्त्रियां थीं। कदलीवन में भौतिक राग-रंग और भोग की प्रधानता थी। मत्स्येंद्रनाथ आत्मज्ञान भूल गए, सब भूल गए और देह-सुख में लिप्त हो गए। एक दिन जब उनके शिष्य गोरखनाथ ने कदलीवन के बाहर चक्कर लगाते हुए जोर-जोर से आवाज देनी शुरू की-'जाग मच्छिंदर, गोरख आया', तब जाकर वे जगे। उनकी स्मृति लौटी और सोचा- कहां भटक गए!

प्रेमचंद को भूलने से पहले यह कथा याद कर लेनी चाहिए। भौतिक बल से दबाई गई सकारात्मक मानवीय स्मृतियां पलटवार करती हैं। वे भविष्य कल्पना के लिए फिर से आदर्श जमीन रचती हैं।

साहित्य हर युग में स्मृतियों और यथार्थ की रोशनी में भविष्य कल्पना का खेल ही तो है!

जुलाई 2023

प्रेमचंद : भूलने से पहले–2

यदि कोई देश अपने साहित्यकारों को भूलता जाता है तो वह निश्चय ही आत्मघात के पथ पर है। प्रेमचंद को लेकर हिंदी के आम शिक्षित नागरिकों, यहां तक कि लेखकों के अंदर भी अब कोई उत्सुकता नहीं है। विभिन्न विमर्शों ने उन्हें पहले ही साहित्यिक पिछवाड़े में डाल रखा है। उनसे 'धर्मात्मा' दूर रहते हैं और आधुनिक सज्जन उन्हें पसंद नहीं करते। आखिरकार वैश्वीकरण के जमाने में उनका क्या काम! उनकी सार्ध–शताब्दी 2030 में है, अतः उत्सव–प्रेमी अभी से क्यों चिंतित हों। 31 जुलाई को भले कहीं–कहीं रस्म अदायगी हो जाए, पर यह दुर्भाग्यजनक है कि प्रेमचंद आमतौर पर आजकल विस्मृति के मुहाने पर हैं।

प्रेमचंद अपनी आंखों के सामने भारतीय राष्ट्र को बनते देख रहे थे। वे इस महान घटना के साक्षी थे। इसके अलावा, उनका संपूर्ण साहित्य राष्ट्र और हाशिया (किसान, स्त्री, दलित) के बीच एक असमाप्त संवाद है। उन्हें अच्छी तरह मालूम था कि एक स्वतंत्र माहौल में होनेवाले राष्ट्र निर्माण की तुलना में औपनिवेशिक माहौल में राष्ट्र निर्माण कितनी बाधाओं से भरा और पेचीदा होता है। यह कितना ट्रेजडी–भरा होता है, इसके कुछ चित्र उनके 'रंगभूमि', 'कर्मभूमि', 'गोदान' उपन्यास और उनकी कई कहानियों में हैं। आज पूरी दुनिया युद्ध और हिंसा की घटनाओं से घिरी है। हम देख सकते हैं कि अपने समय के ऐसे मामलों में भी प्रेमचंद कम बेचैन नहीं थे। वे सिर्फ भारत नहीं, पूरे विश्व की संहारक घटनाओं पर चिंतित थे और विश्व शांति के एक बड़े प्रवक्ता थे।

अंध–राष्ट्रीयता और युद्ध

तानाशाही भिन्न मत की चीजें बर्दाश्त नहीं करती। हिटलर के शासन में महान

कवि गेटे के साहित्य का अपमान हो रहा था। यह देखकर प्रेमचंद ने चिंता व्यक्त की, 'गेटे जर्मनी का ही अमर कवि नहीं, संसार के युग-प्रवर्तक कवियों में है। अभी तक जर्मनी ने उसे जन्म देने का गर्व किया है, पर अब नात्सी नीति में गेटे इसलिए सम्मान के योग्य नहीं रहा कि उसके विचार अंतरराष्ट्रीय थे और अब जर्मनी की संकुचित जातीयता में ऐसे महान स्रष्टाओं के लिए भी स्थान नहीं। जो जर्मनी अपनी संस्कृति और अपने ऊँचे दार्शनिक आदर्शों के लिए विख्यात था, उसका आज यह पतन।' (नवंबर 1935, विविध प्रसंग)। संकुचित राष्ट्रीयता देश की उच्च साहित्यिक-सांस्कृतिक विरासत और महापुरुषों का तिरस्कार करती है। यह उन्हें हिजैक नहीं कर पाती, तो उसकी कोशिश ऐसी सारी चीजों को लोक स्मृति से मिटा देने की होती है जो उसकी विचारधारा के अनुकूल नहीं होतीं। क्योंकि इसके बिना संकुचित राष्ट्रीयता न विद्वेष का प्रचार कर पाएगी और न एकछत्रता संभव है।

प्रेमचंद दुनिया में फासिज्म के उदय को पहचान रहे थे। इसलिए वे बार-बार इस तरह की बातें कहते हैं, 'संसार का कल्याण तभी हो सकता है जब संकुचित राष्ट्रीयता का भाव छोड़कर व्यापक अंतरराष्ट्रीय भाव से विचार हो।' (भावी महासमर, 1933, वही)। लेकिन विश्व के शासक आधुनिक भौतिक प्रगति के बावजूद संसार के कल्याण की जगह सामान्यतः अपने अंध प्रभुत्व के लिए चिंतित रहे हैं। प्रेमचंद कहते हैं, 'हरेक राज्य...अपनी रक्षा कर दूसरे का संहार करना चाहता है। पराये का व्यापार चौपट किए बिना अपना व्यापार कैसे पनपेगा?... इसलिए अस्त्रों-शस्त्रों का संचय हो रहा है। महायुद्ध कहां से शुरू होगा, यह कोई नहीं कह सकता। इसका कारण प्रत्येक देश का अपने पड़ोसी के प्रति इतना घोर अविश्वास है कि किसी के अविश्वास अथवा विरोध की तुलना नहीं की जा सकती।... किसका विरोध किस समय कितना तीव्र हो जाएगा, यह नहीं कहा जा सकता, पर यह निर्विवाद है कि योरोप या एशिया जहां कहीं भी समर की आग फूटेगी, वह इतनी भयंकर होगी कि अपनी लपटों में सबको समेट लेगी।' (वही)। प्रेमचंद यह सब द्वितीय युद्ध (1939-45) के 6 साल पहले लिख रहे थे।

प्रेमचंद युद्ध-विरोधी लेखक थे। वे चिंतित थे, 'प्रत्येक राष्ट्र की प्रजा घोर दारिद्र्य तथा हाहाकार की लहरों में, भविष्य की बिना कल्पना किए और लक्ष्य

का बिना विचार किए, बहती चली जा रही है।... लड़ाई की भीषण तैयारी हो रही है।' (वही)। प्रेमचंद भारत के स्वाधीनता संग्राम से प्रतिबद्ध थे, पर उनके मन में एक बड़ी चिंता विश्वशांति और मानव-भविष्य को लेकर थी।

व्यापारिक प्रभुत्व के लिए युद्ध

कुछ समय से यूक्रेन-रूस युद्ध चल रहा है। इसपर कई बुद्धिजीवी कुछ बोलना नहीं चाहते, क्योंकि स्थिति जटिल है। वे नाटो और रूस में किसका पक्ष लें? इसमें संदेह नहीं है कि इस युद्ध का असर इन दो देशों तक सीमित न होकर पूरी दुनिया पर पड़ रहा है। इसका व्यापार, विश्व शांति और आम लोगों के रोजमर्रा के जीवन पर असर है। देखा गया है कि कुत्सित व्यापारिक होड़ अंततः युद्ध के दरवाजे पर खड़ा कर देती है। प्रेमचंद कहते हैं, 'व्यवसाय और व्यापार के युग में राष्ट्रों में लड़ाइयों का मुख्य कारण आर्थिक हुआ करता है। हरेक राष्ट्र चाहता है कि वह अधिक से अधिक नफे में रहे। इसलिए वह तरह-तरह से अन्य देशों के माल को अपने देश में आने से रोकता है। इसका नतीजा यह होता है कि आपस में वैमनस्य बढ़ता है और एक दिन बारूद में आग लग जाती है।' (1933, वही)।

वैश्वीकरण के जमाने में शक्तिशाली देशों की मुख्य चिंता है कि उनके माल की खपत कैसे बढ़े, क्योंकि इसपर उनकी वैश्विक प्रभाव-वृद्धि और देश के लोगों का असीमित सुख निर्भर करता है। प्रेमचंद ने लिखा है, 'उन्हें तो धन चाहिए, धन के लिए- माल की खपत के लिए निर्बल देशों का होना लाजिम है।' दरअसल वैश्वीकरण कई वजहों से एक सच्चा मुक्त बाजार बनाने में असफल रहा है, जैसा कि उसका दावा था। सरहदों पर तनाव या युद्ध मुक्त बाजार व्यवस्था की एक भारी विफलता है। निश्चय ही यह एक विडंबना है कि उदारीकरण के जमाने में सामाजिक उदारता में व्यापक ह्रास आया है और अंध-राष्ट्रवाद बढ़ा है।

21वीं सदी में, आर्थिक मंदी के इस खास दौर में हथियारों की होड़ में कमी नहीं है। पिछली सदी में युद्ध की दौड़ को शांति की दौड़ में बदलने तथा निःशस्त्रीकरण पर चर्चा होती थी। अब चर्चा भी नहीं होती। प्रेमचंद ने निःशस्त्रीकरण के लिए बैठकों को 'ड्रामा' कहते हुए एक मार्के की बात कही

थी, 'शस्त्र व्यापारी लड़ाइयों को उत्तेजित करते हैं। कितनी ही लड़ाइयां तो इन्हीं शस्त्र-व्यापारियों द्वारा खड़ी की जाती हैं।' (1933, वही)।

कोविड-19 के समय हथियारों के व्यापार में कमी नहीं आई। विश्व शांति अनुसंधान केंद्र सिप्री की एक रिपोर्ट के अनुसार 2020 में हथियारों का अविश्वसनीय 531 बिलियन डालर का विश्व व्यापार हुआ। इसमें आधी से ज्यादा, 54% बिक्री अमेरिकी कंपनियों द्वारा हुई। अमेरिका की अर्थव्यवस्था गेहूँ नहीं युद्ध उपकरणों के व्यापार पर निर्भर है। स्पष्ट है कि इन चीजों का व्यापार तभी चलेगा, जब सरहदों पर तनाव हो।

प्रेमचंद अपने समय में देख सके थे, 'तेल ही इस समय दुनिया में हुकूमत कर रहा है।... यदि आज महासमर हो जाए तो जो राष्ट्र तेल के स्रोतों पर अधिकार रख सकेगा, वही विजयी होगा।' (ईरान का तेल, 1932, वही)। रूस के पास तेल और गैस का बड़ा भंडार है। इसे वह हथियारों की तरह ही एक ताकत के रूप में देखता है। लक्षित किया जा सकता है कि पश्चिम एशिया तेल की वजह से लंबे समय तक युद्धक्षेत्र रहा है। प्रेमचंद की सोच उनके दौर के कई दूसरे बड़े लेखकों की तुलना में गहरी थी।

प्रेमचंद हिटलर को पहचान गए थे

दुनिया में हिटलर के प्रशंसक आज तक हैं। कई लोग नंगे रूप से उसकी सराहना नहीं करते, पर उसके गुणों को अपना चुके होते हैं। प्रेमचंद ने नाजी सत्ता का परिचय पहले ही स्पष्ट कर दिया था, जब हिटलर के सोवियत रूस से अच्छे संबंध थे और विश्व युद्ध के दो सालों 1939-41 के दौरान तो ये दोनों गठबंधन में थे। प्रेमचंद लिखते हैं, 'जर्मनी में नाजी दल की विजय (1933) के बाद यह प्रश्न उठता है कि क्या वास्तव में जर्मनी फासिस्ट हो जाएगा...? यदि एकबार नाजी शासन को जमकर काम करने का मौका मिला तो वह जर्मनी के प्रजातंत्रीय जीवन को, उसकी प्रजातंत्रीय कामनाओं को अपनी सेना और शक्ति के बल पर इस तरह चूस लेगा कि फिर 25 वर्षों तक जर्मनी में नाजी दल का कोई विरोधी न रह जाएगा।... यह कहां का न्याय था कि विरोधियों को पिटवा कर, मुसोलिनी की तरह विरोधी पक्षों को बंद कराकर चुनाव कराया जाए और अपनी विजय को राष्ट्र मत की विजय कहा जावे। हिटलर मुसोलिनी

की नकल कर रहा है।' मुसोलिनी हिटलर से 10 साल पहले (1922) सत्ता में आ चुका था।

प्रेमचंद बार-बार यह बात कहते हैं- 'यह डिक्टेटरों का युग है'। चिंताजनक यह है कि बड़ी संख्या में भारत के आमलोग आज भी मानते हैं कि भारत पर डिक्टेटर ही अच्छा शासन कर सकते हैं!

दूसरे विश्व युद्ध में हिटलर पराजित हुआ था। उसने अपनी जान ले ली थी, लेकिन वह मरा नहीं था। उसने दुनिया में रक्तबीज की तरह बार-बार नया जन्म लिया और वह जन्म लेता रहेगा। वह हमारे देश पर पश्चिम के प्रभाव का एक हिस्सा बन गया है। प्रेमचंद ने भारत पर पश्चिम के अच्छे पहलुओं की तुलना में बुरी चीजों के ज्यादा पड़े प्रभाव पर टिप्पणी की है, 'योरोप से यदि हमने अगर कुछ सीखा तो वही सीखा जो उसकी संस्कृति का सबसे निकृष्ट पहलू था।... (इस समय) संघर्ष अपना नंगा नृत्य कर रहा है। शक्तिवान और शक्तिवान, धनवान और धनवान होना चाहता है और वह निर्बलों को कुचलता हुआ आगे बढ़ेगा। वह पड़ोसी के बराबर नहीं रह सकता, उससे आगे बढ़कर रहेगा, उसे उखाड़ फेंकेगा। उसे अधिकार चाहिए... अधिकार के आगे ही सिर झुकाना जानता है, सच्चाई का बल उसके सामने कोई महत्व नहीं रखता। इसे वह दुर्बलता समझता है। उसके सामने केवल पशुबल का महत्व है...।' उपभोक्ता संस्कृति के वर्तमान दौर में 'भोगपशु' का बल है। यह हिंसक बनाता है।

आज आदमी-आदमी के बीच विश्वास का संकट है और विद्वेष बढ़ा है। प्रेमचंद जर्मनी में हिटलर द्वारा यहूदियों पर हुए अत्याचार का चित्र खींचते हुए भारतीय संदर्भ में जो कहते हैं वह महत्वपूर्ण है, 'यहूदियों की दुकानें लूटी जा रही हैं... यहूदी विद्वानों और पदाधिकारियों का अपमान किया जा रहा है।...प्रोफेसर आइंस्टीन जैसे विद्वानों को केवल यहूदी होने के कारण देश से बहिष्कृत कर दिया गया और उनकी संपत्ति छीन ली गई।... इसके मुकाबले भारत को देखिए। यहां हिंदू, मुसलमान, ईसाई, पारसी सब सदियों से (साथ) रहते चले आते हैं। इधर कुछ दिनों से हिंदू-मुसलमान के एक दल में वैमनस्य हो गया है, पर इसके लिए भी वही लोग जिम्मेदार हैं जिन्होंने पश्चिम से प्रकाश पाया है। परोक्ष रूप से यहां भी पश्चिमी सभ्यता अपना करिश्मा दिखा रही है।...

यहां बलवान होने का अर्थ है निर्बलों को, आरक्षितों को पीसकर पी जाना।' आज समाज में निर्बल पर सबल के अत्याचार खुलकर बढ़े हुए हैं।

हमें प्रेम से अधिक क्या चाहिए!

प्रेमचंद की यह चिंता सार्वकालिक है, 'जो अपनी उन्नति चाहता है, वह दूसरे के संहार के बल पर। जो बढ़ना चाहता है, वह दूसरे को गिरा कर।' (अशांति, 1933, वही)। विश्व में अशांति के नजारे युद्ध तक सीमित नहीं हैं, 'विश्व में इस समय चारों ओर घोर अशांति का वातावरण फैला हुआ है। जिधर देखिए, जिसे देखिए, वह उद्विग्न है, पीड़ित है, दुखी है। वैभव और सुख के मद में डूबता-इतराता धनी भी जब अपने सुख से अघा जाता है तो ... एक अजीब हवा उसके भीतर पैठकर उसे जला डालती है और वह कराहता है- न जाने उसे क्या चाहिए!...उसकी सबकुछ पाने की इच्छा 'अहंकार' और 'अभिमान' का रूप धारण कर लेती है। उसमें 'मेरा' और 'मैं' का गर्व पैदा हो जाता है।' लगता है, प्रेमचंद यह सब आज के बारे में लिख रहे हैं।

उन्होंने गांधी के रूप में एक समाधान की ओर इशारा किया था, 'एक कन्फ्यूसियस पैदा हो गया है और वह यरवदा जेल के भीतर बैठा हुआ है। वह कह रहा है- आपस में प्रेम करो, बस प्रेम करो। सबसे।... और कुछ कर भी तो नहीं सकते, प्रेम करने में क्या हानि है?' प्रेम करना युद्ध के विरुद्ध युद्ध है!

प्रेमचंद पश्चिम में दो पश्चिम देखते थे- उत्कृष्ट और निकृष्ट। उन्होंने कहा था-'मैं इंग्लैंड का शत्रु नहीं हूँ।... भारत को इंग्लैंड से कोई दुश्मनी नहीं है। वह तो केवल इतना ही चाहता है कि भारत की ऐसी अवस्था न रहे कि जो भारत संतान हैं..., जो पसीना बहाकर और अपना रक्त जलाकर धन कमाते हैं, वे दाने और वस्त्र के मुहताज हों और पशुओं की भांति जिएं।' प्रेमचंद को भारत के लोगों से गहरा प्रेम था, यही उनका देशप्रेम था।

हम प्रेमचंद के उपन्यासों में स्थानीय स्तर पर अकसर एक विश्वछवि भी देखते हैं। 'रंगभूमि' में उद्योग के लिए जबरदस्ती जमीन लेने की समस्या औपन्यासिक केंद्र में है। गांव वाले सूरदास से सवाल करते हैं, 'क्यों सूरे कोई विपत आने वाली है क्या?' उस जमाने में यह साधारण सवाल न था। पश्चिम का अंध-राष्ट्रवाद भारत जैसे औपनिवेशिक देशों में उदार राष्ट्रीय भावना को

प्रभावित करने लगा था। इसी का नतीजा है कि एक-दूसरे को शंका और अविश्वास से देखा जाना शुरू हो गया था। आपस में स्पर्धा और लड़ाइयां बढ़ने लगी थीं। पश्चिम की इस आक्रामक सभ्यता के जवाब में ही प्रेमचंद ने 'रंगभूमि' में सूरदास को सत्य और प्रेम का प्रतीक बनाया था। उन्होंने इस चरित्र के जरिए 'राष्ट्र' की समावेशी और अहिंसात्मक भारतीय धारणा उपस्थित की थी।

'रंगभूमि' के सूरदास के पास आंखों की दृष्टि न हो, पर दूरदृष्टि थी। उसने जिस आने वाली विपदा की चर्चा की थी, वह जान सेवक के सिगरेट कारखाने तक सीमित न थी, 'ऐसे बुरे दिन आ रहे हैं जब तुम्हें सेवा और टहल करके पेट पालना पड़ेगा। जब तुम अपने नौकर नहीं पराये नौकर हो जाओगे, तब तुममें नीति-धरम का निशान भी न रहेगा।' क्या नहीं लगता कि आज का नव-उदारीकरण आम लोगों के लिए ऐसी ही गुलामी और मूल्यहीनता का परिदृश्य लेकर आया है? बहुराष्ट्रीय कंपनियों की श्रम संस्कृति में हर आदमी एक खाता-पीता गुलाम है!

प्रेमचंद ने एक लेख लिखा था- 'राष्ट्रीयता और अंतरराष्ट्रीयता'। वे अंध-राष्ट्रीयता के विरोधी थे, राष्ट्रीयता के नहीं। राष्ट्रीयता दो तरह की होती है- बहिष्कारपरक और समावेशी। पश्चिमी देश बहिष्कारपरक राष्ट्रीयता का प्रचार कर रहे थे, जबकि प्रेमचंद 'धार्मिक पाखंड, वर्ण-व्यवस्था और ऊंच-नीच के भेद' से मुक्त समावेशी राष्ट्रीयता की आवाज बुलंद कर रहे थे।

सिर्फ छायावादी कवि ही विश्वमानवतावादी न थे, प्रेमचंद भी थे। इन्होंने राष्ट्रीय जागरण की जरूरत बताते हुए लिखा है, 'इसमें संदेह नहीं कि अंतरराष्ट्रीयता मानव संस्कृति और जीवन का बहुत ऊंचा आदर्श है और आदि से संसार के विचारकों ने इसी आदर्श का प्रतिपादन किया है। 'वसुधैव कुटुंबकम्' इसी आदर्श का परिचायक है। वेदांत ने एकात्मवाद का प्रचार ही तो किया।' प्रेमचंद जिस अंतरराष्ट्रीयता की बात करते थे, वह आज के वैश्वीकरण से भिन्न थी। उनके युग की अंतरराष्ट्रीयता के केंद्र में 'मानवता से प्रेम' था, जबकि आज के वैश्वीकरण के केंद्र में 'मुनाफा' है। प्रेमचंद को लगता था कि पश्चिमी शिक्षा खुदगर्जी के जो पाठ पढ़ा रही है, उनमें एक रूप अंध-राष्ट्रीयता का है।

राष्ट्र की रक्षा कौन करेगा

प्रेमचंद को 20वीं सदी के चौथे दशक में मनुष्य और मनुष्य के बीच बढ़ती जा रही भिन्नता परेशान कर रही थी। वे आम नागरिकों के भीतर जन्म ले रही पशु बल की आकांक्षा लक्षित कर रहे थे। वे इससे विचलित थे। मनुष्य में पशुबल की आकांक्षा धर्म, जाति और प्रांतीयता के आधार पर उसी तर्ज पर पैदा की जा रही थी, जिस तरह इटली में मुसोलिनी और जर्मनी में हिटलर पैदा कर रहे थे। प्रेमचंद की आंखों के सामने हिंदुस्तान के लोगों के बीच उन दोनों का वायरस फैल रहा था।

यही वजह है कि राष्ट्रीयता के दृष्टिकोण में प्रदूषण फैलने लगा था। 19वीं सदी से बड़े होते जा रहे भारतीय चित्त का फिर सिकुड़ना शुरू हो गया था। यह एक बड़ी चुनौती थी। पश्चिम के रहन-सहन, रीति-रिवाज, खान-पान की नकल 19वीं सदी से चल रही थी। कई राष्ट्रीय नेता इन चीजों के असर में थे। प्रेमचंद ने 'अपने से नीचे दरजे के आदमियों से पृथक रहने की आदत' का जिक्र किया है। लेकिन धार्मिक और जातीय बहुलता वाले देश भारत में राष्ट्रीयता के संकुचित दृष्टिकोण का प्रचार एक दूरगामी घटना थी। राष्ट्रीयता का संकुचित दृष्टिकोण वस्तुतः एक पश्चिमी अवधारणा है और खासकर मुसोलिनी-हिटलर की विचारधारा की देन है।

हिंदी संयुक्त प्रांत के गवर्नर मालकम हेली ने 1933 में एक भाषण दिया था, जिसका शीर्षक था-'भारत 1983 में'! उन्होंने 50 साल बाद के भारत की कल्पना करते हुए कहा था, 'जहां तक भारत की वर्तमान मनोवृत्ति का हमें परिचय है, यह कहना युक्तिसंगत है कि वह (1983 में) अपने लिए कोई ऐसी व्यवस्था नहीं बना पाएगा जो स्पष्ट रूप से बहुमत के प्रति जवाबदेह हो।' प्रेमचंद ने उपर्युक्त भाषण का शीर्षक देकर हेली का उपर्युक्त कथन उद्धृत करते हुए टिप्पणी की, 'सर मालकम हेली के विचार में भारत की परंपरा और उसकी संस्कृति प्रतिनिधि शासन के अनुकूल नहीं है। यह कथन हमें चिंता में डाल देता है।... उनका सारा जीवन भारत की राष्ट्रीय आकांक्षाओं का दमन करते गुजरा है।' मालकम हेली ही नहीं, चर्चिल ने भी भारत के बारे में 1946 में कहा था, 'भारत काठ के अलग-अलग टुकड़ों का बंडल है।' उन्होंने भारतीय राजनेताओं को बदमाश और लुटेरा कहा था।

क्या 21वीं सदी की घटनाओं को देखते हुए कहा जा सकता है कि अंग्रेज राजनेताओं की भविष्यवाणियां सही थीं?

कई बार लगता है कि भारत में प्रातिनिधिक जनतंत्र की विफलता ही धर्म, जाति और स्थानीयता पर आधारित सांस्कृतिक प्रतिनिधित्व की अवधारणा की जनक है। सांस्कृतिक प्रतिनिधित्व निर्धारित करने के लिए सजातीयता और सदृश्यता को राजनीतिक आधार बनाया जाता है। धर्म, जाति और स्थानीयता मुख्य कसौटी बन जाते हैं। इन्हीं आधारों पर 'फूट डालो और राज करो' की धारणा बनती है। समुदाय-आधारित सांस्कृतिक प्रतिनिधित्व हमेशा 'हम-वे' के वैमनस्य और तानाशाही से जुड़ा होता है। भारत के राजनेताओं में आज भी निरंकुशता की आकांक्षा बनी हुई है। कई आज भी मानते हैं कि भारत में थोड़ी-बहुत तानाशाही जरूरी है।

कहना न होगा कि अंग्रेजी उपनिवेशवाद प्रातिनिधिक जनतंत्र की संभावनाओं को मिटाने के लिए पहले ही काफी जहर बो चुका था। उसका भारी असर अब स्पष्ट दिख रहा है। इसलिए भारतीय पुनर्निर्माण आज एक बड़ी चुनौती है। प्रेमचंद चिंतित होकर सवाल करते हैं, 'सभी दल अपनी-अपनी रक्षा करेंगे, राष्ट्र की रक्षा कौन करेगा?' उनका 'सभी दल' से आशय, विभिन्न धार्मिक दलों और जाति-आधारित दलों से था- समाज में पड़ रही दरारों से था।

प्रेमचंद के जमाने में एक व्यापक राष्ट्रीय प्रतिरोध खड़ा होना शुरू हो चुका था- वह अखंडित मानवता की भूमि पर उदित हो रहा था। साम्राज्यवाद-विरोधी जन चेतना के उस दौर में संकुचित राष्ट्रवादियों का आंदोलन आंधी में पतंग उड़ाने के समान था।

प्रांतीयता के मुद्दे पर

प्रेमचंद ने प्रांतीयता के मुद्दे पर भी टिप्पणी की है, 'इधर कुछ दिनों से फिर प्रांतीयता का भाव जोर पकड़ने लगा है।... प्रांतीयता की मनोवृत्ति राष्ट्रीय मनोवृत्ति की विरोधिनी है। वह हमारे मन में संकीर्णता का भाव उत्पन्न करती है और हमें किसी प्रश्न पर सामूहिक दृष्टि डालने के अयोग्य बना देती है। इतिहास कह रहा है कि इसी संकीर्ण मनोवृत्ति ने भारत को पराधीन बनाया।' (नए-नए सूबों की सनक, 1932, वही) भारत में इन दिनों अंध-प्रादेशिकता में भी उभार

आया है। दूसरे प्रदेश के लोगों को 'बाहरी' समझा जा रहा है। 'दूसरे' की भावना का विस्तार न जाने कहां-कहां तक है। यह सब भारत-भाव में आई बड़ी गिरावट का नतीजा है। हम अब एक ऐसे देश में हैं, जब लोग पशु-पक्षियों की तरह अपने-अपने झुंड में रहना चाहते हैं!

प्रेमचंद जिस भारतीय राष्ट्र को बनते हुए देख रहे थे, वह आज भी पूरा बना नहीं है। उनकी आंखों में ऐसे 'राष्ट्र' का स्वप्न था जिसमें 'पहचानें' होंगी, पर भेदभाव और पृथकतावाद नहीं होगा। अंतरराष्ट्रीयता, वैश्वीकरण और आधुनिकीकरण होगा, पर लोकतंत्र भी होगा। धर्म होंगे, धार्मिक पाखंड न होंगे। प्रेमचंद को लगता था कि दुनिया के सभी राष्ट्रों और जातीयताओं में ऐसे विचारवान लोग हैं, 'जिन्हें वर्तमान संस्कृति से तबाही के चिह्न दिख रहे हैं। वे एक स्वर से परिष्कार की और जरूरत पड़े तो शांतिमय क्रांति की जरूरत समझ रहे हैं।' (विविध प्रसंग)। आज के युग में भी ऐसे विचारवान लोग हैं जिन्होंने लोकतंत्र, सामाजिक न्याय और स्वतंत्रता के मूल्यों को नहीं छोड़ा है। आज भी इन मूल्यों की जरूरत महसूस होना प्रेमचंद का बचा होना है।

जुलाई 2022

भाषा पर संकट

पश्चिम में बाबेल के मीनार की एक कथा है। उसका संबंध भाषाओं की उत्पत्ति से है। कभी सबकी एक भाषा थी, सभी एक भाषा बोलते थे। लोगों ने सोचा, वे एक शहर बनाएं और स्वर्ग तक ऊंचा मीनार, ताकि मनुष्यों की कीर्ति फैले। उन्होंने ईंटें पकाईं और शहर बनाया। एक ऊँचा मीनार बनाना भी शुरू किया। वे सभी ऐक्यबद्ध मानवजाति थे। मीनार स्वर्ग की तरफ बढ़ रहा है, यह देखकर देवता घबराए। उन्होंने तय किया कि लोगों में भ्रांतियां फैला कर उन्हें एक-दूसरे से दूर कर दिया जाए। फलस्वरूप न सिर्फ मीनार अधूरा रह गया, बल्कि भाषा की भिन्नता की वजह से अब लोग एक-दूसरे की बात समझ नहीं पा रहे थे। इस तरह मानवजाति की एकता का स्वप्न अधूरा रह गया!

बेबीलोन से संबंधित उपर्युक्त कथा में एक संकेत यह है कि मनुष्य के सपने भले तोड़े गए हों, पर उसने तरह-तरह से वैश्विक प्रेम और मानव उत्कर्ष के स्वप्न देखे थे। भाषा मनुष्य और मनुष्य के बीच संबंध, संवाद और उच्च साझा निर्माण के लिए है। लेकिन देवताओं ने मनुष्यजाति की तरह भाषा भी विभाजित कर दी! नई-नई भाषाएं बनीं।

वैश्वीकरण के बाद बढ़ता अंग्रेजी वर्चस्व और तकनीकी क्रांतियां भाषाओं की भिन्नता भले कम करती जा रही हों, पर ये भाषा के भीतर भिन्नता बढ़ा रही हैं ताकि बहुलतापरक समाज में न्यूनतम संबंध, संवाद और साझापन बचे। यही वजह है कि अंग्रेजी छोड़कर दुनिया की सभी भाषाएं एक न एक तरह से संकट में हैं। कई भाषाएं विलुप्त होने के कगार पर हैं। कई के भीतर भिन्नतावाद चरम पर है। दोहरा संकट है। यह सवाल भी महत्वपूर्ण है कि देवताओं ने बाबेल के जिस मीनार को बनने से रोक दिया था, क्या मुक्त बाजार उस अधूरे मीनार को पूरा कर देगा? क्या अब दुनिया में एक भाषा हो जाएगी-अंग्रेजी? इससे जुड़ा

तुरंत एक दूसरा सवाल है, इस डिजिटल मीनार का रुख स्वर्ग की तरफ है या नरक की तरफ?

संकटग्रस्त भाषाएं

यूनेस्को में संकटग्रस्त भाषाएं चर्चा का विषय बनी थीं। इसने 1999 में अंतरराष्ट्रीय मातृभाषा दिवस की घोषणा की थी। इस खतरे की तरफ इशारा किया गया था कि अब कम बोली जानेवाली सैकड़ों भाषाओं के खामोश हो जाने का समय आ रहा है। इससे सांस्कृतिक विरासत का एक बड़ा हिस्सा विलुप्त हो जाएगा। यह घोषणा उस समय की गई थी, जब वैश्वीकरण के बाद अंग्रेजी और तकनीकी क्रांति का महत्व ज्यादा बढ़ गया और संकटग्रस्त भाषाओं का मिट या सिमट जाना अधिक सुनिश्चित लगने लगा। मुख्य बात है, बाजार ऐसी स्थानीय भाषाओं से विमुख है। फिलहाल मुक्तिदाता बाजार है और संहारकर्ता भी वही है!

भारत में मातृभाषाएं संविधान की आठवीं सूची में दर्ज 22 राष्ट्रीय भाषाओं से अधिक हैं। 2011 के जन-सर्वेक्षण के अनुसार प्रमुख मातृभाषाओं की कुल संख्या 271 है। इनमें से कई भाषाओं का अपना साहित्यिक संसार है, लोक संस्कृति है और सभी का संरक्षण किया जाना चाहिए। लेकिन कई मातृभाषाओं में अब स्कूल नहीं हैं, अखबार नहीं हैं और ज्ञान की नई पुस्तकों का रचा जाना बंद है। इन भाषाओं को नई पीढ़ियां छोड़ती जा रही हैं। इसपर विचार किया जाना चाहिए कि ऐसी भाषाएं यदि आधुनिक सामाजिक विकास की प्रक्रिया में किसी राष्ट्रीय भाषा द्वारा आत्मसात कर ली गई हैं- समझा-बुझाकर या प्रचंड इतिहास-प्रवाह में तो उन्हें अलग से बचाकर कितनी दूर तक चलाया जा सकेगा? यह सवाल भी महत्वपूर्ण है कि भारत की 22 राष्ट्रीय भाषाओं पर उपस्थित खतरों को कैसे समझा जाए?

लोग अपनी भाषा में निस्सहाय हैं

भाषा की क्षमता को उद्घाटित करते हुए कहा गया है कि मनुष्य के सारे विचार भाषा की उपज हैं। इसका अर्थ है, मनुष्य भाषा का इस्तेमाल नहीं करता, बल्कि भाषा ही मनुष्य का इस्तेमाल करती है। मनुष्य भाषा का औजार है- इसके चिह्नों, नारों, अपशब्दों और छवियों का कैदी। वह भाषा से नहीं

खेलता, भाषा उससे खेलती है। आज देखा जा सकता है कि लोग अपनी भाषा में ज्यादा बड़ी घेरेबंदी में हैं और यह घेराबंदी मजेदार है। कई मनुष्य हैं जो ऐसी भाषा में अपने को निस्सहाय महसूस करते हैं। वे इसके चिह्नों, नारों, अपशब्दों और छवियों से तनाव का अनुभव करते हैं। संभव है, हमारी भाषा हमें कभी-कभी असहायता के बीच छोड़ देती हो।

आज हम शिक्षण संस्थान, बाजार, मीडिया और राजनीति ही नहीं, व्यक्तिगत संबंधों की दुनिया में भी देखते हैं कि हमारी जो भाषा हो- हिंदी, बांग्ला, पंजाबी, गुजराती, मराठी, तमिल या अंग्रेजी-वह काफी बदल गई है। ऐसा नहीं है कि ये बदलाव सामाजिक जरूरत के तहत हैं। इनपर उपभोक्ता वस्तुओं, सेवाओं और परंपराओं की नई व्याख्या का दबाव है। समाज में विषमता और खाइयां बढ़ी हैं। उसे अराजक झुंडों में विभाजित किया जा रहा है। उच्च सांस्कृतिक आदर्शों का पतन हुआ है। मनुष्य की वैयक्तिकता खतरे में पड़ चुकी है। भाषा पर भी बाजार, राजनीति और मीडिया का कब्जा है। हर राष्ट्रीय भाषा वस्तुतः हाईजैक की जा चुकी है। इसके नतीजे इकहरे अनुभव, अज्ञानता के विस्तार और संवेदनहीनता के रूप में देखे जा सकते हैं।

भाषा अब सामाजिक निर्माण की जगह राजनीतिक-प्रौद्योगिक उत्पादन है। मुख्य बात है, लोगों के बीच संवाद कठिन होता जा रहा है, भले संचार क्रांति आ चुकी हो। यदि एक तरफ तकनीकी प्रगति ने भाषा में नई खिड़कियां खोली हैं तो दूसरी तरफ एक समुदाय, एक भाषा और एक राष्ट्र का बंद नजरिया भी बनते देखा जा सकता है।

भाषा का व्यावसायिक और राजनीतिक प्रबंधन पहले से बढ़ा है। वह कृत्रिम होने के साथ अतार्किक और 'इमोशनल' है। इस तरह भाषा 'नियंत्रण' का औजार बन जाती है। यह भाषा का अप्रत्यक्ष शोषण है, जो कुशल व्यवहारकर्ताओं द्वारा सभ्यता के आवरण में होता है। ऐसी भाषा मायावी होती है। उसकी विनम्रता में हिंसा छिपी होती है। स्मार्टनेस आंखों में धूल झोंकना होता है। वक्ता तरीके से लोगों को अपनी कुशल भाषा द्वारा प्रभावित करता है। वह शब्द के अर्थ या अवधारणा को उद्देश्य के अनुसार बदल देता है। जो बोला जाता है वह होता नहीं, जो होता है वह बोला नहीं जाता। फिर भी वक्ता के लच्छेदार झूठ को लोग सच मान लेते हैं, भले उनके हितों पर आघात हो रहा हो। इस

तरह भाषा स्पष्टवादिता या पारदर्शी नदी की जगह दुनिया की गंदगियों के छिपने की जगह बन जाती है।

19वीं सदी के आसपास जब हम कृषि-आधारित समाज से औद्योगिक समाज की ओर बढ़ रहे थे, हर भाषा में, निश्चय ही हिंदी में भी एक स्वतंत्र सामाजिक ऊर्जा थी, दूसरी भाषाओं से जीवित संवाद था और उदारवाद की प्रधानता थी। भाषा को गढ़ने की क्षमता मनुष्य के हाथ में थी। उत्तर-प्रौद्योगिक संसार में समाज के बोध में सिकुड़न आई। संस्कृति में काट-छांट शुरू हो गई। संस्कृति अब पहले की तरह सर्वोत्तम ज्ञान, उच्च विचारों, कलाओं, आदर्शों और परिष्कृत विश्वासों का संसार नहीं है। अब विकृति ही संस्कृति है। इसी के अनुरूप भाषा में भी सामुदायिक आत्मसंकुचन आया है। उसका अति-राजनीतिकरण और बाजारीकरण हुआ है। दरअसल भाषा पर खतरों को एक बड़े परिप्रेक्ष्य में देखने की जरूरत है।

भाषा का 'डिसइन्फार्मेशन' के लिए इस्तेमाल हो रहा है

हम देख सकते हैं कि इन दिनों भाषा के ऐतिहासिक विकास के बारे में, भाषा परिवार के बारे में और एक भाषा की अर्थ-परंपरा से दूसरी भाषा की अर्थ-परंपरा के संबंध के बारे में नहीं सोचा जाता। इसके विपरीत, 'मतरुकात' अर्थात भाषिक शुद्धिकरण का अभियान है- दूसरी भाषाओं के शब्दों को ढूंढ-ढूंढकर बाहर निकालो! मानसिक रूप से रुग्ण व्यक्ति के असामान्य व्यवहार की तरह ही बीमार राष्ट्र के ऐसे असामान्य भाषिक व्यवहारों का अध्ययन किया जाना चाहिए। इसके साथ वर्तमान समय के नशीले चिह्नों-छवियों का भी अध्ययन जरूरी है।

भाषा को कुछ इस तरह सामाजिक संप्रेषण का माध्यम माना जाता है, जैसे उसकी जाति, समुदाय या समाज के संदर्भ के बिना कोई भूमिका न हो। खासकर जनजातियों के अध्ययन में उनकी भाषाओं से समाज और संस्कृति को कसकर जोड़ना विद्वानों का प्रिय मामला रहा है। प्रसिद्ध भाषावैज्ञानिक नोऑम चाम्स्की ने इसे भ्रांत धारणा मानते हुए कहा है, 'भाषा का इस्तेमाल मनुष्य बिना किसी सामाजिक संदर्भ के भी अपने विचारों की अभिव्यक्ति के लिए करता है।' भाषा कभी भी गणित की तरह जोड़-घटाकर नहीं बनती। वह स्पष्ट माध्यम होने के साथ एक रहस्यमय शक्ति है। विडंबना यह है कि भाषा को सीमित

जातीय पहचान और कभी-कभी धार्मिक पहचान के तौर पर देखा जाता है। भाषा में इन सबका अतिक्रमण करने की जो राष्ट्रीय और सार्वभौम रचनात्मक शक्ति है, उसकी इस समय अवहेलना की जा रही है। कहना होगा, एक जिंदा भाषा जातीय पहचान का बोध कराते हुए भी इसके बोझ से कभी अपनी आत्मा को दबने नहीं देती।

भाषा के वैकल्पिक उपयोग, शब्द के नए-नए उपयोग होते हैं। कई शब्दों के मार दिए गए उच्चतर अर्थ फिर जी उठते हैं। शब्द दीवार बनाने के लिए हो सकते हैं तो पुल बनाने के लिए भी होते हैं। भाषा से छला जा सकता है और भाषा दुख का शरणस्थल भी है। भाषा का एकायामी उपयोग और सिर्फ स्वार्थपूर्ति या जवाबदेही से बचने के लिए उपयोग उसकी भीतर से हत्या है।

इस युग में भाषा का इस्तेमाल ऐसी सूचनाओं के रूप में ज्यादा हो रहा है जो वस्तुतः सूचनाओं को रोकती हैं। उसका 'डिसइन्फार्मेशन' के लिए इस्तेमाल हो रहा है। उसका अज्ञानता फैलाने के लिए इस्तेमाल हो रहा है। भाषा का मीडिया, बाजार और तकनीकी क्षमता के बल पर व्यापक राजनीतिक आत्मसातीकरण हुआ है। इन वजहों से उसकी संकटग्रस्त दशा को समझने के लिए यूनेस्को की एक बंधे ढांचे में बनी पुरानी कसौटी को बदलने की जरूरत महसूस हो सकती है।

राष्ट्रीय आंतरिकता का भाव

21वीं सदी में भाषाओं के समक्ष उपस्थित संकट को लेकर जो चिंता है, वह समुद्र में डूबते टायटेनिक जहाज को चुपचाप देखने की तरह है। आधुनिक शिक्षा और तकनीकी विकास के वर्तमान युग में कोई मनुष्य ज्यादा समय तक अपनी छोटी भाषा का कैदी बनकर नहीं रह सकता। वह अपनी सांस्कृतिक विरासत को लेकर उस भाषा की ओर बढ़ता है, जो उसके भौतिक विकास में सहायक है।

भारत की भाषाई विविधता देखकर कुछ यूरोपीय विद्वानों ने इस देश को भाषाओं का अजायबघर कहा था। समझने की जरूरत है कि इस देश में भाषाई विविधता की तरह सांस्कृतिक और राष्ट्रीय आंतरिकता भी एक महत्वपूर्ण चीज है। यदि एक ही राष्ट्रीय भाषा क्षेत्र की दूसरी बोलियों, उपभाषाओं-भाषाओं

के लोग नजदीक लगते हैं तो राष्ट्रीय आंतरिकता की वजह से लगते हैं। अपनी भाषा से राष्ट्रीय आंतरिकता का अनुभव होता है तो दूसरी भाषाओं के प्रति भी आदर भाव पैदा होता है। इन दिनों अपनी भाषा से प्रेम बच नहीं पा रहा है, वह अभिव्यक्ति का माध्यम भर है।

'राष्ट्रीय आंतरिकता' एक ऐसा तत्व है जो मनुष्य की पहचान को पुरानी लघु सीमा से एक बृहत्तर दायरे में पहुंचाता है। उल्लेखनीय है कि राष्ट्रीय आंतरिकता उपनिवेशवाद ही नहीं, संरक्षणवादी तत्वों के भी निशाने पर रही है। धर्म और जातिवाद के अलावा, भाषा के मामले में भी विखंडनपरक संरक्षणवाद दिखता है। यह मन को कछुआधर्मी बनाता है। निश्चय ही लोक कला, लोक संस्कृति और लोक साहित्य की प्रयोगशील संरक्षणशीलता विखंडनपरक संरक्षणवाद से एक भिन्न मामला है।

विशाल हिंदी क्षेत्र में कुल दस राज्य हैं। 2011 के जन सर्वेक्षण के अनुसार हिंदी का इस्तेमाल करनेवालों की संख्या लगभग 53 करोड़ थी। इतनी बड़ी आबादी में हिंदी के मानक खड़ीबोली रूप के अलावा! बोलचाल और व्यवहार के अनेक रूप हैं। हिंदी के भीतर बोलियों, भाषाओं और मातृभाषाओं की संख्या अवधी से लेकर सुरजपुरी तक 49 है। इनकी लोक संस्कृतियां, अद्भुत नाद सौंदर्य वाले शब्द और उच्च सामाजिक संस्कारों को बचाने की जरूरत है। इसके अलावा, यह भी देखना होगा कि इन भाषाओं और बोलियों के लोग जब स्थानीयता से बाहर निकलते हैं, तब उनका पहला संपर्क खड़ी बोली हिंदी से होता है।

हिंदी एक भाषा है या अनेक हिंदियां हैं? यदि कई हिंदियां हों भी तो देखने की जरूरत है कि इनके बीच राष्ट्रीय आंतरिकता का अनुभव संभव हो पा रहा है या नहीं, सांस्कृतिक अंतरावलंबन बना हुआ है या नहीं। दरअसल खड़ीबोली हिंदी काफी संघर्ष करके एक समावेशी राष्ट्रीय भाषा के रूप में उभरी है, यह कुछ अधिक जिम्मेदारियों के साथ सामने आई है। इसकी राह में अभी कम रुकावटें और समस्याएं नहीं हैं। निःसंदेह ये रुकावटें विखंडनपरक संरक्षणवाद, 'हिंदी-हिंदू-हिंदुस्तान' (प्रताप नारायण मिश्र) तथा कई अन्य रूपों में है, लेकिन इससे हिंदी का अस्तित्व संदिग्ध नहीं हो जाता।

औपनिवेशिक बौद्धिकता के बावजूद

हिंदी को कई भाषाओं के रूप में देखनेवाले बुद्धिजीवियों का एक वर्ग है जो ग्रियर्सन के औपनिवेशिक भाषा सर्वेक्षण (1898-1927) का अनुगामी रहा है। ग्रियर्सन का एक भाषावैज्ञानिक आविष्कार 'बिहारी भाषा' है। इस दृष्टिकोण का प्रतिवाद महावीर प्रसाद द्विवेदी ने 'सरस्वती' में 1917 में किया था। ग्रियर्सन के औपनिवेशिक तोड़फोड़ से भिन्न मत रामचंद्र शुक्ल और रामविलास शर्मा का रहा है। उन्होंने खड़ीबोली हिंदी को हिंदी क्षेत्र की भाषाओं-उपभाषाओं-बोलियों के राष्ट्रीय विकास की रोशनी में देखा था। इस धारा के बुद्धिजीवी भारत की अन्य राष्ट्रीय भाषाओं के विकास की लाइन पर ही हिंदी के विकास को देखते हैं।

हिंदी कोई भाषा ही नहीं है, हिंदी सांप्रदायिक भाषा है, हिंदी हिंदी क्षेत्र की राष्ट्रीय अखंडता की भाषा नहीं है, हिंदी कई भाषाओं का गुच्छा है जो बिखर जाएगा- इस तरह की एलीटवर्गीय बौद्धिक चर्चा उपनिवेशवाद के शिकार बुद्धिजीवियों द्वारा होती रही है। दूसरी तरफ हिंदी-उन्माद से भरे लोग हिंदी को धर्म से जोड़ते रहे हैं। गनीमत है, जनता भाषावैज्ञानिक नहीं होती, वह दीवारें नहीं बनाती!

हिंदी में विविध स्थानीय आवाजों और चेहरों का आना हिंदी की विविधता है जो उसकी जातीय शक्ति है। इससे हिंदी अनेक भाषाएं नहीं हो जाती। कहना होगा कि हिंदी क्षेत्र की देशज बौद्धिकता अपनी स्थानीय ठसक के साथ नए सिरे से सामने आ रही है। उसकी छवियां उपन्यास, कहानियों और अन्य साहित्यिक विधाओं में भी दिखती हैं। यह हिंदी का लोकतांत्रिक रूप है, जिसका स्वागत किया जाना चाहिए। निश्चय ही हिंदी को महज एक कॉस्मोपोलिटन भाषा समझना भूल है, जिस तरह इसे सिर्फ हिंदुओं की भाषा समझना भूल है।

हिंदी ऐसी भाषा नहीं है जिसमें अंध-राष्ट्रवाद कभी फल-फूल पाया हो। फिर भी गिलक्राइस्ट और गार्सा-द-तासी की औपनिवेशिक परंपरा में उच्छेदवादी औपनिवेशिक बौद्धिकता से प्रभावित कई बुद्धिजीवी हिंदी को खलनायिका साबित करते रहे हैं। वे हिंदी की उत्पत्ति को अंध-राष्ट्रवाद या सांप्रदायिकता से जोड़ते हैं। इसलिए भाषाओं पर उपस्थित संकट को जब एक बड़े परिप्रेक्ष्य में देखने की बात कही जा रही है तो चुनौती सिर्फ विखंडनपरक संरक्षणवाद की

तरफ से ही नहीं है, अंग्रेजी-प्रेमी औपनिवेशिक बौद्धिकता की तरफ से भी है।

जानेमाने भाषावैज्ञानिक देवी प्रसन्न पटनायक ने एक जगह लिखा है, 'भारतीय समाज रिश्तों पर आधारित समाज है। यह पश्चिमी सभ्यता के दोहरे और अनुबंध-आधारित समाज से अलग है। भारतीय समाज विस्तारित परिवार, विस्तारित समाज तथा भाषा-संस्कृति को दर्शाता है।' इसका सामान्य बोध न संरक्षणवादियों को है और न उच्छेदवादियों को। आम आदमी जरूर उपर्युक्त विस्तारित परिवार, समाज और संस्कृति के बारे में अपेक्षाकृत ज्यादा सोचता है।

हिंदी 'वसुधैव कुटुंबकम' की भाषा है। महोपनिषद की यह उक्ति भारतीय संसद के प्रवेशद्वार पर है- 'अयं निजः परो वेत्ति गणना लघुचेतसाम्/उदारचरितानां तु वसुधैव कुटुंबकम।' विडंबना यह है कि सांसदों के आचरण में ही यह सबसे ज्यादा अनुपस्थित है! आम लोगों के मन में भी यह घुस रहा है- 'यह मेरा है और वह मेरा नहीं है'। यह संकीर्ण भावना जातीय या धार्मिक रूप से मनोरुग्ण राजनीतिज्ञों द्वारा पैदा की गई है।

दरअसल भारत की राष्ट्रीय भाषाओं की रस्साकशी में अंग्रेजी की बल्ले-बल्ले है, जिस तरह एक कथा में लड़ती बिल्लियों की रोटी बंदर खा गया। इसे कहते हैं 'बंदर-न्याय'!

भाषा इस तरह भी क्षीण और विलुप्त होती है

भारतीय भाषाएं, भले उनके स्रोत भिन्न हों, आज वस्तुतः एक महाजातीय परिवार है। इस भावना को जगाना जरूरी है। हम अंग्रेजी के प्रति भले लगातार उत्सुक रहते हों, आमतौर पर नहीं जानते कि पड़ोस की भाषा में कहाँ उदासी है, कौन-सी तकलीफ है और उसमें क्या लिखा जा रहा है। अपनी भाषा के भीतर ही अपने को सुरक्षित महसूस करना वस्तुतः अपनी संस्कृति को दुर्बल करना है।

यह भी चिंताजनक है कि हमारी भाषा में उन शब्दों का व्यवहार कम हो गया है जिनका संबंध प्रेम के रिश्तों से है और उन शब्दों का व्यवहार बढ़ गया है जिनका संबंध घृणा और हिंसा से है। गालियों और अपभाषा का प्रयोग भी बढ़ा है। धर्म, लोकतंत्र, न्याय जैसे कई महान शब्द अब महज उच्चारण हैं। दरअसल

2019 में कुपोषण की वजह से जिस तरह बच्चे पहले से अधिक दुर्बल हुए हैं (राष्ट्रीय परिवार स्वास्थ्य सर्वेक्षण के अनुसार), देश की भाषाएं भी इन वर्षों में स्वस्थ सांस्कृतिक पोषण के अभाव में अधिक दुर्बल हुई हैं- सतही हुई हैं। रोज व्यवहार में आनेवाला शब्द भंडार पहले से कम हो गया है। जीवन पहले की अपेक्षा थोड़े शब्दों और स्वकेंद्रित सोच में सीमित है।

खतरे की एक और घंटी है। इधर डिजिटल संसार ने 'ओरल' को लौटाया है, 'स्पीच टु टेक्स्ट'। लोग नए संसार में धीरे-धीरे लिखना भूल जाएंगे, शब्दों की स्पेलिंग भूल जाएंगे और इसके साथ कुछ मानवीय गुण। कहने का आशय है, भाषा इस तरह भी क्षीण और विलुप्त होती है!

भारत के हर हिंदीतर राज्य के लोगों में अपनी राष्ट्रीय भाषा से प्रेम है। उनमें अपनी भाषा के साहित्य से लगाव है और महान साहित्यकारों के प्रति आदर भाव है। हिंदीभाषी लोगों में हिंदी से वैसा प्रेम नहीं है और न हिंदी की साहित्यिक परंपराओं और महान साहित्यकारों के प्रति उत्सुकता है। दरअसल हिंदी एक गाय है, जिसका कुछ चालाक व्यक्तियों ने थनवाला पिछला हिस्सा चुन लिया है-दूहते रहो! जबकि अनगिनत साधनारत लोगों को मुंहवाला अगला हिस्सा मिला हुआ है- खिलाते रहो!

हिंदी को लेकर जिन्हें खूब गर्व है और जिन्हें बहुत शर्म है, दोनों तरह के लोगों में एक चीज समान है कि वे हिंदी की साहित्यिक परंपराओं से विच्छिन्न हैं। दोनों ही साहित्य से वस्तुतः दूर हैं। निःसंदेह भारत की अन्य राष्ट्रीय भाषाओं के लोगों की तुलना में हिंदीवालों में जातीय स्वाभिमान तथा साहित्यिक परंपराओं से सरोकार की कमी की कई वजहें हैं।

हिंदी समाज में बौद्धिक दरिद्रता की आठ वजहें

हिंदी समाज में सबसे अधिक बौद्धिक दरिद्रता ज़्यादा पढ़े-लिखे लोगों में है। आमतौर पर उसकी दुनिया डिग्री, नौकरी और गृहस्थी के त्रिभुज में सीमित है। हिंदी क्षेत्रों में सामान्यतः बौद्धिक दरिद्रता की यही नहीं कई वजहें हैं।

पहली वजह, बांग्ला नवजागरण की तरह हिंदी नवजागरण व्यापकता से घटित नहीं हुआ। इस क्षेत्र में लंबे समय तक आधुनिक शिक्षा से व्यापक संपर्क नहीं था। आज भी व्यापक अशिक्षा है। दूसरी वजह, ब्रिटिश साम्राज्यवाद की

लूट-मार हिंदी क्षेत्र में ज्यादा होने की वजह से यहां भय, भेदभाव और कूपमंडूकता ज्यादा है। गांधी के बाद सांस्कृतिक सुधार का काम रुक गया। तीसरी वजह, उद्योगीकरण के मामले में हिंदी क्षेत्र आज भी काफी पीछे हैं। आर्थिक पिछड़ापन ज्यादा है। फिर भी टॉप पर है नौजवानों को लुभाने के लिए नोयडा में फिल्म मेगासिटी बनाने या भव्य मंदिर बनाने जैसी योजनाएं! चौथी वजह, सत्ता की राजनीति ने हिंदी क्षेत्र में धार्मिक और जातिवादी संकीर्णता ज्यादा फैलाई और भिन्नताओं को सींचा गया। इस तरह हिंदी संसार को बांट दिया गया।

पांचवीं वजह, हिंदी बुद्धिजीवी घरघुसरा ज्यादा रहे हैं। फेसबुक और ह्वाट्सऐप ने बची-खुची सामाजिक सक्रियता भी खत्म कर दी। इस क्षेत्र में बौद्धिक खोखलापन और बड़बोलापन कहीं से भी ज्यादा है। छठी वजह, मुंबई के सस्ते मनोरंजन उद्योग ने हिंदी लोगों के दिलोदिमाग पर लंबे समय तक कब्जा कर लिया और उनका बौद्धिक स्तर उठने नहीं दिया। हिंदी भाषी कलाकार जरा-सा गुणी हुए नहीं कि अपने प्रदेश में कला-संस्कृति-साहित्य के लोकप्रियकरण की जगह बंबई जाकर प्रोफेशनल हो गए और जैसे-तैसे पैसा बटोरने में लग गए।

सातवीं वजह, समाज में श्रमजीवी आंदोलन पनपने के पहले ही अर्थवाद में फँस गया, बिखर गया और कई प्रतिद्वंद्वी गुट बन गए। फलतः किसी भी बड़े संघर्ष के दौर में एक लड़ता है तो दूसरा दर्शक बना रहता है। आठवीं वजह, राजनीति का क्षेत्र हो या साहित्यिक बौद्धिकता का, परस्पर सम्मान और संवाद की जगह दूसरे का मूलोच्छेद की प्रवृत्ति प्रधान हो गई। जीवन में त्याग की जगह भोग की प्रवृत्ति बढ़ गई।

हिंदी का बाजार में उपयोग बढ़ा है समाज में आदर घटा है

वैश्वीकरण के युग में हिंदी का बाजार में उपयोग बढ़ा हो, समाज में आदर घटा है। समाज में वस्तुतः अंग्रेजी का आदर बढ़ा है। हिंदी भाषा और साहित्य की परंपरा समृद्ध होते हुए भी आज नियमित रूप से किताबें और साहित्यिक

पत्रिकाएं खरीदकर पढ़नेवाले व्यक्ति 57-58 करोड़ हिंदी भाषियों के बीच में चार-पांच हजार से ज्यादा नहीं होंगे।

इसपर विचार करने की जरूरत है कि हिंदी पर दूसरी भाषाओं की तुलना में संकट कैसे ज्यादा है। यह संकट इसलिए ज्यादा है कि हिंदी को उसकी दीर्घ ज्ञान परंपराओं से काटा जा रहा है और नवोन्मेषों का अभाव है। आमतौर पर लोग हिंदी को चोरागाह समझते हैं। इसमें जीते नहीं हैं, इसके लिए त्याग नहीं करते। भाषा में जीने का अर्थ है, उसके उच्च मूल्यों और सुंदरताओं से जुड़ी संस्कृति में जीना। अपने 'मैं' से बाहर भी सोचना, संपूर्ण देश-दुनिया से उसके संबंध को जानना। वस्तुतः तभी किसी भाषा में भी विकास और विस्तार आता है। छोटा मन लेकर महान भाषा का निर्माण नहीं हो सकता।

हम भले चाहते हों कि हिंदी भाषियों का समाज उदार और मानवीय हो, वस्तुतः आक्रामक पृथकतावाद या उच्छेदवाद ही इस क्षेत्र में लोकप्रियता पाने का हथियार बना हुआ है। कहा जा सकता है कि हिंदी क्षेत्र में सामंती तत्वों की शक्तिशाली मौजूदगी की वजह से हिंदी समाज का पर्याप्त सांस्कृतिक-बौद्धिक विकास नहीं हुआ। लोगों के जीवन में फैशन और दिखावा जितना बढ़ा हो, उनकी दृष्टि में आधुनिकता नहीं आई। 'बाह्य आधुनिकता-आंतरिक कूपमंडूकता' ही हिंदी क्षेत्र का प्रधान जीवन लक्षण है। कूपमंडूकता के धार्मिक-जातिवादी आयामों के साथ एलीट बौद्धिक उपनिवेशन वाला आयाम भी कम नुकसानदेह नहीं रहा है।

कहना न होगा कि देश के किसी भी प्रांत की आंतरिक शिथिलता और विभाजन से देश के विकास में रुकावट पैदा होगी। हिंदी क्षेत्र की आंतरिक शिथिलता और विभाजन से देश के विकास को सबसे ज्यादा क्षति पहुँचेगी।

जीवन पर संकट है इसलिए भाषाएं संकट में हैं

एक तरह से दुनिया की सभी राष्ट्रीय भाषाएं गंभीर खतरे से गुजर रही हैं। खतरे में सिर्फ छोटी भाषाएं और बोलियां ही नहीं हैं। अंग्रेजी छोड़कर एक तरह से सभी भारतीय भाषाओं को ही विरूपता और धीमी मौत के हवाले किया जा रहा है, राष्ट्रीय गर्जन जितना दिख रहा हो। अंग्रेजी भी सांस्कृतिक सतहीकरण

से बाहर नहीं है, लेकिन अंग्रेजी का एक रुतबा है। आज बड़ी संख्या में लोग अपनी मातृभाषा में बात करने में लज्जा का अनुभव करते हैं, इसे पिछड़ापन मानते हैं।

मांएं अपने बच्चों को मातृभाषा में बोलने से रोकती हैं। वे मानो चाहती हैं कि बच्चे चलना सीखने के पहले अंग्रेजी बोलना सीख लें!

हिंदी जानते हुए भी बड़े विद्वान इतिहास, अर्थशास्त्र, समाजविज्ञान, प्रबंधन तथा ज्ञान-विज्ञान के विभिन्न विषयों की किताबें अपनी राष्ट्रीय भाषा में लिखना नहीं चाहते। वे सिर्फ अंग्रेजी में लिखते हैं। जिस राष्ट्रीय भाषा में इन विषयों की श्रेष्ठ किताबें न हों या इनकी मांग न हो, वह भाषा कितने दशकों तक बचेगी? इस रोशनी में अब 'इन्डेंजर्ड लैंग्वेजेज' के दायरे को बढ़ाना होगा। उसे अंग्रेजी वर्चस्व और डिजिटल दुरुपयोग के बृहत्तर संदर्भ में देखना जरूरी है।

दरअसल दुनिया की तमाम राष्ट्रीय भाषाएं, जिनमें लैटिन अमेरिकी, अफ्रीकी और कई यूरोपीय भाषाएं और ढेर सारी एशियाई भाषाएं हैं, सांस्कृतिक विध्वंस के नए संदर्भ में 'इन्डेंजर्ड लैंग्वेजेज' हैं।

भाषा पर खतरा सोच और संवेदना पर भी संकट पैदा करता है। इसलिए सोचने-समझनेवाले हर संवेदनशील नागरिक को भाषा में चल रहे विध्वंस को लेकर सतर्क होना चाहिए। इसमें संदेह नहीं कि भाषा के संकट का संबंध जीवन के संकट से है। जीवन पर संकट है, इसलिए भाषाएं संकट में हैं। दरअसल भाषाई विविधता की रक्षा अंतरसांस्कृतिक मनुष्यता को बचाने के प्रयत्न का हिस्सा है। यह भी समझना होगा कि भाषा सिर्फ भाषाविज्ञान का विषय नहीं है, यह एक-एक मनुष्य की जीवन रक्षा का विषय है।

मार्च 2021

हिंदी का चेहरा

हर विकासशील भारतीय भाषा का एक अपना विश्व है जो 'स्थानीय', 'राष्ट्रीय' और 'वैश्विक' के बौद्धिक त्रिभुज से बनता है। इस त्रिभुज का कोई कोण छोटा या बड़ा हो सकता है, पर इसके बिना हर भारतीय अधूरा है! आज हर भारतीय में यह त्रिभुज लड़खड़ाया है या दरका है, जिसका असर सामाजिक सोच और साहित्य दोनों पर पड़ा है।

हाल के विभिन्न विकासों ने हिंदी को ज्ञान या साहित्य की भाषा से बाजार की भाषा में बदल दिया है। हिंदी का विश्व तरह-तरह से खंडित हुआ है। क्या अनिवासी भारतीय, क्या प्रवासी, क्या आप्रवासी और क्या देश के शहरों के समृद्ध जन, किसी भी जमात की स्मार्ट पीढ़ी को हिंदी से मतलब नहीं है और सामान्यतः साहित्य से भी नहीं है।

एक प्रश्न यह है, मशीन ट्रांसलेशन की टेक्नोलॉजी बढ़ जाने पर सरकारी हिंदी सेल के अनुवादकों का क्या भविष्य है?

हिंदी की व्यापक स्वीकार्यता के लिए, चाहे वह देश में हो या विश्व में, हिंदी की प्रकृति, परंपराओं और क्षमताओं को समझना जरूरी है। हिंदी की प्रकृति किसी भी भाषा से अधिक लचीली, परपराएं अधिक विविधतापूर्ण और क्षमता इसको समझने वालों की बड़ी संख्या के कारण ही नहीं, इसकी समावेशिकता की प्रकृति के कारण भी बहुत अधिक है। हिंदी के शुद्धिकरण के नाम पर यदि कोई गाय के दूध को फिर चारे में बदलना चाहे तो वह असफल होगा।

देखा जा सकता है कि हिंदी में बहुत अधिक साहित्यिक अनुवाद होते हैं। यह भारतीय भाषाओं का आंगन है। यह कई अन्य जगहों की तरह स्वजाति-केंद्रिक भाषा नहीं है।

हिंदी 'आइडेंटिटी पालिटिक्स' की भाषा नहीं है

किसी मराठी बोलने वाले से पूछो, तुम कौन हो? वह बोलेगा- मराठी। किसी तमिल बोलने वाले से पूछो, वह बोलेगा तमिल। पर किसी हिंदी बोलने वाले से पूछो कि तुम कौन हो, वह एक बार भी नहीं बोलेगा कि वह हिंदी है! इसका अर्थ है, हिंदी 'आइडेंटिटी पॉलिटिक्स' की भाषा नहीं है। इसे सकारात्मक ढंग से भी लिया जा सकता है। हिंदी सबको जोड़ने वाली भाषा है। यह सभ्यताओं के संवाद की भाषा है। यह सामाजिक क्षितिजों की भाषा है, जहां मिलन है। विडंबना यह है कि हिंदी को औपनिवेशिक मिजाज के बुद्धिवादी और सामंती मिजाज के भाषाई मूलवादी दोनों नकारते रहे हैं! वे कहते हैं, हिंदी किसी की भाषा नहीं है या यह एक कृत्रिम भाषा है!

हमारे देश में हजारों साल की अशिक्षा ने ही नहीं, दो सौ साल की कुशिक्षा ने भी बड़ा नुकसान किया है। कुशिक्षा का एक रूप बौद्धिक उपनिवेशवाद का प्रभाव है, जिसके कारण अनुकरण की आदत पड़ गई है। समाज में नकलजीवी अधिक हैं, ये बौद्धिक क्षेत्र में ज्यादा हैं। इसी का नतीजा है कि समाज में खुद सोचने की शक्ति खासकर पिछले कुछ दशकों से घटती गई।

आज भी शिक्षा में भारोपीय भाषा परिवार की धारणा बनी हुई है, अर्थात उत्तर भारतीय भाषाओं और संस्कृत का मूल स्रोत यूरोप है। भारत के लोगों को समझाना था कि अंग्रेज कोई और नहीं भारत के ही श्रेष्ठ पूर्वज हैं और उनके शासन को उनके अपने पूर्वजों का शासन मानना चाहिए! उपनिवेशक बड़े विद्वत्तापूर्ण ढंग से मूर्खतापूर्ण बातों का प्रचार करते थे और भारतीय बुद्धिजीवी उन्हें स्वीकार करते थे। इसी तरह का षड्यंत्र ग्रियर्सन ने हिंदी को पूर्वी हिंदी और पश्चिमी हिंदी का विभाजन करके किया था, जो अवैज्ञानिक था। साहित्यिक और सामाजिक सिद्धांत के मामलों में भी नकलजीवी न सिर्फ पैदा हुए, बल्कि एकेडेमिक रूप से प्रतिष्ठित भी हुए। आज उधार की उनकी बौद्धिक राहों ने उन्हें बंद गलियों में पहुंचा दिया है।

उल्लेखनीय है कि सबसे बुरी दशा भाषा की है। हमारी भाषाओं को बिगाड़ने में राजनीति और मीडिया दोनों की बड़ी भूमिका है। फलतः हर तरफ निस्सहायता है। भाषा का बिगड़ना मूल्यों के उजड़ने का चिह्न है, यह मनुष्य की आत्मविस्मृति है।

आपकी मातृभाषा भोजपुरी, ब्रज, अवधी, राजस्थानी या मैथिली है, पर आपके बच्चे की मातृभाषा क्या है?

एक जेनरल स्टोर्स में एक मां अपने 4 साल के बच्चे के साथ घुसी। वह बच्चे को अंग्रेजी में कुछ न कुछ हिदायत दिए जा रही थी। बच्चा एक चीज की ओर इशारा करके बार-बार हिंदी में बोले जा रहा था, 'हमको यह खाना है'। मां चाहती थी कि वह अंग्रेजी में बोले और लोगों के सामने उसके एक शब्द भी अंग्रेजी में न बोलने पर वह बहुत अपमानित महसूस कर रही थी। बच्चे को अपने दिल की बात कहनी थी, वह काहे अंग्रेजी बोले! हां, धीरे-धीरे वह अंग्रेजी में धकेल दिया जाएगा!

सवाल है, हिंदी क्षेत्र के जो लेखक, शिक्षक और काफी शिक्षित लोग अपनी मातृभाषा हिंदी की जगह भोजपुरी, ब्रज, मैथिली आदि बताते नहीं अघाते, वे कृपा करके बताएं कि उनके बच्चे की मातृभाषा क्या है! किसी भी संपन्न हिंदी भाषी का बच्चा आज हिंदी माध्यम के स्कूल में नहीं पढ़ता और जो 'समझदार' पैरेंट्स हैं, वे अपने बच्चे के हिंदी की जगह अंग्रेजी जानने पर ज्यादा ध्यान देते हैं। उनके घरों में हिंदी को आदर से नहीं देखा जाता। क्या अभिजात अंग्रेजी स्कूलों में पढ़ने वाले किसी भी बच्चे की मातृभाषा अंततः हिंदी रह जाएगी?

इसलिए जरूरी यह है कि हिंदी भाषी लोग हिंदी को ही अपनी मातृभाषा समझें, जिस तरह बंगाल के लोग अपनी मातृभाषा बांग्ला या महाराष्ट्र के लोग मराठी बताते हैं। लक्षित किया जा सकता है कि हिंदी अपने घर में जितनी उजड़ी है, दूसरी कोई राष्ट्रीय भाषा अपने प्रदेश में उतनी नहीं उजड़ी। निश्चय ही संकटग्रस्त भाषाओं के दायरे को विस्तृत करते हुए हम इसके लिए जागरूक हों कि बाजार, तकनीक, कृत्रिम मेधा आदि के बल पर बढ़ते अंग्रेजी वर्चस्व के युग में खुद हिंदी भी एक संकटग्रस्त भाषा बनती जा रही है। नौजवान हिंदी के पॉप गानों के दीवाने हों, पर उनका हिंदी से नाता खत्म होता जा रहा है। इसमें उनके 'पैरेंट्स' की अहम भूमिका है!

मैंने सदा कहा है, संस्कृत हिंदी की जननी नहीं है। वह तो ग्रांड-ग्रांड दादी अम्मा है! हिंदी की माँएँ हैं इस क्षेत्र की उर्दू सहित 49 भाषाएं, उपभाषाएं और

बोलियां! जैसे विभिन्न दैव शक्तियों ने दुर्गा की सृष्टि मिलकर की थी, हिंदी को भी इन सारी 49 लोकभाषाओं, भाषाओं के लोगों ने मिलकर रचा है। फिर भी हिंदी को बचाना और इसे हर दृष्टि से संपन्न करना आज एक बड़ी समस्या है। लोग खराब हिंदी बोल और लिख रहे हैं, किसी समय हिंदी महज एक 'बोली' तक सीमित न हो जाए!

मैंने लगभग 15 साल पहले केंद्रीय हिंदी संस्थान में कोशिश की थी कि हिंदी क्षेत्र की सभी लोकभाषाओं का 49 खंडों में शब्दकोश बने, ताकि इन भाषाओं के वे दुर्लभ शब्द बचें, जिनमें अद्भुत नाद सौंदर्य और अर्थ ध्वनियां हैं। इसके लिए मानव संसाधन विकास मंत्रालय से लाखों की धनराशि मंजूर कराई थी। समांतर कोश के प्रसिद्ध निर्माता अरविंद कुमार को प्रधान संपादक बनाया था। यह परियोजना पूरी हो जाती, तो हिंदी की व्यापक समृद्धि दिखाई पड़ती। लेकिन मेरे वहां से अपने विश्वविद्यालय में लौटते ही अरविंद कुमार को हटा दिया गया। किसी तरह केवल एक खंड पूरा होकर छप सका।

धनराशि होने पर भी हिंदी लोक शब्दकोश-परियोजना का पूरा न होना हिंदी क्षेत्र के आलस्य और दायित्वबोध के अभाव का एक बड़ा उदाहरण है। इस तरह आम हिंदी जनता का जो स्वप्न मैंने देखा था, वह अधूरा रह गया।

मेरी धारणा है कि हिंदी की रक्षा का अर्थ है 49 भाषाओं, उपभाषाओं, बोलियों में फैली इसकी सांस्कृतिक जड़ों की रक्षा और लोकभाषाओं की शक्ति लेकर हिंदी को अंग्रेजी वर्चस्व के आगे किसी भी कीमत पर घुटने टेकने नहीं देना!

कितने लेखक किताबें खरीदते और दूसरों को पढ़ते हैं

मुझे लगता है, यदि यही स्थिति रही तो विश्वविद्यालय के बाहर का हिंदी साहित्य पढ़ने वाले 10 साल बाद बहुत कम रह जाएंगे। अच्छी मासिक और द्वै-मासिक साहित्यिक पत्रिकाएं (गैर-सरकारी) शायद ही रह जाएं। इसके अलावा कविता, उपन्यास या किसी अन्य एक विधा तक साहित्य को सीमित समझना अच्छा लक्षण नहीं है, जैसा कि कई लेखक अपने को सीमित रखते हैं। कई कवि कहानियां नहीं पढ़ते। कई कथाकार कविताएं नहीं पढ़ते। वे आमतौर अपनी विधागत चौहद्दी से बाहर नहीं झांकते और साहित्यकार हैं।

इधर सोशल मीडिया ने पुस्तकें पढ़ने की प्रवृत्ति पर एक बड़ी चोट की है और

बौद्धिक सतहीकरण को एक बड़ी मात्रा प्रदान कर दी है। कई व्यक्ति हैं जो पुस्तकें खरीद जरूर लेते हैं, पर सोचते हैं- कभी पढ़ेंगे! इस तरह साहित्य की दुनिया सिकुड़ती जा रही है, हालांकि साहित्यकार का अहंकार बढ़ता जा रहा है। हिंदी क्षेत्र के लोग जिस तरह साधुओं-महंतों और नेताओं-अभिनेताओं को किसी बड़े साहित्यकार से ज्यादा महत्व देते हैं, उससे हिंदी समाज के सांस्कृतिक क्षय का थोड़ा-बहुत बोध हो सकता है।

पिछले दो दशकों की एक उल्लेखनीय घटना यह है कि हिंदी साहित्य का स्थानीयकरण बड़े पैमाने पर हुआ है। जो लेखक जिस महानगर में है, उसी महानगर के लेखकों के साहित्य को संपूर्ण हिंदी साहित्य समझता है। हिंदी साहित्य अब हिंदी के साहित्य से ज्यादा दिल्ली का साहित्य, पटना का साहित्य, भोपाल का साहित्य, कोलकाता का साहित्य, लखनऊ का साहित्य, छत्तीसगढ़ का साहित्य, दक्षिण का साहित्य - इन भावनाओं में संकुचित हुआ है। हिंदी लेखकों के बीच जातिवाद के साथ-साथ स्थानीयतावाद बढ़ा है।

हिंदी के कुछ लेखक चेतन भगत की शैली में अपना आर्थिक भाव लगाते भी देखे गए हैं। उन्हें जरा आने वाले दिनों के संकट के बारे में सोचना चाहिए। मेरा खयाल है, आज का सबसे बड़ा हिंदी साहित्यकार भी स्वतंत्र रूप से सिर्फ लिखकर 25 हजार रुपए महीना भी शायद ही कमाता हो। आज हिंदी में लिखकर जीविका चलाना दूर की बात है, सब्जी का खर्च भी नहीं निकल सकता। यदि यही स्थिति रही, 10 साल बाद साहित्य के हिंदी पाठक टार्च लेकर खोजने होंगे। निश्चय ही अंग्रेजी संसार में यह दशा नहीं है, क्योंकि वह डायनमिक है और अंग्रेजी दूसरी भाषाओं के पाठक तेजी से छीन रही है। अंग्रेजी लेखकों ने हिंदी, मराठी, बांग्ला, मलयालम आदि भाषाओं के पाठकों को छीना है। अंग्रेजी साहित्य का पाठक संसार यूरोप-अमेरिका से ज्यादा एशियाई-अफ्रीकी देशों में है। इस संकट के बारे में भाषाई लेखकों को मिलकर विचार करना चाहिए।

अब लेखक यशपाल और अश्क की तरह अपना निजी प्रकाशन शुरू नहीं कर सकता। अपनी अच्छी नौकरी से बड़ा वेतन पाते हुए भी भविष्य में शायद ही दो-चार व्यक्ति बचें, जो अपनी गांठ से खर्च करके साहित्यिक पत्रिका निकालें या कोई साहित्यिक आयोजन करें। अधिकांश लोग हिंदी की सेवा नहीं

उसका सेवन करेंगे। जिन साहित्यकारों के सजग बेटे-बेटियां न होंगे, उनके मरने के बाद उनका नामलेवा नहीं होगा।

बड़े व्यापारी काफी पहले हिंदी और साहित्य से त्यागपत्र दे चुके हैं। किसी दूसरी भारतीय भाषा में व्यावसायिक पत्रिकाएं बंद नहीं हुईं। हिंदी में 'धर्मयुग', 'साप्ताहिक हिंदुस्तान', 'दिनमान', 'पराग' जैसी सारी पत्रिकाएं काफी पहले बंद हो गईं। यह साहित्य-विमुख व्यावसायिकता का चरम रूप है। सरकारी साहित्यिक संस्थाओं की हालत सामान्यतः खराब है। वे स्वायत्त न होकर हमशा राजनीतिक कब्जे में होती हैं, स्तरीयता से हमेशा विमुख। क्या तब यही होगा कि लेखक अपने पैसा से डेटा खरीदें, फेसबुक, ब्लॉग जैसी जगहों पर कुछ क्षणभंगुर लिखते रहें और इन्हीं पर 'परम अभिव्यक्ति' का सुख हासिल कर लें!

गौर कीजिए तो बहुत कम लेखक हैं जो किताबें या पत्रिकाएं खरीद कर पढ़ते हैं। कई की दृष्टि यह है कि यदि दूसरा लेखक मित्र नहीं है और दबाव नहीं हैं तो उसकी किताब पढ़ना अपना अपमान करना है! आखिर जब कोई खुद लेखक हो तो वह दूसरे लेखकों की किताबें क्यों पढ़े! बहुतों का आकाश उनके फ्लैट की छत से बड़ा नहीं होता, यह स्थिति है। कहना पड़ रहा है कि लेखकों के आधुनिक विचारों से उसे आधुनिक, क्रांतिकारी विचारों से उसे क्रातिकारी या राष्ट्रवादी विचारों से उसे देशप्रेमी समझ लेना एक भ्रम है।

हिंदी के 2-4 बड़े प्रकाशकों को छोड़ दें, तो सामान्यतः हिंदी प्रकाशन कुटीर उद्योग की तरह हैं। ज्यादातर किताबें छलपूर्वक पैसे लेकर छापी जाती हैं। हिंदी में साल भर में किसी किताब की 500 प्रतियां बिक गईं तो वह बेस्ट सेलर है! इस मामले में झूठा प्रचार ज्यादा है। यह सब चिंताजनक है।

इन सबके बावजूद क्या किसी भी युग में रचनाकार में लिखने की छटपटाहट कम हो सकेगी? क्या वह कभी चुप किया जा सकेगा? क्या किसी युग में उसे चुप करना संभव हुआ? लेकिन जब हिंदी साहित्य का बाजार सिकुड़ता जाएगा और पाठक पर मनोरंजन उद्योग और धार्मिक उद्योग हावी होते जाएंगे, तब लेखक क्या करेगा?

लेखक जी, लेखक से मिलिए

कई आयोजनों, खासकर साहित्य-उत्सवों में 'लेखक से मिलिए' किनसे

कहा जाता है, क्या लेखकों से? इसपर लेखकों को लिखना चाहिए कि उन्हें उत्सव में कैसे पाठक मिले, कितने पाठक मिले और जब वे अपरिचित लोगों से मिले तो उन्हें कैसा लगा और पाठक से क्या बातें हुईं–उनकी क्या जिज्ञासाएं थीं या वे 'लेखक से मिलिए' में सिर्फ अपने मित्र लेखकों से घिरे रहे–'अहो रूपं–अहो ध्वनि' कहते हुए!

हमारे पाठक हमारे लिए एक विस्मय की तरह हैं। बहुत कुछ अदृश्य और समाज में खोए हुए, बिखरे हुए! वे हैं जरूर और हमें अच्छा लगता है, जब उनका फोन आता है। हम भौचक उस अजनबी के बारे में सोचते हैं, जबकि वह हमें बहुत कुछ जान रहा होता है। हम उन्हें नहीं जानते, यह सोचकर थोड़ी बेचैनी होती है कि हम अपने पाठकों को कैसे जानें, उनसे रिश्ता कैसे बने! उत्सव ही ऐसे मौके होते हैं, जब हम सोचते हैं कि पाठक हमें खोजते हुए आएंगे। क्या वे आते हैं, क्या ऐसे पाठक हैं जो लेखक नहीं हों?

अज्ञेय से सांगली (महाराष्ट्र) में 1981 में मैंने एक बार पूछा, 'आप किन पाठकों को संबोधित करके लिखते हैं?' वे थोड़ी देर रुके। फिर जवाब दिया, 'मैं अज्ञात समाज के लिए लिखता हूं।' उन्हें लगता रहा है कि वे भविष्य में समझे जाएंगे। लोग उनका महत्व भविष्य में समझेंगे, ऐसा आज भी कई लेखक सोचते हैं!

एकबार कोलकाता में मैं, केदारनाथ सिंह और नवारुण भट्टाचार्य टैक्सी में एक जगह से लौट रहे थे। नवारुण ने एक घटना सुनाई– कवि शक्ति चट्टोपाध्याय एक दिन शराबटोला से ज्यादा पीकर हिलते–डुलते घर जा रहे थे, रात काफी हो चुकी थी। सवारी खोज रहे थे, पर सड़क पर सन्नाटा था। डिपो लौट रही एक खाली डबल डेकर बस के ड्राइवर ने उन्हें पहचान लिया। वह बस रोककर सड़क पर उतरा। उसने कवि को बस में बैठाकर पहले उनके घर पहुंचाया तब वह डिपो गया। यह है एक समय के बांग्ला कवि और पाठक का संबंध! यह है पाठक का विस्तार!!

पहले कई लेखक सामाजिक नहीं थे या संकोची थे तो अब ज्यादातर लेखक घरघुसरे हैं। आज अधिकांश लेखक, शिक्षक और बुद्धिजीवी सांस्कृतिक क्षय के दर्शक, एक न एक 'नायक' के पुजारी और अपने सिर पर अपनी ही मूर्ति लादकर चलने वाले लोग हैं।

पहले के पाठक व्यक्तित्व-संपन्न होते थे, वे पुस्तकों के बिना जी नहीं सकते थे। इन दिनों ऐसे पाठक कम हैं। गनीमत है कि इस समय हिंदी में कवियों की संख्या बहुत बड़ी है और उनके बीच साहित्य के पाठक हैं।

यह दुर्भाग्यजनक है कि हिंदी में ज्यादातर साहित्य प्रेमी ऐसे हैं जिनके लिए मंचीय परफॉरमर ही बड़े साहित्यकार हैं, चाहे वे हास्यास्पद कवि हों या वीर रस के योद्धा कवि! अधिकांश लोगों के लिए तुलसी से ज्यादा महत्वपूर्ण आज के मनोरंजक रामकथा वाचक हैं। जाहिर है, लोकरुचि में न बहना आज एक बड़ी चुनौती है।

यह कम विडंबनापूर्ण नहीं है कि लेखक में आकर्षण अब उसकी कृतियों के बल पर नहीं, उसके विवादास्पद बयान से पैदा होता है। इसलिए लिखने से अधिक जरूरी 'विवादास्पद' होना है। इसके लिए 'भिन्नता' और अनोखी 'सेक्सुअलिटी' निर्मित करना सबसे आसान रास्ता है। कहना होगा, साहित्यकार किसी भी आधुनिक युग में इतना कम बौद्धिक न था। यह साहित्य के अलावा फिल्म और इतिहास के मामलों में भी देखा जा सकता है।

हिंदी लेखक से आखिर कौन मिलेगा, जो आह्वान है-लेखक से मिलिए! लोग मुरारी बापू से मिलेंगे, रविशंकर से मिलेंगे, मुंबई का नाच देखेंगे, म्यूजिक कंसर्ट का आनंद लेंगे। लेखक से कौन मिलेगा?

पढ़ने की संस्कृति का संरक्षण जरूरी है

हिंदी क्षेत्र के पढ़े-लिखे स्मार्ट नौजवान बड़े पैमाने पर अंग्रेजी और तकनीक की दुनिया में चले गए हैं। आमतौर पर साहित्यकारों के खुद उनके अपने बच्चे ही उनकी किताबें नहीं पढ़ते, भले ऐसे भोले साहित्यकारों की गहरी इच्छा हो कि पूरी दुनिया उनकी किताबें पढ़े!

बड़े हिंदी अखबार अपने पन्नों से साहित्य को कई दशक पहले हटा चुके हैं। आम पाठक और साहित्य का संबंध टूट चुका है, जो संकीर्ण विचारों और रूढ़ियों के हित में है। मैं नहीं जानता, नई स्थितियों में पुस्तक प्रकाशक अपने को कितना बदलेंगे और 'पाठक आंदोलन' तैयार करेंगे। लेखक कितना बदलेंगे और पढ़ने की संस्कृति के प्रसार के लिए सक्रिय होंगे। इतना साफ है कि पढ़ने

की संस्कृति को बचाना और फैलाना आज की एक बड़ी जरूरत है। यह सामूहिक प्रयास से होगा।

वस्तुतः साहित्य कर्म हर युग में अपने को लुटाने का काम रहा है, कम से कम हिंदी की दुनिया में साहित्य से कमाकर अंग्रेजी लेखकों की तरह अमीर बनने की संभावना नहीं है। लेखक समाज से क्या पाएगा, यह अब इसपर निर्भर करेगा कि वह अपनी रचनाओं और बड़े-बड़े विचारों के अलावा समाज को क्या दे रहा है।

इस मामले में अभी से सोचना चाहिए, बल्कि मिलजुलकर रास्ते खोजने चाहिए। दरअसल अंग्रेजी छोड़कर दूसरी किसी भाषा में अब साहित्य मुनाफे का काम नहीं है! कमाने के लिए जो साहित्यकार लेखन की दुनिया में आना चाहते हैं, वे कविता, कथा, नाटक, आलोचना छोड़कर मिथ्या प्रचार के वीडियो बनाएं- इधर इनकी मांग बढ़ी है!

साहित्यिक रचनात्मकता बाउंडरी तोड़ती है

दुनिया का हर शास्त्र किसी न किसी घेरे या बाउंडरी को तोड़ कर आया है, फिर वह खुद बाउंडरी बन गया है। खासकर रचनात्मक लेखन किसी शास्त्र से प्रभावित हो सकता है और नहीं भी हो सकता है। शास्त्र तालाब है, साहित्य नदी है। हम देख सकते हैं कि कुछ खास शार्टकट समाजवैज्ञानिक अध्ययनों ने पिछले चार दशकों से भारत में शत्रुतापूर्ण सामाजिक विभाजनों को हवा दी है, 'राष्ट्र' को खलनायक बना दिया है, जबकि इसके समावेशी चरित्र पर जोर देने की जरूरत है। 'राष्ट्र' और 'हाशिया' के बीच संवाद होना चाहिए, 'हाशिया' और 'हाशिया' के बीच संवाद होना चाहिए!

प्रेमचंद का 'सेवासदन' से 'गोदान' या 'पंच परमेश्वर' से 'कफन' तक पहुंचना या निराला का 'जुही की कली' से 'कुकुरमुत्ता' तक आना क्या है? यह उनका अपने को तोड़ते हुए विकसित होना है, यथार्थ की एक नई जमीन पर आना है। नया युग आने पर छायावादी कवि पंत ने 1938 में अपनी पत्रिका 'रूपाभ' के पहले अंक में लिखा था, 'इस युग की कविता स्वप्नों में नहीं पल सकती। उसकी जड़ों को अपनी पोषण-सामग्री ग्रहण करने के लिए कठोर धरती का आश्रय लेना पड़ रहा है।... यदि सत्य के प्रति वास्तविक उत्साह है

तो हम अपने महान उत्तरदायित्व की अवहेलना नहीं कर सकते।' पंत अंततः स्वच्छंदतावादी अनुभूति से एक कृत्रिम दार्शनिक लोक में चले गए, पर उन्होंने एक समय अपने छायावादी बोध की सीमाओं को समझा था। इसी तरह हर युग में अपने चिंतन और लक्ष्य की सीमाओं को तोड़ने की जरूरत होती है।

इस विडंबना की ओर भी दृष्टि जानी चाहिए कि साहित्यिक विधाओं के बीच दूरियां बढ़ी हैं। सामान्यतः कवि उपन्यास-कहानियां नहीं पढ़ेंगे। उपन्यासकार कविताएं नहीं पढ़ेंगे। सामान्यतः कोई लेखक आलोचना नहीं पढ़ेगा, यदि उसपर चर्चा नहीं है या कोई आत्मीय बाध्यता नहीं है। इस तरह ज्यादातर लेखक अपनी एक विधागत विशिष्ट बाउंडरी तैयार कर लेते हैं, जो उन्हें बौद्धिक और संवेदनात्मक रूप से सीमित करती है। हिंदी के विश्व के खंडित होने के ऐसे कई रूप हैं।

हिंदी शोधार्थियों के संदर्भ में चंद बातें

कई सालों से हिंदी शोधार्थियों का यह चित्र खींचा जाने लगा है कि बड़ा क्षय हो गया है हिंदी शोध की दुनिया में, बड़े चालाक हो गए हैं शोधार्थी। मानो ऐसी चिंता व्यक्त कर रहे लोगों की दुनियाओं में महानता हो! हिंदी शोधार्थी उसी सार्वजनिक संसार में रहते हैं जिसमें हम-आप हैं, जिसमें पेगासस का आदर्श है, कम मेहनत में फटाफट सब पा जाने और दौड़ में आगे निकलने की होड़ है और आमतौर पर जवाबदेही से तलाक है। भीड़तंत्र जिस तरह इंदौर में एक चूड़ी बेचने वालने को पकड़ता और लिंचिंग करता है, फेसबुक पर कुछ उसी तरह एक शोधार्थी फंसा था और कई शिक्षा प्रेमियों की नैतिकता का ज्वालामुखी धधक गया था, जैसे कोई मास हिस्टिरिया हो।

हिंदी शोधकार्य में क्वालिटी नहीं है, तो किस जगह क्वालिटी है, कहां दायित्व ज्ञान है? कुछ व्यक्ति विश्वविद्यालय का जिक्र आते ही ऐसे टूट पड़ते हैं, जैसे यह उनका पुराना शिकार हो। जिस समाज में बिना जाति, बिना राजनीतिक पासपोर्ट और बिना सोर्स की ताकत के नौकरी नहीं मिलने वाली हो, बल्कि कुछ भी नहीं मिलने वाला हो, जब पीएच.डी. का संबंध नौकरी और पदोन्नति से जोड़ दिया गया हो-वहां शोध फास्ट फूड से ज्यादा क्या हो सकता है? वहां रिसर्च पेपर के प्रकाशन का भी क्या अर्थ हो सकता है?

अब बात है शोधार्थियों की तमीज की। जरा सोचें, आज बड़े-बड़े मंत्री उनके सामने कौन-से आदर्श रख रहे हैं। आज कौन सिर्फ अपने और सिर्फ अपने लिए परेशान नहीं है? हिंदी शोधार्थी का पूरा चरित्र उस समाज का प्रतिबिंब है, जिसे हमलोग बना रहे हैं।

अभी भी हिंदी के विद्यार्थी बीए-एमए में हजारों की संख्या में होते हैं। वे भविष्यहीनता के अंधकार में होते हैं। उनमें अधिकांश ऐसे हैं, जो अपने परिवार में उच्च शिक्षा पाने वाली पहली पीढ़ी के लोग हैं। दूसरी-तीसरी पीढ़ी से अब बहुत कम विद्यार्थी हिंदी में हैं। अधिकांश हिंदी विद्यार्थी गरीब होते हैं। वे कुछ और पढ़ नहीं पाते। ऐसे गरीब हिंदी विद्यार्थियों का नए भारत में क्या भविष्य है?

विश्वविद्यालयों के हिंदी विभाग की हालत खराब होती जा रही है। एक बार प्रोफेसर बन जाने के बाद शिक्षकों का पाठ्यक्रम के बाहर पढ़ने-लिखने का झुकाव प्रायः खत्म हो जाता है। दूसरी तरफ, हिंदी पाठ्यक्रम अभी भी म्यूजियम से कम नहीं हैं, जबकि नए युग में पाठ्यक्रम को लेकर शिक्षकों की सोच में एक बड़े परिवर्तन की जरूरत है। यह भी आम मामला है कि हर हिंदी विभाग में 10 प्रोफेसर 12 कोने होते हैं। एक प्रोफेसर का शिष्य दूसरे प्रोफेसर से बात नहीं कर सकता, इतना क्रूर विभाजन है। हिंदी शिक्षण की दुनिया में हजारों अभागे शिक्षक हैं, जो साहित्य पढ़ाते हुए भी साहित्य के आनंद से दूर हैं और यंत्र बन गए हैं। सोचना पड़ता है, इस तरह के विभाग को 'मानविकी विभाग' (ह्यूमैनिटिज) क्यों कहा जाए, जब बहुत कुछ अमानवीय है!

उसी जड़ हिंदी विभाग में जब हमें प्रधान वक्ता के रूप में आमंत्रित किया जाता है या हमारी कोई कृति लग जाती है, या हम पर हो रहे शोध की सूचना मिलती है, यह लोगों को हम गौरव से बताते हैं! शोधार्थियों पर कुढ़ने, उनकी निम्नता बताने की जगह वस्तुतः सार्विक आत्मनिरीक्षण की जरूरत है। अन्यथा परंपरागत विश्वविद्यालयों और कॉलेजों की दो-तीन दशकों के बाद वही दशा हो जाएगी, जो कुछ दशकों से सिनेमा हाल की है!

हिंदी शोधार्थियों को निश्चय ही बदलते युग की मांगों को समझना होगा और शोध कर्म को खुद प्रयत्न करके ज्ञान के नए-नए विस्तार से जोड़ना होगा, अन्यथा दूसरे नहीं वे खुद पिछड़ जाएंगे।

आज की सभ्यता का 'मंकी सिंड्रोम'

एक पौराणिक कथा है, एक बार संन्यासी हो चुके नारद के मन में लक्ष्मी से विवाह की इच्छा जगती है। वे चाहते हैं कि लक्ष्मी स्वयंवर में उन्हें ही चुने। वे विष्णु के पास जाते हैं और प्रार्थना करते हैं कि उनके जैसा ही सुंदर रूप उन्हें मिल जाए तो लक्ष्मी उन्हें अपने दूल्हे के रूप में चुन लेगी।

विष्णु कहते हैं, तुम 'हरि' जैसा हो जाओ! हरि का एक अर्थ बंदर है। नारद बंदर-सा मुँह लेकर स्वयंवर में अन्य लोगों के साथ कतार में खड़े हो जाते हैं। लक्ष्मी मुस्करा कर आगे बढ़ जाती है। नारद को लगता है, उसने ठीक से देखा नहीं है। वे आगे बढ़कर दुबारा मुखातिब होते हैं। लक्ष्मी फिर मुस्करा कर आगे बढ़ जाती है। ऐसा कई बार होता है। अंततः नारद देखते हैं कि उसने विष्णु के गले में माला डाल दी है। उन्हें धोखे का अहसास होता है। वे दर्पण में अपना मुँह देखते हैं और उन्हें वास्तविकता का पता चलता है। इसके बाद की कथा में विष्णु पर क्रोध और एक जलाशय में आत्मसाक्षात्कार के बाद उनके मानव-रूप में वापसी के प्रसंग हैं।

उपर्युक्त कथा से आज के सभ्य लोगों के अनोखे बौद्धिक-सांस्कृतिक कायाकल्प को समझा जा सकता है। वे लोभ और भोग की लिप्सा में कितने विचित्र होते जा रहे हैं, कितने विवेकहीन, नकलची और खोखले! यह वर्तमान भौतिक सभ्यता का 'मंकी-सिंड्रोम' है! लोगों की ऐसी दशा आज की बाजारवादी और क्षयशील राजनीतिक दशाओं के कारण हुई है। इस वक्त जरूरी है कि हम अपना चेहरा खोजें और अपने को फिर से जानें!

जून 2023

हिंदी संस्कृति का स्वप्न

हिंदी एक गंवारू बोली है, यह अग्रवाल, कायस्थ, खत्री जातियों की भाषा थी, यह एक सांप्रदायिक निर्मिति है- 19वीं सदी से यूरोपीय विद्वान इस तरह की बातें कहते आए हैं। आमतौर पर यूरोपीय विद्वत्ता ही, जिसका एक हिस्सा औपनिवेशिक मिजाज का है, हिंदी क्षेत्र के कई बुद्धिजीवियों का वैचारिक पोषण करती है। इन्होंने कभी नहीं देखा कि अंग्रेजी भाषा में कैसे ईसाइयत और सभ्यता को पर्याय बताया गया या दूसरी भाषाओं में किस तरह सांप्रदायिक तत्व हैं। उन्हें हिंदी सांप्रदायिक लगी, जबकि फोर्ट विलियम कॉलेज में गिलक्राइस्ट ने सर्वप्रथम नागरी लिपि में हिंदी ग्रंथ तैयार कराए थे। हिंदी के बारे में बेसिर-पैर की सनसनीखेज बातें इधर पुनरुत्थानवादियों और अंध-बुद्धिवादियों दोनों तरफ से हो रही हैं। यह उनकी बौद्धिक थकान का लक्षण है।

अंग्रेजीदां बुद्धिजीवी बौद्धिक उपनिवेशन के शिकार हैं

अंग्रेजों ने 1857 की घटना के बाद सामाजिक सुधार में हाथ डालना बंद कर दिया था। वे अब धार्मिक कूपमंडूकता और भेदभाव को अपने मुख्य सांस्कृतिक हथियार बनाने में लग गए थे। भारत में कूपमंडूकता जितनी ज्यादा बढ़ेगी, इस देश में भिन्नता निर्मित करना उतना आसान होगा।

19वीं सदी में उर्दू और हिंदी दो भिन्न सेकुलर भाषाओं के रूप में विकास कर रही थीं। ये स्पष्ट रूप से दो गौरवशाली भाषाएं हैं, भले इनमें एक संबंध हो। उपनिवेशकों ने इनके सह-अस्तित्व को मान्यता न देकर भाषा के आधार पर सांप्रदायिक विभाजन किया। इसकी शुरुआत विलियम याटेस के व्याकरण

'इंट्रोडक्शन टु हिंदुस्तानी लैंग्वेज' (1827) से हो चुकी थी, 'हिंदुस्तानी मुस्लिम लोगों की भाषा है, जबकि हिंदी हिंदुओं की भाषा है।' यही बात फ्रेंच विद्वान गार्सा-द-तासी (1794-1878) ने कही, 'हिंदी में हिंदू धर्म का आभास है- वह हिंदू धर्म, जिसके मूल में बुतपरस्ती और इसके आनुषंगिक विधान हैं।... मैं सैयद अहमद खां जैसे विख्यात मुसलमान विद्वान की तारीफ में और ज्यादा कुछ कहना नहीं चाहता। उर्दू भाषा और मुसलमानों से मेरा जो लगाव है, वह कोई छिपी बात नहीं है।... इस वक्त हिंदी की हैसियत एक बोली की-सी रह गई है जो हर गांव में अलग-अलग बोली जाती है।' सैयद अहमद खां सुधारवादी होते हुए भी भाषा के मुद्दे पर सांप्रदायिक थे। वे हिंदी को 'गंवारू बोली' कहते थे। हिंदी से संबंधित यह औपनिवेशिक सोच आज भी कई अंग्रेजीदां बुद्धिजीवी ढो रहे हैं। उनकी दृष्टि से हिंदी एक कृत्रिम और सांप्रदायिक भाषा है।

क्या हिंदी क्षेत्र में हिंदी राष्ट्रवाद जैसी कोई चीज कभी थी या आज है, जिस तरह बांग्ला और तमिल राष्ट्रवाद 19वीं सदी से अस्तित्व में है? भारत की कौन-सी भाषा अंध-राष्ट्रवादी और सांप्रदायिक तत्वों से सर्वथा मुक्त रही है? कुछ अंग्रेजीदां बुद्धिजीवियों और उनके पिछलग्गुओं ने हिंदी राष्ट्रवाद की कल्पना करके नागरी लिपि में हिंदी और हिंदी साहित्य को एक विच्छिन्न, अन-ऐतिहासिक और सांप्रदायिक घटना के तौर पर देखना शुरू कर दिया। वे कुछ नया नहीं कहते, बल्कि गार्सा-द-तासी और इनके पश्चिमी वंशज क्रिस्टोफर किंग, सैंड्रिया फ्रीटैग आदि अनुसंधानकर्ताओं की ही जेरॉक्स कॉपी हैं। आखिरकार प्रेमचंद उर्दू के साथ हिंदी में क्यों लिखने लगे?

कहा जा सकता है कि हिंदी को 'हिंदी राष्ट्रवाद' कहनेवाले प्रेमचंद के पोते आलोक राय और 'हिंदी-हिंदू-हिंदुस्तान' कहने वाले भारतेंदुयुगीन प्रताप नारायण मिश्र एक ही सिक्के के दो पहलू हैं। फर्क सिर्फ यह है कि एक का मुंह पश्चिम की तरफ है, जबकि दूसरे का अतीत की तरफ था।

भारतेंदु (1850-1885) ने खड़ीबोली हिंदी को शहर में रहने वालों की मातृभाषा और आधुनिक साहित्य की भाषा बनते देखा था, 'घर की बोलचाल की भाषा हिंदी है, यह तो हम नहीं कह सकते, पर हां यह कह सकते हैं कि

इसी पश्चिमोत्तर देश में कई नगर ऐसे हैं जहां यही खड़ीबोली मातृभाषा है।' उन्होंने नई चाल में ढली हिंदी को उसी प्रकार विकसित किया, जिस तरह 19वीं सदी में बांग्ला, मराठी, गुजराती, तमिल, मलयालम आदि भाषाएं भी नई राष्ट्रीय चाल में ढल रही थीं। भारतेंदु के चित्त की समावेशिकता देखिए, 'मैं संस्कृत, हिंदी और उर्दू कवि हूँ।' उन्होंने हंटर कमीशन की गवाही (1882) में बेधड़क अपना यही परिचय दिया था। यह हिंदी उदारवाद है। हिंदी क्षेत्र के बुद्धिजीवियों में सबसे पहले सुधीरचंद्र, फिर वसुधा डालमिया ने भारतेंदु को सांप्रदायिक कहना शुरू किया जो एक ट्रेंड बन गया। इसे समाज विज्ञान का बौद्धिक उपनिवेशन कहा जाएगा।

हिंदी उदारवाद के कुछ उदाहरण

हिंदी उदारवाद का एक लक्षण धार्मिक होते हुए भी धार्मिक पाखंडों की बुद्धिपरक आलोचना है। भारतेंदु मंडल के एक प्रमुख लेखक राधाचरण गोस्वामी (1859–1925) को संस्कृत की शिक्षा मिली थी। संस्कृत की शिक्षा के बावजूद उन्होंने अपने प्रहसनों 'तन मन धन श्री गोसाईं जी को अर्पण' तथा 'बूढ़े मुँह मुहासे' में मथुरा–वृंदावन के धार्मिक पाखंडों पर निर्मम प्रहार किया। वे विधवा पुनर्विवाह के समर्थक थे। उन्होंने हिंदी क्षेत्र के रूढ़िवादी सामाजिक बंधनों के साथ–साथ साम्राज्यवाद पर भी प्रहार किया, 'न विलायत जाने की रोक उठी। न जाति–पांति का झगड़ा मिटा। न हमारे जीते जी प्रेस एक्ट उठा। न लाइसेंस–टैक्स का मुंह काला हुआ।' अपनी एक फैंटेसी 'यमलोक की यात्रा' में यह पूछने पर कि 'गोदान किया है', वे लिखते हैं,'यदि गौ की पूंछ पकड़ कर पार उतर जाते हैं तो क्या बैल से नहीं उतर सकते। जब बैल से उतर सकते हैं तो कुत्ते ने क्या चोरी की?' फिर राधाचरण टिप्पणी करते हैं, 'यहां अंधेर नगरी और हिंदुस्तानी घिसघिस है, विवेक–विचार कुछ नहीं।' वे हिंदू–मुसलमान के बारे में कहते हैं, 'ऐसा न हो कि दोनों ट्रेनें लड़ जाएं या दोनों कुएं में गिरें।' ('भारतेंदु' पत्र)। वे हिंदू धर्म में कूपमंडूकता की जगह विवेक–विचार लाना चाहते थे। उन्होंने हंटर कमीशन के पास हिंदी के प्रश्न पर अपना जो मेमोरंडम भेजा, उसपर उन्होंने 25 हजार लोगों के हस्ताक्षर करवाए थे। उस जमाने में यह छोटी संख्या नहीं है।

एक उदाहरण श्रद्धाराम फिल्लौरी (1837-1881) का है। उन्होंने हिंदुओं की प्रसिद्ध प्रार्थना 'ओम जय जगदीश हरे' की रचना की थी। उन्होंने सिख धर्म पर भी लिखा, बाइबिल के कुछ हिस्सों का अनुवाद किया, हिंदी के एक आरंभिक उपन्यास 'भाग्यवती' की रचना की और अंग्रेजी राज के खिलाफ विद्रोह किया, जिसके फलस्वरूप वे अपने जनपद से निष्कासित कर दिए गए। निश्चय ही विद्रोह की ऐसी घटनाओं के बावजूद आम लोग गरीब और अभावग्रस्त होने की वजह से बुद्धिवादी नहीं हो पा रहे थे। उन्हें धर्म से अलग करना संभव नहीं था। इसलिए धर्म आने वाले दिनों में कभी अहिंसा और कभी सांप्रदायिकता का औजार बना। धर्म जब अंततः सत्ता का शस्त्रागार बन गया, वह धर्म नहीं रह गया।

बालकृष्ण भट्ट (1844-1914) संस्कृत के विद्वान थे, पर उन्होंने पत्र निकाला 'हिंदी प्रदीप'। वे आर्य समाज के प्रशंसक थे, लेकिन बौद्धिक स्वतंत्रता के पक्ष में कहते थे, 'स्वामी दयानंद की जो जो बातें अच्छी हैं, उनका अनुमोदन हम डंके की चोट पर करते हैं। आत्महनन करके गुलामी की बेड़ी पहिनें तो सभी आर्य सिद्धांत स्वीकार करें।' आज के शिक्षित जन लोभ या भय से सतत बौद्धिक आत्महनन करते हैं। हिंदी जब विकासशील अवस्था में थी, हम देख सकते हैं कि हिंदी के उन लेखकों में बौद्धिक स्वतंत्रता का क्या स्तर था।

भारत के लोगों द्वारा अंग्रेजों के अंधानुकरण पर बालकृष्ण भट्ट ने व्यंग्य किया, 'गुलामी से छूटना चाहो तो उनकी नकल करने की कोशिश करो... चुरुट मुँह में दाब घूमा करो...।' उन्होंने खुद ब्राह्मण होते हुए पंडितों को 'भोंदू दास' कहा और टिप्पणी की, उनमें 'अटल विश्वास जमा है कि सब हमारे वेद और संस्कृत में है'! उन्होंने स्त्री शिक्षा के लिए इलाहाबाद में गौरी पाठशाला खोली थी। उन लोगों का हिंदी नवजागरण सिर्फ हिंदी भाषा की उन्नति तक सीमित न था।

उसी दौर में 'देवरानी जिठानी की कहानी' लिखनेवाले पंडित गौरीदत्त जैसे व्यक्ति थे जो नागरी के प्रचार के लिए मेले-ठेले, जहां भी सभा हो वहां बेहिचक पहुंच जाते थे। वे विधवा पुनर्विवाह के समर्थक थे। उन्होंने अपनी कमाई से अर्जित 35 हजार रुपये की राशि, जो उस जमाने में एक बड़ी राशि थी, नागरी और हिंदी के प्रचार के लिए खर्च कर डाली थी। आमतौर पर आज

का बुद्धिजीवी साहित्यिक-सांस्कृतिक काम के लिए अपने पास से फूटी कौड़ी नहीं निकलता, उल्टे उसे बहुत कुछ चाहिए!

संस्कृत की जगह जब पालि-प्राकृत-अपभ्रंश भाषाएं आ रही थीं, तब सिर्फ भाषा नहीं बदल रही थी, एक नया मानसिक जगत भी बन रहा था। इसी तरह जब स्थानीय बोलियों की जगह खड़ी बोली हिंदी में साहित्य लिखा जाना शुरू हुआ और पत्र-पत्रिकाएं निकलीं तो खड़ी बोली हिंदी भी एक नया मानसिक जगत लेकर आई। उसमें संकीर्णताओं से ऊपर उठा हुआ राष्ट्रीय जागरण का स्वर प्रधान था।

वह संक्रमण का दौर था। इसलिए आधुनिकता, स्वातंत्र्यबोध तथा नए जन-सरोकारों की ओर बढ़ते हुए अतीत की कुछ रूढ़ियाँ भी साथ थीं। इनकी वजह से उन युगों के साहित्यकारों पर या हिंदी पर अंध-राष्ट्रवाद, सांप्रदायिकता और जातिवाद का आरोप लगाना एलीट आत्म-जयजयकारात्मक मिजाज का लक्षण है। 19वीं सदी से ज्यादा तो 21वीं सदी का दौर रूढ़िवादी है!

हिंदी संस्कृति भी बांग्ला संस्कृति, तमिल संस्कृति की तरह महत्वपूर्ण है

हिंदी क्षेत्र वर्तमान में 10 राज्यों में फैला है और अति विस्तृत है। लक्षित किया जा सकता है कि भारत के तटीय राज्यों जैसे पश्चिम बंगाल, ओडिशा, तमिलनाडु, केरल, आंध्र प्रदेश, महाराष्ट्र आदि में स्थानीय राष्ट्रीयता का बोध तेजी से पनपा। उदाहरण के रूप में जब बंग भंग (1905) हुआ था, धर्म-जाति की चौहद्दियों को लांघते हुए बांग्ला जातीय बोध उग्र रूप में उभरा था। मद्रास में ईसाई धर्म के प्रचारक राबर्ट काडवेल ने तमिल भाषा को खड़ा करके तमिल राष्ट्रवाद जाग्रत करने में एक बड़ी भूमिका निभाई थी। उत्तर भारत में उस समय ग्रियर्सन हिंदी को पश्चिमी और पूर्वी बोलियों में विभाजित करके टुकड़े-टुकड़े कर रहे थे। 1857 के बाद जाति सर्वेक्षण (1871) सहित विभिन्न किस्म के विभाजनपरक नैरेटिव की वजह से हिंदी प्रांत में खंड-चेतनाएं लगातार मजबूत हुईं। धार्मांधता फैली। हिंदी भाषियों के बीच हिंदी-भाव पैदा नहीं हो सका, भले भारतेंदु से लेकर रामविलास शर्मा तक गुहार लगती रही।

हिंदी क्षेत्र में उद्योगों की कमी, व्यापार में अरुचि, गरीबी, शिक्षा के अभाव, बड़े पैमाने पर मौजूद सामंती मिजाज, अंग्रेजों की 'फूट डालो' नीति और सर्वाधिक दमन की वजहों से हिंदी संस्कृति की धारणा पनप नहीं सकी, जबकि तमिल संस्कृति, मराठी संस्कृति, बांग्ला संस्कृति आदि की बात खुलकर की गई। कहा जा सकता है कि हिंदी संस्कृति भी एक चीज है और इसके निर्माण में भारतीय परंपराओं की सैकड़ों साल की शक्ति शामिल है।

हिंदी प्रदेशों में हिंदी संस्कृति जितनी भी उभर पाई, उसमें हिंदी राष्ट्रवाद का अहंकार नहीं रहा है। उसमें आलोचनात्मक समावेशिकता की प्रवृत्ति प्रबल रही है। हिंदी संस्कृति में धार्मिक कट्टरवाद और पश्चिम के अंधानुकरण दोनों के लिए जगह नहीं रही है। उसमें स्त्रियों के प्रति उदारवाद पनप रहा था। प्रेमचंद और प्रसाद-निराला के समय तक आते-आते दलितों के अधिकार भी समझे जाने लगे थे। नवजागरण और स्वाधीनता आंदोलन काल के उदाहरणों से समझा जा सकता है कि उस जमाने में राष्ट्रीय एकता, मानवतावाद और बौद्धिक स्वतंत्रता की तीव्र भूख थी। हिंदी क्षेत्रों में दूसरे प्रांतों की तरह नवजागरण के बड़े आंदोलन न चले हों, पर बौद्धिक-शिक्षित वर्गों में उदारवाद पनप रहा था। हिंदी भाषा और साहित्य की उन्नति हो रही थी। आज भी हिंदी संस्कृति में आत्मकेंद्रिकता नहीं है, अन्यथा इसमें इतनी भाषाओं के अनुवाद नहीं होते। अनुवाद करने की प्रवृत्ति और अनुवाद पढ़ना बड़े चित्त के लक्षण हैं।

हिंदी संस्कृति में दीमक

निश्चय ही 19वीं सदी में राजा लक्ष्मण सिंह (1826-1896) और प्रताप नारायण मिश्र (1856-1894) जैसे व्यक्ति भी थे। लक्ष्मण सिंह 1857 के विद्रोह में अंग्रेजों का साथ देने के कारण डिप्टी कलक्टर बन गए थे। वे रॉयल एशियाटिक सोसाइटी के सदस्य थे और धार्मिक कट्टरवादी थे। उपनिवेशवाद और धार्मिक कट्टरवाद का गहरा संबंध है। प्रताप नारायण मिश्र को अंग्रेजी राज 'न्यायशील बृटिश सिंह का राज्य' लगता था। वे विधवा पुनर्विवाह के घोर विरोधी और बाल विवाह के समर्थक थे। वे 'भारतेंदु मंडल' के लोगों में बुद्धिपरक धारणाओं के सबसे बड़े विरोधी थे और रूढ़िपोषक संरक्षणवादी थे।

उस जमाने में 'हिंदू प्रकाश' जैसे धार्मिक पत्र और 'कायस्थ समाचार',

'खत्री हितकारी', 'भूमिहार ब्राह्मण' जैसे जातिवादी पत्र भी निकल रहे थे। जाहिर है, 1871 के पहले जन सर्वेक्षण के बाद अंग्रेजों की विभाजन की नीति सफल होती जा रही थी। ऐसी चीजें विकासशील हिंदी संस्कृति के सामने बड़ी चुनौतियां थीं, जो दूसरे प्रांतों में इतनी नहीं थीं।

हिंदी लोगों को पुराने सामान, पुरानी जगह और पुरानी धारणाओं से अपेक्षाकृत अधिक चिपके देखा जा सकता है। वे टूटी-पुरानी चीजें जल्दी नहीं फेंकते, कोने-अंतरे में जमा करके रखते हैं। यह भी कहना चाहिए कि अधिकांश लोग सरल मन के हैं, सादगी में रहने वाले। वे नवोन्मेषों की तरफ कम आकर्षित होते हैं, वैसे मात्रा-फर्क से यह एक भारतीय मामला है।

भारतेंदु ने अपने जमाने के हिंदी क्षेत्र के लोगों का निराशाजनक चित्र खींचा है। उन्होंने बताया है, 'छोट चित्त, अति भीरु, बुद्धि मन चंचल, विगत उछाह'। हिंदी भाषी लोगों का चित्त बहुत छोटा होता है। वे नई चीजें शुरू करने से बहुत डरते हैं, दृढ़ता की कमी है और उत्साह का जैसे लोप है। उनकी यह दशा अंग्रेजी राज में खराब हुई। उन्हें किसी भी दूसरे प्रदेश से अधिक दमन झेलना पड़ा।

भारतेंदु ने ब्राह्मण पुरोहितों की आलोचना की है, 'पुराणों में चालाकी से अपनी स्वार्थ सिद्धि के लिए कई वाक्य घुसा दिए। शैव-शाक्त-वैष्णव कई मत चलाए। कई जातियां बनाईं, नीच-ऊंच का भेद किया। खान-पान का संबंध तोड़ दिया' (उनकी काव्य पंक्तियों का गद्य रूप)। कुछ और देखें, 'टके-टके पर धर्म छोड़कर मनमानी व्यवस्था दी, दक्षिणा मात्र दे दीजिए... केवल दंभार्थ इनका तिलक, मुद्रा और ठगने का अर्थ इनकी पूजा।' आम लोगों के आलस्य के बारे में लिखा, 'दुनिया में हाथ-पैर हिलाना नहीं अच्छा/मर जाना पै उठ के कहीं जाना नहीं अच्छा/मिल जाए हिंद खाक में हम काहिलों का क्या/ऐ मीरे फर्श रंज उठाना नहीं अच्छा।' ये सब उस भारतेंदु की पंक्तियां हैं, जिन्हें बिना ठीक से पढ़े उन्हें 'हिंदू परंपराओं के राष्ट्रीयकरण' का उद्योक्ता ठहराया गया।

भारतीय राष्ट्रीयता की परियोजना अधूरी रह गई

किसी भी देश के लोगों का सामाजिक चरित्र इसपर निर्भर करता है कि उनका अपनी भाषा से कैसा संबंध है, अपने देश-दुनिया से कैसा संबंध है, और वे 'सत्ता' को किस नजरिये से देखते हैं। एक समय अंग्रेजी राज से संवाद और

टकराहट के भीतर से यह संबंध निर्धारित हो रहा था। देश में समाज सुधार और राष्ट्रीय स्वाधीनता आंदोलनों के फलस्वरूप लोगों का 'हम' बड़ा हो रहा था। कई प्रांतों के लोग पुरानी रूढ़ियों से कमोबेश मुक्त होकर 'अन्य' के प्रति उदार दृष्टि की ओर बढ़ रहे थे। दूसरों के धर्म के प्रति सहिष्णुता, दूसरी भाषाओं के प्रति आदर, स्त्री उत्पीड़न के प्रति गुस्सा, दूसरी जातियों के अधिकारों के लिए आवाज और त्याग की भावना- यह सब एक समय भारत ने देखा था। वह अपनी परंपराओं से रचनात्मक संबंध रखते हुए अंधेरे से बाहर निकल रहा था। वह पश्चिमी ज्ञान के प्रति आलोचनात्मक खुलापन लेकर एक विश्व दृष्टि की ओर बढ़ रहा था। कट्टरवाद के खुराफात चल रहे थे, पर ये उस समय आंधी में पतंग उड़ाने के समान थे।

भारतेंदु की कृति 'भारत दुर्दशा' (1875) और कलकत्ता से प्रकाशित हिंदी पत्र 'भारतमित्र' (1878) से लेकर मैथिलीशरण गुप्त की 'भारत भारती' (1923) तक हिंदी क्षेत्र में भारत की जो लगातार चिंता है, वह अपने कुछ अंतर्विरोधों के बावजूद 1857 के बाद के हिंदी क्षेत्र के राष्ट्रीय जागरण का एक प्रमुख तत्व है।

अंग्रेजों ने 1947 में इस देश के लोगों को एक लूटा हुआ विध्वस्त भारत ही नहीं सौंपा, चौड़ी की गई सामाजिक खाइयां भी उपहार में दीं। ये धर्म, जाति और क्षेत्रीयता की खाइयां थीं। ये सबसे ज्यादा हिंदी प्रदेश में थीं, क्योंकि यहां के शहरों में सुधार की जो सीमित चेतना थी, वह सामयिक राष्ट्रीय आवेग से ज्यादा ऊपर नहीं उठ पाई थी। हिंदी प्रांतों में सुधारवाद को जबरदस्त औद्योगिक, व्यापारिक और शैक्षिक गतिरोध का सामना करना पड़ा था। यहां सामंती मिजाज प्रबल था, औपनिवेशिक साजिश धारदार दी। मद्रास, कलकत्ता और बंबई में आधुनिक विकास को बल मिला, पर हिंदी प्रांतों में दमन ही अंग्रेजों का प्रमुख हथियार था। यह 1857 के बाद बढ़ गया था। इसलिए बांग्ला राष्ट्रीयता, तमिल राष्ट्रीयता, मराठी राष्ट्रीयता की तरह हिंदी राष्ट्रीयता गठित नहीं हो पाई। फिर भी हिंदी क्षेत्र में धर्म-जाति की दीवारों के बावजूद भारत-भावना मजबूत रही है। हिंदी क्षेत्र का राष्ट्रीय जागरण व्यापक मानवतावाद से जुड़ रहा है, जो गांधी का प्रभाव था।

देखा जा सकता है कि आजादी के बाद, सत्ता की विडंबनापूर्ण होड़ की वजह से 'नीचे से भारतीय राष्ट्रीयता' के निर्माण का दायित्व ग्रहण नहीं किया गया। उल्लेखनीय है कि वामपंथियों ने कई अवसरों पर ऐतिहासिक संघर्ष में हिस्सा लेते हुए भी भारतीय राष्ट्रीयता के विकास की चिंता नहीं की, वे राष्ट्रीयता की सीढ़ी पर चढ़े बिना अपने को अंतरराष्ट्रीयतावादी बताते थे। स्वतंत्र भारत के सत्ताधारियों का कला-साहित्य से इतना ही संबंध बचा था कि वे अपनी पसंद के चुने कलाकारों-लेखकों को विदेश भेजते रहे और पुरस्कृत करते रहे। हर तरफ लोकतंत्र का दुरुपयोग हुआ, उसमें भ्रष्टाचार की दीमक लग गई।

लोकतंत्र में स्थानीय 'हम-वे' पनपा। लफ्फाजी-भरे कथनों के बीच सर्वहारा, गरीब, हिंदू-मुसलमान, दलित, स्त्री और आदिवासी राजनीतिक सिक्के की तरह चलाए गए। वे सीढ़ी बना दिए गए। एक समय सामाजिक परिवर्तन की बात करने वाले कई लोग शहीद हुए थे। वे सभी कितनी मेहनत और त्याग के साथ काम करते थे। फिर भी किसी समुदाय का उत्पीड़न कम नहीं हुआ, दुख कम नहीं हुआ। यह एक त्रासद घटना है कि सिर्फ नेताओं का घर भरा, समाज नहीं बदला।

भारतीय राष्ट्रीयता की परियोजना अंततः अधूरी रह गई। सांप्रदायिकता का महाविमर्श बिखरे हुए स्त्री-दलित विमर्शों पर भारी पड़ गया। उदार भारतीय राष्ट्रीयता पहले ही खोखली की जा चुकी थी। 'राष्ट्र' को खलनायक बना दिया गया था। इसलिए राष्ट्रवाद के धार्मिक रूप को कोने से केंद्र में आने में खास मुश्किल नहीं हुई। अंध-राष्ट्रवाद एक जमीनी शक्ति बन गया। उसे सबसे अधिक शक्ति हिंदी प्रदेशों से मिली, क्योंकि इनमें हिंदी संस्कृति का विकास नहीं हो पाया था।

यदि हिंदी है तो हिंदी संस्कृति भी है

हिंदी को लेकर जिन अंग्रेजीदां हिंदी बुद्धिजीवियों को ग्लानि है, वे उस दौर की दूसरी भारतीय भाषाओं को नहीं देखते कि उनमें कितना राष्ट्रवाद है या अंग्रेजी को नहीं देखते कि उसमें कितना 'ओरियंटलिज्म' भरा है। हिंदी के प्रति तरह-तरह से विरक्ति पैदा की जाती है, जबकि यह भारतीयता और मानवता से प्रेम को जानने का एक महत्वपूर्ण दरवाजा है।

'शेखर एक जीवनी' (अज्ञेय, 1943) में शेखर के पिता कहते हैं, 'हिंदी की हैसियत ही क्या है?' शेखर स्वाभिमान के साथ कहता है, 'हिंदी जनभाषा है। करोड़ों व्यक्तियों के प्राण इसमें बोले हैं... और हमारी जाति की परंपरा इसमें बोलती है- हमारा सारा अतीत इससे बंधा है।' पिता कहते हैं, 'होगा। पर जिससे आदमी का भविष्य न बने, उस अतीत को लेकर क्या करें, चाटें?' शेखर जवाब देता है, 'मुझे तो भविष्य दिखता ही हिंदी में है- अगर हिंदी हमसे छूट गई तो भविष्य हुआ न हुआ बराबर है।' आज निश्चय ही अंग्रेजी का रमरमा ज्यादा है। पर हिंदी भाषी लोग यदि हिंदी को खो देंगे तो वे अंततः त्रिशंकु की दशा में होंगे।

हिंदी में रूढ़ियां हैं तो रूढ़ियों से विद्रोह भी है। कलह है तो संवाद और सामंजस्य की कोशिशें भी हैं। भिन्नता है तो अभिन्नता का बोध भी है। हिंदी वस्तुतः जीवन-सौंदर्य, असहमति और आजादी की भाषा है। इसमें दुनिया भर के नवोन्मेषों के प्रति एक आलोचनात्मक खुलापन रहा है। यह विभाजन की नहीं, सबको जोड़ने वाली भाषा के रूप में जन्मी है। यह अंग्रेजीदां एलीटों की नहीं, वंचितों की आवाज है। हिंदी में बनते हुए भारत की छवियां हैं। यदि हिंदी है तो धर्म, जाति और क्षेत्रीयता से ऊपर उठी हिंदी संस्कृति भी है। यदि बांग्ला संस्कृति है, तमिल संस्कृति है, मराठी संस्कृति है, पंजाबी संस्कृति है तो हिंदी संस्कृति क्यों नहीं है? आज हिंदी संस्कृति एक विध्वस्त स्वप्न है, जिसका पुनर्निर्माण करना होगा।

हिंदी अपनी सैकड़ों साल की साहित्यिक-सांस्कृतिक परंपराओं के साथ एक सामूहिक निर्मिति है। उर्दू, मैथिली, राजस्थानी, ब्रज, भोजपुरी, अवधी, छत्तीसगढ़ी, बुंदेली, हरियाणवी आदि भाषाएं खड़ीबोली हिंदी की 49 मांएं हैं। सबने मिलकर हिंदी की रचना की है। अब कोई अलग से भी अपनी साहित्यिक अभिव्यक्ति, अपनी संस्कृति, अपनी ग्रामीण बोली या भाषा रखना चाहे तो जरूर रखे। सब अपनी-अपनी स्थानीय कलाओं को विकसित करें। लेकिन अब बोलियों में स्कूल-कॉलेज नहीं खुल सकते। इनमें विधानसभा, बाजार, दुकानें, समाचार पत्र, ई-मीडिया नहीं चल सकते। इसलिए हिंदी क्षेत्र की सभी बोलियां-उपभाषाएं-भाषाएं मिलकर हिंदी को ज्ञान की भाषा के रूप में विकसित कर सकें तो यही एक बड़ी घटना होगी। अंग्रेजी-वर्चस्व के सामने

दूसरा कोई रास्ता नहीं है। निश्चय ही हिंदी को अपनी लोक सांस्कृतिक जड़ों को बचाना होगा। पर देखा गया है, नवोन्मेषों के बिना परंपराओं को बचाना असंभव होता है।

कैसा नवोन्मेष? जीवन के प्रति दृष्टिकोण ही भाषा के प्रति दृष्टिकोण को निर्धारित करता है। यदि जीवन के प्रति दृष्टि में पिछड़ापन, छिछलापन और छलावा है तो कोई भाषा हो हिंदी, अंग्रेजी या लोकभाषा, वह दृष्टि भाषा को भी पिछड़ी, छिछली और छलावापूर्ण बना देगी, जितनी उन्नत टेक्नोलॉजी हो!

हिंदी अपने ही घर में खो गई है

यह यथार्थ है कि खड़ी बोली हिंदी आज भी हिंदी क्षेत्र के सभी हिस्सों से जुड़ नहीं पाई है। ऊपर से, वह अपने ही घर में खो गई है। आज भी हिंदी संस्कृति जनजीवन का अंग नहीं बन सकी है, क्योंकि जातिवाद, जिलावाद, धर्मांधता और अंधविश्वास नए सिरे से हावी होते गए हैं। वह विध्वंस से गुजर रही है। हिंदी समाज पर मुंबई का मनोरंजन-उद्योग और धार्मिक कट्टरवादियों का राजनीति-उद्योग छाया हुआ है। पहले की तरह स्त्रियों को घरेलू वस्तु समझा जाता है और दलितों को निम्न। 19वीं सदी में हिंदी नवजागरण, बाद में गांधी के प्रयत्न, श्रमजीवी संगठनों के आंदोलन और स्त्री, दलित, आदिवासी समुदायों के बीच से उठे विमर्शों ने हिंदी जीवन में कुछ हलचलें पैदा कीं। लेकिन अब बहुत कुछ 'बाहर आधुनिकता-भीतर कूपमंडूकता' की जुगलबंदी में खोता जा रहा है।

आज नहीं लगता कि यहां कभी कबीर ने हिंदू-मुसलमान दोनों को फटकारा था। सूर ने अंधविश्वासों का मखौल उड़ाया था। लोग कभी राधा-कृष्ण के प्रेम में गाते थे। मीरा की तरह नाचते थे। तुलसी ने अपने पूरे साहित्य में कहीं 'हिंदू' शब्द का प्रयोग किए बिना 'भलि भारत भूमि' कहा था। इस प्रदेश में सूफियों का प्रेम गूंजा था, 'मानुष प्रेम भये बैकुंठी'! अब पता नहीं चलता कि इसी बनारस में कबीर की ही तरह भारतेंदु ने धार्मिक पाखंडों की खिल्ली उड़ाई थी। लिखा था, 'हिंदू चूरन इसका नाम, विलायत पूरन इसका काम'। आज कोई अवशेष नहीं दिखता कि प्रेमचंद का सूरदास यहीं की मिट्टी से जन्मा था। सब एकजुट होकर लड़ते थे, सब साथ गाते-बजाते थे अंतर्कलह के बावजूद। अब

विश्वास नहीं होता, प्रसाद ने 'कामायनी' और निराला ने 'राम की शक्तिपूजा' और 'कुकुरमुत्ता' कविताएं यहीं लिखी थीं। अज्ञेय, नागार्जुन और मुक्तिबोध हिंदी के लेखक थे, इसका हिंदी जनजीवन में क्या प्रमाण है? यदि कोई जाति अपनी साहित्यिक आंखें फोड़ ले तो उसे उल्लू की तरह अंधेरा ही सूर्योदय लगेगा।

हिंदी साम्राज्यवाद का आरोप अंग्रेजी साम्राज्यवाद को ढकना है

इस दौर में हिंदी सहित सभी भारतीय भाषाएं अंग्रेजी का बौद्धिक उपनिवेश बनती जा रही हैं। देश की बहुभाषिकता, जो यहां की सांस्कृतिक प्राणवायु है, अंग्रेजी में विलीन हो रही है। यह एक बड़ा संकट है। देखा जा सकता है कि जो अंग्रेजी पढ़े-लिखे हैं, उनकी किसी भारतीय भाषा के संसार को जानने में रुचि नहीं है। वे आत्मतृप्त हैं, देखना नहीं चाहते कि दूसरी भारतीय भाषाओं में क्या लिखा-सोचा जा रहा है। दरअसल जब लोकतंत्र मजबूत होता है, तभी बहुभाषिकता भी मजबूत होती है और सांस्कृतिक बहुलता सुरक्षित रहती है। भारत को ऐसा देश बनाया जा रहा है, जहां मानो अब अंग्रेजी ही श्रेष्ठ भारतीय सभ्यता की निर्माता है और अंग्रेजी में लिखा भारतीय लेखकों का साहित्य ही भारतीय साहित्य है।

एक विडंबना यह भी है कि आजादी के पहले हमारे देश में अंतरभाषाई संवाद और मेलजोल काफी था, जबकि आज पशु-पक्षियों की तरह अपने ही जातीय वृत्त में सीमित रहने की प्रवृत्ति बढ़ी है। इसके अलावा, हर भाषा के प्रयोक्ता का निजी शब्द-भंडार घट गया है, क्योंकि उसका जीवन सिकुड़ा है, उसकी संवेदना और संस्कृति सिकुड़ी है, उसके सामाजिक सरोकार सिकुड़े हैं। इन चुनौतियों के बीच हिंदी की तरफ से कोशिश हो सकती है कि वह भारतीय भाषाओं का आंगन बने, अनुवाद के प्रति एक व्यापक सांस्कृतिक गंभीरता पैदा हो और हिंदी संसार में अधिक से अधिक 'कॉमन प्लेस' बनें।

अंग्रेजी लूटे और कठघरे में खड़ी हो हिंदी, 'हिंदी साम्राज्यवाद' का आरोप ऐसा ही है। यह एक सचाई है कि कई हिंदीतर राज्यों में हिंदी को हिंदुत्व से जोड़कर

देखा जा रहा है। इसकी प्रतिक्रिया में एक सांसद ने यह कह दिया, 'हिंदुत्व से अधिक खतरनाम हिंदीत्व है।' यह भी अंध-राष्ट्रवाद का ही एक रूप है।

कुछ व्यक्ति हिंदीप्रेम को ही देशप्रेम का पर्याय बताते हैं। इसकी ओर दृष्टि जानी चाहिए कि इसका खमियाजा हिंदीतर राज्यों में रहने वाले हिंदी भाषियों को भुगतना पड़ता है। उनको भी भुगतना पड़ता है जिन्होंने जाति, धर्म या प्रांतीयता के बंधनों को तोड़कर शादी की है और परिवार बनाए हैं। समझने की जरूरत है कि हिंदी, हिंदू धर्म और देश एक-दूसरे के पर्याय नहीं हैं। निश्चय ही भ्रामक प्रचार की वजह से हिंदी 'हिंदी साम्राज्यवाद' नहीं बन जाती। साम्राज्यवाद आर्थिक संपन्नता का विस्फोट है। हम पाते हैं कि अधिकांश हिंदी प्रदेश देश के सबसे पिछड़े प्रदेशों में हैं, जहां गरीब लोग ज्यादा हैं। दरअसल अंग्रेजी साम्राज्यवाद की रक्षा के लिए ही हिंदी साम्राज्यवाद का भूत खड़ा किया जाता है।

यह समझने की जरूरत है कि न अकेली हिंदी राष्ट्रीय अखंडता का सूत्र है और न अंग्रेजी, बल्कि अंग्रेजी आम जनता को हेय दृष्टि से देखने और उससे विच्छिन्न कर देने वाली भाषा है। राष्ट्रीय अखंडता का बुनियादी सूत्र लोकतंत्र है, लोकतांत्रिक चेतना का जन-जन में प्रसार है। इसके बिना राष्ट्रीय भावना अधूरी है। भारत में लोकतंत्र तेजी से खोखला होता जा रहा है। इसलिए हर तरफ बाजार एक है और राष्ट्र अंतर्विभाजित है। आज दुर्भाग्यजनक रूप से हमलोग सिर्फ बाजार में एक हैं!

सितंबर 2022

कविता का भविष्य

प्रेमचंद कवि नहीं थे, लेकिन उन्होंने कवि के बारे में जो लिखा है वह महत्वपूर्ण है : 'जिसे संसार दुख कहता है, वह कवि के लिए सुख है। धन और ऐश्वर्य, रूप और बल, विद्या और बुद्धि– ये विभूतियां संसार को चाहे कितना ही मोहित कर लें, कवि के लिए यहां जरा भी आकर्षण नहीं है। उसके मोह और आकर्षण की वस्तु तो बुझी हुई आशाएं और मिटी हुई स्मृतियां और टूटे हुए हृदय के आंसू हैं। जिस दिन इन विभूतियों से उसका प्रेम न रहेगा उस दिन वह कवि न रहेगा।'

यह कथन 'गोदान' के चरित्र मेहता का गोविंदी से है जो कभी कविताएं लिखती थी। लेकिन समृद्ध खन्ना की गृहस्थी की यांत्रिकता में शामिल होने के बाद उसके जीवन में कविता प्रायः अतीत की चीज हो गई। प्रेमचंद लिखते हैं, 'खन्ना कविताएं देखते तो उनका मजाक उड़ाते।' आज ज्यादा साफ तौर पर देखा जा सकता है कि संपन्न लोगों के उपयोगितावादी संसार में कविता निरर्थक होती गई है।

इन दिनों पुराने महानगरों का विस्तार करते हुए नए नगर बन रहे हैं। अब नए आलीशान भवन हैं, बड़े शॉपिंग मॉल हैं, क्लब हैं, बड़े होटल तथा कन्वेंशन सेंटर हैं। भव्य निजी विश्वविद्यालय और तकनीकी संस्थान भी हैं। इन नई जगहों पर कविता के लिए जगह नहीं है। एयरपोर्ट के बुक मार्ट में कविता की किताबें नहीं होतीं। अधिकांश अखबारों से कविता बाहर है। आधुनिक मध्यवर्गीय नागरिक कविता से बहुत दूर हैं।

कविता और समाज के बीच खाई चौड़ी हुई है, फिर भी कविताएं बड़े पैमाने पर लिखी जा रही हैं। धन और ऐश्वर्य के बढ़ते आकर्षण, फैशन, राजनीतिक

सत्ता के पीछे दौड़ तथा तकनीकी शिक्षा की लोकप्रियता के असर में कविता बेकार की चीज समझी जा रही है, जबकि किसी भी संस्कृति की सबसे चौकस आवाज कविता है। भाषा शिक्षण में आज कविताएं अनुपयोगी लगने लगी हैं, क्योंकि ये कुछ जटिल होती हैं। राजनीतिक जनमत के निर्माण में भी कविता अब कोई भूमिका नहीं निभाती। रामचंद्र शुक्ल ने ऐसे ही संदर्भों में लिखा था, 'तुच्छ वृत्तियों वाले हृदय में कविता निवास नहीं करती'।

देखा जा सकता है कि प्राचीन काल से मनुष्य ने अपनी पीड़ा, उल्लास और सामाजिक निर्माण की यात्रा में कविता को अपनी आत्मा की आवाज बनाकर रखा था। पहले से धर्मशास्त्र और दर्शन थे! इसके बावजूद महाकाव्य रचे गए। पद और सबद-साखी रचे गए। इन्हें धर्मशास्त्र और दर्शन की कार्बन कॉपी नहीं कहा जा सकता, बल्कि कविताएं कृत्रिम सभ्यता से अपनी सीमा में मुठभेड़ करती हैं। वे आंखों पर पड़े सभ्यता के कृत्रिम पर्दे हटाती हैं।

इन दिनों तुच्छ ही महान है और विचारों की संकीर्णता का ही बाजार भाव है। कविता भाव प्रसार करती है, इसलिए खतरनाक है। संभव है कि बजट भाषणों में कविता की कुछ पंक्तियां तुलसी पत्ते की तरह रख दी जाएं, अन्यथा आमतौर पर समाज में साहित्य मात्र के प्रति वितृष्णा देखने को मिलती है या चारणों की पूछ है। सामान्य-सी बात है, बुरी संस्कृतियां ताकत के जोर से अच्छी संस्कृतियों को सामाजिक प्रचलन से बाहर कर देती हैं, जिस तरह ग्रेशम लॉ के अनुसार, लोगों के मैले नोट चलते रहते हैं, जबकि स्वच्छ कड़कड़िया नोट पड़े रहते हैं!

12 वीं सदी में कल्हण ने लिखा था, 'हे कवि भाई, यह जगत तुम्हारे बिना अंधा है।' कवि सैद्धांतिक और राजनीतिक संकीर्णताओं से ऊपर उठकर सबके हित में लिखता है। वह जो लिखता है, उसमें एक दृष्टि होती है। देखा जा सकता है कि सार्वजनिक उपेक्षा के बावजूद इधर कविता लोगों के पीड़ा और विक्षोभ को व्यक्त करने का फिर माध्यम बनी है। वह वर्तमान घटनाओं से जुड़ी है और आंदोलनों की भाषा बनी है। सबसे महत्वपूर्ण बात यह उजागर हुई है कि कविता भय को तोड़ती है।

भामह (छठी सदी) को अलंकारवादी कहा जाता है। उन्होंने एक बात कही थी, 'ऐसा कोई शब्द नहीं है, ऐसा कोई अर्थ नहीं है, ऐसा कोई न्याय और ऐसी

कला नहीं है जो कविता का अंग न बनती हो। कवि का दायित्व इतना बड़ा है।' (काव्यालंकार, 5.4)। कवि का दायित्व आज भी बड़ा है। देखने की जरूरत है कि कभी निराला, नागार्जुन, मुक्तिबोध ने कैसा जीवन जिया, उन्होंने नवोन्मेष, प्रतिबद्धता और यथार्थबोध की क्षमता- तीनों को कैसे जोड़ा और शार्टकट मारने की जगह कितनी साधना की। खास कर जब कविता फिर एक बड़े ऐतिहासिक मोड़ पर खड़ी है, क्या जीवन के अर्थ, न्याय और कला के संदर्भ में कवि अपना बृहत्तर दायित्व महसूस करते हैं?

जो दिखाया जाता है, सच उसके बाहर है

साहित्यिक रचना करने के लिए बाहर देखना जरूरी है। कवि स्रष्टा से पहले द्रष्टा होता है, तभी कुछ सार्थक रच पाता है। वाल्मीकि ने बहेलिया द्वारा क्रौंच पक्षी का वध होते देखा था। कबीर सब 'आंखिन देखी' कहते थे। यह बाहर देखना जागतिक होना है, सामाजिक होना है। आत्मान्वेषण से भी तभी कुछ मिलेगा, जब पहले पर्यवेक्षण हो। निराला ने लिखा था, 'देखा मैंने उसे इलाहाबाद के पथ पर/वह तोड़ती पत्थर'। नागार्जुन ने लिखा, 'बादल को घिरते देखा है'। यह 'देखना' क्रिया बहुत महत्वपूर्ण है। सवाल है, आज क्या हम खुद कुछ देख पा रहे हैं? हम सिर्फ वह देख रहे हैं जो हमें दिखाया जा रहा है- इंटरनेट और टीवी द्वारा, मीडिया द्वारा, विज्ञापनों-होर्डिंगों द्वारा या सामने हो रहे धार्मिक-राजनीतिक ड्रामा के जरिए। हमारे पास खुद देखने की जो क्षमता है, वह बड़े पैमाने पर छीन ली गई है।

क्या हम सारी चीजें खुद देखना नहीं चाहते? कुछ भी खुद देखना आज बौद्धिक साहस का काम है। पहाड़-समुद्र हों, शहरी जीवन हो, गांव हो या रिश्ते हों, इनको अपनी दृष्टि से देखना अपनी स्वतंत्रता को बचाना है। दरअसल जो दिखाया जा रहा है, हम उसकी कैद में फँसे हैं। मानव मस्तिष्क आज से पहले कभी प्रचार की इतनी कठिन गिरफ्त में न था। जिधर देखो उधर 'प्रचारित' का रमरमा है, कहीं पैर रखने की जगह नहीं है। इसलिए लेखक के लिए दिखाए जा रहे के बाहर देखना हमेशा चुनौतीपूर्ण है। यह जैसे एक बड़े भूलभुलैये से बाहर आने का मामला है और जो ठीक लगे उसके पास साहस से खड़ा होने का।

कविता की भाषा- इसके शब्दों, ध्वनियों, संकेतों और मौन से जब हम

अपने सामने की दुनिया को देखते हैं तो यह उतनी नहीं रह जाती जितनी आमतौर पर दिखती है। कविता पाठकों-श्रोताओं को तभी छूती है जब बहु-ऐंद्रिक अनुभवों को असंभावित तरीकों से व्यक्त किया जाता है, जब उसमें असहज बना देने वाले प्रश्न होते हैं, जब उसमें ऐसे दृश्यात्मक बिंब होते हैं जो हमारे सौंदर्यबोध को विस्तार देते हैं और जब उसमें भीतर से गूंजती लय होती है। ऐसी कविता में वह दुनिया बिलकुल एक नए रूप में दिखने लगती है जिससे हम परिचित थे, लेकिन इस तरह परिचित न थे। प्रसाद की 'बीती विभावरी जाग री' की सुबह हो या केदारनाथ सिंह का 'पानी', 'कुदाल' या 'टमाटर बेचने वाली बुढ़िया' हो, क्या वह हमारी जानी-पहचानी दुनिया की समझ का विस्तार नहीं करती और संवेदना की नई खिड़कियां नहीं खोलती?

हर अच्छा लेखक अपनी कला परंपरा, अपनी साहित्यिक परंपरा से आलोचनात्मक संबंध रखता है- आलोचना भी, संबंध भी। कुछ लेखक अपने विशिष्टता-प्रदर्शन के जोश में सिर्फ 'भिन्नता' का महिमामंडन करते हैं। वे अभूतपूर्व होना चाहते हैं, पर जल्दी ही वे भूतपूर्व हो जाते हैं।

हम जोर गले से सुनते हैं तो जोर गले से बोलने भी लगते हैं

यह वस्तुतः सभी की स्वतंत्रता की चिंता छोड़कर बहुतों की स्वतंत्रता की उपेक्षा करते हुए कुछ की स्वतंत्रता का युग है। अब बहुतों को सिर्फ स्थानीय या धार्मिक भावुकता से जकड़ कर भुलावे या भय में रखना काफी है। उन्हें अपनी आंख से देखने और दिमाग से सोचने का कम से कम अवसर मिले, इसपर सावधान रहना होता है। इसके लिए दो चीजें जरूरी हैं- बौद्धिक छद्मावरण और हिंसात्मक भौतिक प्रदर्शन। दोनों के मेल से राजनीतिक चिह्नों के जरिए लोग भुलावे में रखे जाते हैं। आम नागरिक चाबी वाले खिलौने बना दिए जाते हैं।

इस दौर में लोग अपनी उच्च राष्ट्रीय परंपराओं, जीवन की बुनियादी जरूरतों और समानता की भावनाओं से विच्छिन्न होकर बौद्धिक छद्मावरण, हिंसात्मक भौतिक घटनाओं और भेदभाव के अंग हो जाते हैं। लोग 'हम-वे' या 'बाहरी-भीतरी' में विभाजित कर दिए जाते हैं। वे सिर्फ वह सुनते हैं जो तर्क से नहीं, गले के जोर से बोला जा रहा हो। अब वह सब नहीं जंचता जो मुस्करा कर

और तर्क या तथ्य देकर शांतिपूर्ण ढंग से कहा जा रहा हो। अब जो भी कहना हो, क्रोध से बोलो। परशुराम और राम गड्डमड्ड हो गए हैं, राम में परशुराम की प्रतिष्ठा कर दी गई है!

हम जोर गले से सुनते हैं तो जोर गले से बोलने भी लगते हैं। फिर बिना शोर के कुछ भी नहीं होता। पुराने फिल्मी गाने और पुराने नायक-नायिकाओं का धीमा नृत्य बोरिंग लगता है। म्यूजिक कानफाड़ू चाहिए, हिंसात्मक! इंतजार में धीरे-धीरे परिपक्व होता प्रेम अब उबाऊ लगता है। न्यूज चैनेल में चिल्ला कर खबरें न प्रसारित की जाएं तो वे सच नहीं लगतीं। मनोरंजन उद्योग जैसे शोर का उत्पादन करने के लिए है। व्यापार नहीं चलेगा यदि शोर नहीं पैदा किया जाए और विज्ञापनों में झूठ की डुगडुगी न पीटी जाए। पार्टियों में मस्ती नहीं आएगी अगर डीजे शोर पैदा करने में पीछे रह जाएं। शोर ही राजनीति है, शोर ही धर्म है और शोर ही मीडिया है। हर ओर के शोर का वस्तुतः मिटती सहृदयता, खोती बुद्धिपरकता तथा बढ़ती हिंसा से गहरा संबंध है।

कई राजनीतिज्ञों के लिए आज ज्यादा जरूरी हो गया है कि पहले वे यह देखें, लोकप्रियता किसमें है। इसी हिसाब से वे तथ्यों को घुमाते हैं, अलग-अलग समय में अलग-अलग तरह से घुमाते हैं। इनके लिए रचनात्मक कार्यों और आंदोलनों की जगह जरूरी होता गया है अपनी हवा बनाना। धर्म के शोर से फायदा हो, तो धर्मनिरपेक्ष होने के बावजूद वे उस शोर में शामिल हो जाते हैं। इस तरह आम लोगों के लिए छलनेवाले 'वाग्जाल' निर्मित होते रहते हैं। आज की सभ्यता की धुरी झूठ है। व्यापार और राजनीति दोनों ही झूठ के बिना चल नहीं पाते-असत्यमेव जयते! फिर भी समाज में सत्य लड़ता है।

रावण छद्मावरण और हिंसात्मक भौतिक प्रदर्शन का सबसे सटीक उदाहरण रहा है। वह सीता की कुटी में साधु के छद्मावरण में आया था। सीता ने उसपर भरोसा कर लिया। सभी को नतीजा मालूम है। यह वाल्मीकि थे, जिनके पास हर ओर से थक-हार कर सत्य आया और उन्होंने रामायण लिखी। उन्होंने रावण को पहचाना और राम को खड़ा किया। आगे चलकर कई दूसरे कवियों ने रामकथा को नए-नए ढंग से देखा।

कविता के शब्द वस्तुतः भय, छद्मावरण और शोर को चीर देते हैं, भले वे मासूम बच्चे की तरह आते हैं!

कविता साथ-साथ जीना सिखाती है

वैश्वीकरण का एक लंबा समय गुजरने के बाद हम एक अस्थिर भविष्य के सामने हैं। हमारे सामने अभूतपूर्व दृष्टियां हैं, साथ ही भयावह दृश्य हैं। हम जो सोच रहे थे, वह अब सोच नहीं पा रहे हैं। हम पहले देख रहे थे। अब हमें दिखाया जाता है। हम जो अधिकार चाहते थे, वह अब मांग नहीं पा रहे हैं।

एक बच्चा चॉकलेट मांग रहा था। उसके पिता ने उसे पेड़ की ऊंची डाल पर बैठा दिया, जिधर बंदर थे। वह रोने लगा और भय से चॉकलेट मांगना छोड़कर अब पेड़ से उतारने की मांग करने लगा। हर तरफ छाए भय ने मांगों, अधिकारों और जरूरतों को किस ओर मोड़ दिया है, इससे समझा जा सकता है।

कविता कभी कुछ रोक नहीं पाई, कुछ बदल नहीं पाई और न इसने कभी कोई समाधान निकाला। ऐसे भी हम एक बिलकुल समाधान-रहित समय में जी रहे हैं और सांस लेने के लिए सिर्फ थोड़ी सी खुली हवा चाहते हैं- कई बार तो सिर्फ स्कूल, बाजार या उपासना स्थल जाकर सुरक्षित लौट आने भर का शांत रास्ता। ऐसे समय में कविता इससे ज्यादा क्या कर सकती है कि वह लोगों के दुख, घबराहट, प्रतिरोध और विस्मयजनक रूप से समाज में अभी भी बचे प्रेम में साझा करे और साहस दे।

कविता पाठक को ही नहीं खुद लेखक को जितना मनुष्य वह होता है, उससे अधिक मनुष्य बना देती है। हालांकि इसपर सोचने की जरूरत है कि क्या आज साहित्य पढ़ने का किसी पर सचमुच कोई असर होता है? साहित्य अपरिचित पीड़ाओं और सौंदर्यानुभवों की तरफ ले जाता है, पर क्या वह लेखक के मन का विस्तार कर पाता है?

इतने संवेदनशील और संकटपूर्ण दौर में कई कृत्रिम सैद्धांतिक चौखटे हैं। एक ही पीड़ा को व्यक्त करते रंग-रंग के झंडे हैं। भारत में और कोई वाद भले फला-फूला न हो, कलहवाद खूब फला-फूला। कम से कम कविता इस तरह बंटी नहीं है, वह कभी इस तरह बंटकर अर्थवान नहीं हो सकती। वह 'निर्मित दृश्यों' से बाहर बन रही है, वह चौखटों और झंडों से बार-बार ऊपर उठी है। इसकी वजह यह है कि कविता हमेशा ही सुंदरता, आजादी और भाषा की नई संभावनाओं की खोज है। वह जब रची जा रही होती है, शोर से बाहर निकल रही होती है। कविता में झूठ का दम घुटता है। वह सच की दूत है।

कविता एक ऐसी जगह है जहां भले सुलभ समाधान न हो, पर उसमें ऐसी कल्पना होती है जो बौद्धिक छद्मावरण और सत्ता की हिंसा से मुक्त करती है। सच्ची काव्यात्मक कल्पना पर निर्मित दृश्यों का दबाव नहीं होता। समझना चाहिए, कविता लिखना मनुष्यता की आग को अंधेरे समय में बचा कर रखना है। इससे रोशनी मिलती है, दरअसल सूर्य अंधेरे का ही विस्फोट है!

कविता के दो काम हैं

यदि शब्द अरक्षित हों, उन्हें विभिन्न तरह के बौद्धिक छद्मावरण का औजार बनाया जा रहा हो और भाषाई प्रदूषण फैल रहा हो या भाषा का उपयोग सिर्फ उपयोगितावादी दृष्टि से हो रहा हो तो यह शब्द के साथ-साथ मानवता और स्वतंत्रता की भी हत्या है। देखने की जरूरत है कि जिस तरह सैकड़ों साल से कल्पना की स्वतंत्रता और विविधता रही है, क्या आज है? मन का तब कैसा विस्तार था, लोग चंद्रमा को मामा बना लेते थे। नदी को मां के रूप में देखते थे। बुद्ध अवतार मान लिए गए। 'अदर्स' के प्रति आत्मीयता की यह भावधारा अवरोध का शिकार कैसे हो गई?

कविता के दो काम हैं- प्रतिरोध और संरक्षण। भय का, भेदभाव का, निर्मित दृश्यों का, हिंसा का, शोर का प्रतिरोध जरूरी है। इतना ही जरूरी है शब्दों की आत्मा का संरक्षण। इससे जुड़ा है अपने भीतर के प्रेम को, न्याय भावना को, सामाजिकता को, कलात्मक अभिरुचि को और आंतरिक आनंद को बचाना। बल्कि कुछ पीड़ाओं को भी बचा कर रखना, उन्हें सुखों में खो जाने न देना!

लोगों के दिलों से कविता को उजाड़ने के लिए मोहनी सूरत लिए एक दैत्याकार मनोरंजन-व्यवस्था कायम है। फिर भी कविता बची है तो कहानियां और विचार बचे हुए हैं। कविता बची है तो स्वतंत्र कल्पनाशीलता भी स्वाभाविक रूप से बची हुई है। सबसे बड़ी बात है कविता अंध-ग्रहण, अनुकरण या किसी प्रचारित भिन्नता को चुपचाप मान लेने से सावधान करती है। एक तरह से समूचा साहित्य यह काम करता है। यह घटनाओं पर आंखें खोल कर रखना, स्वतंत्र ढंग से कल्पना करना और साथ जीना सिखाता है।

आजकल लोग सूचनाएं ज्यादा पढ़ते हैं, रचनाएं कम। कविता सूचना से कल्पना की भिन्नता का सबसे अच्छा उदाहरण है। कविता व्यापक जीवनबोध के लिए है। हम जब कविता पढ़ते हैं, वह हमारे कंधे पर हाथ रख देती है कि

हम अपने दुख या आनंद में अकेले नहीं हैं। कविता स्मृति और निराशा में सूराख है। वह घटनाओं और चीजों को देखने की वैकल्पिक राहें बताती है कि दुनिया को ऐसे भी देखा और जिया जा सकता है।

कविता में वे चीजें होती हैं जिन्हें हम सबसे अधिक प्यार करते हैं। यही वजह है, कविता को कभी घृणा का हथियार नहीं बनाया जा सका। यह दूसरों को नीचा दिखाने की जगह नहीं है। इसलिए स्वेच्छाचारियों और घृणा के सौदागरों के लिए कविता एक वर्जित संसार है।

कट्टरवाद कल्पनाशीलता का शत्रु है

कट्टरवाद कल्पनाशीलता का शत्रु है, वह संपूर्ण रचनात्मकता का शत्रु है। कट्टरवाद और हिंसा ने एशिया महादेश की रचनात्मकता को काफी क्षतिग्रस्त किया है, कलाओं को नुकसान पहुंचाया है। एशिया के हर देश में प्रत्यक्ष या अप्रत्यक्ष नियंत्रण है, हिंसा है। रोजमर्रा का जीवन चल रहा हो, लेकिन आंतरिक जीवन, अंतर्जगत को भारी सांस्कृतिक धक्के लग रहे हैं। बाहर से धमकियां हैं तो प्रलोभन का बड़ा जाल भी बिछा है। बहुतों के लिए कठिन हो गया है सच कहना। लोग अपने भीतर सिकुड़ते जा रहे हैं। सामाजिक घेटो का निर्माण हो रहा है। लठैत लौटे हैं। इन दिनों पुरानी रूढ़ियों, भोगवाद, अंधविश्वास और भेदभाव के वायरस काफी फैल गए हैं, कोरोना से भयंकर। इसका असर साहित्य के प्रति आकर्षण पर भी पड़ा है।

21वीं सदी के हिंसक पुनरुत्थानवाद ने पिछले लगभग दो सौ सालों के महान आधुनिक साहित्य को लगभग विध्वस्त कर दिया है। आधुनिक सौंदर्यबोध ही नहीं, मूल्यबोध भी मिटा दिया गया है। वह सारा साहित्य जैसे झूठ हो। वे सभी सामाजिक सुधार जैसे झूठ हों। वह राष्ट्रीय एकता जैसे झूठ हो। आजादी की वह लड़ाई और इसमें हुए सभी बलिदान झूठ हों। जन आंदोलन झूठ हों। आधुनिक विद्रोह झूठ हों। इससे पता चलता है कि बौद्धिक छद्मावरण में कितनी ताकत आ गई है।

यह जैसे एक भारी दुख का समय है। बहुत मूल्यवान चीजें पाकर खो देने का, मेहनत से पैदा किए गए भरोसा के टूटने का और फिर से दीवारें उठाए जाने का। अब जिधर देखो हिंसा है, सुरक्षा बल का आना-जाना है और बेचैनी है।

संस्कृति से हिंसा पैदा की जाती है तो हिंसा अपनी संस्कृति बनाने लगती है। ऐसी संस्कृति हमेशा घृणा उगलती है। वह देश के भीतर 'बार्डर' तैयार करती है। अंतहीन संदेह, अराजकता और घृणा का सिलसिला बन जाता है। यह सांस्कृतिक प्लेग है जो किसी को नहीं छोड़ता। हर आदमी नफरत की बंदूक तान कर 'दूसरे' को निशाना बनाने लगता है। कहना न होगा कि यह संस्कृतियों की टकराहट नहीं है, यह संस्कृतिहीनता और संस्कृति के बीच लड़ाई है।

कवि-लेखक भी नफरत, हिंसा और प्रातिष्ठानिक वंचना के शिकार होते हैं। देश की सांस्कृतिक आत्मा के जो निर्माता हैं, वे शत्रु समझे जाने लगते हैं। उनकी मुश्किल यह है कि वे बिखरे हुए हैं, उनका समाज नहीं बन पाता। उनकी शक्ति यह है कि वे मुश्किलों में भी कल्पना करना, यथार्थ से होकर यथार्थ के पार देखना और बोलना नहीं छोड़ते। वे दुनिया की उठाई गई दीवारों में खिड़की की तरह होते हैं।

इसमें संदेह नहीं कि समाज के सांस्कृतिक मंच पर पॉप सेलेब ज्यादा छाए हुए हैं, क्योंकि अब संस्कृति के मंच हिंसा के मंच हैं या मनोरंजन के। मान लेना चाहिए कि साहित्यिक लेखक सांस्कृतिक अल्पसंख्यक हैं। इसके बावजूद उनका महत्व है, क्योंकि वे ही शब्दों, विचारों और दबाई गई सचाइयों के रक्षक हैं। वे ही सृजनात्मक कल्पना के वाहक हैं। वे ही बताते हैं कि एक सभ्य दुनिया में घृणा अस्वाभाविक चीज है। वे सदियों से बताते रहे हैं कि प्रेम ही ज्ञान की पराकाष्ठा है। इसलिए साहित्य ऐसी जगह है जहाँ 'बार्डर' नहीं हो सकता, दीवारें नहीं हो सकतीं और जहाँ केंद्र नहीं होता।

नए संसार में कवि की जगह

यह एक बड़ा प्रश्न है कि इस दौर के समाज में कवि कैसे देखे जाते हैं। अब के कवि निराला, अज्ञेय या नागार्जुन की तरह घर-बार से प्रायः मुक्त या बोहेमियन नहीं होते। वे आम मध्यवर्गीय नागरिकों की तरह प्रायः सुव्यवस्थित होते हैं और वेशभूषा से अ-विशिष्ट। कवियों के मन में विशिष्टताबोध बचा रह गया हो, पर समाज में अब वे विशिष्ट नहीं रह गए हैं। इस दुनिया में कवि किसी भी तरह का अपना विशिष्ट आकर्षण खो चुके हैं।

कवि नहीं अब गायक पहचाने जाते हैं, पॉप सिंगर लोकप्रिय हैं। आम शिक्षित और धनाढ्य लोग वाक्पटु और हास्य कवियों को ही कवि समझते हैं। आज जो जितना अधिक हास्यास्पद है, उतना अधिक लोकप्रिय है। ऐसे कवियों के लिए सामाजिक मुद्दे, राजनीति, प्रेम- सब महज चुटकुला है। उनके पास ऐसी हँसी नहीं होती जिसके पीछे बेचैनी हो, हास्यास्पद हँसी होती है। ऐसे कवि भावनाओं के व्यापारी होते हैं। वे प्रोडक्ट, उपभोक्ता वस्तु तैयार करते हैं। पैसा लेते हैं, मजा देते हैं। वे पॉपुलिस्ट परफार्मर हैं। इनका लक्ष्य अपना काव्याभासी उत्पाद बेच कर पैसा कमाना है, देश की सांस्कृतिक आत्मा या किसी मूल्यबोध की रक्षा करना नहीं।

काव्य और गायन (वाल्मीकि) या काव्य और नाटक (कालिदास) पहले अभिन्न थे। कविता का परफार्मिंग आर्ट होने से वैर नहीं है, बल्कि कविता की हर युग में चित्र, संगीत, वाचन, नृत्य या नाट्यरूप में उपस्थिति रही है। कविता सामाजिक सुरुचि और अच्छी संस्कृति का चिह्न है। दुखद है कि हिंदी क्षेत्र में कुछ कारणों से कविता और कलाओं के बीच संबंध नहीं बन सका। हिंदी मानस पर बॉलीवुड-संस्कृति और सस्ता मनोरंजन उद्योग हावी होता गया। हिंदी के बड़े कवि भी किनारे पड़ गए। आज किसी स्मार्ट नौजवान से पूछो- कविता चाहिए या पॉपकार्न, वह बोलेगा- पॉपकार्न!

कवि को कभी शासकों और सांसदों से ज्यादा आदर दिया जाता था। वह लोकहृदय का सांसद होता था। उसमें दृढ़ता भी अपेक्षाकृत ज्यादा होती थी। यह कटु सत्य है कि अब के समाज में बड़े साहित्यिक कवियों से भी ज्यादा आदर इलाके के पार्षद का होता है।

उच्च तकनीक का असर पड़ा है

फेसबुक ने कवियों को लोकप्रिय तो नहीं बनाया है, लेकिन उनके लिए एक विराट लोकतांत्रिक परिसर खोल दिया है। वे भी अब कवि हैं जो अन्यथा कवि नहीं हो सकते थे। अब बड़े पैमाने पर फेसबुक, व्हाट्सएप, यूट्यूब, वेब पत्रिकाओं और ऑडियो-विजुअल पत्रिकाओं में कविताएं आ रही हैं। कहा जा सकता है कि प्रिंट माध्यम के बाहर एक नया संसार खुला है, जहाँ अभी सैकड़ों नए प्रयोग होने हैं।

उच्च तकनीक के विस्तार का कविता पर कई तरह के प्रभाव हैं। इसने कविता लेखन, प्रकाशन और पढ़ने-सुनने को आसान बना दिया है। इसी आधार पर यह नहीं कहा जा सकता कि कवियों के बाहर कविता पढ़ने-सुनने वालों का एक बड़ा और टिकाऊ सहृदय समाज बना है। यह कहना मुश्किल है कि सोशल मीडिया पर आने वाली कविताएं मन पर देर तक अपनी छाप छोड़ पाती हैं। कविता अकसर लिखे जाने के तुरंत बाद पोस्ट कर दी जाती है। पोस्ट किए जाने के अवसर सहज सुलभ रहने के कारण कविता की गुणवत्ता और कला की क्षति स्वाभाविक है। ऐसी कविताओं पर तात्कालिकता का दबाव रहता है। उनमें एकसुरापन या घिसापिटापन होता है। कई बार वे कविता कम, विचार ज्यादा होती हैं। ई-माध्यम में इन समस्याओं को चुनौतियों के रूप में देखा जाना चाहिए और सावधान रहना चाहिए।

किसी जमाने में व्यावसायिक पत्रिकाओं ने हिंदी के कई प्रतिभा संपन्न रचनाकारों को हड़प लिया था। 'धर्मयुग', 'साप्ताहिक हिंदुस्तान', 'सारिका', 'दिनमान', 'माया' आदि में काम करनेवाले कई प्रतिभाशाली लेखकों का लिखना प्रभावित हुआ था। इसी तरह फेसबुक ने भी कई अच्छे लेखकों-रचनाकारों को छीना है, उनकी रचनात्मकता को प्रभावित किया है। फेसबुक, व्हाट्सएप आदि पर मिलता आत्मसुख रचनात्मकता के लिए जोंक साबित हो सकता है। उनकी चीजें दिनभंगुर हैं, एक दिन में शेष। इस तरह प्रत्यक्ष साहित्यिक गतिविधि का कोई विकल्प नहीं है।

इस साहित्यिक क्षति की ओर भी नजर जानी चाहिए कि फेसबुक आदि की वजह से कहानी, उपन्यास, आलोचना और कथेतर गद्य पढ़ने की ओर झुकाव कम हो सकता है!

सवाल है, ई-माध्यम की बढ़ी लोकप्रियता का क्या यह अर्थ है कि आमने-सामने कविता पढ़ने-सुनने की जरूरत अब नहीं है। क्या मुद्रित कविता का युग खत्म हो गया है? हाथ में पत्रिका लेकर या कविता संकलन लेकर पढ़ी जाने वाली कविता मन में ज्यादा बसती है। कवि को सामने सुनने का अपना अलग आनंद है। किताबें टिकाऊ होती हैं। फेसबुक, व्हाट्सएप आदि पर आने वाली कविताओं की रफ्तार जितनी तेज है, उनकी क्षणभंगुरता उससे ज्यादा है। लोगों का ज्यादा समय स्मार्ट फोन पर बीतता है। इसे ऐसी बौद्धिक एकायामिता के

रूप में भी देखा जा सकता है जो मनोरोग तक जाती है। यह व्यक्तियों को घरघुसरा, अ-सामाजिक और आलसी बनाती है। यह सांस्कृतिक सक्रियता को सीमित कर देती है और मनुष्य-मनुष्य के प्रत्यक्ष संबंध का नाश।

सभ्यता कविता के विरुद्ध है तब भी

कविता निश्चय ही वाशिंग मशीन नहीं है, लेकिन मनुष्य की संवेदना की ठंडी बैटरी को चार्ज करती है। इसका सार्वकालिक महत्व है। कविता की शक्ति इसपर निर्भर करती है कि उसके पीछे कोई महत्वाकांक्षी कारीगर खड़ा है या एक संवेदनशील ईमानदार मनुष्य! वर्तमान सभ्यता कविता के विरुद्ध है, तो भी कब थकी है मानवता, कब रुकी है गंगा की धारा, कब बंद हुआ है कविता का लिखा जाना।

यह जरूर मानना चाहिए कि कवि कर्म बैठे ठाले की चीज नहीं है। यह आत्मप्रचार का साधन नहीं है, बल्कि एक बड़ी चुनौती स्वीकार करने के साहस का मामला है। इसके अलावा, रचना धारा का जीवन धारा से जीवंत संबंध जरूरी है, अर्थात शब्द और कर्म में दूरी का कम से कम होना। कवि का जीवन कुएं जैसा हो तो उम्मीद नहीं करनी चाहिए कि उसकी कविता आसमान-सी विस्तृत होगी। उसकी कल्पना में अंततः टर्र-टर्र की आवाज सुनाई देगी!

हर रचनात्मक लेखन से अपने जानने का, अपने मन का विस्तार होता है। यदि न हो रहा हो, समझिए कहीं ठहराव है। कवि का कविता लिखना कविता द्वारा कवि को लिखा जाना भी है।

कवि आमतौर पर एक नाखुश प्राणी है, असहमत प्राणी है, विद्रोही प्राणी है और वह आशा का अन्वेषक भी है। सत्ताएं भले संकीर्णता फैलाने का काम करें, कविता एक बृहत्तर मानवता की मातृभाषा है।

दरअसल हर आदमी ही आधा-अधूरा है, वह कविता लिखकर या पढ़कर कुछ नहीं बस अपनी पूर्णता के करीब पहुंचना चाहता है! घोंघे अपने खोल में ही बसंत देखते हैं, इसलिए मछलियों से कहते रहते हैं- क्यों तुम सब निकलती हो लंबे सफर पर!

लक्षित किया जा सकता है कि सभ्यता के चमकते शिखर पर यह दुनिया लगातार अराजक, बदसूरत और एक भयप्रद जगह होती जा रही है। ऐसे में संवेदनशील लोगों के लिए कविता एक बड़ा भरोसा है।

इधर कविता के परिदृश्य में अधिक विविधता आई है। इसका न कोई एक रूप है, न एक काव्य सिद्धांत है और न अब कोई एक काव्य प्रवृत्ति है। संभव है, एक आत्मसचेत कवि को आज सबसे ज्यादा अपने से जूझना पड़े, यदि उसे सचमुच बाहर लड़ना है। अपने भीतर की कठोर बौद्धिक चौहद्दियों से जूझ कर ही बाहर की दीवारों पर सार्थक चोट की जा सकती है।

कविता रचने के काम को आसान मान लेना अज्ञानता है। एक छोटी-सी कविता लिखने के लिए भी बड़ी कठिन यात्रा करनी होती है, फिर लंबी कविता की बात ही क्या। कवि को धुनिया होना पड़ता है ताकि वह लिट्टी की तरह जमी रुई को धुन कर धवल बादलों-सा खूबसूरत बना दे। कवि को बढ़ई होना पड़ता है, ताकि वह बिना मोह किए रंदा मार-मारकर अपनी भाषा को दुरुस्त कर दे। वह अपनी रचना की निर्मम छील-छाल से न हिचके। उसे कुम्हार भी होना पड़ता है, ताकि वह जीवन से मिट्टी लेकर अपने चाक पर प्यार से कुछ गढ़े। यह अपेक्षा की जा सकती है कि कविता की अंतर्वस्तु लुहार से और कला सुनार से ली जाए। इतने तरह के श्रम हमारे पूर्वज कवियों ने किए थे, तब आज हम उनकी कविताओं को याद रखते हैं।

इधर सैकड़ों नए कवि हुए हैं। शहर-शहर में इतने कवि हैं कि वे आसानी से अपना एक बड़ा सहृदय-वृत्त बना लेते हैं। इन्होंने आपस में बिखरे होने के बावजूद साहित्यिक दुनिया को दृश्यमान बना रखा है। कविता सुनने की संस्कृति अंतरंग गोष्ठियों और आडियो-विजुअल माध्यम में बची हुई है, भले बड़े कवि सम्मेलन न होते हों। कविता के लोकप्रियकरण के लिए नए प्रयोग हो रहे हैं और इनमें हिस्सेदारी बढ़ रही है। भविष्य की कविता के नए द्वार खुल रहे हैं।

हम जब भविष्य की कविता की बात कर रहे हैं तो निश्चय ही हमारा अभिप्राय भविष्य के साहित्य से भी है जिसके पहले से ज्यादा विविध रूप हैं। यह भविष्य की मानवता, भविष्य की सांस्कृतिक आत्मा और भविष्य की सचाइयों की बात है। क्या लगता है आपको, कौन रचेगा और बचाएगा इन चीजों को- भले बोरसी में बचा कर रखी आग की तरह?

जनवरी 2022

नया मीडिया और हम

21वीं सदी में मीडिया के स्वरूप में ऐसा परिवर्तन आया है, जिसकी कभी कल्पना नहीं की गई थी। अब उसे 'नया मीडिया' तथा मुद्रित माध्यमों को 'परंपरागत मीडिया' कहा जाता है। नया मीडिया के दो रूप हैं– कारपोरेट टीवी और सोशल मीडिया। कहा जा सकता है कि मल्टीनेशनल के लिए कारपोरेट टीवी उसका दीवान–ए–खास और सोशल मीडिया दीवान–ए–आम है! मनोरंजक घटना यह है कि अपनी पुरानी परंपराओं में जीने वाली करोड़ों जनता चमक–दमक से भरे नया मीडिया की तरफ तेजी से आकर्षित हुई है जिस तरह वह कभी उपन्यास, रेडियो, फिल्म और ट्रांजिस्टर की तरफ दौड़ी थी।

नया मीडिया ने तकनीक के स्तर पर आधुनिकतम औजारों का इस्तेमाल किया, लेकिन सोच के स्तर पर मुख्यतः रूढ़िवादी धार्मिक विश्वास, जातिवाद और स्थानीयतावाद के पोषण को अपना लक्ष्य बनाया। इसने पृष्ठभूमि में जा रही सामाजिक बुराइयों को पुनः प्रतिष्ठित करने में एक बड़ी भूमिका निभाई। कहना न होगा कि नया मीडिया के दोनों रूपों पर क्षमतावान बहुराष्ट्रीय कंपनियों का कब्जा है।

मीडिया का बुनियादी सिद्धांत रहा है– 'सूचना ही शक्ति है'। यह बदलकर हो गया– 'शक्ति ही सूचना है!' कहा जा सकता है कि मीडिया के पुराने सिद्धांत मीडिया के नए संसार में निरर्थक हो चुके हैं।

पत्रकारिता को कभी चौथा खंभा कहा जाता था। लोकतांत्रिक परिसर के निर्माण में उसकी बड़ी भूमिका को देखते हुए ही ऐसा कहा जाता था। लेकिन जबसे मीडिया शब्द लोकप्रिय होने लगा, भूमिका बदलने लगी। आज का मीडिया जनमत को नियंत्रित करने का हथियार है। वह लोकतांत्रिक परिसर पर

कब्जा करने के लिए है। कुछ दशकों से मीडिया जगत में कारपोरेट पूंजी की बढ़ी ताकत से यह स्थिति आई है। जो अखबार पहले बड़े सूचना घराने के रूप में देखे जाते थे, अब वे लिटिल मीडिया जैसे दिखते हैं। बिग मीडिया ने दरअसल सभी वैकल्पिक सांस्कृतिक निर्माणों के सामने संकट खड़ा कर दिया है।

कारपोरेट मीडिया का यथार्थ चेहरा

मीडिया के संसार में कारपोरेट पूंजी के व्यापक आगमन के बाद परिदृश्य पूरी तरह बदल गया है, बल्कि डिजिटल करेंसी बिटक्वाइन भी न्यूज चैनलों का प्रायोजक होने लगा है। मीडिया के व्यावसायिक विज्ञापनों में स्मार्ट उपभोक्ता वस्तुओं तथा पश्चिमी फैशन का विपुल प्रचार है, भले राजनीतिक खबरों में धार्मिक विश्वासों और टकराहटों पर जोर हो। चिंताजनक यह है कि कारपोरेट समूह और राष्ट्र के बीच गठबंधन के बाद अब सत्ता के लिए मीडिया के बल पर तर्क, सच और न्याय को मनमानी दिशा में हांकना आसान हो गया है। कहा जा सकता है कि बिग मीडिया की स्वायत्तता अंतिम रूप से खत्म हो गई है।

एक बड़ा फर्क आया है- जब आम लोग मंदी, बीमारियों और रोजी-रोजगार के क्षय के दौर से गुजर रहे हैं, मीडिया को भारी मुनाफाखोरी का मौका मिला है। फिक्की के 2021 के एक रिपोर्ट के अनुसार मीडिया और मनोरंजन उद्योग की 2020 में आय 1.38 लाख करोड़ रुपये थी जो 2021 में 1.73 लाख करोड़ है और 2023 में 2.23 लाख करोड़ हो जाएगी। 2024 तक संपूर्ण आय में टेलीविजन की हिस्सेदारी 40 प्रतिशत, सिनेमा की 9 प्रतिशत और प्रिंट मीडिया की 13 प्रतिशत होगी। इसका अर्थ है कि टीवी पर कारपोरेट की सबसे ज्यादा पकड़ होगी।

अभी टीवी पर विज्ञापन से भारी कमाई हो रही है, क्योंकि खबरें बेची जा रही हैं। इसके अलावा, दर्शक को पता नहीं चलता कि वे बेच दिए गए हैं! इसकी बिलकुल जरूरत है कि टेलीविजन को उसके वास्तविक स्वरूप में पहचाना जाए, उसे 'कारपोरेट मीडिया' कहा जाए।

कारपोरेट मीडिया दो काम करता है : पहला- वह लोगों को स्मार्ट, डिजिटल और आत्मनिर्भर भोगमय जीवन के सपने दिखाता है। दूसरा- धर्म, जाति, 'हम-वे' की धारणाओं के आधार पर करोड़ों लोगों के दिमाग का

'सांस्कृतिक रेजिमेंटेशन' करता है। वह लोगों के 'बौद्धिक समतलीकरण और भावनात्मक विभाजन' द्वारा यह काम संपन्न करता है। कहना न होगा कि कारपोरेट मीडिया 'ऐक्यबद्ध बाजार और विभाजित समाज' की विचारधारा से संचालित है।

कारपोरेट समूह चाहते हैं कि एक तरफ बाजार मुक्त हो जाए, दूसरी तरफ आम लोग बंटे रहें- उनका क्षोभ बंटा रहे। सामाजिक विभाजन की छाया आम पब्लिक के अलावा लेखकों, एलीट बुद्धिजीवियों और समस्त बौद्धिक वर्गों के मानस पर देखी जा सकती है।

इस पर भी गौर किया जाना चाहिए कि आजकल के राजनेता मीडिया पर कैसी भाषा का इस्तेमाल करते हैं, टीवी एंकर कैसी भाषा बोलते हैं और सोशल मीडिया में बहस का स्तर क्या है। देश के कर्णधारों और जनमत तैयार करने वाले मीडिया की भाषा अंतहीन अपशब्दों, कुतर्कों और शोरगुल से भरी होती है। इससे पता चल सकता है कि आजकल के ऐसे पढ़े-लिखे लोग हिंदी की कैसी क्षति कर रहे हैं और वे सौंदर्यबोध से कितने विच्छिन्न हैं।

क्या यह सूचना-गतिरोध का युग है?

क्या आज के समाज को सूचनाविहीन समाज कहा जा सकता है? हालांकि हर तरफ खबरें ही खबरें हैं, सूचनाओं के अंबार हैं और आदमी जो चाहे बोल रहा है। कई बार लग सकता है कि पहले से स्वतंत्रता बढ़ गई है। खासकर भारतीय स्वतंत्रता की 75वीं वर्षगांठ पर सोचा जा सकता है कि क्या हमारी स्वतंत्रता अब स्वर्णमृग की तरह मायावी हो चुकी है। वस्तुतः यह एक सूचनाविहीन समाज है, सूचनाओं से वंचित समाज है। यह एक 'डिसइन्फार्मेशन सोसाइटी' है, जिसका निर्माण वित्तीय पूंजी द्वारा नियंत्रित मीडिया कर रहा है।

हर पाठक-दर्शक को सही खबर जानने का अधिकार है, जबकि आज के मीडिया का लक्ष्य है पाठक-दर्शक के मानस का बौद्धिक समतलीकरण। यह गलत सूचनाओं और अति-पक्षपातपूर्ण ढंग से खबरों का प्रसारण करके होता ही है, सूचना को रोककर भी होता है। इसे हम 'डिसइन्फार्मेशन' या सूचना-गतिरोध कह सकते हैं। इसका अर्थ है, 'सूचना समाज' का निर्माण करते-करते हमारी यात्रा अब सूचनाविहीन समाज की ओर है।

ब्रिटिश इतिहासकार थामस कार्लाइल ने पत्रकारिता को लोकतंत्र का चौथा खंभा कहा था। जबसे पत्रकारिता की जगह मीडिया आया, चौथे खंभे की बाहरी चमक-दमक बढ़ गई है, पर भीतर से वह खोखला हो गया है। लक्षित किया जा सकता है कि कोरोना महामारी के दौर में नर्सिंग होम और मीडिया ही टकसालघर रहे हैं! दोनों जगहों पर पैसा बरसा था। यदि आर्थिक मंदी के दौर में मीडिया की आय बढ़ती जा रही है, तो समझना मुश्किल नहीं है कि वह कहां से और क्यों इतना अधिक अर्थोपार्जन कर रहा है और जनमानस को प्रभावित करने में उसकी भूमिका क्यों बढ़ गई है। देश जब संकट की दशा में है, मीडिया सबसे अधिक स्मार्ट और रंग-बिरंगा है। अब कुछ भी वैसा नहीं दिखता, जैसा वह है। अब सबकुछ वैसा दिखता है, जैसा दिखाया जाता है। लक्षित किया जा सकता है कि मीडिया किस तरह अब एक अदृश्य हिंसा है!

इसी का नतीजा है कि इधर समाज में संवाद, बहस, तर्क जैसी चीजें घटी हैं, आलोचनात्मक विवेक का ह्रास हुआ है और आदमी अंध-फॉलोअर ज्यादा हुआ है। कहा जा सकता है कि पाठकों-दर्शकों की सोच के बंध्याकरण में नया मीडिया की एक बड़ी भूमिका है। उसका छद्म बिंब बनाते हुए पैसा बटोरना और पैसा बटोरते हुए छद्म बिंब निर्मित करना एक खेल है। वह ऐसी सूचनाएं नहीं देता जो व्यक्ति में सोचने की शक्ति पैदा करे, उसे अ-ज्ञान से मुक्ति की ओर ले जाए। वह ऐसी सूचनाएं देता है जिसके जाल में फँसकर आदमी परजीवी हो जाता है और सोचना छोड़ देता है। आज का मीडिया एक ही बात बार-बार चिल्ला कर कहते हुए आदमी को अपनी खबरें रटाता है। वह मस्तिष्क को अपना सूचना-भंड़ार बना लेता है। वह ज्ञान नहीं देता, चिंतन शक्ति नहीं देता और न उच्च मानवता का अहसास कराता है। वह सहस्रबाहु है, वस्तुतः सूचनाविहीन समाज निर्मित करने का एक शक्तिशाली औजार।

मीडिया की स्वायत्तता जरूरी है

देश में पहला अखबार 'हिकी बंगाल गजट' कलकत्ता से 1780 में निकला था। उसका नीतिकथन था, 'सभी के लिए खुला, पर किसी से प्रभावित नहीं'। अंग्रेजी राज की आलोचना करने के कारण अंग्रेज होते हुए भी हिकी को जेल

जाना पड़ा था। उससे डाक की सुविधा छीन ली गई तो उसने 20 हरकारे रखे। वह अखबार निकालता रहा!

आजकल खबरें बेचने के लिए छोटे-बड़े अनगिनत मीडिया काउंटर बने हुए हैं, अपने पैसे दो-अपनी खबरें लो! मीडिया के लिए इस नीतिकथन का अब कोई अर्थ नहीं है, 'सभी के लिए खुला पर किसी से प्रभावित नहीं'! अब अभिव्यक्ति की स्वतंत्रता छीनने की जरूरत नहीं है, 'अभिव्यक्ति का प्रबंधन' काफी है!

भारत में मीडिया का जन्म असहमति और प्रतिवाद से हुआ था। कहा जा सकता है कि पत्रकारिता का किसी से प्रभावित न होना ही पत्रकारिता का स्वराज है, मीडिया का स्वराज है। देश के नागरिक जिस दौर में पराधीनता के बंधनों से घिरे थे, अखबारों ने गुलामी की जंजीरों पर चोट की थी। लोग जब बोल नहीं पा रहे थे या अभी पर्याप्त जाग्रत न थे, तब पत्र-पत्रिकाएं ही मुखर थीं। उस जमाने के पत्रकार आजकल के टीवी एंकरों की तरह भड़काऊ और भड़कीले नहीं थे। वे तर्क के साथ अपनी बात रखने वाले सादे इन्सान थे। वे आज की तरह पूंजी की कठपुतली और रीढ़विहीन न थे।

मीडिया का स्वराज उसकी स्वायत्तता और गरिमा के लिए बेहद जरूरी है। लेकिन आज स्वराज की इच्छा मर गई लगती है। भूमंडलीकरण के दबाव में आर्थिक स्वराज के बारे में सोचना फिलहाल असंभव-सा है। पत्रकारिता के स्वराज पर भी इधर आक्रमण बढ़े हैं, पत्रकारों पर दबाव बढ़ा है- हायर एंड फायर! सबसे चिंताजनक है 'स्वायत्तता' की इच्छा को ही मिटा देने का प्रयास।

समाज में यूनिवर्सल डीजनरेशन क्यों आ रहा है

सवाल है, पश्चिमी देशों का मीडिया जब आज भी काफी स्वतंत्र और निर्भीक है, भारत में मीडिया का इतना अधिक पतन कैसे हुआ। अमेरिका, ब्रिटेन, फ्रांस आदि देशों के मीडिया उद्योग में ज्यादा बड़ी पूंजी लगी है। फिर भी देखा जा सकता है कि वहां विचारों की बहुलता बनी हुई है, संपादक ज्यादा स्वतंत्र हैं। वहां सच के लिए जगह है। मीडिया सामान्यतः सत्ता का लाउडस्पीकर नहीं हो पाता। भारत में किस दोष के कारण मीडिया पक्षपातपूर्ण प्रोपगंडा का औजार बना हुआ है और

ज्यादातर 'सनसनीखेज' पर टिका है, यह देखने की जरूरत है। इधर मीडिया-रसिकों के वर्ग का विस्तार हुआ है, जो 'ह्रास' का मजा लेता है।

सोशल मीडिया खासकर फेसबुक पर यौनिक संकेत वाले वीडियो की भी एक बड़ी दुनिया है, जहां मध्यवर्गीय स्त्रियां सक्रिय हैं। उनके जीविकोपार्जन का यह एक करुण द्वार है। उनके लाखों दर्शक हैं, जो यौनिक उत्तेजना का आनंद लेते हैं। यह भी एक विकट मानसिक दशा है।

अब हर सूचना और खबर ही मानो 'प्रोपगंडा' है, जो बौद्धिक क्षय की ओर ले जाता है। अब खबरें नहीं, 'निर्मित खबरें' हैं। अब जो 'सनसनीखेज' और 'कंट्रोवर्शियल' है वह मूल्यवान है, वह नहीं जो सच है। आज किसी का सही होना उतना जरूरी नहीं है जितना मीडिया की ताकत से अपने सही होने का प्रचार करके लोगों के मन में बैठा देना। आज का मीडिया बाजार और राजनीति के बीच सैंडविच है। वह झूठ का मोहक मालवाहक है। उसपर झूठ इतने आत्मविश्वास से कहा जाता है कि वह सच लगता है।

एक सवाल है, पाठकों-दर्शकों की दृष्टि सिर्फ उन चीजों की ओर क्यों आकर्षित होती है जिनमें मिर्च-मसाला भरा होता है? कहना न होगा कि हाल के दशकों में जन-रुचि में आई गिरावट से पक्षपातपूर्ण और विकृत सूचनाओं के लिए उर्वर जमीन बनी है।

अब सत्य प्रचारित नहीं होता। जो प्रचारित किया जाता है, उसे ही सत्य मान लिया जाता है। धारणा बनी है, लोकतंत्र पर कब्जा रखना है तो चौथे खंभे को जैसे संभव हो, वश में रखो। यही वजह है कि नया मीडिया को जनता के मन-मस्तिष्क में सेंध मारने वाले सूचना-तंत्र के रूप में विकसित किया गया है। दुखद है कि वह इधर घृणा और असहिष्णुता के नग्न प्रचारक के रूप में सामने आया है, भले सामाजिक समरसता की क्षति हो। वह राजनीति और बहुराष्ट्रीय व्यावसायिक कंपनियों- दोनों की सेवा में है। वह बिकने वाले लोकप्रिय कलाकारों की पूरी टीम के साथ है। वह लोगों के दिमागी रेजिमेंटेशन के लिए नित नई तकनीक और विशेषज्ञों की फौज साथ लेकर है।

क्या सोशल मीडिया वैकल्पिक मीडिया है?

इसमें संदेह नहीं कि नया मीडिया को हमारे जीवन का अंग बने रहना है। करोड़ों लोग टीवी देखते हैं, सोशल मीडिया का इस्तेमाल करते हैं। ये

प्रभावशाली माध्यम बनकर उभरे हैं। हम इन चीजों से बच नहीं सकते, पर यह संभव है कि अपनी जिंदगी इनके हवाले न करें।

सोशल मीडिया आभासी नजदीकियां पैदा करता है, पर यह जो दूरियां पैदा करता है वे वास्तविक होती हैं। यह सामाजिक उत्तरदायित्व से मुक्त वस्तुतः एक अराजक जगह है। यहां संवाद कम होता है, बहस कम होती है, शत्रुताएं ज्यादा पैदा होती हैं। सार्वभौम निराशा के दौर में कुंठाओं के ज्वालामुखी स्वाभाविक हैं। यह भी देखा जाता है कि आंख मूंदकर फारवर्ड करने का पिछलग्गूपन इधर बढ़ा है।

सोशल मीडिया मुख्यतः एक मध्यवर्गीय मामला है। यह कारपोरेट संसार द्वारा एक खास उद्देश्य से निर्मित जगह है, जो डेटा-व्यवसाय में मुनाफा देती है। इसपर अपनी-अपनी वजहों से न काफी अमीर लोग होते हैं और न काफी गरीब लोग। करोड़ों-लाखों की मासिक आमदनी वाले लोग फेसबुक, यूट्यूब, व्हाट्सऐप, इंस्टाग्राम आदि पर नहीं होते। इनपर मध्यवर्गीय लोग और बुद्धिजीवी डेटा खरीद कर अपनी बौद्धिक पीड़ा निकालते हैं और राहत पाते हैं। कई लोग अपने दुख, खुशियां और सुंदरताएं शेयर करते हैं और तुष्ट होते हैं। उल्लेखनीय है कि हर पोस्ट दिनभंगुर है, फिर भी यह एक आकर्षक नागरिक परिसर है।

हम लेखक-बुद्धिजीवी अपने सामाजिक कर्तव्यों को टालकर सोशल मीडिया में अपनी गुमटी बनाकर बैठे रहते हैं। कई लेखक चेरापूंजी की तरह रोज बरसते हैं। चेरापूंजी के लोग कभी सूर्योदय नहीं देख पाते! फेसबुक, व्हाट्सऐप, इंस्टाग्राम आदि हमें स्वतंत्रता का आभास कराते हैं, जो चाहो पोस्ट करो। ये स्वतंत्रता का महाद्वार की तरह नजर आते हैं। लोगों को समझ में नहीं आ पाता कि इनके जरिए कारपोरेट जगत वस्तुतः उनकी क्षमताएं छीन रहा होता है, उनकी चिंताओं को संकुचित कर रहा होता है और उन्हें अतंर्शत्रुता फैलाने के औजार में बदल रहा होता है। यहां यूजर वस्तुतः 'यूज्ड' होता है। हम सोचते हैं, हमने घर बैठे दिग्विजय कर ली है।

सोशल मीडिया ने जमकर आत्मसम्मोहन की प्रवृत्ति विकसित की है, उपयोगकर्ताओं को नार्सिस्टिक बनाया है। ग्रीक नायक नार्सिसस को अपने चेहरे से इतना प्यार हो गया था कि वह हर तरफ सिर्फ अपना चेहरा देखना चाहता था और इसके लिए उसने अपने महल में हर तरफ आईने लगा रखे थे!

सोशल मीडिया पर लगभग टिड्डियों की तरह पोस्ट आते हैं- क्या करे यूजर! इसपर रसीले वीडियो और तस्वीरें ज्यादा देखी जाती हैं, लंबे पोस्ट कम पढ़े जाते हैं। सोशल मीडिया पर पढ़ना कोई नहीं चाहता, सब पढ़ाना चाहते हैं। सुनना कोई नहीं चाहता, सब सुनाना चाहते हैं।

उल्लेखनीय है कि कारपोरेट-निर्मित सोशल मीडिया के ज्यादातर इलाकों पर छोटी-बड़ी सूचना-फैक्टरियों का कब्जा है। उनमें सैकड़ों सूचना कारीगर काम करते हैं। लाखों सूचना वर्कर हैं, जो 'निर्मित' और 'झूठी' सूचनाएं प्रसारित करते हैं। सोशल मीडिया पर राजनीतिक कब्जे के लिए सैकड़ों करोड़ रुपए व्यय किए जा रहे हैं। सतही बातों, झूठे प्रचार और अज्ञानता-निर्माण के हजारों केंद्र बन गए हैं, जो सबसे निम्न स्तर का या उत्तेजक प्रचार है, वह ज्यादा 'वायरल' होता है। इससे लोकरुचि जाहिर होती है। पोस्ट को लाइक और फारवर्ड करते-करते आम लोग खुद सोचने और कल्पना करने की अपनी शक्ति खो देते हैं।

सूचना फैक्टरियों की चीजें फॉरवर्ड करने के अलावा, एक अन्य प्रवृत्ति बढ़ी है- आत्मविज्ञापन की। किसके घर में कौन-सी खास रसोई बनी, कौन किस यात्रा पर निकला, किसके बेटे-बेटी ने परीक्षा और नौकरी में भारी सफलता पाई, किस लेखक की रचना कहां छपी, सोशल मीडिया पर छवियों के साथ ऐसे आत्मविज्ञापनों की बाढ़ है। निजी दुख के साथ निजी सुख भी अब सार्वजनिक हैं। निजता के परिसर का इस तरह सिकुड़ते जाना मानवीय रचनात्मकता का भी सिकुड़ना है।

व्यक्ति की निजता भौतिक सुरक्षा की दृष्टि से ही जरूरी नहीं है, यह व्यक्तिगत स्वतंत्रता और मानवीय गरिमा के लिए भी जरूरी है। सोशल मीडिया इन चीजों को मिटाकर व्यक्ति में आत्मशून्यता भर देता है। निश्चय ही आत्माभिव्यक्ति और आत्मविज्ञापन में फर्क है।

सोशल मीडिया का इस्तेमाल राजनीतिज्ञ और खासकर धर्म-ध्वजधारी ज्यादा कर रहे हैं। यह सामाजिक सौहार्द की जगह विद्वेष के प्रचार और प्रतिस्पर्धा का मंच बन चुका है, जहां वैक्तिक सोच जैसी कोई चीज नहीं है। देखा जा सकता है कि सोशल मीडिया की कई चीजें मानसिक स्वास्थ्य को प्रभावित करती हैं। वे डिजिटल मनोरुग्णता बढ़ाती हैं। यह एक विडंबना है कि

लाखों युवा और आम लोग 'फ्रेंड' के भ्रमजाल में फँसकर एक निरर्थक गतिविधि में बौद्धिक आत्मघात कर रहे हैं। इसके कुछ सकारात्मक पहलुओं पर नकारात्मक नतीजे भारी हैं। मुझे लगता है कि सोशल मीडिया को सुबह-शाम चाय पीने से ज्यादा महत्व देना अपने को उजाड़ना है।

क्या डिजिटल मीडिया एक मानसिक रोग बन चुका है

फेसबुक, व्हाट्सऐप जैसे डिजिटल माध्यम की शुरुआत के साथ संभावना व्यक्त की गई थी कि सामान्य डेटा शुल्क देकर अब तेजी से वैश्विक संपर्क और सौहार्द स्थापित किया जा सकेगा। लोगों का चित्त उदार होगा। देश की ही नहीं धर्म, जाति और स्थानीयता की भी सीमाएं टूटेंगी। लंबे समय के बिछुड़े लोग मिलेंगे। परिवार के बिखरे लोग दूरियों के बावजूद आपस में ज्यादा बात करेंगे और छवियों का आदान-प्रदान करेंगे। जुकेरबर्ग मालामाल होने के साथ नायक हो गया था। वह अब अपने ही निर्माण को संदेह से देख रहा है और किंकर्तव्यविमूढ़ है, क्योंकि यहां लौटने की राह नहीं है।

आज सोशल मीडिया पर कई लोग दिन-रात लिप्त रहते हैं। उपयोगकर्ताओं में सबसे बड़ा वर्ग स्कूल-कॉलेज के विद्यार्थियों और युवाओं का है। उनकी पढ़ाई बुरी तरह प्रभावित हुई है। उनकी बौद्धिक चेतना का ह्रास हुआ है और आने वाले समय में सबसे अधिक विपत्तियां उनके सिर पर होंगी।

इतिहास और विज्ञान की दशा अब द्रौपदी जैसी है। अब अज्ञान ही ज्ञान है। यदि झूठ अपने राजनीतिक विचारों के करीब है तो उसे बिना सोचे-समझे फारवर्ड करने की प्रवृत्ति बढ़ी है। देखा जा रहा है कि आम लोग धर्म, इतिहास और देश के महापुरुषों के बारे में विद्वेषपूर्ण प्रचार का तेजी से हिस्सा बन जा रहे हैं। उन्हें कोई संकोच नहीं होता, उनके मन में कोई प्रश्न नहीं उठता।

उच्च तकनीक और बड़ी पूंजी के बल पर समाज में फैलाए जा रहे जहर के शिकार साधारण युवा और विद्यार्थी किस तरह हो रहे हैं, इसका एक उदाहरण 'बुल्ली बाई' ऐप है। इंजीनियरिंग की तैयारी कर रही एक 12वीं पास लड़की भी मुस्लिम स्त्रियों की नीलामी में शामिल हो गई। मास्टरमाइंड लड़के के साथ लड़की मुंबई पुलिस द्वारा गिरफ्तार की गई, तब पता चला कि वह अपने माता-पिता दोनों को खो चुकी है और गरीब है और ऐसे शर्मनाक अभियान में शामिल

है। एक स्त्री स्त्री की नीलामी की कल्पना करती है, यह घटना सोशल मीडिया के जरिए फैलाई जा रही घृणा के सामाजिक असर की ओर संकेत करती है। यह स्त्रीवाद की सामाजिक जड़-विहीनता भी दर्शाती है।

विभिन्न सर्वेक्षणों में एक चीज यह प्रकाश में आई है कि फेसबुक पर ज्यादा समय देनेवाले लोगों में अवसाद, अनिद्रा, तनाव, आत्मसंशय या आत्म-आसक्ति बढ़ गई है। कई व्यक्ति दिन भर में 5 से 10 घंटे तक फेसबुक में डूबे रहते हैं। विद्यार्थी अक्सर मोबाइल खोले रहते हैं। उनमें कई लोग आत्म-व्यर्थता की चिंता से ग्रस्त हो जाते हैं। ऐसे व्यक्ति किसी ठोस काम के योग्य नहीं रह जाते। कुछ में आत्महत्या की प्रवृत्ति पनपने लगती है। 'फ्रेंड्स' की भीड़ में, खासकर इस नई सार्वजनिकता में, व्यक्तिगत रूप से दुख-दर्द सुनने के लिए समय वस्तुतः किसी के पास नहीं है!

फेसबुक, व्हाट्सऐप, इंस्टाग्राम जैसे माध्यम टीवी चैनलों की ही तरह कारपोरेट प्रोडक्ट हैं। देखा जा सकता है कि संपूर्ण नया मीडिया समाज की समावेशी आलोचनात्मक समझ को मिटाने के लिए उपयोग में लाया जा रहा है। अब पूरे आत्मविश्वास के साथ झूठ को सच, अन्याय को न्यायसंगत और अबौद्धिकता को विज्ञान बना दिया जाता है।

हमारी एक बड़ी चिंता यह होनी चाहिए कि युवा पीढ़ियां किस तरह सोशल मीडिया के बुरे नतीजों की शिकार हैं। उनमें कहीं अवसाद बढ़ा है, कहीं आत्म-आसक्ति बढ़ी है। ये चीजें महामारी से कम खतरनाक नहीं हैं। इस संकट का सामना करने के लिए ऐसे नए संगठन और योजनाओं की जरूरत है, जो युवाओं को सामाजिक संवाद के अवसर सुलभ कराए और उन्हें डिजिटल घेटो से बाहर निकाले।

साहित्यिक मीडिया को बचाने के लिए लेखकों की सक्रियता जरूरी है

इस दुखदायी परिदृश्य में मुद्रित पत्र-पत्रिकाओं, साहित्य, चित्रकला, संगीत, नृत्य, नाटक, नई धारा की फिल्म आदि उन सभी के सामने समस्याएं बढ़ी हैं जो छोटे संसाधनों पर आश्रित वैकल्पिक सांस्कृतिक निर्माण हैं। दरअसल इस समय वे सभी संकट से गुजर रहे हैं जो कला, साहित्य और संस्कृति-कर्म की

छोटी-छोटी इकाइयों से जुड़े हैं, जो लिटिल मीडिया हैं। अधिक चिंताजनक यह है कि संकट की गंभीरता को न समझते हुए कई बुद्धिजीवी अभी भी पुराने ढर्रे पर हैं और आत्मविज्ञापन से ज्यादा आगे नहीं बढ़ पा रहे हैं।

हम अपने चारों तरफ देख सकते हैं कि साहित्यिक पत्रिका निकालने का उत्साह पहले से कम हुआ है। सोशल मीडिया ने नई साहित्यिक पत्रिकाएं निकालने की बेचैनी कम कर दी है।

आमतौर पर अपनी आय से पैसे निकालकर या नुकसान उठाकर ही आज साहित्यिक पत्रिका निकल सकती है या स्वतंत्र ढंग की कोई अन्य साहित्यिक गतिविधि संभव है। अब पहले की तरह दो-चार व्यक्ति मिलकर पत्रिका नहीं निकालते। सबकुछ एकाकी प्रयास से होता है या फिर कुछ नहीं होता।

'साहित्यिक पत्रिका' को सिर्फ कविता, कहानी की पत्रिका की जगह अब ज्ञान के एक व्यापक अर्थ में लेना जरूरी है। इसपर गंभीरता से सोचना है कि साहित्यिक पत्रिकाओं से नई पीढ़ी का लगाव कैसे बढ़े, खुद लेखक तथा शिक्षण संस्थान इस महान आधुनिक परंपरा को बचाने के लिए क्या करें। कैसे साहित्यिक पत्रिकाओं के वितरण का पुनर्गठन हो, इसपर भी विचार करने की जरूरत है।

साहित्यिक पत्रिकाएं ही, चाहे वे प्रिंट में हों या डिजिटल, ताजा बौद्धिक गतिविधियों के आखिरी मंच हैं। यह भी ध्यान में रखने की जरूरत है कि साहित्य यदि प्रिंट में मर गया तो वह ऑनलाइन में बच नहीं सकता। ऐसे पाठक कम होते हैं जो ऑनलाइन पर लंबी रचनाएं- कहानियां, उपन्यास, लेख आदि तल्लीनता से पढ़ लें। साहित्यिक पत्रिका हो या किताब कुछ भी हाथ में लेकर पढ़ना एक अलग तरह का आनंद है। खासकर साहित्यिक संसार के लिए मुद्रित माध्यम की उपयोगिता पर प्रश्नचिह्न नहीं लगाया जा सकता।

उल्लेखनीय है कि प्रिंट में साहित्य क्षणभंगुर नहीं होता, बल्कि वह एक प्रत्यक्ष भौतिक वस्तु होता है। उसे हम छू सकते हैं, उलट-पुलट सकते हैं और अपनी अनुभूतियों के करीब महसूस कर सकते हैं। निश्चय ही सोशल मीडिया ने जो नया अवसर दिया है, उसे एक हद तक विपदा के रूप में भी देखा जाना चाहिए। वह निश्चित रूप से सामाजिक गतिविधियों का विकल्प नहीं है, जबकि उसे इसी रूप में देखने की प्रवृत्ति बढ़ रही है।

यह चिंता की बात है कि साहित्यिक पत्रिकाओं को लेखक से रचनात्मक सहयोग के अलावा कुछ नहीं मिल पाता, जबकि बदले परिदृश्य में किसी सजग रचनाकार का दायित्व सिर्फ लिखने तक सीमित नहीं हो सकता। कुछ लोग सिर्फ लिखें और कुछ व्यक्ति सिर्फ पत्रिका निकालें और आयोजन करें, ऐसे युग का अवसान हो चुका है। यह भी दिमाग से निकाल देना चाहिए कि सरकार की परमुखापेक्षिता से किसी स्वस्थ और स्वायत्त साहित्यिक संस्कृति का निर्माण संभव है।

आखिरकार भारतेंदु, बालकृष्ण भट्ट, प्रेमचंद, महादेवी वर्मा जैसे लेखक कैसे लोग थे? क्या वे हमलोगों से ज्यादा आय वाले थे? चार-पांच दशक पहले तक ऐसे काफी लेखक थे जो लेखन कर्म के साथ अपनी गांठ से पैसे लगा कर पत्रिका निकालते थे। वे देश-दुनिया की निष्क्रिय चिंता में डूबे रहने वाले लोग नहीं थे। आज भी ऐसे कई लेखक हैं। यह जरूर अफसोसजनक है कि 21वीं सदी में ऐसे लेखकों की संख्या बढ़ रही है जो अपने कुएं में गुलजार हैं।

हम अब एक भिन्न युग में हैं

क्या अब मान लेना होगा कि मीडिया राजनीतिक दासता चुनकर जिस तरह जनद्रोह कर रहा है, अब बौद्धिक पुनर्जागरण संभव नहीं है? नया मीडिया के दोनों रूप देश को जोड़ने और अंध जातीय-धार्मिक दीवारों को तोड़ने की जिम्मेदारी नहीं निभा रहे हैं। फलस्वरूप जो देश सुलग रहे हैं उनमें भारत भी है, जबकि यह मानवता में गहरी जड़ें रखने वाला देश है। यह आंदोलनों का देश है। इसे कभी न कभी नफरत की आग से बाहर निकलना है और यह सांस्कृतिक क्षमता उसमें है। कहा जा सकता है कि पाठकों-दर्शकों में जब तक सच की भूख है और स्वतंत्रता की प्यास है, तब तक आशा बची हुई है। सत्य मरजीवा होता है, जितनी बार मारो, वह जी उठता है। फिर भी यह प्रश्न खड़ा है, यदि राजनीति में अंधेरा हो, क्या मीडिया में सूर्योदय संभव है?

हम निश्चय ही एक भिन्न युग में हैं, पर हमें तो अपनी तरह से भिन्न होना है। पहले के जमाने में एक बुद्धिदीप्त सांस्कृतिक अंतःकरण था, जबकि आज के जमाने में एक प्रदूषित सांस्कृतिक अंतःकरण है। इसलिए 'हमें अपनी तरह से भिन्न होना है' का अर्थ है हमें 'क्रिटिकल' होना है, 'समावेशी' होना है और पहले से अधिक मनुष्य होना है।

साहित्य के कारण ही संस्कृतियां जीवित रहती हैं

साहित्य हमेशा सांस्कृतिक अल्पसंख्यकों का मामला है। आज समाज में साहित्य की जरूरत कितनी महसूस की जाती है, शिक्षित लोगों के जीवन में साहित्यिक कृतियों का कितना स्थान है और साहित्य के नाम पर जो कुछ घटित हो रहा है, वह कितना साहित्य है- ये चुनौतीपूर्ण प्रश्न हैं। कहीं साहित्य का अर्थ इतना फैल गया है कि लुगदी साहित्य भी साहित्य है। कहीं साहित्य का अर्थ कविता के पास आकर सिकुड़ गया है और कहीं ऐसी बेस्ट सेलर किताबों के पास जिनसे सफर अच्छी तरह कट जाए। कई बार बड़े पुरस्कार बताते हैं, क्या साहित्य है। साहित्य साहित्यकारों के पास कई बार एक लावारिस चीज होती है। यह भी महसूस होता है कि साहित्य के कारण ही संस्कृतियां बची रहती हैं।

इस समय यह समझना कठिन है कि साहित्य के पक्ष में कौन है, साहित्य के पक्ष में होने का क्या अर्थ है और क्या साहित्य प्रतिपक्ष है। वैश्वीकरण के बाद साहित्यिक दुनिया की उदासीनता तोड़ने के लिए कई नई चीजों का प्रवेश हुआ है। उदाहरण के तौर पर, कुछ दशकों से प्रबंधन और तकनीक के पाठ्यक्रम में साहित्य शामिल हुआ है, क्योंकि इससे उन विषयों को मानवीय चेहरा मिलता है, जिस तरह योग से उन्हें आध्यात्मिक चेहरा मिलता है।

साहित्य मानवीय भावों का संवाहक है और योग को तनावरोधक बताया जाता है। इधर दोनों को ही उत्पादक संस्थाओं में महत्व दिया जा रहा है, क्योंकि ये विकास से पैदा होने वाली उन खास मानसिक जटिलताओं को सुलझा सकते हैं जो तेज अर्थव्यवस्था के कारण पैदा होती हैं। यही वजह है, मैनेजमेंट गुरु सृजनात्मकता को महत्व देने लगे हैं। कहना न होगा कि व्यापारिक कंपनियां मानवीय भावनाओं और

सृजनात्मकता को भौतिक वस्तु के रूप में देखती हैं। उनको लगता है कि साहित्य उन्हें एक विनम्र सांस्कृतिक चेहरा दे सकता है। इसलिए वे साहित्यिक सेवाओं के क्षेत्र में भी कदम रखती हैं। वे पुरस्कारों का बंदोबस्त, कवि-सम्मेलन, लिटरेरी मीट और फेस्टिवल करती रहती हैं या पार्टनर बनती हैं।

आज लोगों की निगाह में साहित्य का कितना महत्व है, वे सौंदर्यबोध विचारधारा और मूल्यों की कितनी जरूरत महसूस करते हैं, इसपर कुछ सोचने की जरूरत है। हम ऐसे समय में हैं, जो बहुराष्ट्रीय कंपनियों की बड़ी पूंजी की दिग्विजय का है। 5-10 करोड़ की छोटी पूंजी वालों की कोई आवाज नहीं है। दुनिया के मजदूर एक न हो सके, पर दुनिया के व्यापारी एक हो गए हैं। उन्होंने एक लुभावना बाजार जाल तैयार कर लिया है, जिसका एक हिस्सा सांस्कृतिक चक्रव्यूह है। इसमें घुसना आसान है, निकलना कठिन है।

साहित्य क्यों है?

हम जिस सभ्यता में सांस ले रहे हैं, वह एक सर्वभक्षी सभ्यता है। इसे डायनासोर सभ्यता कह सकते हैं। हर तरफ अदृश्य डायनासोर हैं, सामान्य मानवीय सौहार्द समेत सारी अच्छाइयों और मूल्यों को तहस-नहस कर देने वाले। यह सभ्यता अंधा अनुकरण को प्रेरित करती है, जबकि मनुष्य और बंदर में एक फर्क यह है कि मनुष्य अनुकरण के अलावा बहुत कुछ कर सकता है। साहित्य का काम रहा है कि इसने हर युग में स्वतंत्र सोच और सौंदर्यबोध की क्षमता विकसित की है।

फिलहाल विश्व स्तर का पहले-सा कोई साहित्यिक आंदोलन नहीं है, कोई बड़ी वैश्विक अंतर्दृष्टि नहीं है। एक तरफ, उत्थानशील परंपराओं और आधुनिकताओं के ध्वंसावशेष हैं, दूसरी तरफ, नई चमक से भरे ऐसे नगर हैं, जिन्हें धर्म, बाजार और राजनीति की मिलीभगत द्वारा आत्मविहीन किया जा रहा है। अब लोगों में पहले सा प्रेम-मुहब्बत नहीं है। उनके पास वैचारिक रीढ़ नहीं है। तर्क पर उन्माद और मूल्यों पर मजेदार चीजें हावी हैं।

अंग्रेजी-शिक्षित नौजवानों के लिए अब फिल्म, राजनीति और सेवा क्षेत्रों के वे रोल मॉडल हैं जो कुछ भी खोकर ज्यादा से ज्यादा में बिकते हैं। उन्हें विचारधारा या ऊँचे आदर्श आकर्षित नहीं करते। भीड़ वहां है जहां मजा है, अफवाह है या चमकता झूठ है। वहां नहीं, जहां साहित्य है या कोई तर्क है। 21वीं सदी में भेदभाव

की राजनीतिक संस्कृति ने जाति, धर्म, प्रांतीयता सहित ताश के सभी पत्ते चल दिए, बल्कि जोकर भी महाबली हो गए!

आज देखा जा सकता है कि राजनेता उन्हीं लेखकों को पहचानते हैं जो उनके आगे-पीछे घूमते हैं। वे अपने देश की सांस्कृतिक परंपराओं से सीख नहीं पाए कि लेखकों-चिंतकों से कैसा संबंध रखा जाए और खोजकर उनकी श्रेष्ठ कृतियां पढ़ी जाएं। राजनीति ने वफादारी को श्रेष्ठता से बड़ी कसौटी बना दी।

प्रेमचंद ने कहा था, 'साहित्य देशभक्ति और राजनीति के आगे मशाल दिखाती हुई चलने वाली सचाई है।' उनकी आवाज बहुत कम सुनी गई। साहित्य राजनीति नहीं, बल्कि राजनीतिक नेतृत्व के पीछे चलने लगा। ऐसे साहित्य में 'नवोन्मेषों' के लिए ज्यादा स्पेस नहीं रह गया, उच्चतर मानवीय अपील नहीं रह गई। कहना न होगा कि साहित्य का तभी से सामाजिक विस्थापन शुरू हो गया।

प्राचीन काल में दर्शन थे, सिद्धांत थे, धर्मशास्त्र थे और राजनीति भी थी। फिर साहित्य की जरूरत क्यों हुई? साहित्य उसे अग्रभूमि में लाता है जो दर्शन, सिद्धांत, धर्म और राजनीति में पृष्ठभूमि में फेंक दिए जाते हैं। राजनीतिक सिर्फ दूसरों से लड़ना है, जबकि साहित्य बाहर के अलावा भीतर भी एक लड़ाई है। साहित्य सत्ता का मजा लेने की चीज नहीं, उत्पीड़ित मनुष्यता की आवाज है। यह एक बिंदु पर बने-बनाए इतिहास, प्रचलित सिद्धांत और प्रचारित झूठ से विद्रोह है। यह हमारे मन को बड़ा बनाता है, मिथ्या विभाजनों से मुक्त करता है। साहित्य और कट्टरवाद दोनों एक साथ संभव नहीं है। दरअसल हमारे युग में साहित्य के अलावा दूसरी कोई चीज नहीं है, जो मनुष्य को एहसास करा सके कि वह भोगपशु से कुछ अधिक है।

आज की संस्कृति धार्मिक और आधुनिक विकृतियों का भंडार इसलिए बनती जा रही है कि वह साहित्य से कटी हुई है। आम लोगों की रुचि का व्यावसायिक विकृतिकरण हो रहा है। भले वे बुद्धिजीवी हों, सुख के एक लेबल तक पहुंचने के बाद बिना फायदे के कुछ भी करने की उनकी इच्छा नहीं होती। पहले लोग बाहर से भौतिक भीतर से धार्मिक होते थे। अब बाहर से धार्मिक और भीतर से भौतिक होते हैं। धर्मस्थल सज रहे हैं, शिक्षालय उजड़ रहे हैं। इन घटनाओं से लोगों में साहित्य-विमुखता ही नहीं बढ़ी है, उनके तर्क, संवेदना और कल्पनाशीलता का भी ह्रास हुआ है।

आज वैश्वीकरण है, पर लोगों के पास विश्व मन नहीं है। ज्यादातर लोगों का जातिवादी मन है, सांप्रदायिक मन है, क्षेत्रीय मन है। लोग समाज से निराश्रित होकर तेजी से समुदाय में लौटने लगे हैं। इस समय सभी को अपने-अपने धार्मिक-जातिवादी-प्रांतीय समुदाय में सुरक्षा नजर आती है। इस तरह 'कॉमन प्लेस' की कमी हो गई है। लोकतंत्र की इससे बड़ी विफलता नहीं हो सकती।

साहित्य कौन लोग पढ़ते हैं? जो कहीं अकेले हैं, जो जीवन को समझने, जीने और हो सके तो उसे थोड़ा-बहुत बदलने के लिए बेचैन रहते हैं। इधर के कट्टर सामुदायिक अभियानों और मनोरंजन उद्योगों ने मुनष्य का अकेलापन छीना है। उसको असंतोषों और बेचैनियों से मुक्त रखने के लिए तरह-तरह के छलावे निर्मित कर दिए गए हैं और आवेश से भरे अनगिनत झुंड बन गए हैं। फिर भी, यह समझने की जरूरत है कि साहित्य की आवश्यकता उन्हें नहीं है जो विकास की आसमान छूती मंजिलों पर हैं, बल्कि उन्हें है जो विकास की नींवों में गाड़े जा रहे हैं।

हिंदी संसार की मुश्किलें

आज हर तरफ लोग मनोरंजन खोज रहे हैं। वे रंग-बिरंगी घटनाओं की ताक में रहते हैं। वे बाजार द्वारा गुब्बारे की तरह फुलाए गए सेलिब्रिटी व्यक्तियों के दीवाने हैं। वे तमाशा और मस्ती चाहते हैं, हमेशा कुछ उत्तेजक होना चाहिए। उनके लिए सादगी असहनीय है, प्रेम अनुत्पादक है। धर्म, राजनीति, फिल्म, मीडिया हर जगह बाजार के खेल हैं। हमें कहना होगा, साहित्य निरा व्यावसायिक माल नहीं है। जीवन तभी मनुष्य का जीवन है, जब इसमें गैर-व्यावसायिक के लिए भी थोड़ी जगह हो।

यह भी देखने की चीज है कि साहित्य खुद साहित्यकार के आचरण को कितना तर्कसंगत और मानवीय बना पाता है। साहित्य का पहला काम है अनुदार भावों को दिमाग से उखाड़ फेंकना, पर देखा जाता है कि कई लेखक खुद संकीर्ण हैं और व्यक्तिगत पसंद-नापसंद वाले हैं। लेखक का सिस्टम से ज्यादा बड़ा शत्रु लेखक ही है। कहां तो ज्यादा शिक्षित और बुद्धिवान लोगों के बीच आपस में मतभेद के बावजूद मित्रता होनी चाहिए, आपसी समझ होनी चाहिए और परस्पर न्यायपूर्ण आचरण होना चाहिए, लेकिन ये चीजें दुर्लभ हैं।

हिंदी संसार की मुश्किल यह है कि यहां कोई साहित्यिक संस्कृति विकसित नहीं की जा सकी। साहित्यिक संस्कृति का निर्माण लेखकों, पत्रकारों, शिक्षकों,

प्रकाशकों, साहित्यप्रेमियों और साहित्य के विद्यार्थियों के मिलकर कुछ सोचने से होता है। यह साझा स्वप्न देखने से होता है। साहित्यिक संस्कृति उदार हो, इसके लिए कुछ त्याग की जरूरत होती है। ऐसी संस्कृति का विकास नहीं हो सका। इसलिए खाइयां हैं, संवादहीनता है, अपने को श्रेष्ठ और दूसरों को तुच्छ समझने का दंभ है और व्यक्तिवाद है।

इस युग की अराजकता '60 के बाद की उस आधुनिकतावादी अराजकता से भिन्न है, जो मरी हुई आत्माओं को ढो रही व्यवस्था के विरुद्ध एक प्रतिवाद थी। यह अराजकता आत्मविसर्जन के लिए होड़ या शब्द और कर्म के बीच दूरी के मामलों में है। देखा जा सकता है कि इधर के दशकों में धर्म, म्यूजिक, क्रिकेट-फुटबाल, फिल्म, टीवी सीरियल का आकर्षण बढ़ा है। इनका ग्लैमर बढ़ा है। इन संसारों में स्पर्धा के बावजूद पर्याप्त 'सहकार भावना' है। धर्म या राजनीतिक दल में लोग एक छाते के नीचे इकट्ठे हो जाते हैं। साहित्य के संसार में पांच लेखकों के हाथ में दस छाते हैं। इस दुनिया में बिखराव, कलह-कलरव और दूसरे का नकार ज्यादा है। सभी प्रायः अकेले हैं, इसलिए वेध्य हैं।

संस्कृति का काम जोड़ना है

संस्कृति का काम है जोड़ना- एक बड़ी समझ देना। लेकिन सत्ता की राजनीति ने संस्कृति को लड़ाने के औजार में रूपांतरित कर दिया है। इसके लिए नए सिद्धांत बने हैं। हमारे सामने चुनौती है कि संस्कृति को किस नजरिये से देखा जाए। भारत की संस्कृति क्या है, कैसे बनी है, दुनिया की संस्कृतियों से इसका कैसा इंटरैक्शन रहा है, सामाजिक आलोड़नों के दौर में कौन-सी निकृष्ट चीजें त्याग दी गईं, क्या अच्छी चीजें ली गईं- इन मुद्दों पर सोचने की जरूरत है। क्रिकेट की सुंदर पिच का लगातार संस्कार न हो तो वहां जंगली घास उग आती है। देखा जा सकता है कि साहित्य हर युग में संस्कृतियों में नवोन्मेष ले आया है और उनकी जड़ता से टकराया है।

इधर लंबे समय से संस्कृति के अर्थ में जो भारी काट-छांट होती रही है, उसका असर साहित्य पर पड़ा है। कटी-छंटी संस्कृति में साहित्य का आकाश हमेशा छोटा हो जाता है। कहा जा सकता है कि साहित्य जहां-जहां आवाज न हो, वहां-वहां बोलना है। यह किसी एक ही विमर्श में खूंटा गाड़ लेना नहीं है।

इस जमाने में कट्टरवाद और बाजार की तानाशाही दोनों काफी नुकसान पहुंचा रहे हैं। यही वजह है कि एक तरफ, धार्मिक अतीत का पुनरुत्थान है। दूसरी तरफ, मुक्त बाजार व्यवस्था द्वारा बौद्धिक सतहीकरण के अभियान हैं। एक तरफ से बर्बरता और दूसरी तरफ से भुक्खड़ता छा रही है। हम देख सकते हैं कि एक तरफ सामाजिक भिन्नता की राजनीति है, जिसने संस्कृति को सत्ता के चिह्नों में रिड्यूस कर दिया है। सांस्कृतिक चिह्न हिंसक बना रहे हैं। दूसरी तरफ, लोकप्रियतावादी वस्तुएं हैं, जो मनुष्य की सोचने और कल्पना करने की क्षमता कम करती जा रही हैं।

यदि समाज पूरी तरह बाजार में बदल जाएगा तो समाज में लोकतंत्र के नहीं, बाजार के नियम चलेंगे। बाजार में बाजार के नियम चलेंगे, कई बार भले राजनीतिक मुखौटे में। इसलिए एक बड़ी चुनौती सामुदायिक विमर्शों को बहुराष्ट्रीय कंपनियों की तानाशाही के प्रति जागरूकता से जोड़कर साझा जमीन बनाने की है। बाजार की घुड़दौड़ में शामिल होने की जगह बाजार में समाज के लिए अधिकाधिक जगह बनाने के प्रयत्न होने चाहिए। यह सनसनीखेज कथनों से नहीं होगा। यह सिर्फ सहृदयता और समावेशी बुद्धिपरकता से संभव है।

इसमें संदेह नहीं है कि इस युग के साहित्य में बहुलता है, 'कन्फ्लिक्टिंग रियलिटीज' हैं। कई उग्र स्वर हैं, पर एक साझी आवाज भी होनी चाहिए। इसपर सोचा जाना चाहिए कि किस तरह ऐसे सांस्कृतिक चिह्न चुने जाएं जो मनुष्यता का संदेश दें। साहित्य हर जमाने में तोड़फोड़ से गुजरी मानवता का पुनराविष्कार रहा है।

साहित्य में कभी स्थिरता नहीं थी। यह बिलकुल संभव है कि कल जो रचना नई लगती थी, आज नई नहीं लगे। कल जो प्रगति थी, आज प्रगति न हो। कल जो विमर्श था, आज वह आत्मकैद हो। कभी 'वर्ग' कहा जाता था, कभी 'वंचित 'समुदाय' कहा जा रहा हो। यह भी संभव है कि आज अपने को 'भारतीय' कहकर गर्व महसूस करने पर अपने ही देश में पराया हो जाने का खतरा हो। फिर भी, इतिहास में लड़ाई की जगहें बदलती हैं, लड़ाई नहीं रुकती।

साहित्य अब एक आंदोलन नहीं है

आज साहित्य एक अनोखे मोड़ पर खड़ा है। इस समय जो जितना अधिक लोकप्रिय है, उतना अधिक हास्यास्पद है। हिंदी समाज कुमार विश्वास जैसे लोगों को साहित्यकार मानता है जो प्रसाद और अज्ञेय की कविताओं की आवृत्ति

करते-करते रामकथा का रसमय प्रवचन करने लगे और एक मालदार कंपनी बन गए। साहित्य से ज्यादा धर्म मुनाफा देने लगा।

दूसरी तरफ, साहित्य अब एक आंदोलन नहीं है। अब उसका समाज में पहले की तरह सम्मान नहीं है। आखिर डिजिटल दुनिया में कितने लोग हैं जो लेखक के सम्मान को समझते हैं या उसकी कृतियों के इंतजार में होते हैं। नगर के नगर साहित्य से शून्य होते जा रहे हैं। अब पढ़े-लिखे लोगों के लिए भिन्न आकर्षण हैं, उनको आनंद नहीं मजा चाहिए।

इस दौर में साहित्यिक किताब की दुकानें बंद होती जा रही हैं, पढ़ना कम होता जा रहा है और लिटरेरी फेस्ट बढ़ते जा रहे हैं। एक जानकारी के अनुसार, देश में बड़े-छोटे उत्सवों की संख्या 350 पार कर गई है। हर बड़े उत्सव में ऐसे कलाकार, लेखक और बुद्धिजीवी बड़ी संख्या में होते हैं, जो 'सर्व सत्ता-सम भाव' रखते हैं!

पिछले कुछ दशकों से मनोरंजन उद्योगों ने साहित्यिक लेखकों को 'नगण्य' बना दिया है। कुछ लेखक सनद के लिए लिख रहे हैं, पर अब लेखक वे कहलाते हैं जो मसनद के लिए लिखते हैं। कई कारणों से इधर जागरूक लेखकों की समाज से विच्छिन्नता बढ़ी है, भले कुछ लेखक लगभग 55 करोड़ की आबादी वाले हिंदी समाज में अपनी 2 हजार प्रतियां बिक जाने पर अपने को लोकप्रिय समझने के भ्रम में हों।

हिंदी लेखकों में आलोचकों द्वारा सटीक मूल्यांकन न होने की तकलीफ रहती है, क्योंकि आलोचक नामधारी जीव विचारधाराओं, सिद्धांतों और अपने वैचारिक मुद्दों को संभालने में लगे रहे हैं। पुरस्कारों पर राजनीतिक पार्टियों का कब्जा हो गया है। बड़े लिटरेरी फेस्टिवल में आमंत्रण ही अब सबसे बड़ा मूल्यांकन है! जिस समाज में सत्ता, पैसे और ख्याति के लिए कोई कुछ भी करने के लिए तैयार हो, लेखकों के लिए सांस्कृतिक विकल्प नहीं बन पा रहे हों और बड़े-बड़े बयान काफी माने जाते हों, उस समाज में लेखकों को साहित्यिक प्रचार और स्वीकृति के लिए ऐसे फेस्टिवल आकर्षित करेंगे।

इधर पढ़ते कम लोग हैं, ज्यादातर लेखक अपने को पढ़ाने में लगे रहते हैं! कई वजहें हैं जिनसे लेखकों में निराशा किसी भी दौर से आज ज्यादा है। वे ज्यादा समय साहित्यिक उपवास में नहीं रह सकते। उन्हें यश चाहिए, आमंत्रण चाहिए और पुरस्कार चाहिए। साहित्य के लिए पब्लिक मंच जरूरी है, यह लेखक खुद

नहीं बना पा रहे हैं। फिर चलो फेस्टिवल, भले वह 'आजतक' और रजनीगंधा पान मसाला वालों का हो! कुछ लेखक कहते हैं कि कहीं भी आने-जाने की स्वतंत्रता होनी चाहिए, बहिष्कार अलग-थलग करता है। कई लेखक विलासिता और रचनात्मकता के बीच नट की तरह संबंध साधे रहते हैं।

लेखक सांस्कृतिक अल्पसंख्यक होते हैं। यह समझने की जरूरत है कि असहमति ही उनकी जीवनीशक्ति है, उनकी प्राणधारा है।

साहित्य उत्सव में कंट्रोवर्सियल ही बिकता है

निश्चय ही भारत में बड़े साहित्य उत्सव की शुरुआत जयपुर लिटरेरी फेस्ट से हुई है, जो आलीशान डिग्गी पैलेस में होता रहा है। यह साहित्य को राजाश्रय और बाजार-आश्रय में ले आना है, जहां साहित्य से ज्यादा पैसा और सेलिब्रिटी महत्वपूर्ण हैं। मूल्यबोध से ज्यादा मनोरंजन महत्वपूर्ण है। हर बड़ा साहित्य उत्सव मुख्यतः मनोरंजन पार्क होता है।

जयपुर उत्सव में अंग्रेजी वर्चस्व रहा है। ऐसे साहित्य उत्सवों में अंग्रेजीदां लेखक यही कहते रहे हैं कि भारतीय साहित्य का मतलब अंग्रेजी में लिखा गया भारतीय लेखकों का साहित्य है। समारोह के आयोजक आरोप से बचने के लिए हिंदी और कुछ दूसरी भाषाओं के लेखकों और वंचित समुदाय के कुछ लेखकों को भी 'चिह्न' के रूप में दिखा देते हैं। बड़े फेस्टिवल आमतौर पर ऐसे चेहरों को भी चुनते हैं, जो नरम हों या फेंस पर खड़े हों। जिस कौशल से हो, निराशाजनक साहित्यिक संसार में बड़े साहित्य उत्सवों ने जगमगाहट पैदा कर दी है।

लिटरेरी फेस्ट के उद्देश्य को सिर्फ बाजार के प्रसार तक सीमित मानना एक भोलापन कहा जाएगा। इसका लक्ष्य सांस्कृतिक उपभोग के लिए वातावरण बनाना है ही, मीडिया और व्यापार में जो चीजें अपराध की श्रेणी में आनी चाहिए, उन्हें सांस्कृतिक वैधता देना भी है।

बड़ा साहित्य उत्सव आमतौर पर खाए-पिए-अघाए लेखकों और समाजवैज्ञानिकों का जमघट होता है। इसमें एलीट लोग ज्यादा पहुंचते हैं। उनके चेहरों पर अभिजात भद्रता और चिकनाई होती है, गुस्से की बदसूरती नहीं। इन उत्सवों में न सार्त्र की तरह प्रभावी ढंग से सड़क पर उतरने वाले बुद्धिजीवी होते हैं और न नागार्जुन और रेणु की तरह जेल जाने वाले रचनाकार।

ऐसे फेस्टिवल में सबसे मजेदार आकर्षण होते हैं कंट्रोवर्सियल बयान। अब हर तरफ कंट्रोवर्सियल ही बिकता है, सच खोजते रहिए!

देखा गया है कि विवाद ही साहित्य-उत्सव की जान है। लिटरेरी फेस्टिवल के आयोजक कई बार विवाद की केंद्रीय थीम सोचकर लेखक और कलाकार चुनते हैं। ये विवाद मिथ्या ध्रुवीकरण के उद्देश्य से होते हैं। इन दिनों लगता ही नहीं है कि उत्तेजक विवादास्पद कथनों के बाहर भी साहित्य है। पढ़े-लिखों के संसार में तथ्यों और तर्कों पर आधारित गैर-सनसनीखेज साहित्य का महत्व नहीं है। इस संसार का इतना बौद्धिक सतहीकरण हो चुका है।

विवादों के कारण साहित्य उत्सव खुद साहित्य से बड़ा हो जाता है। उत्सव उछलता है तो लेखक उछलता है। लेखक एक बार उछलता है तो फिर उछलने का चस्का लग जाता है और लेखक के उछलने के साथ साहित्य के गिरने का दौर शुरू हो जाता है। लेखकों-बुद्धिजीवियों और कलाकारों का इतना बड़ा जमावड़ा, करोड़ों का खर्च, दुर्लभ वैश्विक दृश्य। फिर भी हर बार यही होता है कि बड़े साहित्य उत्सव के बौद्धिक पहाड़ से कोई मरा हुआ चूहा निकलता है।

देश में बड़ी संख्या में साहित्य उत्सव हो रहे हैं। ये आकर्षण और गौरव की जगहें बन रहे हैं। अब पहले की तरह सभागारों में होने वाली साहित्यिक गोष्ठियां, कवि सम्मेलन या छोटे साहित्यिक मेले पिज्जा के बरअक्स लिट्टी-चोखा लगते हैं। यदि ये स्थितियां हैं, किस लेखक का मन बड़े साहित्य उत्सव में भाग लेने का नहीं करेगा!

साहित्य उत्सव का संबंध पढ़ने की संस्कृति से हो

किसी लिटरेरी फेस्ट से बुलावा आता है तो मन में फुरफुरी होती है, अपना महत्व समझ में आता है। लेखक सबकुछ भूलकर उसमें शामिल होते हैं। इसमें बुराई नहीं है। साहित्य उत्सव लेखकों को एक राहत देता है। फेस्ट अपनी प्रतिष्ठा और विस्तार के अनुसार लेखक को कुछ अधिक लोगों की निगाह में लाता है। बहुतों से मिलना-जुलना होता है। हैसियत के अनुसार 7 स्टार से लेकर 3 स्टार तक स्वागत-सत्कार होता है। बड़ा कठिन है वर्तमान उदासीन माहौल में इन सबके आकर्षण से बचना। इसपर सोचा जा सकता है कि सामान्यतः प्रलोभन जागरूकता को खा जाता है।

आज हम व्यवस्थित जीवन जी रहे लेखकों से बोहेमियन स्वभाव की अपेक्षा नहीं कर सकते, उसके कुछ तत्व भले कहीं बचे हों। आमतौर पर अब लेखक बड़ा नाप-तौल कर चलने वाला साहित्यिक प्राणी है। ऊपर से राजनीतिक संसार में स्याह और सफेद का विभाजन धूमिल हुआ है। मुख्य बात यह नहीं है कि व्यापारिक या सरकारी साहित्य उत्सवों में कौन लेखक गया और किसने बहिष्कार किया। अगर कोई गया तो उसे लज्जित करने और नहीं गया हो तो इसपर गर्व करने से ज्यादा महत्वपूर्ण यह है कि हर लेखक इसपर सोचे कि वह खुद इसका विकल्प कितना तैयार कर पा रहा है। हमें जब झाड़ा लगता है, तो दूसरे को शौचालय नहीं भेजते। क्या अब विकल्प के मुद्दों पर सोचना बिलकुल संभव नहीं रह गया है?

आमतौर पर इधर के बड़े लिटरेरी फेस्टिवल बाजार के कुछ गुब्बारा लेखकों और कलाकारों को आइटम बनाकर उपस्थित कर देने, बौद्धिक मनोरंजन देने या कोई नकली विवाद खड़ा कर देने तक सीमित रहे हैं। उनके पास कोई विजन नहीं होता। फेस्ट का अंततः कोई बड़ा सामाजिक असर नहीं होता। उसका मकसद साहित्य को एक आवरण और तमाशे में सीमित कर देना है।

वर्तमान युग में साहित्य उत्सवों की उपयोगिता से इंकार नहीं किया जा सकता, क्योंकि ये एक हद तक साहित्यिक बिरादरी का अहसास कराते हैं, साहित्य की शक्ति का भी अहसास कराते हैं। ये अधिक उपयोगी बनाए जा सकते हैं, यदि एलीटवर्गीयता से अपना दायरा बढ़ाकर सीमांत के लेखकों तथा युवा पाठकों तक पहुंच बढ़ाएं। साहित्य उत्सव ज्यादा अर्थपूर्ण होंगे, यदि लेखक और पुस्तक प्रकाशक किसी अच्छे दैनिक अखबार या साहित्यप्रेमी स्पांसरों का सहयोग लेकर इसका खुद आयोजन करें। क्योंकि तब लिटरेरी फेस्टिवल का संबंध पढ़ने की संस्कृति से बनेगा और मामला लिटरेरी चाट तक सीमित नहीं रहेगा। ऐसे उत्सव या मेले से पढ़ने की संस्कृति का विकास होगा। निश्चय ही ऐसी शुरुआतों के लिए आत्मविश्वास की जरूरत होती है।

इस मामले में इलेक्ट्रॉनिक मीडिया के जवाब में प्रिंट मीडिया, अखबारों को भी पहल करनी चाहिए, इससे उनके पाठक वर्ग का विस्तार होगा। इस समय इलेक्ट्रोनिक मीडिया की तुलना में प्रिंट मीडिया अधिक विश्वसनीय है।

सांस्कृतिक क्षय के युग में कारपोरेट रस

हम जानते हैं कि राजनीतिक वजहों से साहित्यिक दुनिया में कुछ लेखकों को अस्पृश्य मानने की परंपरा रही है। इसी तरह कुछ लेखकों को सीढ़ी पर चढ़ाकर महान ठहराने की कोशिशें हुई हैं। आज भी कला-साहित्य की दुनिया में सरकारी-व्यावसायिक फैसले सौ फीसदी राजनीतिक होते हैं, पारदर्शिता नहीं होती। ऐसे फैसलों में हमने देखा है कि गदहों पर जीन रखकर उन्हें घोड़ा बनाया जाता है। हमने इस तरह घोषित किए गए महान लेखकों को समय के प्रवाह में धूलिसात होते देखा है और आगे भी देखेंगे।

इन दिनों साहित्य उत्सव फिल्मी हस्तियों, प्रवचनकर्ताओं और पॉप कल्चर के नर्तकों-गायकों को बुलाकर 'एब्सर्ड' बना दिया जा रहा है। ऐसे व्यक्तियों का साहित्य से क्या लेना-देना? यह व्यापक सांस्कृतिक क्षय को ढकने के लिए एक आवरण के रूप में साहित्य का इस्तेमाल करना है।

लिटरेरी फेस्ट में सरकारी लोगों का स्वागत भले हो, पर कोई तो जगह ऐसी हो जहां वे थोड़ी देर बैठकर सिर्फ सुनें। एक अच्छे लोकतंत्र में नेताओं को कभी-कभी साहित्यकारों को सुनने की आदत डालनी चाहिए।

बड़े लिटरेरी फेस्ट साहित्य के कॉरपोरेट युग का अहसास कराते हैं। इनमें कई मंच, कई स्क्रीन होते हैं। बीसों गोल टेबल घेरकर खाते-पीते हुए लेखक-श्रोता बैठे होते हैं तो साहित्य का एक अभिजात दृश्य बनता है। इसे साहित्य की दुनिया में कॉरपोरेट रस का आगमन समझना चाहिए।

एक बड़ी समस्या तब खड़ी होती है, जब लेखक, प्रकाशक और पाठक के बीच चौथा आदमी घुसता है। यह चौथा आदमी 'आजतक' अर्थात 'सत्य' का सबसे तेज चैनल है। यह चौथा आदमी पान मसाला बेचकर कैंसर फैलाने वाला है। यह चौथा आदमी अपनी राजनीतिक पक्षधरता की सांस्कृतिक वैधता के लिए साहित्य के संसार में आता है और निश्चय ही 'साहित्य उत्सव' के कई दूसरे आयोजकों से विशिष्ट है। यह सवाल भी है कि जिस 'आजतक' न्यूज चैनल में हिंदी के बड़े साहित्यकारों की मृत्यु की सूचना तक नहीं आती, वह साहित्य का इतना बड़ा प्रेमी कैसे बन गया है?

ऐसे साहित्य उत्सवों में लेखक जाते रहेंगे और ज्यादातर लेखकों में उपर्युक्त मुद्दों पर चिंता भी होगी। यह माद्दा हो सकता है कि वे वहां जाकर अपनी बात रखेंगे। किसी

का यह स्टैंड हो सकता है कि ऐसी विवादास्पद जगहों पर नहीं जाना है। यह जरूर समझने की जरूरत है कि इस दौर में लिटरेरी फेस्ट का एक प्रच्छन्न राजनीतिक रूप हो सकता है। यह अभिव्यक्ति की स्वतंत्रता पर अप्रत्यक्ष नियंत्रण रखेगा और लेखकों को अपने उद्देश्यों के अनुरूप ढालेगा। लेखक उत्पीड़न और छलावा के कई व्यापक रूपों को व्यक्त करने से कतराने लगेंगे। वे धीरे-धीरे अपने को अनुकूलित कर लेंगे। मुझे लगता है हमने जो लिखा है, उसके पास ज्यादा से ज्यादा खड़ा रहने का अभ्यास करना चाहिए, भले नुकसान हो।

लेखक के पास राजनीतिक शक्ति नहीं होती, उसकी आवाज सुनी नहीं जाती। पर वह जहां भी जाएगा, बोलेगा क्यों नहीं? हाँ, कुछ भी तर्क और शालीनता से बोलने की जरूरत है। क्योंकि हम सुने जा रहे हैं, भले खुद न जानें कि हम सुने जा रहे हैं। हम जब किसी मामले पर मौन साधे होते हैं, तब भी सुने जा रहे होते हैं!

असहमतों की आमराय

वैश्वीकरण के मुद्दों पर आमराय बन जाती है, लेकिन साहित्य की दुनिया में जो लेखक बंधुत्व, स्वतंत्रता और न्याय में विश्वास करते हैं, उनके बीच 'आम असहमति' का निर्माण नहीं हो पाता। प्रथम कवि वाल्मीकि के समय से साहित्य का संबंध असहमति से है, यह उनके क्रौंच वध के प्रथम श्लोक से स्पष्ट है।

इस युग में 'असहमतों की आमराय' की बहुत जरूरत है। इतनी विकसित बौद्धिक दुनिया में 'समानांतर आमराय' नहीं बन पा रही है जबकि तर्क, बुद्धिपरकता और पारदर्शिता से सोचने का दावा किसी भी जमाने से आज ज्यादा है। स्मरण रखना चाहिए, सत्ता की आकांक्षा लेखक की मृत्यु है। इसी तरह स्वप्न भी अंततः बच नहीं पाते, जब वे महज स्वप्न होकर रह जाते हैं! हर लेखक में चेतना का एक क्रुद्ध प्रेत होता है, जो स्वर्ण पिंजड़े में बंद नहीं रखा जा सकता। यह किसी भी नए युग में उसी तरह जग सकता है, जिस तरह क्रौंच पक्षी का वध देखकर वाल्मीकि में जगा था।

महाभारत में एक दूसरी चिड़िया है। द्रोणाचार्य के कहने पर अर्जुन उसकी सिर्फ आंख देख रहे थे। इस तरह की एकायामिता या खंडित चेतना नहीं चाहिए। हमें ऐसी शिक्षा और साहित्य की जरूरत है जो पूरी चिड़िया, बल्कि उस पेड़ को भी दिखा सके जिसपर चिड़िया बैठी हुई है!

जनवरी 2023